Zu diesem Buch

Von niemandem als ihrem Gewissen beauftragt, haben Bertrand Russell und Jean-Paul Sartre, zwei der führenden Philosophen unserer Zeit, eine Untersuchung begonnen, ob die USA sich in Vietnam Kriegsverbrechen und des Völkermords schuldig machen.

Die erste Sitzung des Vietnam-Tribunals fand vom 2. bis 10. Mai 1967 in Stockholm statt; Verhandlungsgegenstand war die Frage, ob die Bombardierungen Nordvietnams durch die amerikanischen Streitkräfte im völkerrechtlichen Sinne ein Kriegsverbrechen darstellen. Diese Frage wurde von den Geschworenen einstimmig mit Ja beantwortet. Das wichtigste Material aus dem Protokoll dieser ersten Sitzung erschien als rororo aktuell (Nr. 1091).

Die zweite Sitzung fand vom 20. November bis 1. Dezember 1967 in Roskilde, Dänemark, statt; Verhandlungsgegenstand war die Frage, ob die amerikanische Intervention in Südvietnam im völkerrechtlichen Sinne ein Kriegsverbrechen darstellt. Auch diese Frage wurde von allen Geschworenen einstimmig mit Ja beantwortet. Der vorliegende Band enthält das wichtigste Material aus dem Protokoll dieser zweiten Sitzung.

Wir haben es hier mit keinem anti-amerikanischen Pamphlet, sondern mit der bloßen Feststellung von Tatsachen zu tun, die von niemandem geleugnet werden können.

BERTRAND RUSSELL / JEAN-PAUL SARTRE

Das Vietnam-Tribunal II
oder
Die Verurteilung Amerikas

rororo

ROWOHLT

rororo aktuell – Herausgegeben von Fritz J. Raddatz

1.–20. Tausend September 1969
21.–25. Tausend April 1971
26.–32,5. Tausend März 1972

Aus dem Französischen übertragen von Agnes Hüfner
Der Beitrag «Von Nürnberg nach Stockholm» von Jean-Paul Sartre
wurde der Zeitschrift Tricontinental Nr. 1, 1968, entnommen
und von Gilbert Strasmann ins Deutsche übertragen
Umschlagentwurf Werner Rebhuhn
unter Verwendung zweier Fotos
Veröffentlicht im Rowohlt Taschenbuch Verlag GmbH,
Reinbek bei Hamburg, September 1969

Gesetzt aus der Linotype-Aldus-Buchschrift
und der Palatino (D. Stempel AG)
Gesamtherstellung Clausen & Bosse, Leck/Schleswig
Printed in Germany
ISBN 3 499 11213 2

INHALT

Vorwort

Die Geschworenen, Sachverständigen und das Sekretariat des Internationalen Tribunals gegen Kriegsverbrechen haben, unterstützt von zahlreichen Freunden in der ganzen Welt, ein Jahr lang gearbeitet. Das Tribunal setzt sich aus Vertretern der verschiedensten philosophischen und politischen Auffassungen zusammen. Der Vietnamkrieg hat sie jedoch in einem gemeinsamen Ziel geeint; sie können nicht länger davor die Augen verschließen, daß die Vereinigten Staaten, die reichste Nation der Welt, im Begriff sind, ein asiatisches Bauernland, das sich gerade erst vom Joch der Kolonialherrschaft befreit hat, durch einen totalen Krieg zu vernichten.

Wir Europäer sind mitschuldig an dem Morden, das an diesem südostasiatischen Volk begangen wird. Durch unseren Wohlstand isoliert und geblendet, sind wir dem Meer an Qualen, an denen die Mehrheit der Erdbevölkerung zu leiden hat, gegenüber gleichgültig geworden. Wir tun viel zuwenig, um dem Angriff des amerikanischen Imperialismus in Vietnam Einhalt zu gebieten.

Die Aggression der USA weitet sich aus, trotz der Existenz der Vereinten Nationen. Diese Weltorganisation hat schon vor mehr als zehn Jahren versäumt, ein Tribunal gegen Kriegsverbrechen einzuberufen. Der Druck der Großmächte hat dieses Vorhaben immer wieder verhindert.

Unser Tribunal ist dem Drängen des Weltgewissens gefolgt. Es hat sich zur Aufgabe gestellt, eine öffentliche Untersuchung der Kriegsverbrechen in Vietnam durchzuführen. Wir haben dabei das Verhalten der amerikanischen Streitkräfte in Vietnam an den Normen des Völkerrechts gemessen. Wir haben die Regierung der Vereinigten Staaten aufgefordert, bevollmächtigte Vertreter zu unseren Sitzungen zu entsenden, damit sie den amerikanischen Standpunkt dem Tribunal erläutern und auf die Vorwürfe antworten können. Die Regierung der USA hat dieses Ersuchen abgelehnt. Aber die Beweise, die wir zusammengetragen haben, sind so erdrückend, daß kein Zweifel mehr darüber bestehen kann, daß wir unseren Urteilsspruch nach bestem Wissen und Gewissen getroffen haben.

Wir hoffen, daß unsere Ergebnisse der öffentlichen Meinung in den westlichen Industrienationen helfen werden, die Wahrheit über Vietnam besser zu begreifen. Die internationale Presse, vor allem in England und Nordamerika, bemüht sich mit allen Mitteln, die tatsächlichen Vorgänge in Vietnam totzuschweigen; dieses Stillschweigen kommt einem Verbrechen gleich. Wir sind deshalb der Hoffnung, daß wir den Bewohnern all der Nationen, denen die Wahrheit auf Grund des Einflusses der nordamerikanischen Monopole auf die Massenmedien vorenthalten wird, mit genaueren Informationen nützen können.

Vladimir Dedijer

Mitglieder des Tribunals
die an der 2. Sitzungsperiode teilgenommen haben:

Günther Anders	Österreichischer Philosoph und Schriftsteller
Mehmet Ali Aybar	Professor für Völkerrecht an der Universität Istanbul, Präsident der Türkischen Arbeiterpartei, Mitglied des Türkischen Parlaments
Lelio Basso	Jurist, Spezialist für Völkerrecht, Mitglied des Italienischen Parlaments (und seines Außenpolitischen Ausschusses), Professor für Soziologie an der Universität Rom
Simone de Beauvoir	französische Schriftstellerin
Lawrence Daly	Generalsekretär der Schottischen Bergarbeiter-Gewerkschaft
Vladimir Dedijer	jugoslawischer Jurist und Historiker, Sitzungspräsident des Tribunals
Dave Dellinger	amerikanischer Pazifist, Chefredakteur von *Liberation*
Melba Hernandez	Vorsitzende des Kubanischen Solidaritätsausschusses für Vietnam, Repräsentantin des Lateinamerikanischen Ausschusses zur Unterstützung Vietnams der Trikontinentale, Mitglied des Weltfriedensrates
Mahmud Ali Kasuri	Senior-Richter am Obersten Gericht Pakistans
Kinju Morikawa	japanischer Jurist, Vizepräsident der japanischen Bürgerrechtsunion
Carl Oglesby	amerikanischer Schriftsteller
Jean-Paul Sartre	französischer Schriftsteller, Exekutivpräsident des Tribunals
Laurent Schwartz	französischer Mathematiker
Peter Weiss	schwedisch-deutscher Schriftsteller

Stokeley Carmichael, Führer der radikalen amerikanischen Neger-Organisation «Black Power», hat an den ersten Sitzungen des Tribunals nicht teilnehmen können und war deshalb auch nicht am Urteilsspruch beteiligt.

Sara Lidmann, Vertreterin von Wolfgang Abendroth, Herr Fukishima, Vertreter von Shoichi Sakata, und Herr Agnoletti, Vertreter von Lelio Basso, nahmen an den Sitzungen des Tribunals teil.

Die erste Sitzung wird mit einer Grußadresse von Lord Russell, dem Ehrenpräsidenten des Internationalen Tribunals gegen Kriegsverbrechen in Vietnam, eröffnet. Darin heißt es: «Wir werden den Lauf der Geschichte allein durch unsere Worte nicht viel verändern können. Nur das vietnamesische Volk kann das Rad der Geschichte zum Stehen bringen, wenn es sich erfolgreich weigert, sich der Hegemonie der Vereinigten Staaten zu unterwerfen. Das Volk von Vietnam zeigt uns, wozu Menschen in der Lage sind, wenn sie von Idealen geleitet werden ...

Wir sind keine Richter, sondern Zeugen. Unsere Aufgabe ist es ..., die Menschheit für die Sache der Gerechtigkeit in Vietnam zu einen.»

Der Exekutivpräsident bittet anschließend um eine Minute stillen Gedenkens an den im August 1967 in Rom verstorbenen Historiker Isaac Deutscher. Er war Mitglied der ersten Sitzung des Tribunals.

I. Eröffnung der zweiten Sitzungsperiode durch den Exekutivpräsidenten

Zu Beginn der zweiten Sitzungsperiode möchte ich daran erinnern, daß wir noch auf drei Anklagepunkte eingehen müssen:

1. Haben die amerikanischen Streitkräfte neuartige Waffen eingesetzt oder ausprobiert, die durch das Kriegsrecht verboten sind (Gas, bestimmte chemische Produkte usw.)?

2. Werden die nordvietnamesischen Gefangenen unmenschlich behandelt? Werden sie im Widerspruch zum geltenden Kriegsrecht gefoltert oder verstümmelt?

3. Wird die Zivilbevölkerung ungerechtfertigten Repressalien ausgesetzt, werden Geiseln erschossen, werden Zwangsarbeitslager eingerichtet, wird die Bevölkerung deportiert und gibt es Versuche zur Ausrottung der Bevölkerung, die juristisch den Tatbestand des Völkermords erfüllen? (Das Tribunal sollte auch seine Stellungnahme zu den an der *Aggression* mitbeteiligten Nationen ergänzen.)

Um den engen Zusammenhang zwischen der ersten und der zweiten Sitzungsperiode noch einmal deutlich zu machen, möchte ich daran erinnern, daß wir nur deshalb unsere Sitzungen unterbrochen haben, weil ein einziger Prozeß zuviel Zeit gekostet und zuviel Arbeit von uns gefordert hätte. Die beiden Fragen, die wir auf der ersten Sitzungsperiode beantwortet haben, stehen in engstem Zusammenhang mit den Fragen, die wir noch untersuchen müssen.

Besonders die systematischen und vorsätzlichen Bombenangriffe auf die Zivilbevölkerung haben wir bereits während der ersten Sitzungsperiode eingehend erörtert, durch Beweise dokumentiert und schließlich eindeutig verurteilt. Seit der ersten Sitzungsperiode haben die Bombenangriffe ein solches Ausmaß angenommen, daß unser damaliges Urteil inzwischen bereits überholt ist. Unser Urteil ist darum nicht hinfällig geworden, denn es war kategorisch formuliert. Aber wir werden uns heute nachmittag mit der Entwicklung der Bombardierungen seit unserer Sitzung im Mai 1967 beschäftigen.

Als Beispiel für diese Entwicklung verlese ich Ihnen ein Telegramm aus Hanoi, das gestern, am 19. November, aufgegeben wurde: «Am 17. November haben die amerikanischen Imperialisten erneut äußerst schwerwiegende Verbrechen gegen das vietnamesische Volk begangen.

Sie haben heftige Angriffe gegen zahlreiche Wohngebiete im Zentrum und in den Vororten Hanois und gegen verschiedene Provinzen geflogen. Die Hauptstadt wurde dreimal, um 7.15, 9.00 und 10.55 Uhr, von Flugzeugen der US-Navy und der US-Air Force bombardiert. Insgesamt wurden 76 Einsätze geflogen; dabei wurden 56 Explosivbomben, mehr als 30 Zeitzünderbomben, 12 Container mit 200 in der Luft explodierenden Kugelbomben und Zeitzünderkugelbomben abgeworfen; außerdem wurden 50 Explosivraketen eingesetzt. 33 Zivilpersonen kamen ums Leben, 150 wurden verletzt. Zahlreiche Wohngebäude und Einrichtungen der Bevölkerung wurden zerstört. In der Hauptstadt wurden die vier Stadtviertel Hai Ba Drung, Hoan Kiem, Ba Dinh und Dong Da sowie mehrere kleinere Ortschaften, die zu den Vorstadtbezirken von Gia Lam, Thanh Tri und Tu Liem gehören, angegriffen. Allein im Stadtteil Hai Ba Drung haben die amerikanischen Flugzeuge über einer Fläche von ungefähr einem Quadratkilometer zwischen dem Hoah Binh-Markt und dem Mo-Markt sechs Container mit ungefähr 3600 in der Luft explodierenden Kugelbomben abgeworfen.

Mehr als hundert Zivilpersonen wurden dabei getötet oder verletzt, und mehrere hundert Wohnungen wurden durch Brand zerstört oder beschädigt. Über dem Krankenhaus Bach Mai, dem größten in Hanoi, wurden Kugelbomben und zwei Explosivbomben von 750 Pfund abgeworfen, dabei wurde ein Patient getötet, ein Arzt, ein Krankenpfleger und eine Hilfskraft wurden bei ihrer Arbeit verwundet. Das Haus für Infektionskrankheiten, die neuropsychiatrische Abteilung und der Wohntrakt des Krankenhauspersonals wurden schwer beschädigt.

Auch das Krankenhaus von Hai Duong wurde angegriffen. Außerdem wurden Kugelbomben über der Polytechnischen Schule, über der Hochschule für Planwirtschaft, der Musikhochschule und über freiem Feld abgeworfen. Allein auf die Polytechnische Schule und auf die Hochschule für Planwirtschaft fielen mehr als tausend in der Luft explodierende Kugelbomben, dabei wurden 25 Personen getötet oder verletzt. Das Diplomatenviertel in den Straßen Ba Huyen und Than Quan und das Büro der Internationalen Kontrollkommission, Phan Chu Trinh-Straße Nr. 12, wurden mit Bordraketen beschossen. Der Unteroffizier Mangal Chand, 25 Jahre alt, Mitglied der indischen Delegation, wurde durch einen Geschoßsplitter getötet; ein anderes Mitglied der indischen Delegation wurde verwundet.

Am selben Tag haben amerikanische Flugzeuge auch zahlreiche

Wohnviertel in der Stadt Haiphong, die Provinzen Hung Jen, Thai Binh, Nam Ha, Hai Duong, Ninh Binh, Hoa Binh, Ba Thai und Ha Bac sowie zahlreiche Ortschaften bei Thanh Hoa in der Nähe der entmilitarisierten Zone bombardiert. Die vietnamesische Untersuchungskommission für die von den amerikanischen Imperialisten in Vietnam begangenen Kriegsverbrechen gibt der öffentlichen Meinung in Vietnam und allen übrigen Ländern die neuerlichen schweren Verbrechen der amerikanischen Imperialisten bekannt.» Sie sehen schon, daß unsere zweite Sitzungsperiode mit der ersten eng verknüpft ist. Im Grunde bilden beide einen einzigen Prozeß. Deshalb braucht es nicht viel Worte, um die Sitzung zu eröffnen, es genügt, wenn ich Ihnen mitteile: die Sitzung geht weiter.

II. Bilanz des Tokioter Tribunals

Von Kinju Morikawa

Mitglied des Russell-Tribunals und Präsident des japanischen Komitees gegen die Kriegsverbrechen in Vietnam

(Zusammenfassender Bericht)

Das Tribunal hat eine dreitägige Sitzung vom 28. bis 30. August 1967 abgehalten. Es hatte folgende Fragen zu beantworten:

1. Benutzen die Vereinigten Staaten in Vietnam Waffen, die durch das Völkerrecht und die Menschenrechte verboten sind?

2. Hat sich die japanische Regierung durch die enge Zusammenarbeit mit den Vereinigten Staaten an den Aggressions- und Kriegsverbrechen der USA in Vietnam mitschuldig gemacht?

Nach den Aussagen verschiedener Wissenschaftler und Sachverständiger, nach Berichten von zwei in die Demokratische Republik Vietnam entsandten Delegationen, nach Prüfung der vorliegenden Beweisstücke, Fotografien, Filme, Dokumente und anderer Zeugnisse und nach der Analyse der japanischen Verfassung, die der japanischen Regierung die Teilnahme an jeglicher Kriegshandlung verbietet, hat das Tribunal von Tokio einstimmig folgenden Urteilsspruch beschlossen:

1. Die von der amerikanischen Regierung in Vietnam begangenen Kriegshandlungen stellen ein Kriegsverbrechen von wahrhaft aggressivem Charakter dar, das einmalig in der Weltgeschichte ist und den Gesetzen des Völkerrechts und den Prinzipien der Menschlichkeit Hohn spricht. In diesem Punkt ist die Regierung der USA uneingeschränkt schuldig gesprochen worden. Die neuen Waffen und die Art und Weise, wie sie eingesetzt werden, verletzen die Gesetze des Völkerrechts und die Prinzipien der Menschlichkeit. Auch in diesem Anklagepunkt wurde die amerikanische Regierung schuldig gesprochen.

2. Die japanische Regierung und die japanischen Monopolkapitalisten beteiligen sich aktiv an der Aggression und an den Kriegsverbrechen der USA in Vietnam. Sie sind als Komplicen der USA mitschuldig an den Kriegsverbrechen.

I. Telegramm an den amerikanischen Aussenminister

Die zweite öffentliche Sitzungsperiode des Internationalen Tribunals gegen Kriegsverbrechen wird heute in Roskilde in Dänemark eröffnet. Das Tribunal hat sich zur Aufgabe gestellt, zur Beantwortung von drei Fragen (vergleiche die von Sartre am Vormittag aufgeführten Anklagepunkte) die erforderlichen Beweismaterialien zu hören und zu prüfen. Wir sagen jedem offiziellen Vertreter des State Department jedwede Erleichterung zu, um ihm das Kreuzverhör mit den geladenen Zeugen zu ermöglichen, und geben ihm die Gelegenheit, jedes erdenkliche Beweisstück, das in Verbindung mit den Anklagepunkten steht, mündlich oder schriftlich einzusehen.

Im Namen des Internationalen Tribunals gegen Kriegsverbrechen
Der Exekutivpräsident Jean-Paul Sartre

Antonello Trombadori aus Italien, Vietnamberichterstatter der *Unita*, verliest einen Augenzeugenbericht über die Bombenangriffe auf die DRV, die seit der ersten Sitzungsperiode namentlich die Städte Hanoi, Haiphong, Viet Tri, Than Hoa, das Dorf Dai Lai und die Provinz Thai Binh getroffen haben.

II. Bemerkung von Jean-Pierre Vigier französischer Physiker und Forschungsbeauftragter des CNRS

Vigier: Ich möchte dem Tribunal zwei Dokumente vorlegen: Das eine Beweisstück belegt, daß die US-Regierung sich entschlossen hat, das Schweigen über die Kugelbomben zu brechen. Detaillierte Angaben über die CBU-Bomben wurden jetzt in Amerika veröffentlicht, um die Serienproduktion zu erleichtern. Das zweite Beweisstück betrifft den Einsatz dieser Bomben: es handelt sich dabei um das amerikanische Militärhandbuch über *‹Die auf Luftdruckwirkung beruhenden Waffensysteme›*. In Kapitel 8 findet sich die folgende Definition: «Militärisches Ziel ist jede Person, Sache oder jeder Ort, die zur Zerstörung, zur Ausschaltung oder Unbrauchbarmachung bestimmt ist, um mit Waffengewalt die Widerstandskraft und den Widerstandswillen des Feindes zu vernichten oder zu lähmen.»

Kasuri: Gibt es einen Zusammenhang zwischen dieser Definition des militärischen Objekts und einem völkerrechtlichen Abkommen?

Vigier: In dem vorliegenden Dokument wird auf keine internationale Regelung Bezug genommen. Das Handbuch ist von der amerikanischen Armee für den internen Gebrauch vorgesehen worden.

21. November 1967, vormittags

I. Bericht über die Verwendung von Napalm und Phosphor

von Prof. Dreyfus, Dozent an der Medizinischen Fakultät von Paris

Napalm

Das Napalm ist eine Mischung aus Benzin und verschiedenen Fettsäuren, die sich zu einer leicht entzündbaren zähflüssigen Masse verdichten. Napalm wurde zum erstenmal von den Amerikanern im Zweiten Weltkrieg eingesetzt. Heute wird Napalm meistens als Pulver hergestellt, das an Ort und Stelle, vor dem Einsatz, mit Benzin vermischt wird. Es entwickelt eine Temperatur von 800 bis 1200 Grad. Neuartige chemische Zusammensetzungen haben die Brennbarkeit des Stoffes noch erhöht: das Supernapalm, die neueste Weiterentwicklung, erzeugt eine Temperatur von 1500 bis 2000 Grad.

Das Napalm setzt jeden brennbaren Stoff in Brand. Beim ungeschützten Menschen verursacht es nicht nur Verbrennungen, sondern ruft durch das freigesetzte Kohlenmonoxyd auch Vergiftungserscheinungen hervor. Unterirdische Tunnels bieten keinen Schutz. Wenn die Öffnung zu klein ist, ersticken die Menschen.

Pathologie

1. Die Vergiftung: Das Kohlenmonoxyd löst sich im Blutplasma auf und setzt sich innerhalb von einigen hundertsteln Sekunden im Hämoglobin fest. Es wird nur langsam ausgeschieden. Ferner setzt sich das Kohlenmonoxyd in den Atmungsenzymenen fest und bewirkt Störungen in der Zellenatmung. Die chemischen Wirkungen hängen vom Grad seiner Konzentration ab: bereits bei einer Konzentration von 1% wirkt es giftig. Bei stärkerer Konzentration verursacht es zunächst Halluzinationen und Bewußtseinsstörungen, dann Bewegungsstörungen und schließlich Lähmung. Bei einem Sättigungsgrad von 30–40% im Hämoglobin tritt das Koma ein. Bei den Überlebenden zeigen sich regelmäßig neurologische Nachwirkungen. Die Entwicklung des Komas hängt von der therapeutischen Behandlung ab. Das wichtigste ist die Zufuhr reinen Sauerstoffs. Zusätzlich müssen moderne Methoden der künstlichen Beatmung und der Wiederbelebung unternommen werden. Sie können sich vorstellen, wie schwierig es ist, eine derartige Behandlung während der militärischen Operationen vorzunehmen.

2. Die Verbrennungen: Die Explosion einer 200-Liter-Napalmbombe vernichtet durch Feuereinwirkung alles, was sich in einem Umkreis von achtzig Metern befindet. Die Hitze beträgt zwischen 1000 und 2000 Grad; innerhalb dieses Umkreises überlebt niemand. Nur außerhalb dieses engeren Kreises können Menschen die Verbrennung über-

leben. Die Schwere der Verbrennung bemißt sich nach der Ausdehnung und der Tiefenwirkung der Wunden. Auch das Alter der Betroffenen spielt eine Rolle. Bei Kindern und Greisen sind die Folgen der Verbrennungen schwerwiegender. Jeder Erwachsene, dessen Haut zu mehr als 10% verbrannt ist, und jedes Kind mit mehr als 8% verbrannter Hautoberfläche gilt als schwer verletzt.

Die Tiefenwirkung der Verbrennung: Man unterscheidet zwischen Verbrennungen ersten und zweiten Grades, bei denen nur die Epidermis angegriffen ist, und Verbrennungen dritten Grades, bei denen die Vernichtung der ganzen Haut, Derma und Epidermis, eine rasche Vernarbung der Wunden unmöglich macht.

Das Krankheitsbild bei schweren Verbrennungen

Nach dem durch den Schmerz verursachten ersten Schock tritt nach ungefähr sechs Stunden für drei bis vier Tage durch den Blutplasmaschwund im Bereich der Brandwunden ein zweiter Zusammenbruch ein. Dieser Plasmaschwund greift vor allem das Innere der Gewebe an und verursacht ödemartige Erscheinungen. Eine direkte Folge ist die Abnahme der Blutmenge, die eine Verlangsamung des Kreislaufs und oft einen Kreislaufkollaps und zahlreiche Stoffwechselstörungen zur Folge hat.

Vom dritten Tag an tritt eine umgekehrte Erscheinung ein. Die ausgeschwitzten Flüssigkeiten werden vom Körper zurückverlangt. Das verursacht eine Hämodilution, eine Anämie mit der Gefahr von Lungen- oder Hirnödemen. Gleichzeitig zeigt sich ein Leber- und Nierenschaden, der mit dem durch die Resorption der zerstörten Gewebe bedingten Übergewicht an toxischen Stoffen zusammenhängt. In zehn Tagen verliert ein Schwerverbrannter fünf Kilo lebenden Gewebes.

Außerdem ist jede tiefere Brandwunde von Infektionen bedroht, und zwar um so mehr, als die anfängliche Schwächung der allgemeinen Widerstandskraft die Anhäufung von Mikroben erleichtert. Die einmal eingetretene Infektion fördert die Stoffwechselstörungen und verhindert die Heilung der Wunden. Dadurch entsteht ein meistens unaufhebbarer *circulus vitiosus*, auf den die mehr als 50% sekundären Todesfälle zurückzuführen sind; oft tritt der Tod erst nach mehreren Monaten ein. Der Heilungsprozeß setzt erst spät ein; dabei werden die abgestorbenen Gewebe abgestoßen. Wenn keine Hautübertragung vorgenommen worden ist, bleibt die Narbe anfällig und brüchig; oft treten skleroseartige Verhärtungen auf. Von besonderer Schwere sind die Verbrennungen im Gesicht: die Verbrennungen an den Augen führen sehr oft zum Erblinden. Das napalmverbrannte Gesicht wirkt in aller Regel ausgesprochen abstoßend, so daß die psychischen Folgen verheerend sein können. Zur Hautübertragung braucht man Spezialkräfte und moderne Krankenhauseinrichtungen.

Bei wiederholten Bombenangriffen, durch die eine rechtzeitige Evakuierung der Verletzten verhindert wird und die das überforderte Personal zu Einsätzen an vielen verschiedenen Punkten zwingen, hat es keinen Zweck, die Schwerverletzten überhaupt ärztlich zu behandeln; sie sterben ohnehin nach spätestens zehn Tagen. Man wird sich darauf beschränken müssen, den leichter Verletzten mehr Hilfe zukommen zu lassen, zumal sie durch Zufuhr von Sauerstoff geheilt werden können. Zur Zeit kommt eine beschränkte Anzahl Schwerverbrannter in den Krankenhäusern von Hanoi in den Nutzen moderner Behandlungsmethoden. Die Mehrzahl der Verbrannten wird in den lokalen Krankenstationen und den Bezirkskrankenhäusern behandelt, in denen Hautübertragungen in der Regel nicht vorgenommen werden können. Die Brandwunden verheilen nur sehr langsam von den Rändern her. Unter diesen Bedingungen können nur etwa 30 % der Napalmopfer überleben. Sie behalten jedoch Schrumpfnarben zurück, die zu Hautkontraktionen führen und erneut operiert werden müssen, oder Narben, die Tumore zur Folge haben können. Die Narben beeinträchtigen die normale Dehnbarkeit der Haut und können die Bewegungsfähigkeit der Gliedmaßen hemmen. Die Narben alter Brandwunden sind zudem für eine besondere Art von Hautkrebs anfällig, dessen rechtzeitige Prognose nur selten möglich ist.

Der weiße Phosphor

Der weiße Phosphor ist ein in der Luft äußerst leicht oxydierender Stoff. Seine Verbrennung hört zwar im Wasser auf; er wandelt sich jedoch durch den Kontakt mit Wasser in Phosphorsäure um, die die Gewebe stark verbrennt. In dieser Form wirkt er auch auf den menschlichen Körper, der bekanntlich zu zwei Dritteln aus Wasser besteht. Nach der Explosion der Bomben entzündet sich der weiße Phosphor selbsttätig und entwickelt dabei eine Temperatur von 1200 bis 1300 Grad. Die Phosphorpartikel verursachen nicht nur unmittelbare Schäden; einige Teilchen können in den Wunden zurückbleiben und viel später erst verbrennen. Einzelne Splitter können noch nach einem Jahr Rauch entwickeln. Hinzu kommt, daß der Organismus, der Phosphor aufnimmt, vergiftet wird. Die Vergiftung zieht besonders die Leber, die Nieren, die Lunge und das Nervensystem in Mitleidenschaft. Der Phosphor besitzt so inhumane Eigenschaften, daß seine Anwendung völkerrechtlich verboten werden müßte, denn seine Auswirkungen stehen im Gegensatz zu den Haager und Genfer Konventionen.

Pathologie des Phosphors

1. Die Verbrennungen: Den Wunden entsteigt ein weißlicher Qualm. Sie sind sehr schmerzhaft, weil die Phosphorteilchen in der Haut nachbrennen. Nicht selten müssen die verletzten Körperteile amputiert werden. Die Wunden vernarben nur langsam und brechen leicht wieder auf. Die Knochenverletzungen sind schwerwiegender als bei Napalmverbrennungen.

2. Die Vergiftung: Selbst bei leichten Verbrennungen ist die Prognose auf Grund der Vergiftung schwierig; das durch die Wunden eingedrungene Phosphor verbreitet sich rasch und vergiftet den ganzen Körper. Die Vergiftungserscheinungen treten auf: – entweder 6 bis 12 Stunden nach der Verbrennung; es kommt zu Magendarmstörungen mit Erbrechen usw., gleichzeitig setzt ein mehr oder weniger schwerer Kreislaufkollaps ein, der mit dem Wasserverlust des Körpers zusammenhängt; – oder 3 bis 5 Tage später; das bedeutet, die inneren Organe sind stark angegriffen, es kommt zu einer fortschreitenden Anämie, die Zahl der roten Blutkörperchen fällt auf ungefähr 2 Millionen, der Anteil der weißen Blutkörperchen sinkt in unterschiedlichem Maße. Die Beeinträchtigung der Leber- und Nierentätigkeit führt häufig zu schweren Vergiftungssymptomen, Unruhe, Delirium, Krämpfen. Oft tritt nach 2 bis 4 Tagen der Tod ein; der gesamte Prozeß kann aber auch 5 bis 8 Tage dauern. Vergiftungserscheinungen wurden in den bombardierten Gebieten auch bei Tieren beobachtet. Bauern, die das Fleisch dieser Tiere verzehrt hatten, wurden ebenfalls vergiftet.

Behandlung
Die Phosphorreste müssen entfernt und die Vergiftung muß so weit wie möglich verhindert werden. Die Entfernung des zurückbleibenden Phosphors kann nur durch chirurgische Eingriffe durchgeführt werden. Die klassische Behandlung von Leber- und Nierenvergiftungen muß sofort einsetzen; das bedeutet, vorzügliche Krankenhauseinrichtungen müssen zur Verfügung stehen.

Andere Brandbomben

Thermintenbomben: Sie enthalten ein Gemisch aus Aluminiumpulver, Metalloxyd und Bariumnitrat und entwickeln eine Temperatur von 2000 bis 3000 Grad. Seit Mitte 1966 werden sie eingesetzt.

Magnesiumbomben: Aus ökonomischen Gründen werden sie nur in beschränkter Anzahl verwendet.

Der Einsatz von Brandbomben in Vietnam

(*Dieser Bericht beruht auf Angaben japanischer, vietnamesischer und amerikanischer Zeugen.*)

Nach William Peters (USA), der als Journalist 6 Wochen in Vietnam verbracht hat, sind im Verlauf des Krieges eine Million Kinder getötet, verwundet oder verbrannt worden. Nur wenige von ihnen kommen in ein Krankenhaus. Dort liegen sie zu zweit oder dritt in einem Bett oder auf dem Boden. Aus vietnamesischen Quellen geht hervor, daß bei Brandbombenangriffen oft auch Explosiv- und Kugelbomben eingesetzt werden.

Ich besitze einiges Zahlenmaterial über die an Industriefirmen ergangenen Bestellungen. Eine Aufstellung darüber ist in einer vom amerikanischen Anti-Napalm-Komitee herausgegebenen Broschüre enthalten: monatlich werden 50 Millionen Liter Napalm von der Armee eingesetzt. Diese Menge kann ein Gebiet von 10 000 qkm in eine von Feuer verwüstete Ödlandschaft verwandeln. Die Zeitschrift *Ramparts* hat die Aussagen mehrerer Journalisten verglichen. Diese Zusammenstellung ermöglicht eine vergleichende Untersuchung über die Krankenhäuser in Da Nang, Saigon, usw. Überall bietet sich das gleiche Bild; es entspricht dem, das der amerikanische Vertreter der Schweizer humanitären Organisation ‹Terre des Hommes› gegeben hat. Aus seinem Bericht lese ich einen Auszug vor:

«In den Dörfern sind von 6 Opfern 4 Kinder. Wenn der Verbrannte schwer verletzt ist, wird er nicht überleben: für ihn gibt es keine medizinische Hilfe. Für den Verletzten wird die Fahrt zum Krankenhaus zum Wettlauf mit dem Tode, auf schlechten Straßen, die oft durch Militär versperrt sind, durch Dreck, Staub und Myriaden von Insekten. Praktisch ist jeder Verwundete oder Verbrannte, der in Da Nang ankommt, mehrfach verseucht; die offenen Fleischwunden, Knochenverrenkungen und Todesschreie der Opfer verursachen dem Betrachter Schmerzen. Am erschütterndsten ist der Anblick der vom Feuer zerfressenen Gesichter und Körper der Kinder. Das Napalm und der noch schrecklichere Phosphor bringen ihr Fleisch zum Schmelzen und führt zu grotesken Mißbildungen. Sehr oft haben diese Kinder kaum noch ein menschliches Aussehen; und man kann die monströsen Auswirkungen der Verbrennungen nur mit Entsetzen sehen. Der Wunsch zu pflegen und die Schmerzen zu lindern, sagte mir ein Arzt, wird durch die Sorge gelähmt, die zu Asche gewordene Haut könnte unter den Fingern zerbröckeln . . .»

(Professor Dreyfus macht darauf aufmerksam, daß japanische und vietnamesische Berichte über die Übergriffe auf die Zivilbevölkerung und auf die Versorgungszentren des Landes vorliegen; Angaben über Ort, Zeit und die näheren Umstände sowie die Namen der Verwundeten sind den Berichten beigefügt.)

Zusammenfassung

Die Haager Konvention von 1907 verurteilt die Anwendung von Waffen, die unnötiges Leiden verursachen. In Vietnam hat es jedoch den Anschein, als ob die Amerikaner die Leiden der Bevölkerung bewußt einplanen, um das Maß des Terrors gegenüber dem Gegner zu erhöhen. Zum allgemeinen Niedergang der Menschlichkeit trägt der Einsatz von Napalm und Phosphor wesentlich bei.

II. Die Völkerrechtskonventionen und die amerikanische Aggression in Vietnam

Bericht von Stanley Faulkner, Anwalt am New Yorker Staatsgericht und am Obersten Bundesgericht der Vereinigten Staaten

Im Rahmen des Völkerrechts hat der Begriff der persönlichen Verantwortung eine jahrhundertealte Tradition. Hugo Grotius, wahrscheinlich der Begründer des Völkerrechts, schrieb 1645 in einem Handbuch, daß die Verantwortlichkeit des einzelnen immer auch den Bereich des Völkerrechts einschließt. Dieser Grundsatz wurde sehr konkret bei den Nürnberger Prozessen angewendet. Dort haben einzelne Personen behauptet, sie könnten nicht für ihre Taten zur Rechenschaft gezogen werden, da sie auf Befehl gehandelt hätten. Die Verteidiger der Nürnberger Angeklagten haben Argumente vorgebracht, die uns vertraut geworden sind. Der letzte Beleg für diese Art der Verteidigung war wahrscheinlich der Eichmann-Prozeß in Israel. Gegenüber dem Gerichtshof hat Eichmann sich darauf zurückgezogen, daß er nicht verantwortlich erklärt werden könne für die Ausführung von Befehlen, die ihm Vorgesetzte erteilt haben. Das Gericht ist ihm in dieser Argumentation nicht gefolgt, und Eichmann wurde schuldig gesprochen.

Der einzelne Soldat, der unter dem Sternenbanner zum Militärdienst einberufen wird, steht vor einem schrecklichen Dilemma, wenn er es ablehnt, sich an den Grausamkeiten in Vietnam zu beteiligen. Ich erlaube mir, Ihnen die Erklärung von drei Soldaten bekanntzugeben, die heute in den USA und vielleicht sogar in der ganzen Welt als die ‹Drei vom Fort Hood› berühmt geworden sind. In ihrer Garnison, dem Fort Hood in Texas, erhielten sie den Marschbefehl für Vietnam.

«Wir waren uns in folgendem Punkt einig: sobald wir den Einsatzbefehl für Vietnam erhielten, würden wir eine klare Haltung einnehmen und die Abreise verweigern. Unser Motiv war eindeutig: wir hatten es mit einem illegalen und unmoralischen Krieg zu tun. Wir betrachteten diesen Krieg als Aggressionskrieg, weil die Vereinigten Staaten ohne Kriegserklärung Truppen nach Vietnam entsandt haben. Sie haben ein Land bombardiert, mit dem sie sich überhaupt nicht im Kriegszustand befinden. Wir können uns nicht entschließen, Handlungen im Widerspruch zu unseren Überzeugungen zu begehen und uns an einem Unternehmen zu beteiligen, das wir für kriminell halten.»

Vor ein Kriegsgericht gestellt, wurden die drei Soldaten zu je drei Jahren Gefängnis verurteilt.

Ein anderer amerikanischer Soldat, Robert Lockman, ist vor genau einer Woche, am 13. November, aus demselben Grund in Kalifornien verurteilt worden. Er hat sich mit den gleichen Argumenten verteidigt und ist vom Kriegsgericht zu zweieinhalb Jahren Gefängnis verurteilt worden.

Mit welchen Gründen verteidigen sich diese Männer? Was gibt ihnen das Recht, diese Gründe vor den militärischen und zivilen Gerichtshöfen

Amerikas vorzutragen? Die Angeklagten haben sich zu ihrer Verteidigung auf die Verfassung berufen, namentlich auf die Tatsache, daß die darin festgelegten Grundrechte oberstes Gesetz des Landes sind, was wortwörtlich in jedem Buchstaben der Verfassung zum Ausdruck kommt. Sie haben sich auf bestimmte Staatsverträge bezogen, die von den Vereinigten Staaten verabschiedet worden sind, zum Beispiel den Briand-Kellogg-Pakt, dessen Klauseln nach allgemeiner Auffassung im Völkerrecht Gesetzeskraft haben. Im Wortlaut des Vertrages heißt es: «Die Regierungen der Vertragspartner erklären feierlich im Namen ihrer Völker, daß sie den Rückgriff auf den Krieg als Mittel zur Lösung internationaler Gegensätze verdammen», und ihn bei den Beziehungen zu anderen Nationen keine Rolle spielen lassen wollen. Die Angeklagten haben ebenfalls Art. 2 Abs. 4 des 1. Kapitels und Art. 39 des 7. Kapitels der Charta der Vereinten Nationen angeführt. Dort heißt es: a) «Die Mitglieder der UNO verzichten in ihren internationalen Beziehungen auf Drohungen und Gewalt gegen die territoriale Integrität oder die politische Souveränität eines jeden Landes sowie auf jedes Mittel, das mit den Zielsetzungen der Vereinten Nationen unvereinbar ist.» b) «Der Weltsicherheitsrat stellt die Tatsache einer Bedrohung des Friedens, eines Friedensbruchs oder einer Aggressionshandlung fest, und er empfiehlt oder entscheidet über Maßnahmen, um den Frieden und die internationale Sicherheit aufrechtzuerhalten oder wiederherzustellen!»

Außerdem haben sich die Angeklagten auf das Nürnberger Verbotsurteil, das als ‹Londoner Abkommen› ins Völkerrecht eingegangen ist, bezogen. Das ist ein bemerkenswerter Punkt, denn dieses Abkommen legt fest, daß ein Soldat, der sich an Verbrechen gegen den Frieden, an Verbrechen gegen die Menschlichkeit oder an Kriegsverbrechen beteiligt hat, nach dem Gesetz wie ein Krimineller zu behandeln ist. Genau dieselben Formulierungen finden sich Wort für Wort im amerikanischen ‹*Law of Land Warfare*›, von dem ich eben sprach.

Wenden wir uns jetzt dem südostasiatischen Verteidigungspakt, der SEATO, zu.

Nur der Weltsicherheitsrat hat das alleinige Recht zu entscheiden, ob ein Mitglied der UNO sich an einem Krieg beteiligen darf. Mit anderen Worten: die Vereinigten Staaten müssen, bevor sie ihren Verpflichtungen im Rahmen der SEATO nachkommen, die Zustimmung des Weltsicherheitsrates erhalten. Muß das noch gesagt werden? Keine der Vertragsklauseln wurde respektiert, und die Vereinigten Staaten haben als Mitglied der SEATO in den Vietnamkrieg eingegriffen, ohne die UNO zu konsultieren.

Die Verteidigung berief sich noch auf ein weiteres Argument: das State Department hat oft behauptet, sein militärisches Mandat gründe sich auf eine Klausel der sogenannten Tonking-Resolution, die von beiden Kammern des Kongresses angenommen wurde und die dem Präsidenten der Vereinigten Staaten bestimmte Sondervollmachten zugesteht. Ich werde gleich darauf zurückkommen.

Das ‹*Law of Land Warfare*› legt die Unumgänglichkeit einer vorherigen Kriegserklärung fest. Dennoch haben die USA, wie allgemein bekannt, Vietnam niemals den Krieg erklärt. Zu keinem Zeitpunkt hat der Kongreß seine Vollmacht, den Krieg rechtlich gültig zu erklären, in Anspruch genommen. Hierzu möchte ich an die Äußerungen von zwei Mitgliedern des Obersten Bundesgerichtes der Vereinigten Staaten erinnern, die erst am 6. November gemacht wurden.

Den Angeklagten, die sich auf die internationalen Verträge berufen hatten, wurde geantwortet, daß die Frage der Grausamkeiten ein politisches und kein juristisches Problem sei und folglich weder in die Kompetenz der Kriegsgerichte noch der zivilen Instanzen falle. Beim Prozeß der ‹Drei vom Fort Hood› wie beim Prozeß des Soldaten Lockman war es uns verboten, auch nur den geringsten Beweis für die in Vietnam begangenen Grausamkeiten vorzulegen. Man hat uns nicht erlaubt, Zeugen beizubringen, die die Tatsachen auf Grund eigener Anschauungen oder Erfahrungen hätten belegen können. Ich möchte hinzufügen, daß die Debatten beim gegenwärtigen Tribunal mich in die Lage versetzt haben, beim jüngsten Verfahren, dem Prozeß gegen Ron Lockman, eine detaillierte Aufstellung der Opfer solcher Grausamkeiten mit Angabe von Namen und Adresse vorzulegen. Aber selbstverständlich war es uns auch in diesem Fall untersagt, die Tatsachen ans Licht der Öffentlichkeit zu bringen. Richter Stewart, der vor dem Obersten Bundesgericht zum Fall ‹Fort Hood› eine abweichende Meinung vertreten hat, erklärte, daß folgende Fragen von äußerster Wichtigkeit sind:

1. Ist das gegenwärtige Verhalten der USA in Vietnam ein Krieg gemäß Art. 1 Abs. 8 § 11 der amerikanischen Verfassung? Wenn ja, hat dann die Exekutive, das heißt der Präsident, das verfassungsmäßige Recht, den Antragstellern den Befehl zu erteilen, an dem genannten militärischen Unternehmen teilzunehmen, obwohl der Kongreß keine Kriegserklärung ausgesprochen hat?

2. Wieweit erstrecken sich im einzelnen die Verpflichtungen, die die Vereinigten Staaten im Rahmen ihrer Verträge übernommen haben?

3. Welche Tragweite hat im einzelnen die Tonking-Resolution, die am 10. August 1964 von beiden Kammern des Kongresses verabschiedet wurde?

4. Stimmen die gegenwärtigen militärischen Operationen der Vereinigten Staaten mit allen Punkten der eben genannten Resolution überein?

5. Falls die Resolution beider Kammern das Ziel hat, der Regierungsspitze das Mandat zu übertragen, amerikanische Truppen in einen bewaffneten Konflikt einzubeziehen, so stellt sich die Frage, ob die Tonking-Resolution nicht von seiten des Kongresses eine Delegierung seiner generellen oder partiellen Vollmacht, den Kriegszustand zu erklären, darstellt, eine Delegierung mithin, die mit der Verfassung auf keinen Fall in Einklang steht?

Richter Stewart fährt fort: «Das sind wichtige und schwierige Fragen.

Man kann sie nicht dadurch aus der Welt schaffen, daß man sich weigert, die Argumente, die drei einfache, nicht weiter bekannte Soldaten zu ihrer Verteidigung vorbringen, zur Kenntnis zu nehmen. Meines Erachtens müßte das Oberste Bundesgericht sich diesem Problem ohne Winkelzüge stellen und diesen Fall gründlich ausdiskutieren.»

Richter Douglas, der sich ebenfalls im Widerspruch zur Auffassung seiner Kollegen vom Obersten Bundesgericht befand, erklärte, das Gericht sei es sich schuldig, den Fall der drei Soldaten gründlich zu prüfen. Er betonte, der Kongreß müsse bei der Auslösung und Lenkung eines Krieges eine aktivere Rolle spielen.

Dieser Gesichtspunkt wurde von Senator Fulbright wiederaufgegriffen. Zur Untermauerung seiner These zitierte Fulbright folgende Ausführungen von Jefferson: «Wir in den Vereinigten Staaten mit unserer verfassungsmäßigen Regierung haben das Gefühl, in einem Land zu leben, das nicht von Menschen, sondern vom Recht an sich regiert wird, und die Urheber unserer Verfassung, die sich für das System der drei Gewalten ausgesprochen haben, waren darauf bedacht, die Vollmachten unseres Präsidenten einzuschränken und klar festzulegen, welche Vollmachten der gesetzgebenden und der richterlichen Gewalt zukommen. In unserer ganzen Geschichte haben wir uns immer bemüht, die Kompetenzen beider Instanzen soweit wie möglich zu respektieren. Unsere Nation hat um die Erlangung ihrer Unabhängigkeit kämpfen müssen. Wir kannten die Probleme, mit denen andere Nationen konfrontiert waren, als sie von ihren Königen in Kriege gestürzt wurden, und wir wollten nicht, daß es der neuen Nation, die sich gerade erst gebildet hatte, ähnlich erginge. Darum haben wir besondere Sorgfalt darauf verwendet, die einzelnen Gewalten zu begrenzen, besonders die Vollmacht einzuschränken, die in der Lage ist, das Land in einen Krieg zu führen.»

Während des Kriegsverbrecherprozesses in Nürnberg wurde der Krieg als gewaltsame Durchsetzung eines geplanten politischen Handelns definiert. Beim Einsatz von Polizeikräften, bei bewaffneten Repressalien, beim begrenzten wie beim totalen Krieg, handelt es sich immer um Krieg, um verschiedene Erscheinungsformen eines in den Beziehungen zwischen den Staaten häufig angewandten Verhaltens, dessen Methoden sich freilich im Verlauf der Zeiten verändert haben.

Die Operationen der Vereinigten Staaten in Vietnam stellen kriegerische Handlungen in dem Sinne dar, wie sie von Sir Arnold McNeil beschrieben worden sind: «Auch wenn keine formelle Kriegserklärung vorliegt, besteht von dem Moment an der Kriegszustand, in dem das Land, das sich der Anwendung von Gewalt ausgesetzt sieht, diese Gewaltakte als Kriegshandlungen ansieht. Die Genfer Konventionen beziehen sich in gleicher Weise auch auf Kriege, die nicht formell erklärt worden sind, und nach dem *‹Law of Land Warfare›* bleiben völkerrechtliche Abkommen auch in Kraft, wenn keine Kriegserklärung ausgesprochen wurde. Unter einem rechtmäßig erklärten Krieg verstehe er einen Krieg, der von der Institution erklärt wurde, die in den Vereinigten Staaten allein berechtigt ist, Kriege zu erklären: der Kongreß. Präsident Johnson hat behauptet, daß es möglich sei, aus der vom Kongreß angenommenen Tonking-Resolution ein Mandat abzuleiten, das sein Vorgehen in Vietnam rechtfertigt. Sie ‹bestätigt und unterstreicht den Auftrag an den Präsidenten in seiner Eigenschaft als militärischer Oberbefehlshaber, jeden bewaffneten Angriff auf die Truppen der Vereinigten Staaten zurückzuschlagen und die Aggression zu unterbinden›. Wörtlich wird im folgenden festgestellt, daß die Aufrechterhaltung des internationalen Friedens und der Sicherheit in Südostasien für Amerika von essentieller Bedeutung und daß das Land absolut bereit sei, jede erforderliche Maßnahme, einschließlich der Anwendung militärischer Gewalt, zu ergreifen, um jedem Mitglied der SEATO im Kampf um die Verteidigung der Freiheit zu Hilfe zu kommen. Gleichwohl legt diese Resolution fest, daß alle Maßnahmen im Einklang mit der Verfassung der Vereinigten Staaten und der UN-Charta stehen und die im Vertrag zur gemeinsamen Verteidigung Südostasiens eingegangenen Verpflichtungen respektieren müßten. Ich wiederhole: alle Maßnahmen müssen im Einklang mit der Verfassung, der UN-Charta und dem SEATO-Vertrag stehen. Ich hoffe, klargemacht zu haben, daß unser Verhalten in Vietnam ebensowenig der UN-Charta entspricht, wie es sich mit unserer Verfassung oder dem SEATO-Vertrag vereinbaren läßt. In unserem Land hat der Rechtsgrundsatz uneingeschränkte Gültigkeit, daß keine Entscheidung des Kongresses einer Verpflichtung widersprechen darf, die aus einem früheren Vertrag stammt. Die Nichtbeachtung eines Vertrages ist nur bei grundsätzlicher Unvereinbarkeit zweier Verträge statthaft. Denn die Welt darf erwarten, daß die Vereinigten Staaten bereit sind, guten Glaubens und in aller Loyalität ihre vertraglich eingegangenen Verpflichtungen zu erfüllen. Auch in der Tonking-Resolution steht, daß sie mit den vorherigen Verträgen übereinstimmen muß. Unser Verfassungssystem ist wohlausgewogen, es gipfelt in der Logik der Gewaltenteilung; auf diesem Strukturprinzip beruht das gesamte Verfassungssystem Amerikas.

Nichts geht aus unserer Verfassung klarer hervor als die Tatsache, daß der Kongreß allein bevollmächtigt ist, den Krieg zu erklären. Die Urheber haben diesen Grundsatz mit aller Deutlichkeit in der Verfassung festgelegt, weil sie nicht erleben wollten, daß sich in den USA die Geschichte jener Nationen wiederholt, in denen die Entscheidung über Frieden und Krieg dem Herrscher überlassen war. Sie maßen dieser Vollmacht eine solche Bedeutung zu, daß sie sich weigerten, sie ausschließlich dem Senat anzuvertrauen. Deshalb haben sie festgelegt, daß jede Kriegserklärung zugleich vom Repräsentantenhaus gebilligt werden muß, dem Verfassungsorgan, das mehr Vertreter als der Senat zählt und die Bevölkerung besser repräsentiert. Der Präsident verfügt über keine unbegrenzten Vollmachten, seine Befugnisse sind deutlich in der Verfassung festgelegt und durch die Rechtssprechung eingegrenzt.

Die Ereignisse seit der Tonking-Resolution haben den Kongreß bewogen, seine Entscheidung kritisch zu überprüfen. Hat er auf sein alleiniges Recht, den Krieg zu erklären, verzichtet? Hat der Präsident als Leiter der Exekutive ein Mandat erhalten, das nur für die Dauer der Legislaturperiode Gültigkeit besitzt? Haben die Vereinigten Staaten gegen das Völkerrecht verstoßen, weil sie in Vietnam einen illegalen Krieg führen? Diese grundsätzlichen rechtlichen Bedenken begannen nicht nur einigen Mitgliedern des Kongresses, sondern auch zahlreichen und namhaften Spezialisten des Völkerrechts Kopfzerbrechen zu machen. In diesem Zusammenhang möchte ich auf eine Studie hinweisen, die die Rechtsgrundlage der militärischen Intervention der USA in Vietnam in Frage stellt. Sie stammt von einem Arbeitsausschuß des Juristenkomitees zur Untersuchung der amerikanischen Politik gegenüber Vietnam, der von Robert A. Falk, Professor für Internationales Recht an der Universität Princeton, geleitet wird. Außerdem hat sich die Senatskommission des Foreign Office entschlossen, zu dieser Frage eine Enquete vorzunehmen. Ihr Vorsitzender, Senator Fulbright, hat am 17. August 1967 zur Eröffnung der Sachverständigenberatung erklärt: ‹Die verfassungsrechtlichen Probleme, die wir im Verlauf unserer Sitzungen untersuchen wollen, brennen uns auf den Nägeln. Verbindet man die Verfassungsfrage mit dem Fortgang des Krieges in Vietnam, so bedeutet das nicht, daß wir einen Vorwand suchen, um eine Ablehnung des Krieges in Vietnam zum Ausdruck zu bringen. Das bedeutet nur, daß dieser Krieg, den ich persönlich völlig ablehne, wie alle Vorgänge, die damit in Beziehung zu bringen sind, zum Beispiel die Tonking-Resolution und die Intervention in der Dominikanischen Republik von 1965, mir ein institutionelles Problembewußtsein vermittelt haben, das mir vorher gefehlt hat. Ein anderes Problem, das mich gegenwärtig beschäftigt und das ich gleich beim Namen nennen möchte, ist das folgende: ich glaube, daß in der auswärtigen Politik ein ausgesprochenes Ungleichgewicht zwischen dem Präsidenten der Exekutive und dem Kongreß besteht, das sich im Verlauf der letzten 25 Jahre verstärkt hat und auf Grund dessen die Exekutive eine unbeschränkte Vollmacht erlangt hat, das Land im Ausland politisch und militärisch zu engagieren.› Die Kommission hat u. a. Ruhl J. Bartlett, Professor für politische Geschichte an der Fletcher School of Law und Diplomacy der Universität Tufts befragt. Bartlett hat die begründete Meinung vertreten, daß ‹keine verfassungsrechtliche Grundlage für die Annahme besteht, daß dem Präsidenten als Chef der Exekutive besondere Vollmachten anvertraut worden sind; folglich ist der Präsident keineswegs berechtigt, in seiner Eigenschaft als militärischer Oberbefehlshaber die Entscheidungsbefugnis des Kongresses zu übernehmen, den Krieg zu erklären oder über den Einsatz bewaffneter Streitkräfte zu entscheiden, wie er auch nicht die erforderliche Vollmacht besitzt, allein nach seinem Belieben Verträge zu interpretieren und zu erfüllen.› Darauf hat der Sachverständige einige Ausführungen des Außenministers kritisiert: ‹Die Vereinigten Staaten handeln in Vietnam, erklärte der Staatssekretär, in Übereinstimmung mit dem SEATO-

Vertrag, aber auch die spitzfindigste Interpretation des Vertrages gibt dem Präsidenten nicht das Recht, allein die US-Army so einzusetzen, wie es den vertraglichen Verpflichtungen entspricht. Es handelt sich um eine unzulässige Auslegung.›

Als die beiden Richter am Obersten Bundesgericht, Stewart und Douglas, ihre abweichende Auffassung zum Ausdruck brachten, indem sie die Frage stellten, ob die Vereinigten Staaten nicht die geltenden Verträge verletzten und ob sie nicht einer fehlenden Kriegserklärung des Kongresses zum Trotz einen regelrechten Krieg führten, fanden ihre Fragestellungen im ganzen Land ein lebhaftes Echo. Das belegt ein Leitartikel der *New York Times* vom 14. November 1967, aus dem ich die folgenden Zeilen zitiere: ‹Obwohl das Berufungsverfahren der drei jungen Soldaten, das ihre Einwände prüfen sollte, verworfen wurde, sind die von den Richtern Potter Stewart und William Douglas geäußerten Ansichten der Minderheitsfraktion von großer Bedeutung. Sie haben neue Verfassungsprobleme aufgeworfen, die eine gründliche Überprüfung erforderlich machen und die in der Lage sind, eines Tages ein völlig anderes Urteil zu veranlassen. Richter Stewart, der sich streng an die verfassungsrechtliche Tradition und an juristische Präzedenzfälle gehalten hat, erinnerte an die berühmte Erklärung Jeffersons, die Macht, den Krieg zu erklären, liege beim Kongreß und bei niemand anderem sonst. Weiterhin hat er betont, daß dieser Prozeß Fragen von äußerster Wichtigkeit aufwirft: findet in Vietnam ein Krieg im verfassungsrechtlichen Sinn statt? Dürfen Soldaten dorthin entsandt werden, ohne daß der Kongreß den Krieg erklärt hat? Gibt die Tonking-Resolution dafür eine ausreichende Grundlage? Darf der Einsatz der bewaffneten Streitkräfte der ‹absoluten Entscheidungsvollmacht› des Chefs der Exekutive überlassen werden? Das Oberste Bundesgericht wird diese Fragen im Augenblick nicht anschneiden, aber das Land wird darauf bestehen müssen, daß diese Fragen weiterhin gestellt werden, wenn es nicht will, daß dieser Krieg fortgesetzt wird, ohne daß das Volk gefragt wird. Das ist der tiefere Sinn des Prozesses Nr. 401.›

Zum Schluß möchte ich einen Artikel des *‹Law of Land Warfare›* zitieren, der sicherlich nicht unmittelbar mit meinem Bericht zu tun hat, der jedoch die Aufgaben des gegenwärtigen Tribunals direkt betrifft und seine Existenz rechtfertigt. Kap. 8 Art. 95 dieses Gesetzes lautet: ‹Wenn das Kriegsrecht verletzt worden ist, hat die betroffene Partei das Recht, folgende Reparationsleistungen zu verlangen: a) Enthüllung der Tatsachen, um die öffentliche Meinung über die Handlungen des schuldhaft Kriegführenden aufzuklären . . .›»

I. Bericht über die Frage der durch die Kriegsgesetze verbotenen Waffen

von Yves Jouffa, Anwalt am Cour de Paris

1. Die Frage der verbotenen Waffen wurde bereits während der ersten Sitzungsperiode des Tribunals in Stockholm, speziell im Hinblick auf die Anwendung von gegen Menschen gerichteten Waffen und Explosivkugelbomben erörtert. Ich verweise auf ihr Urteil: «Die Explosivkugelbomben vom Typ C.B.U., deren ausschließliche Aufgabe es ist, maximal die Zivilbevölkerung zu verletzen, müssen als Waffen angesehen werden, die durch die Gesetze und Gebräuche des Krieges verboten sind.»

Zur Untermauerung seines Urteils hat das Tribunal die diesen Punkt betreffenden Gesetzestexte herangezogen, besonders die der Vierten Haager Konvention von 1907, des Genfer Abkommens vom 12. August 1949 und des Statuts des Nürnberger Gerichtshofes.

Ich werde nicht mehr darauf zurückkommen, um den Gang des Verfahrens nicht zu verzögern, bitte die Richter nur, sich auf die genannten Gesetze zu beziehen, und stehe ihnen selbstverständlich für alle zusätzlichen Erläuterungen zur Verfügung.

Die allgemeinen Rechtsgrundsätze, die wir erarbeitet haben, gelten für alle Waffengattungen des klassischen Typs. Aber wir wollen uns jetzt noch gründlicher mit der Frage der Anwendung einzelner Bestimmungen des Kriegsrechts auf die in Vietnam kämpfenden Parteien befassen.

Man unterscheidet im allgemeinen zwischen *gewohnheitsrechtlichen Bestimmungen*, die von allen Staaten anerkannt werden, und *vertragsrechtlichen Bestimmungen*, die nur die Staaten binden, die entsprechende Verträge unterzeichnet haben, und zwar von dem Moment an, wo sie anwendbar werden.

Ich möchte Sie besonders darauf aufmerksam machen, daß ein völkerrechtliches Abkommen keinen Staat bindet, der es nicht unterzeichnet hat, und daß ferner dieser Staat erst dann gebunden ist, wenn er das Abkommen entsprechend seinen eigenen verfassungsmäßigen Bestimmungen ratifiziert hat. Ich füge noch hinzu, daß die Mehrzahl der Abkommen nur dann völkerrechtskräftig werden, wenn sie von einer Mindestzahl der Unterzeichnerstaaten angenommen worden sind; diese Zahl variiert von Vertrag zu Vertrag.

2. In jedem Fall kann man auf Grund des Gewohnheitsrechts drei Regeln geltend machen:

a) *Die Schonung der Zivilbevölkerung:*

Trotz aller Verletzungen dieses Grundrechts in den Kriegen des 20. Jahrhunderts ist die Unterscheidung zwischen Kämpfenden und Nicht-Kämpfenden ein Grundprinzip des Kriegsrechtes geblieben. Das anerkennen alle militärischen Handbücher, besonders die amerikanischen, auf die wir uns in unserer ersten Sitzungsperiode schon bezogen haben. Sie erklären, daß die Gesetze und Gebräuche des Krieges folgendes vorschreiben:

«Die Kriegführenden verzichten auf die Anwendung jeder Art und jeden Grades von Gewalt, die zur Durchsetzung der militärischen Ziele nicht unbedingt erforderlich sind.» (*‹Law of Land Warfare›*, 1956, § 3)

b) *Das Verbot der Anwendung von Gift:*

Es ist festgelegt in Art. 23 der Haager Konvention von 1907. Das Wort Gift ist ein allgemeiner Ausdruck, mit dem jede todbringende oder gesundheitsschädliche Substanz und vor allem Giftgas bezeichnet wird.

c) *Das Verbot von Waffen, die unnötiges Leiden verursachen:*

Ich möchte daran erinnern, daß dieses Verbot aus Art. 23 e der Haager Konvention hervorgeht:

«Abgesehen von den durch Sonderverträge aufgestellten Verboten ist namentlich untersagt:

... der Gebrauch von Waffen, Geschossen oder Stoffen, die geeignet sind, unnötiges Leiden zu verursachen.»

Man kann sagen, daß die wichtigste Aussage zu diesem Punkt in der sogenannten ‹Martens Klausel› gemacht wurde, die in der Präambel der Haager Konvention festgelegt wurde. Ich zitiere:

«Solange ein vollständiges Kriegsgesetzbuch herausgegeben werden kann, halten es die hohen vertragschließenden Teile für zweckmäßig, festzusetzen, daß in den Fällen, die in den Bestimmungen der von ihnen angenommenen Ordnung nicht einbegriffen sind, die Bevölkerung und die Kriegführenden unter dem Schutz und der Herrschaft der Grundsätze des Völkerrechts bleiben, wie sie sich ergeben aus den unter zivilisierten Nationen feststehenden Gebräuchen, aus den Gesetzen der Menschlichkeit und aus den Forderungen des öffentlichen Gewissens.»

In Anwendung dieses Textes besagt Art. 22 der Haager Konvention in lapidarer Formulierung: «Die Kriegführenden haben kein unbeschränktes Recht in der Wahl der Mittel zur Schädigung des Feindes.»

Sie müssen sich auf die allgemeinen Textvorlagen stützen, wenn Sie Kriterien für die Legalität der neuen Waffen erarbeiten wollen, vor allem der brennbaren Produkte (Napalm, Phosphor, Magnesium), der giftigen Chemikalien und der verschiedenen Gase.

Es ist keineswegs so, wie allgemein angenommen wird, daß der Einsatz von Napalm grundsätzlich verboten wäre, vor allem ist die Anwendung gegen militärische Ziele nicht verboten, egal ob sich in ihrem Bereich Personen des Gegners aufhalten oder nicht. Aber wie das Handbuch der amerikanischen Armee über das Kriegsrecht ausführt, dürfen diese Waffen «nicht eingesetzt werden, wenn dabei Personen unnötiges Leid zugefügt wird».

3. Das Problem stellt sich in den internationalen Verträgen wesentlich komplizierter dar, besonders was den Einsatz chemischer Waffen betrifft.

Ein Protokoll über das Verbot der kriegerischen Verwendung asphyktischer, toxischer oder ähnlicher Gase sowie das Verbot bakteriologischer Kampfmittel wurde in Genf am 17. Juni 1925 unterzeichnet. Sein Text lautet wie folgt:

«In Erwägung, daß die kriegerische Verwendung asphyktischer, toxischer oder ähnlicher Gase sowie aller flüssigen und festen Stoffe oder entsprechenden Verfahrensarten mit vollem Recht von der allgemeinen Meinung der zivilisierten Welt verurteilt wird; in Erwägung, daß dieses Verbot in Verträgen festgelegt wurde, an denen die Mehrheit der Weltmächte Anteil hat; in der Absicht, dieses Verbot zu einem allgemeinen Grundsatz des Völkerrechts zu machen, der gleichermaßen im Gewissen und in der Handlungsweise der Nationen Anerkennung finden soll; erklären die bevollmächtigten Unterzeichner im Namen ihrer Regierungen: daß die hohen vertragschließenden Teile, soweit sie noch nicht durch entsprechende Verträge gebunden sind, dieses Verbot als verbindlich anerkennen. Sie stimmen der Ausdehnung des Verbotes auf alle Mittel der bakteriologischen Kriegführung zu und betrachten sich fortan als durch diese Erklärung gegenseitig gebunden.

Die Vertragspartner werden alle ihre Bemühungen darauf richten, andere Staaten für die Unterzeichnung des vorliegenden Protokolls zu gewinnen.»

Ungefähr 50 Staaten haben dieses Protokoll ratifiziert oder sind ihm beigetreten. Aber Japan und die Vereinigten Staaten haben das Protokoll zwar unterzeichnet, aber niemals ratifiziert.

Diesem Protokoll gehen andere Verträge voraus: zum Beispiel der Art. 5 des Washingtoner Vertrages vom 6. Februar 1922 (der Sprecher zitiert den Artikel). Dieser Vertrag wurde zwischen den Vereinigten Staaten, England, Frankreich und Japan abgeschlossen, aber er ist niemals in Kraft getreten, weil Frankreich ihn aus Gründen, die jedoch nichts mit dem Gegenstand von Art. 5 zu tun haben, nicht ratifiziert hat.

Sie haben feststellen können, daß im Wortlaut dieser Verträge Formulierungen wiederkehren, die Ihnen seit der ‹Martens Klausel› schon vertraut sind: «Die allgemeine Meinung der zivilisierten Welt», die Bezugnahme auf die Verträge, die «von der Mehrheit der zivilisierten Nationen unterzeichnet wurden», der Gedanke, daß das Verbot «sich auf das Gewissen und die Handlungsweise der Nationen beruft».

Es fällt schwer, anzunehmen, daß die Vereinigten Staaten sich unter diesen Bedingungen durch die Nicht-Unterzeichnung des Genfer Protokolls oder durch die Nicht-Unterzeichnung des Washingtoner Vertrages durch Frankreich berechtigt fühlen könnten, der Verurteilung durch «die allgemeine Meinung der zivilisierten Welt» zu entgehen.

Glücklicherweise hat die Vollversammlung der Vereinten Nationen am 5. Dezember 1966 eine Resolution verabschiedet, die der Kontroverse ein Ende macht:

«Geleitet vom Grundsatz der Charta der Vereinten Nationen und vom Völkerrecht, in Erwägung, daß die Waffen der Massenvernichtung eine Gefahr für die gesamte Menschheit darstellen und mit den anerkannten Rechtsnormen der zivilisierten Welt unvereinbar sind, die Auffassung bekräftigend, daß es der gesamten Menschheit dienlich ist, die Normen der Zivilisation aufrechtzuerhalten und die Regeln des Völkerrechts über die Kriegführung strikt einzuhalten,

an die Tatsache erinnernd, daß das Genfer Protokoll über das Verbot der kriegerischen Verwendung asphyktischer, toxischer oder ähnlicher Gase und bakteriologischer Kampfmittel vom 17. Juni 1925 von zahlreichen Staaten unterzeichnet, verabschiedet und als verbindlich anerkannt wurde,

unter Hinweis darauf, daß die 18-Mächte-Abrüstungskonferenz die Aufgabe hat, ein Abkommen über den Stopp der Herstellung und Erprobung chemischer und bakteriologischer Waffen sowie aller übrigen Massenvernichtungsmittel und über die Entfernung solcher Waffen aus den Waffenlagern der nationalen Streitkräfte zu erarbeiten, wie es die Vorverhandlungen über die allgemeine und vollständige Abrüstung, mit denen die Konferenz im Augenblick befaßt ist, empfohlen haben,

fordert die Vollversammlung

erstens alle Staaten auf, sich strikt an die Grundsätze und Ziele des Protokolls über das Verbot des kriegerischen Einsatzes asphyktischer, toxischer und ähnlicher Gase und bakteriologischer Kampfmittel zu halten, das in Genf am 17. Juni 1925 verabschiedet wurde, und sie verurteilt jede Handlungsweise, die diesen Grundsätzen widerspricht;

zweitens alle Staaten auf, dem Genfer Protokoll vom 17. Juni 1925 beizutreten.»

Diese Resolution wurde mit 91 Ja-Stimmen, darunter die Stimmen Japans und der USA, und vier Enthaltungen angenommen.

4. Von diesem Zeitpunkt an ist die vertragsrechtliche Verurteilung chemischer und biologischer Waffen Gewohnheitsrecht, das alle Staaten, auch die USA, bindet.

Wie ist eine solche gewohnheitsrechtliche Regelung zu interpretieren? Darüber gibt es verschiedene Ansichten, besonders bei den Amerikanern. Keine Schwierigkeiten ergeben sich beim Verbot chemischer Kampfstoffe, die direkt gegen Menschen eingesetzt werden und deren Wirkung tödlich oder zumindest gesundheitsschädigend ist. Aber selbst wenn wir das Problem der bakteriologischen Waffen außer acht lasssen, muß ich dem Tribunal aus Gründen der Objektivität erklären, daß das für die USA einzig bindende gewohnheitsrechtliche Verbot einen wesentlich beschränkteren Anwendungsbereich besitzt als die vertragsrechtlichen Abkommen.

Das Tribunal muß sich darüber klarwerden, daß die USA nicht das Recht haben, das Genfer Protokoll in ihrem Sinne auszulegen, da sie es überhaupt nicht ratifiziert haben. Die Formulierung des Gewohnheitsrechts ist in diesem Punkt jedoch direkt von den Vereinigten Staaten beeinflußt worden, weil sie an seiner Ausarbeitung beteiligt waren.

Eine erste Schwierigkeit tritt beim Verbot der chemischen Kampfmittel auf, sofern sie nicht unmittelbar gegen Menschen eingesetzt werden. Das gilt zum Beispiel für die Zerstörung der Vegetation, die dem Gegner nützen könnte, deren Vernichtung aber ohne schädliche Wirkungen für den Menschen bleibt. Um ihre Legalität richtig zu beurteilen, muß man auf die allgemeinen Normen zurückgehen, die von der Abwägung der Mittel und des militärischen Ziels ausgehen. Davon habe ich zu Beginn meiner Ausführungen gesprochen.

Eine weitere Schwierigkeit ergibt sich bei der Anwendung betäubender oder kampfunfähigmachender Mittel der chemischen Kriegführung. Das gilt zum Beispiel für Tränengase, die leichte Vergiftungen hervorrufen können, deren Wirkung aber von vorübergehender Dauer ist. Auch in diesem Fall ist die Entscheidung nicht mit einem einzigen Satz möglich.

Jedenfalls kann das gewohnheitsrechtliche Verbot nicht so prinzipiell abgestritten werden, wie es die Amerikaner gern möchten. Es handelt sich um eine Ermessensfrage, und die Antwort wird je nach der Form des Einsatzes erfolgen müssen. Unter bestimmten Bedingungen können die Gase schwere Gesundheitsschäden verursachen oder sogar den Tod herbeiführen. Die Entlaubungsmittel fallen nicht unter das Verbot, sofern ihre Unschädlichkeit für den Menschen erwiesen ist und sofern sie nicht gegen Pflanzen eingesetzt werden, die der Ernährung des Menschen dienen. Der systematische Einsatz von Herbiziden zur Vernichtung der Reisernte in den von der FNL kontrollierten Gebieten erscheint mir bei Anwendung der von mir genannten Prinzipien jedoch als eindeutig verbrecherisch. Untersuchen wir zu diesem Fragenkomplex das Handbuch der amerikanischen Armee zu Fragen des Kriegsrechts. Es wurde in unserer Debatte mit voller Berechtigung bereits oft zitiert.

«Es ist nicht verboten, durch chemische oder bakteriologische Stoffe, die dem Menschen keinen Schaden zufügen, Ernten zu vernichten, die *ausschließlich* zur Ernährung der feindlichen Streitkräfte bestimmt sind (sofern dieser Tatbestand eindeutig erwiesen werden kann).»

Die letzten Worte, die im amerikanischen Text in Parenthese stehen, und das von mir hervorgehobene Adverb *ausschließlich* zeigen genau die Toleranzgrenze.

Wenn aber ein amerikanisches Entlaubungskommando systematisch einen der Jurisdiktion der FNL unterstehenden Bezirk verseucht, bestehen auf Grund des blinden Vorgehens eindeutige Tatbestandsmerkmale, die uns erlauben, dieses Verfahren als rechtswidrig zu qualifizieren. Denn man kann nicht ernsthaft abstreiten, daß die Reisernte in diesem Fall zum größten Teil der Zivilbevölkerung der betroffenen Gebiete zugute kommt, selbst wenn ein Teil der Ernährung der FNL-Kämpfer dient.

5. Soweit, meine Damen und Herren, die Normen des Vertrags- und des Gewohnheitsrechts, die Sie anwenden müssen, um über den verbrecherischen oder nichtstrafbaren Charakter des Einsatzes bestimmter

Waffen, die die amerikanische Armee in Vietnam verwendet, richtig zu urteilen.

Im übrigen möchte ich annehmen, daß die Frage falsch gestellt ist: einerseits besteht betreffs des Verbots ihrer Anwendung kein grundsätzlicher Unterschied zwischen neuen und alten Waffen. Die Unterscheidung bleibt für unsere Frage demzufolge ohne Belang.

Andererseits kann nicht nur die Art der Waffe, sondern auch die Form ihrer Anwendung das Verbot ihres Einsatzes zur Folge haben. Bei Ihren Überlegungen müssen Sie darum auch die Anwendungsform untersuchen, um sich ein Urteil über den verbrecherischen Charakter einer Waffe zu bilden.

II. Der japanische Kriegsverbrecherprozess im Fernen Osten (Tokio 1946–1948)

Bericht von Professor Jean Chesneaux (Frankreich)

Darlegung der amerikanischen Auffassung über die Kriegsverbrechen im Fernen Osten

Das Internationale Militärtribunal für den Fernen Osten fand in Tokio vom 3. Mai 1946 bis zum 12. November 1948 statt. Es hielt Gericht über die von den Japanern im Fernen Osten während des Zweiten Weltkrieges begangenen Kriegsverbrechen, besonders über die Verbrechen in den besetzten Gebieten. Es endete mit der Verurteilung der Hauptangeklagten: der militärischen Führer und Staatsmänner, die persönlich für die Verbrechen zur Rechenschaft gezogen wurden.

Es ist jedoch merkwürdig, daß die Dokumente dieses Tribunals viel weniger bekannt sind und viel seltener zitiert werden als die Nürnberger Urteile. Es scheint so, als ob die in Europa von den Nazis (...) verübten Verbrechen als viel «bedeutender» angesehen würden, bedeutender als die von Japan in einem mindestens viermal so großen Gebiet begangenen Verbrechen (wenn man die von den Nazis und den Japanern besetzten Gebiete miteinander vergleicht). In diesem Zusammenhang muß der Historiker vor diesem Tribunal darauf hinweisen, daß die Tendenz, sich mehr auf das Nürnberger als auf das Tokioer Verfahren zu beziehen, um die amerikanischen Kriegsverbrechen in Vietnam zu beurteilen, vielleicht der Ausdruck eines in unseren Köpfen überlebenden Europeozentrismus ist.

In bezug auf die gegenwärtig in Vietnam von den Amerikanern begangenen Verbrechen scheint es jedoch wesentlich fruchtbarer und wesentlich praktikabler, sich mehr auf Tokio als auf Nürnberg zu beziehen. Das hat zwei Gründe: erstens wurden die Verbrechen im gleichen Gebiet, unter den gleichen geographischen und sozialen Bedingungen begangen; zweitens haben die Vereinigten Staaten in Tokio eine bedeutend wichtigere Rolle als in Nürnberg gespielt.

Man muß berücksichtigen, daß im Gegensatz zu Deutschland, das von den vier Siegermächten gemeinsam besetzt wurde, Japan entsprechend dem Potsdamer Abkommen nur von amerikanischen Truppen besetzt wurde. Der Oberbefehlshaber MacArthur war der Generalbevollmächtigte für Japan, obwohl die von ihm geleitete Verwaltung sich offiziell SCAP (Oberkommando der Alliierten Streitkräfte) nannte.

Das Tribunal von Tokio unterstand direkt der Administration von MacArthur. Er hatte die Richter persönlich auf Grund einer von den interessierten Mächten aufgestellten Liste ausgewählt. Er hatte den Präsidenten, den Generalsekretär und die Mitglieder des Sekretariats ernannt. Er hatte, was noch wichtiger ist, die Kriterien für die Arbeit des Tribunals, die Definition der Kriegsverbrechen, entwickelt. Das Verfahren vollzog sich ausschließlich nach amerikanischen Regeln und bot zum Beispiel der Verteidigung weitgehende Möglichkeiten, die Zeugen ins Kreuzverhör zu nehmen. Die Verteidiger der Angeklagten waren entweder Amerikaner oder Japaner.

Infolgedessen bindet das Tribunal von Tokio die USA vielleicht mehr als der Nürnberger Prozeß. Um ihr Verhalten in Vietnam zu beurteilen, kann es nützlich sein, sie mit den Prinzipien zu messen, die sie selbst vor zwanzig Jahren zur Beurteilung der Kriegsverbrechen im Fernen Osten erarbeitet haben.

Hier ist nicht der Ort, über die Gründe zu reflektieren, weshalb der Prozeß von Tokio zumindest in Westeuropa und in den USA von den Zeitgenossen weitgehend unbeachtet blieb. Das rund 46 000 Seiten umfassende Prozeßprotokoll ist weder veröffentlicht noch von Historikern benutzt worden. Dieser Tatbestand erklärt sich nicht nur mit der allgemeinen Neigung zum Europeozentrismus. Man muß auch die wesentlich längere Prozeßdauer als in Nürnberg in Betracht ziehen, ferner die Tatsache, daß der Prozeß erst Ende 1948 abgeschlossen worden ist, zu einer Zeit, als die Weltöffentlichkeit sich längst anderen Problemen zugewandt hatte.

Der Kalte Krieg war in Europa in vollem Gang, während die Chinesische Revolution kurz vor dem Sieg stand und der bewaffnete Kampf sich überall in Südostasien (nicht nur in Vietnam) entfaltete. Zum anderen war zu dieser Zeit die Japanpolitik der Vereinigten Staaten schon voll entwickelt: die USA versöhnten sich mit der japanischen Rechten und bereiteten sich auf die Unterzeichnung eines Separatfriedensvertrages vor.

Auf welchen Prinzipien basiert die Arbeit des Tribunals? Die Charta des Tribunals, die, um es noch einmal zu sagen, von den amerikanischen Besatzungskräften unterzeichnet wurde, definierte seinen Verantwortungsbereich und seinen Auftrag. Das Tribunal hatte auf Grund seiner Charta über drei Kategorien von Verbrechen zu befinden:

1. Verbrechen gegen den Frieden: im einzelnen, einen Aggressionskrieg mit oder ohne Kriegserklärung oder einen Krieg, der das Völkerrecht, bestehende Verträge, Abkommen oder Garantieerklärungen verletzt, geplant, vorbereitet, ausgelöst oder geführt zu haben.

2. Verbrechen gegen die Konventionen des Kriegsrechtes: das heißt die Verletzung der Gesetze und Gebräuche des Krieges.

3. Verbrechen gegen die Menschlichkeit: das heißt Mord, Ausrottung, Versklavung, Deportation und andere Verbrechen gegen die Menschlichkeit, begangen gegenüber der Zivilbevölkerung vor und während des Krieges, oder Verfolgung aus politischen oder rassischen Motiven in Ausführung oder in Verbindung mit verbrecherischen Handlungen, die unter die Rechtsprechung des Tribunals fallen, egal, ob es sich um eine Verletzung der gültigen Gesetzgebung des Landes, in dem das Verbrechen verübt wurde, handelt oder nicht.

Die Anklageschrift war von den einzelnen Staatsanwälten aller vertretenen Mächte unterzeichnet. Sie begann mit einer einführenden Betrachtung, in der festgestellt wurde, daß die den Angeklagten zur Last gelegten Verbrechen auf die «ungesetzliche und absichtliche Zerstörung menschlichen Lebens» hinausliefen. Der Rahmen war äußerst weit gesteckt. Es handelt sich um Völkermord, selbst wenn der Ausdruck nicht wortwörtlich in den Tokioer Prozeßdokumenten auftaucht. Die einführende Betrachtung hob hervor, daß die von den Japanern begangenen Verbrechen das Resultat eines Angriffskrieges waren. Sie enthielt eine ausführliche Studie darüber, wie der Begriff des Angriffskrieges im Völkerrecht bestimmt ist, und zeigte, daß der Angriff Japans auf eine Verschwörung im eigentlichen Sinn des Wortes zwischen den Staatsführern und der Armee zurückzuführen ist.

Die Anklageschrift umfaßt 53 Anklagepunkte. Die erste Gruppe mit 36 Anklagepunkten betraf die Verbrechen gegen den Frieden. Darunter fiel auch der Anspruch, Südostasien und den ganzen Fernen Osten beherrschen zu wollen. Die zweite Gruppe mit den Anklagepunkten 37 bis 52 betraf Mord und Anstiftung zum Mord. Die dritte Gruppe mit den Punkten 53, 54 und 55 betraf die übrigen Verbrechen gegen die Kriegskonventionen und die Verbrechen gegen die Menschlichkeit. In Anklagepunkt 53 wurde den japanischen Führern vor allem vorgeworfen, «die Verletzung der Verträge angeordnet, gutgeheißen und gebilligt zu haben, und zwar durch Grausamkeiten und andere Verbrechen an Tausenden von Kriegsgefangenen und Zivilpersonen.»

Unter die Opfer dieser Verbrechen rechnete die Anklageschrift wenn auch nur indirekt die Vietnamesen als «Staatsangehörige der französischen Republik». Tatsächlich betrachtete das Tribunal die Verbrechen gegen die Bevölkerung der ehemaligen Kolonialgebiete (der englischen, französischen, niederländischen, usw.) formal nur als Verbrechen gegen Staatsangehörige der westlichen Mächte, die 1945 allein die japanische Kapitulation unterzeichnet haben. Man sieht, auch der Prozeß von Tokio war von europäischen Perspektiven bestimmt. Die Anklageschrift hatte mehrere Nachträge, von denen besonders der Nachtrag D Beachtung verdient. Er betraf die Verbrechen gegen die Menschlichkeit und verdient deshalb hier angesichts der von den amerikanischen Streitkräften am vietnamesischen Volk begangenen Verbrechen zitiert zu werden.

Dieser Nachtrag D führte 14 Verbrechen gegen die Menschlichkeit auf, Verbrechen, die entweder an Kriegsgefangenen oder an der Zivilbevölkerung begangen wurden:

1. Unmenschliche Behandlung der Kriegsgefangenen.
2. Unerlaubte Arbeitsverpflichtung von Kriegsgefangenen.
3. Weigerung, für den Unterhalt der Kriegsgefangenen aufzukommen.
4. Unangemessene Bestrafung der Kriegsgefangenen.
5. Schlechte Behandlung der Kranken und Verwundeten.
6. Demütigung der Kriegsgefangenen.
7. Weigerung, Informationen über die Lage der Kriegsgefangenen zu geben.
8. Behinderung des Roten Kreuzes usw.
9. Einsatz von Giftstoffen gegen die Zivilbevölkerung (betrifft China).
10. Mord an Gegnern, die sich bedingungslos ergeben hatten.
11. Vernichtung von feindlichem Eigentum ohne militärische Rechtfertigung oder Notwendigkeit, Plünderung usw.
12. Angriff auf die Ehre und die Rechte der Familie und das Leben des einzelnen in besetzten Gebieten, Deportation der Bewohner dieser Gebiete.
13. Mord an Überlebenden von versenkten Schiffen.
14. Verletzung des Schutzes von Militärkrankenhäusern und Hospitalschiffen.

Das Dokument enthält sehr detaillierte Ausführungen über die von den Japanern in diesen 14 Anklagepunkten eingegangenen und verletzten völkerrechtlichen Verpflichtungen. Vor allem wurden die Haager Konvention von 1907 und das Genfer Abkommen von 1929 zitiert. Die Prüfung der dem Prozeß von Tokio zugrunde gelegten Dokumente erlaubt also folgende Schlußfolgerungen:

Die Amerikaner haben sich in Tokio direkt verpflichtet, die Kriegsverbrechen zu verdammen, die von Japan im Fernen Osten begangen worden sind. Sie haben damit einen Präzedenzfall geschaffen, durch den sie jetzt gebunden sind, und zwar in einem Gebiet, in dem sich heute die Vorfälle ereignen, die zu untersuchen das Tribunal einberufen worden ist.

Die USA haben eine sehr weitgefaßte Definition dieser Kriegsverbrechen geliefert, nämlich: «jeder gesetzeswidrige und vorsätzliche Angriff auf das menschliche Leben» (Einleitung zur Anklageschrift). Die definierten Verbrechen umfassen sowohl die eigentlichen Kriegshandlungen als auch die Übergriffe der Japaner gegenüber der gesamten Zivilbevölkerung. (Vergleiche dazu besonders den dritten Punkt der Charta des Tokioer Tribunals, die sogar Verfolgungen aus politischen und rassischen Motiven einbezieht, und die Punkte 11 und 12 des Nachtrags D: Zerstörung und Plünderung ohne militärische Notwendigkeit, Angriff auf das Leben der Einzelpersonen.)

22. November 1967, vormittags

DIE ENTLAUBUNGSMITTEL

Bericht von Professor Minkowski, Dozent für Kinderheilkunde

Aus dem Bericht der Unterkommission zur ‹Untersuchung der chemischen Kriegführung›, redigiert unter der Leitung von Edgar Lederer, Professor an der Naturwissenschaftlichen Fakultät in Paris-Orsay.

Angebliche Ziele der Entlaubungsaktionen

1. Sicherung der Straßenabschnitte und Unterbindung des Einsickerns der Vietkong-Streitkräfte, die in den Süden des Landes eindringen.

2. Unterbindung von Truppenansammlungen im Schutz der Laubdecke und Verminderung der Überraschungsangriffe.

3. Aushungerung des Vietkong; das ist das Programm des Nahrungskrieges (*food denial*).

Die Eigenschaften der verwendeten Mittel

Es handelt sich um mineralogische oder organische Produkte. Die Mineralien dringen vor allem in der Periode des aktiven Wachstums in die Pflanze ein. Die organischen Herbizide vom Typ 2,4 D, M.C.P.A. oder 2,4,5 T überwiegen jedoch. Die in den Vereinigten Staaten und in Großbritannien angestellten Versuche haben es möglich gemacht, zahlreiche synthetische Substanzen zur Beeinflussung der Hormone des Pflanzenwachstums, der sogenannten Auxine, zu entwickeln. Sie führen zur Entlaubung, sobald sie in starker Konzentration angewendet werden.

Wirkungsweise

«Obwohl Tonnen von Herbiziden aus B-52 oder C-123 Bombern über Vietnam niederregnen, bleibt die Entlaubung des Dschungels noch immer ein Problem: die Entlaubungsmittel wirken nur auf bestimmte Pflanzen, während andere sich widerstandsfähig erweisen. Wenn auch das angegebene Ziel des Oberkommandos nicht erreicht scheint, so trägt die unverantwortliche Verbreitung von Giftstoffen, die vom Mikroorganismus nicht völlig abgebaut werden können, in starkem Maße zur Vernichtung der Nahrungsmittel bei. Die Giftstoffe können außerdem von fließenden Gewässern oder vom Wind weiterverbreitet werden und sich so auch weit über den Einsatzbereich hinaus schädlich auswirken.

Der *New York Times* vom 10. September 1966 zufolge haben stattgefunden:

1961: 60 Lufteinsätze (Reis, Zuckerrohr und Gemüse wurden in der Angriffszone angebaut).

1962: 107 Lufteinsätze, um die Reisfelder im Mekongdelta und in den höher gelegenen Gebieten zu «entlauben».

1966: 1 324 430 Gallonen Herbizide wurden über ein Gebiet von einer halben Million Morgen verregnet; das sind 5 Millionen Liter auf 200 000 Hektar Land.

1967: 18 Flugzeuge wurden auf einmal eingesetzt; die Ziele waren zuvor von südvietnamesischen und amerikanischen Offizieren bestimmt worden.

Nach vietnamesischen Angaben wurden 1963 320 000 Hektar Land zerstört, 1964 500 000 und 1965 700 000.

Die Giftigkeit der Herbizide

Nach Angaben des Verteidigungsministeriums der USA sind Herbizide nicht giftig (9. 3. 1966). Das Schweizer Nationalkomitee der Vietnamhilfe hat jedoch vier Mediziner beauftragt, Materialien über den chemischen und biologischen Krieg zusammenzustellen: sie bezeugen, daß bestimmte eingesetzte Giftstoffe die totale Vernichtung der Pflanzen und die Vergiftung der Tierwelt zur Folge haben. Der Mensch, der mit diesen Giften in Berührung kommt, kann ein Lungenödem oder Erkrankungen an Magen und Darm davontragen (*Le Monde*, 27. Mai 1967). Darum kann es nicht verwundern, daß die südvietnamesische Zeitung *Sang Kum* geplant hat (August 1967), Vorsichtsmaßnahmen für die Berührung mit Entlaubungsmitteln zu veröffentlichen. *Le Monde* berichtet am 23. April 1966, daß 50–60 % der Rinder infiziert sind. Das trifft auch für Schafe, Geflügel, Wild, Fische und Mikroorganismen zu, deren Aktivität unentbehrlich für die Erhaltung der Bodenfruchtbarkeit ist.

Zusammenfassung

Es handelt sich in Vietnam um sehr viel Schwerwiegenderes als nur um eine ‹Entlaubung›, weil solche Chemikalien, die nur Laubfall verursachen, ohne den übrigen Teil der Pflanze zu verletzen, oder die den Vegetationszyklus nur unterbrechen, gegenwärtig erst entwickelt werden. Der Begriff ‹Entlaubung› trifft also keinesfalls die militärischen Operationen, die darin bestehen, Tonnen von Herbiziden und Arboriziden über Wälder und Felder Vietnams zu verregnen. Das Wort ist ein Euphemismus für die Vernichtung der Vegetation. Obwohl der politische Ausschuß der Vereinten Nationen sich nicht entschließen konnte, die USA zu verurteilen, steht fest, daß die Anwendung chemischer Waffen in naher Zukunft unvorhersehbare biologische Auswirkungen hervorrufen kann.

Auszug aus noch unvollständigen Statistiken der Nationalen Befreiungsfront (Komitee zur Aufdeckung der von den amerikanischen Imperialisten und südvietnamesischen Helfershelfern begangenen Kriegsverbrechen). Angaben über den Einsatz toxischer chemischer Produkte und die durch sie verursachten Schäden im Zeitraum vom 22. November 1966 bis zum 22. November 1967.

Datum	Ort	Verursachte Schäden
Vom 22. November 66 bis 2. Januar 67	Provinz Tra Vinh: 7 Einsätze mit giftigen Chemikalien auf die Dörfer Long Vinh, Long Toan, Truong Long Hoa, Hiep Thanh (Bezirk Duyen Hai) und auf mehrere Dörfer der Bezirke Cau Ngang und Tra Cu.	Mehr als 15 000 erlitten Vergiftungen, 885 schwere Vergiftungen. — 1500 Haustiere wurden getötet oder schwer vergiftet. — Tausende Hektar von Obstplantagen und Ackerland wurden verwüstet.
Vom 21. bis zum 25. Januar 1967	Einsatz giftiger Gase in unterirdischen Schutzräumen gegen die Zivilbevölkerung im Rahmen von Säuberungsaktionen im Gebiet von Ho Bo (Bezirk Cu Chi, Provinz Gia Dinh) und im Gebiet von Bong Son (Provinz Binh Dinh).	Zahlreiche Todesopfer und zahlreiche Verwundete; die Mehrzahl von ihnen Frauen und Kinder.
Vom 8. bis 12. Februar 1967	Provinz Thu Dau Mot: Einsatz giftiger Gase in mehreren Orten des Bezirks Ben Cat. — Beachtenswert: der Einsatz giftiger Chemikalien gegen das Dorf Long Nguyen am 8. 2. 1967, dem Vorabend des Tet-Festes, dem traditionellen Neujahrsfest Vietnams.	Tausende von Dorfbewohnern wurden während der Vorbereitungen zum Tet-Fest vergiftet, viele bekamen Erstickungsanfälle infolge schwerster Vergiftungen.
18. Februar 1967	Provinz Tra Vinh: Einsatz giftiger Chemikalien auf die Gebiete Duyen Hai, Can Long und Cau Ke.	Mehr als 20 000 erlitten Vergiftungen, mehrere Personen starben. — Zahlreiche Äcker und Felder wurden verwüstet.
3. März 1967	Provinz Thu Dau Mot: Nach dem Abwurf Hunderter von Kugelbomben durch mehrere Bomber haben 3 andere Flugzeuge giftige Chemikalien über dem Marktplatz von Co Trach, im Dorf Thanh An, Bezirk Ben Cat verstreut.	Zahlreiche Personen erlitten Vergiftungen.
März 1967	Provinz Kien Tuong: 5 Einsätze mit giftigen Chemikalien gelber und weißer Färbung auf die Ortschaften Thanh Phuoc, Binh Phong Than, Binh Hoa, Tan Lap, Tuyen Binh, Vinh Thanh, Vinh Loi und Vinh Dai.	Zerstörung von mehr als 1500 Hektar Ackerland und Obstplantagen; Schäden von mehr als 100 Millionen Piaster (südvietnamesische Währung).
Von Mitte März bis Mitte April 1967	Provinz Binh Thuan: Die Amerikaner und die Saigoner Marionetten vergifteten die Lebensmittel für die Bevölkerung der Ortschaft Ma Lam und des Stadtzentrums von Phan Thiet.	60 Personen erlitten schwere Vergiftungen; es gab zahlreiche Todesopfer.
26. April 1967	Provinz My Tho: Nach dem Abwurf von Kugelbomben durch 4 US-Bombenflugzeuge erfolgte ein Angriff mit giftigen Chemikalien durch 3 andere Flugzeuge entlang des Phu Huyen-Kanals im Gebiet nördlich der Ortschaft Hau My.	Hunderte von Personen erlitten Vergiftungen. — Viele Obstplantagen wurden verwüstet.
Ende April und Anfang Mai 1967	Provinzen Bien Hoa und Baria: Einsatz von Granaten, die mit giftigen Substanzen geladen wa-	Eine ganze Anzahl Personen erlitt Vergiftungen und starb daran, zum Teil noch an Ort und

Datum	Ort	Verursachte Schäden
	ren, und Angriff mit giftigen Chemikalien an verschiedenen Orten.	Stelle. Die Opfer erlitten Verbrennungen am Unterleib, ihre Kehle trocknete ein, ihre Zunge brannte, die Lippen sprangen auf, sie mußten Blut erbrechen, ehe der Tod eintrat. Die Autopsie ergab blutertränkte Lungen, ein angeschwollenes Herz und eine Leber, die auf das Dreifache ihrer normalen Ausdehnung angeschwollen war; die Gallenblase und die Nieren waren ebenfalls stark angeschwollen.
siebe oben	Provinz Binh Thuan. Wiederholte Einsätze mit giftigen Chemikalien auf die Ortschaften Phuoc Trung, Phuoc Dai, Phuoc Chieu, Phuoc Du im Bezirk Bac Ai.	Vernichtung fast aller Obstbäume und Äcker.
1. März 1967	Provinz Quang Ngai. Einsatz giftiger Chemikalien durch 3 Flugzeuge auf ein großes Gebiet beiderseits des Re-Flusses und auf das Gebiet Di Lang, Bezirk Son Ha. Das betroffene Gebiet wurde zum vierten Mal angegriffen.	Zahlreiche Felder wurden zerstört, schwere Verluste vor allem in den Ortschaften Son Ky und Don Thuy.
17. und 18. Mai 1967	Provinz Lam Dong. Einsatz giftiger Chemikalien und Abwurf von Napalmbomben auf ein breites Gebiet zu beiden Seiten der Straße Nr. 20.	Zahlreiche Ernteverluste, Schäden an vielen anderen Gütern der Bevölkerung.
Ende Mai 1967	Provinz Baria: Einsatz giftiger Chemikalien gegen die Orte Ban Lam, Ba Mau, Xuan Son im Bezirk Xuyen Moc.	Hunderte von Personen erlitten Vergiftungen.
Ende Mai 1967	Provinz Phuoc Tuy: Bei einem Angriff auf ein dicht besiedeltes Gebiet haben australische Flugzeuge große Mengen von giftigen Chemikalien abgeworfen.	Viele Personen wurden getötet, zahlreiche andere erlitten Vergiftungen.
4. Juni 1967	Provinz Bien Hoa: Einsatz hochdosierter giftiger Chemikalien gegen die Ortschaft Phuc Trung, Bezirk Dinh Quan, anschließend ein weiterer Angriff mit giftigen Chemikalien auf das Gebiet von Gia Rai, Bezirk Xuan Loc.	Mehr als hundert Personen erlitten schwere Vergiftungen, die meisten von ihnen waren Frauen und Kinder. Drei Kinder im Alter von 7 bis 12 Jahren kamen um. Hunderte erlitten leichtere Vergiftungen. Fast alle Haustiere wurden getötet. Sieben Hektar Ackerland verdorrten völlig.
6. Juni 1967	Schilfebene (Dong Thap Muoi). Nach dem Abwurf von Kugelbomben durch Düsenflugzeuge verstreuten Transportflugzeuge giftige Chemikalien über ein sechzehn Kilometer langes Gebiet von Bang Lang am Nguyen Van Tiep-Kanal entlang bis zum Nhi-Kanal und vom Hai Han-Gebiet bis zur Kanalkreuzung Nam in der Nähe der Ortschaft Doc Binh Kieu.	Zahlreiche Personen erlitten Vergiftungen. Drei Hektar Obstgärten und Ackerland verdorrten völlig. Viele Hektar Reisfelder wurden verwüstet.
11., 15., 16., 17. und 22. Juni 1967	Provinz Binh Thuan: Wiederholte Einsätze mit giftigen Chemikalien durch Hubschrauber und Transportflugzeuge, die von Düsenmaschinen begleitet waren, auf die Orte Hong Lam, Hong Chinh, Hong Thienh und Hong Trung, Bezirk Le Hong Phong.	Zahlreiche Personen erlitten Vergiftungen. Viele Haustiere wurden getötet. Tausende Hektar Ackerland wurden verwüstet.
15. Juni 1967	Provinz Ben Tre: Bombenangriffe und Granatbeschuß, dann Einsatz giftiger Chemikalien von 7 Flugzeugen aus auf das Gebiet des Ba	Tausende von Personen erlitten Vergiftungen. Mehrere tausend Hektar Reis- und Maisfelder sowie Obstplantagen wurden voll-

Datum	Ort	Verursachte Schäden
	Lai-Flusses, zu dem die 12 Ortschaften der beiden Bezirke Giong Trom und Binh Dai zählen.	ständig vernichtet.
16. Juni 1967	Provinz Ben Tre: Einsatz giftiger Chemikalien von mehreren Flugzeugen aus auf die Dörfer am Ba Lai-Fluß.	Zahlreiche Personen erlitten Vergiftungen. Zahlreiche Felder und Obstplantagen wurden zerstört.
16. Juni 1967	Provinz Binh Thuan: Einsatz giftiger Chemikalien gegen die Dörfer des Bezirks Hoai Duc.	Mehrere tausend Obstbäume und fast das gesamte Ackerland, bebaut mit Reis, Mais, Kartoffeln und Maniok, wurden vernichtet.
16. bis 20. Juni 1967	Provinz Ben Tre: Bei 30 Einsätzen haben Flugzeuge hochdosierte giftige Chemikalien auf die Ortschaften My Chanh, Vinh Hoa, Tan Xuan, Tan My und Bao Thanh im Bezirk Ba Tri abgeworfen.	10 000 Personen erlitten Vergiftungen, die meisten von ihnen waren Greise und Kinder. Mehrere schwangere Frauen hatten nach den Vergiftungen Fehlgeburten. Mehr als 500 Hektar Reisfelder und Ackerland wurden verwüstet.
17. Juni 1967	Provinz Sa Dec: Abwurf von 40 000 Bomben, die mit giftigen Chemikalien gefüllt sind, auf das Dorf Hoa Tan und unmittelbar Beschießung der Leute, die den Opfern zu Hilfe geeilt waren.	Mehrere hundert Personen erlitten Vergiftungen, einige erlitten schwerste Vergiftungen.
18. Juni 1967	Provinz Binh Thuan: Einsatz von giftigen Chemikalien im Bezirk Ham Thuan zwischen den Dörfern Thang Hai und Cau Kien.	Mehrere tausend Obstbäume und fast die gesamte Ernte, Reis, Mais, Kartoffeln und Maniok, wurden vollständig vernichtet.
13. bis 22. Juni 1967	Provinz Ben Tre: Wiederholte Einsätze mit giftigen Chemikalien, um folgende Ortschaften zu zerstören: 4 Dörfer im Bezirk Thanh Phu (Thanh Phong, Giao Thanh, An Nhon und An Quy); 5 Dörfer im Bezirk Ba Tri (Tan Xuan, Bao Thanh, Ba My, Tan Thuy und An Hoa Tay); die Dörfer am Bai Lai-Fluß (Thoi Lai, Thoi Thuan, Binh Dai, Tan Phu Trung und Loc Thuan, im Bezirk Ba Tri).	Hunderte von Personen erlitten Vergiftungen; sie bekamen Fieber, Kopfschmerzen, Husten, Blutbrechen und Diarrhö. – Zwei Kinder wurden getötet (im Dorf Binh Thanh). Mehrere hundert Haustiere kamen um (Büffel, Ochsen, Schweine und Geflügel). Alle Äcker und Obstbäume wurden verwüstet.
Im ersten Halbjahr 1967	Provinzen Binh Thuan und Lam Dong: Die amerikanischen Aggressoren und ihre Helfershelfer vergifteten Lebensmittel, die zum Verkauf an die Bevölkerung bestimmt waren.	48 Personen starben an Vergiftungen. – Mehrere hundert Personen erlitten Vergiftungen.
In zwei Jahren, von Mitte 1965 bis Mitte 1967	Die Provinzen im Zentrum des Trung Bo-Gebietes, in Zentralvietnam, wurden von zahlreichen Angriffen mit giftigen Chemikalien betroffen. – Typisch war das Vorgehen der Amerikaner in der Provinz Binh Dinh, wo die Einsätze besonders die Bezirke von An Lao, Hoai An, Phu Cat und Vinh Thanh in Mitleidenschaft zogen. Allein auf das Dorf An Ngai im Bezirk An Lao wurden dreimal jeweils zur Zeit der Reisernte 15 Angriffe mit giftigen Chemikalien geflogen. Alle Dörfer in diesem Bezirk wurden mit giftigen Chemikalien angegriffen; einige von ihnen erlebten in jeder der drei Reiserntezeiten 2 Angriffe.	Mehr als 10 000 Hektar Reisfelder und Gärten wurden verwüstet. – Hunderttausende von Personen erlitten Vergiftungen.

II. Wissenschaftlicher Bericht über die in Vietnam eingesetzten Waffen

Vom japanischen Komitee gegen die amerikanischen Kriegsverbrechen

Chemische Produkte für den Einsatz gegen landwirtschaftliche Kulturen

Die vietnamesischen Experten des Komitees der DRV zur Aufdeckung der amerikanischen Kriegsverbrechen haben nachgewiesen, daß die amerikanischen Streitkräfte folgende Produkte einsetzen:

a) Substanzen auf Arsen-Basis;
b) Kalziumzyanamid;
c) DNOC (Dinitro-o-kresol);
d) DNBP (Dinitro-6-sec-Butylphenol);
e) Dinitrophenol.

Die zweite japanische Untersuchungskommission hat die Angaben bestätigt. Hinzu kommen die Chemikalien, die schon durch die erste Kommission nachgewiesen wurden: 2,4 D und 2,4,5 T.

Die chemischen Produkte werden von Flugzeugen des Typs C-123 und C-130 abgeworfen, die ungefähr in hundert Meter Höhe das Land überfliegen. Sie werden bei gutem Wetter, das heißt, wenn es nicht regnet und nur ein leichter Wind weht, von Sonnenaufgang bis 8 oder 9 Uhr morgens eingesetzt. Den Flugzeugen voran fliegt ein Aufklärer mit Begleitschutz.

Der Einsatz dieser Produkte in der Gegend von Co Cong, Provinz Ben Tre, hat bei mehr als 10 000 Männern und Frauen Darmerkrankungen hervorgerufen; 5000 von ihnen zeigten Vergiftungssymptome, und 900 Personen erkrankten an hohem Fieber und heftigem Durchfall. In einigen Fällen trat der Tod ein. Das Kalziumzyanamid ruft einen azetylenähnlichen Geruch hervor und rötet die Augen, die Lippen und das Gesicht der betroffenen Personen.

Die zweite japanische Untersuchungskommission hat in der DRV landwirtschaftliche Erzeugnisse geprüft und fotografiert, die von diesen Produkten verseucht waren. Die Dörfer Vinh Son, Vinh Zang und Vinh Tai, die militärisch belanglos sind, wurden in dieser Weise am 3. und am 12. Mai 1967 «behandelt». Das verseuchte Gebiet ist ungefähr 20 Quadratkilometer groß. Eine C-123 Maschine kam von der Ostküste und hat ihre Ladung auf einem Streifen von 6 km Länge und 6 bis 8 km Breite auf beiden Seiten des Bin Hai-Flusses verregnet. Dabei wurden 700 Hektar Maniokfelder verwüstet, 136 Hektar Tarokulturen, 22 Hektar Wasserpflanzen (Mora) zur Ernährung der Schweine, 11 Hektar Wassermelonen und 1547 Pfefferstträucher, wobei die Bananenstauden, die Mohnkulturen, die Kürbis-, Gurken- und Kartoffelfelder noch gar nicht mitgezählt worden sind. Die Ortschaften Vinh Son, Vinh Lam, Vinh Huy und Vinh Hung wurden am schwersten betroffen. Insgesamt war das verseuchte Gebiet über 200 Quadratkilometer groß.

Der Einsatz giftiger Chemikalien aus der Luft wurde auch aus der Umgebung von Vinh Dinh gemeldet:

1. Bericht von Tran Kim Ho, Vizepräsident der Untersuchungskommission dieses Gebiets:

Einsatz giftiger Chemikalien auf der Insel Con Co am 25. April 1965 (keine näheren Angaben).

Ähnliche Operation über Hmong Lap an der laotischen Grenze, die Schäden an mehreren hundert Hektar Ackerland hervorrief und namentlich die Maniokernte zerstörte.

2. Bericht von Tran Van Hin Hien, Präsident des landwirtschaftlichen Aufsichtsamtes in diesem Gebiet:

Am 18. Januar 1967 warfen zwei Flugzeuge vom Typ AD-6 und T-28 eine übelriechende Flüssigkeit auf die Ortschaft Hmong Lap ab und verwüsteten 120 Hektar Ackerland, C-123 Flugzeuge, begleitet von Düsenjägern, haben jeweils 2 Uhr morgens am 15., 17., 18., 20., 22., 27. und 29. März 1967 Angriffe geflogen. (. . .)

Die Menge der eingesetzten Produkte

Die Fachzeitschrift *Farm Chemicals*, die in den Vereinigten Staaten erscheint, berichtet in ihrer Juni-Nummer 1966 von folgender Äußerung des stellvertretenden Oberbefehlshabers der amerikanischen Streitkräfte in Südvietnam: «Herbizide wurden auf 80 000 Hektar Dschungelgebiet abgeworfen» und «Entlaubungsmittel auf die bebauten Felder in Vietkong-Gebiet». Andererseits wurde von offizieller amerikanischer Seite erklärt, daß 1967 chemische Produkte für landwirtschaftliche Zwecke in einem Wert von hundert Millionen Dollar zum Einsatz in Vietnam bestimmt waren. Diese Menge entspricht in ihrem Wert der Gesamtproduktion Japans mit 358 000 Tonnen im Jahr 1963. In Japan dienen mehr als 95 % der Gesamtproduktion dazu, um 6 Millionen Hektar Ackerland unkrautfrei zu halten. Japan benötigt für eine gleich große Fläche eine Menge, die hundertmal geringer ist als die Menge, die über 80 000 Hektar vietnamesischen Ackerlandes verregnet wird . . .

(Der Bericht behandelt in seinen letzten drei Kapiteln den Einsatz von Erstickungsgasen, Napalm- und Phosphorbomben.)

22. November 1967, nachmittags

ZEUGENAUSSAGE DES SÜDVIETNAMESEN NGUYEN HONG PHUONG, VERLETZT DURCH PHOSPHORBOMBEN

Ich heiße Nguyen Hong Phuong. Ich bin 1930 im Weiler 5, Dorf Phuoc Son, Bezirk Tien Phuoc, Provinz Quang Nam geboren. Mein Vater heißt Nguyen Chay, meine Mutter Nguyen Thi The, beide leben. Meine Frau ist verstorben. Ich bin Bauer. Ich möchte hier die von den amerikanischen Imperialisten an mir begangenen Verbrechen anzeigen.

Am 8. August 1966 arbeitete ich morgens auf meinem Feld, als vier amerikanische Hubschrauber mein Heimatdorf mehrmals überflogen und plötzlich Nebelbomben und Raketen abwarfen. Wir wissen aus Erfahrung, daß in solchen Fällen gewöhnlich schwere Bombardierungen folgen. Deshalb beeilte ich mich, mein Vieh zu verstecken und dann auf mein Haus zuzulaufen, um einen Sack mit den Kleidern meiner Familie in Sicherheit zu bringen. Ich hatte fast mein Haus erreicht, als ich sah, wie ein amerikanischer Jet direkt vor mir eine weiße Bombe in der Größe eines kleinen Sampans fallen ließ. Ich sprang in einen Graben und kauerte mich zusammen, um mich vor der Bombe zu retten. Im Graben gab es eine starke Explosion. Ich erstickte fast am Pulvergestank und bedeckte sofort meinen Kopf mit einem Stück Nylon, das ich immer bei mir trage. Sobald ich leichter atmen konnte, nahm ich das Nylonstück ab gund lief, Hilfe rufend, fort. Meine Schultern, Arme und Hände waren verbrannt. Von meinen Händen, die am schlimmsten verletzt waren, löste sich die Haut ab. Ich kam nicht weit; ich wurde ohnmächtig.

Abends erwachte ich in einem Krankenhaus. Eine Krankenschwester, die neben meinem Bett saß, erklärte mir, daß ich mich im FNL-Krankenhaus von Quang Nam befände. Mein Gesicht und meine Augen waren geschwollen; meine Haare verbrannt und meine Ohren durch das Feuer verdorrt und zusammengeschrumpft. Die Brandwunden an meinen Armen und an anderen Stellen meines Körpers waren geschwollen. Ich fühlte mich sehr schlecht.

Wegen meiner Wunden konnte ich weder urinieren noch meine Fäkalien ausscheiden. Einen Monat lang konnte ich nicht schlafen. Die Menschen in meiner Umgebung sagten, daß ich oft im Delirium lag. Ich fühlte unerträglichen Brandschmerz in meinen Wunden. Meine Verbände wurden mit Permangatnatlösungen getränkt, vor allem an meinen Händen, die immer dann schrecklich zu schmerzen begannen, wenn der Mull trocken wurde. Die Haut an meinem Hals war aufgedunsen und sehr schmerzempfindlich. Meine Haare waren verbrannt. Erst zwanzig Tage später ließen sie sich schneiden. Sie rauchten und verbreiteten einen Brandgeruch, als der Arzt einige verklebte und verkrustete Haarsträhnen abschnitt.

Nach zweimonatiger Behandlung wurde ich aus dem Krankenhaus entlassen. Noch heute bin ich körperbehindert, weil ich meine Finger nicht bewegen kann. Seitdem meine Ohren verheilt sind, drücke und zupfe ich unaufhörlich an ihnen herum, damit sie wieder ihre normale Form annehmen. Ich höre nicht mehr so gut wie vorher. Mein Gedächtnis hat nachgelassen. Manchmal kann ich weder essen noch schlafen. Tatsächlich ist mein Wohlbefinden sehr beeinträchtigt.

Medizinische Untersuchung (vom 22. November 1967), vorgenommen von den Ärzten Henrik Forss (Finnland), Fuishawa (Japan) und Hermansson (Dänemark).

Ergebnisse: Die Hände weisen zwei Narben auf, die auf Verbrennungen 3. Grades zurückzuführen sind. Beide Handrücken sind von dichten und harten Vernarbungen bedeckt, teilweise ist die Haut steinhart. An beiden Händen sind Zeige-, Mittel- und Ringfinger durch die Vernarbung ineinanderverwachsen. Nur der Daumen läßt sich biegen und ausstrecken. Herr Nguyen Hong Phuong ist Linkshänder und kann mit dem Daumen und einem Finger der linken Hand eine leichte Greifbewegung ausführen, jedoch nicht mit der rechten Hand.

Der Kopf: Die Ohren weisen Vernarbungen auf, die auf Verbrennungen zweiten und dritten Grades zurückgehen. Nach Aussage des Patienten ist das Gehör nicht mehr so gut wie vorher.

Die Augen: Eine oberflächliche Prüfung hat keinen Befund ergeben, aber der Patient sagt aus, daß die Augen beim Lesen leicht ermüden.

Der Hals: Die Haut ist bedeckt mit verheilten Brandwunden. Die Schultern weisen auf beiden Seiten vernarbte und teilweise verhärtete Wundmale auf, an der linken Schulter in einer Größe von ungefähr 5×10 cm und an der rechten Schulter von 10×10 cm. Die Bewegungsfähigkeit der Schultern ist dadurch jedoch nicht beeinträchtigt.

Prognose: Herr Nguyen Hong Phuong kann keine manuelle Arbeit mehr verrichten. Mit Hilfe der plastischen Chirurgie könnte man ihm vielleicht ermöglichen, seine Hände in beschränktem Maß zu benutzen. Die Finger werden jedoch steif bleiben und setzen dadurch die Beweglichkeit auf ein Minimum herab.

Bericht über die Arbeit des Untersuchungsausschusses in den Vereinigten Staaten
von Frau Gisèle Halimi (Frankreich)

Ein Untersuchungsausschuß mit Frau Gisèle Halimi, Anwältin am Appellationsgericht in Paris und Präsidentin der allgemeinen Untersuchungskommission des Tribunals, und Loup Verlet, dem Forschungsbeauftragten der französischen Forschungsgemeinschaft CNRS, hielt sich vom 25. Oktober bis 9. November 1967 in den Vereinigten Staaten auf, mit der Aufgabe, das Informationsmaterial des Tribunals zu den drei in Roskilde untersuchten Fragen zu ergänzen.

1. Amerikanische Zeugen zu prüfen und einzuladen: Veteranen des Vietnamkrieges, Journalisten, Reporter, Ärzte, Historiker, die bereit wären, in den Sitzungen des Internationalen Tribunals in Kopenhagen auszusagen.
2. Mit Hilfe von Filmen, Tonbandaufnahmen und anderen Aufzeichnungen die Aussagen von Zeugen festzuhalten, die durch zwingende Gründe verhindert waren, die USA zu verlassen und vor dem Vietnam-Tribunal auszusagen.
3. Die Artikel, Berichte, wissenschaftliche, juristische oder historische Untersuchungen zu sammeln, die in den letzten Monaten in den USA erschienen waren und sich direkt mit den drei Fragestellungen des Tribunals befaßten.

Nachdem Frau G. Halimi die amerikanischen Zeugen vorgestellt hatte, die vor dem Tribunal aussagen sollten, und nachdem sie über die in Amerika aufgenommenen Zeugenaussagen berichtet hatte, gab sie zum dritten Punkt ihrer Mission folgende Darstellung: Zahlreiche Beweisstücke, die ihrem Bericht beigefügt waren, konnten während der öffentlichen Sitzungen nicht verlesen werden und wurden dem Aktenmaterial des Tribunals beigefügt.

I. Offizielle Quellen: Die Hearings des Senatsunterausschusses über die Lage der Flüchtlinge in Vietnam

Dem Schreiben Senator Edward Kennedys an das International Rescue Committee vom 31. Oktober 1967 haben wir folgende Passage entnommen:

«Die Tatsache, daß ein Drittel der Bevölkerung Vietnams auf Grund des Krieges von Haus und Hof vertrieben wurde, ist furchtbar und alarmierend. Die tragischen und vernichtenden Folgen dieser ungeheuren Umwälzung für das Leben der Flüchtlinge und den Bestand der Gesamtgesellschaft bleiben schier unbegreiflich. Der Krieg hat das Volk entwurzelt; er hat die familiären Bindungen und die lokalen Traditionen zerstört; er hat unter einem beträchtlichen Teil der südvietnamesischen Bevölkerung Apathie, Desorientierung und sogar Verachtung und Haß gegenüber unseren Anstrengungen hervorgerufen.

Unsere Flugzeuge haben eine Unzahl von Dörfern und Weilern überflogen und sie haben Broschüren abgeworfen, die den Bewohnern das Schicksal ausmalen, das ihnen blüht, wenn sie ihre Ansiedlungen nicht verlassen. Unsere Truppen sind mit ihren Konvois in diese Gebiete gefahren und haben die Bevölkerung von ihren Häusern weg auf Lastwagen deportiert. Wir haben die Dörfer und die Landschaft dem Erdboden gleich gemacht, während die vertriebenen Bewohner in Orte verfrachtet wurden, die wir euphemistisch ‹Camps› nennen, Orte, die aber keineswegs darauf vorbereitet waren, sie aufzunehmen, wo es keine Häuser gab, keine hygienischen Einrichtungen, keine Straßen, keine Arbeitsplätze und keine Ernährungsmöglichkeiten. Ihre Häuser und Höfe liegen jetzt in den sogenannten ‹*free fire zones*›, Gebiete, in denen alles Bewegliche als feindliches Objekt gilt, Gebiete der verbrannten Erde.»

In diesem Zusammenhang muß man auch auf den Einspruch von Don Luce hinweisen. Er war von 1961 bis 1967 Direktor des Internationalen Voluntary Service (IVS), der bedeutendsten zivilen, ‹humanitären› Organisation der USA, die in Vietnam arbeitet.

Er wandte sich in seinem Einspruch vor dem von Senator Kennedy geleiteten Unterausschuß gegen die Errichtung der ‹strategischen Dörfer›. Ihren Mißbrauch zu strategischen und militärischen Zwecken geißelte er in folgenden Worten:

«Zwei besonders markante Beispiele: eines aus der Bezirkshauptstadt Dak To, die ich vor anderthalb Jahren besucht habe. Der Distriktskommandant erklärte, daß er die Flüchtlinge rund um das Hauptquartier angesiedelt habe ... Er meinte, der Vietkong würde das Hauptquartier nicht mit Mörsern angreifen, wenn die Flüchtlinge dort wohnten ...» Don Luce beschrieb im selben Zusammenhang das entsetzliche Leben der Flüchtlinge in diesen Lagern:

«In den Lagern bleiben nur Frauen, Kinder und Greise ..., denn jeder Mann zwischen 16 und 45 Jahren gilt als vietkongverdächtig und wird als solcher eingesperrt und verhört ... und hat die schlimmsten Schwierigkeiten zu erwarten. Ein typisches Bild: die Frauen sitzen unbeweglich da, starren auf den Boden und warten auf eine mögliche Essenszuteilung. Sie hoffen unentwegt, in ihre Heimat zurückkehren zu können, und das erklärt ihre Apathie. Warum einen Brunnen ausheben, warum den Boden planieren, warum einen Garten anlegen, wenn die Hoffnung, im nächsten Monat ins Heimatdorf zurückzukommen, so unerschütterlich fest ist?

Aber zwei Jahre später hoffen dieselben Insassen in denselben Lagern immer noch, spätestens im nächsten Monat heimzukommen, und im selben Zustand der Apathie warten sie immer noch und hoffen von einem Tag zum andern.»

Ich möchte daran erinnern, daß der Direktor der IVS, der Vizepräsident und 47 andere Mitglieder der Organisation in einem Offenen Brief an Präsident Johnson vom 19. September 1967 eine ‹De-Eskalation› gefordert haben, die Beendigung der Anwendung gasförmiger Entlaubungsmittel, einen Bombenstop und die Anerkennung der F N L.

(Der Wortlaut dieses Briefes wurde dem Tribunal im Anhang zur allgemeinen Dokumentation über die Deportation und die Umsiedlung der Zivilbevölkerung übergeben.)

Inzwischen haben wir erfahren, daß Don Luce und drei seiner engsten Mitarbeiter aus dem International Voluntary Service ausgeschieden sind.

II. Juristische Quellen

Die Protokolle verschiedener Zeugenaussagen und *‹Cross Examinations›* vom Prozeß gegen Hauptmann Howard Levy

Sie werden sich daran erinnern, daß Hauptmann Levy von einem Kriegsgericht in Columbia (Südkarolina) zu drei Jahren Zuchthaus verurteilt worden ist, weil er sich geweigert hatte, die Mitglieder des medizinischen Stabs der amerikanischen Spezialeinheiten in Vietnam auszubilden.

Als Grund für seine Weigerung gab er an, daß die üblichen Trainingsmethoden unvereinbar seien mit der ärztlichen Moral und dem Genfer Abkommen von 1949, das allen Ärzten und dem Pflegepersonal verbietet, sich während der Kampfhandlungen an jeder direkten oder indirekten Kriegstat zu beteiligen.

Auf Einspruch des Obersten Bundesgerichtshofes der Vereinigten Staaten vom 13. November 1966 wurde Hauptmann Levys Berufungsantrag auf Eröffnung eines Untersuchungsverfahrens zur Feststellung der Verfassungswidrigkeit des gegen ihn ausgesprochenen Urteils abgewiesen.

Das Protokoll der Zeugenaussagen von Robin Moore und Peter Bourne ist diesem Bericht beigefügt. Aus diesen Dokumenten ergibt sich eindeutig, daß unwiderlegbare Zeugnisse für begangene Kriegsverbrechen vorliegen. Diese Tatsache besteht unabhängig von jedem politischen Standpunkt: Robin Moore vertritt zum Beispiel die These von der kommunistischen Aggression in Vietnam und von der Verpflichtung Amerikas, die gelbe Gefahr abzuwenden.

Die Aussagen der drei Zeugen lassen sich folgendermaßen zusammenfassen:

1. *Zeugenaussage von Robert Lowel Moore, genannt Robin Moore, Schriftsteller*

Robin Moore hat zwei Jahre (1943–45) in der US Air Force verbracht. Er hat 12 Kampfaufträge ausgeführt. In Vietnam war er die meiste Zeit, vom 2. Januar bis zum 1. Juni 1964, in den Kommandos A und B der

Spezialeinheiten. Zwei Tage bis zu einer Woche hielt er sich in einer Gruppe von zehn Militärs des Kommandos A auf. – Danach veröffentlichte Robin Moore seine Bücher ‹*Die grünen Teufel*› (‹*The Green Berets*›) (3 500 000 verkaufte Exemplare) und ‹*Der Landaufenthalt*› (‹*The Country Time*›).

Ergebnisse des Verhörs

CIA: Die Spezialeinheiten arbeiten unter der Kontrolle des lokalen Operationsstabs der CIA (CGS).

Waffen: Die militärischen Vorteile des Maschinengewehrs M. 16 und seine tödlichen Wirkungen: «Ich glaube, daß jeder Treffer auf eine beliebige Stelle des Körpers tödlich ist. Ich habe Fotos von Menschen gesehen, die nur an der Ferse getroffen wurden und trotzdem starben.» Er beschreibt die Anwendung von weißem Phosphor in Mörsergeschossen (die im Dschungel wirksamer sind).

Zerstörung der Dörfer: Umsiedlungsoperationen: die Bevölkerung wird zusammengetrieben, deportiert, die Dörfer werden niedergebrannt.

Mord: Nach Aussage des Zeugen ist der Mord integraler Bestandteil des Guerillakampfes der Spezialeinheiten (zum Beispiel Ermordung der FNL-Führer, wenn irgend möglich). Die Mordkommandos arbeiten mit den Spezialeinheiten zusammen.

Kreuzverhör durch den Staatsanwalt

Folterungen: Folterungen werden von Südvietnamesen in Gegenwart von Amerikanern durchgeführt. Durch geschickte Fragen bringt der Staatsanwalt den von seiner Sache überzeugten Zeugen dazu, auszusagen, daß die Anwesenheit amerikanischer Truppen wahrscheinlich dazu beiträgt, daß nicht als notwendig erachtete Grausamkeiten vermieden werden.

Erneutes Verhör und Kreuzverhör

Folterungen: Der Zeuge sagt aus, daß er niemals Spezialeinheiten, die Folterungen vornehmen, gesehen hat. Die Gefangenen werden den Südvietnamesen übergeben, obwohl die Amerikaner genau wissen, was mit den Gefangenen geschieht. «Das sind die üblichen Spielregeln.» Der Zeuge hat immer nur Folterungen gesehen und von Folterungen erfahren, die von den Südvietnamesen selber ausgeübt wurden. Seines Erachtens haben die Amerikaner im Rahmen des ihnen möglichen viel getan, um Folterungen zu verhindern.

Medizinisches Personal: Es ist bewaffnet. Selbst Robin Moore, obwohl nur Korrespondent, war bewaffnet.

Vom Anwalt nach seinen jetzigen Beziehungen zu den Spezialeinheiten befragt, antwortet Robin Moore, daß er sich als ‹Fürsprecher› und ‹überzeugter Verteidiger› verstehe. Durch diese Selbsteinschätzung bekommt die Zeugenaussage besondere Bedeutung und Glaubwürdigkeit.

2. Zeugenaussage von Peter G. Bourne, Arzt am Forschungsinstitut der Armee ‹Walter Reed› in Washington

Bourne ist Psychiater in der neuropsychiatrischen Abteilung des Walter Reed-Instituts. Seit zwei Jahren und elf Monaten ist er in der Armee. Er hat an der Universität Emory in Atlanta (Georgia) in Medizin promoviert. In Vietnam war er ein Jahr als Leiter der neuropsychiatrischen Abteilung im Forschungsstab des Walter Reed-Instituts in Saigon. Er hat die besonders bei den Kommandos A aufgetretenen Depressionszustände untersucht. Drei Monate verbrachte er in einem dieser A-Camps, 55 km westlich von Pleiku.

Ergebnisse des Verhörs

Folterungen: (Der Zeuge berichtet): Ein Dorf wird besetzt, die Menschen werden zusammengetrieben. 50 von ihnen, als Vietkong verdächtigt, werden ausgesondert, gefesselt und dem vietnamesischen Leutnant der Spezialeinheiten übergeben. Während das Dorf in Brand gesetzt wird, muß der Zeuge ein brennendes Haus, in dem er sein Gepäck abgelegt hatte, betreten. Dort sieht er einen Mann, der ausgestreckt auf dem Boden liegt. Der vietnamesische Leutnant, den der Zeuge anschreit: «Haben Sie vor, diesen Kerl lebendig verbrennen zu lassen?» antwortet ihm lachend: «Der ist tot.»

Beim Nähertreten bemerkt der Zeuge, daß der Mann lebt, aber gefesselt ist. Er zerschneidet die Fesseln und beide fliehen aus dem abbrennenden Haus. Der vietnamesische Leutnant und seine Leute sind wütend, und es gelingt ihnen, den Gefangenen abführen zu lassen.

Der Zeuge will Bericht erstatten. Der Oberst sagt ihm: «Ihr Bericht wird nicht viel weiter kommen als bis zum Berater der Spezialeinheiten.»

Für den Zeugen ist die Folterung von Menschen durch die südvietnamesischen Streitkräfte eine unbestrittene Tatsache, und ebenso ist es eine unbestrittene Tatsache, daß von den Amerikanern gemachte Gefangene an die südvietnamesischen Streitkräfte ausgeliefert werden.

Kämpfende Vietkong werden hingegen von den Südvietnamesen nicht gefoltert, sondern sofort getötet.

Spezialeinheiten: Der Zeuge bestätigt, daß praktisch alle Entscheidungen betreffs der militärischen Führung und der politischen Orientierung und die gesamte Kontrolle der A-Camps in den Händen der amerikanischen Kräfte der Spezialeinheiten liegen.

CIA: Der Zeuge bestätigt, daß der Ort für die Errichtung der Camps von der CIA ausgewählt wird.

Kreuzverhör durch den Staatsanwalt

Folterungen: Der Staatsanwalt versucht, den Zeugen zu der Aussage zu bringen, die Amerikaner wären bemüht, die Südvietnamesen von ihren ‹üblichen Grausamkeiten› abzuhalten. Der Zeuge streitet das ab.

Verantwortung

Der Staatsanwalt versucht, den Zeugen zu der Aussage zu bringen, die Entscheidungen würden von den südvietnamesischen Kräften in den Spezialeinheiten getroffen. Der Zeuge streitet das ebenfalls ab.

Erneutes Verhör

Verantwortung: Der Zeuge bestätigt, daß die Entscheidungen, die finanziellen und technischen Mittel in den Händen der Amerikaner liegen. Er bestätigt, daß es gang und gäbe ist, daß Berichte über Ausschreitungen der Südvietnamesen nicht an das Hauptquartier weitergeleitet werden. Er hat am Niederbrennen von Dörfern teilgenommen.

III. Journalistische Quellen

1. *Der Artikel ‹Vietnamese Prisoners› (‹Vietnamesische Gefangene›) von Orville Schell*

Orville Schell schreibt: «Das Problem besteht vor allem darin, rasch Informationen darüber zu erhalten, wie man das Leben der amerikanischen Soldaten während der Kriegshandlungen retten kann. Folter und Erpressung sind gebräuchliche Mittel. Nach einem Verhör an Ort und Stelle wird jeder noch verdächtige Dorfbewohner gefesselt, ihm werden die Augen verbunden, und er wird nach Chu Lai transportiert, wo er gründlicher verhört und endlich eingestuft wird. Bis zu diesem Augenblick gilt er als Gefangener, da es keine Möglichkeit gibt, den Ergriffenen schon vorher als Freund oder Feind auszumachen. Er gilt schuldig bis zum Nachweis seiner Unschuld.»

Schell fügt hinzu: «Eine große Zahl von Zivilpersonen werden auf freiem Feld von den GIs getötet; die Soldaten sind leicht nervös und ängstlich, weil sie wissen, daß es gefährlich ist, sich einem Vietnamesen anzuvertrauen, besonders in der Nähe der Kampfzone. Selbstverständlich ist es an der Tagesordnung, jeden gefallenen Vietnamesen als Vietkong zu zählen, um dadurch die Zahl der im Kampf besiegten Feinde zu erhöhen . . .»

Der Autor berichtet im folgenden über die Deportation von Zehntausenden vietnamesischer Zivilpersonen, die «gewaltsam von Haus und Hof vertrieben und von ihren Familien getrennt werden, während ihre Häuser niedergebrannt werden». Die amerikanischen Truppen behandeln «diese kleinen Leute, mit ihrer unverständlichen Sprache und ihrer gelben Haut als minderwertige Subjekte, die überall unterkommen können, die alles mögliche essen können, die von keinen für Amerikaner selbstverständlichen Gefühlsregungen oder von irgendwelchen Sorgen betreffs ihrer Familie, ihres Weiterlebens und ihrer Zukunft getrübt werden». (. . .)

2. *Der Artikel ‹Das vietnamesische Volk ist das Opfer dieses Krieges› von Jonathan Mirsky*

Mirsky, Dozent für chinesische Sprache und englische Literatur an der Universität von Darmouth (Vermont) in den USA, hat Vietnam als Reporter bereist. Dieser bisher unveröffentlichte Artikel (vgl. Annex zum Tribunal) sollte ursprünglich in der Dezembernummer der Zeitschrift *Ramparts*, San Francisco, erscheinen. Zusammengefaßt ergibt er folgendes:

«1965 bestand in Saigon noch eine reale dritte Kraft, der bürgerliche Mittelstand des Landes. Heute ist auch diese Kraft ‹tot, weil die Vietnamesen am Leben bleiben wollen›. Selbst die gemäßigteren Teile ‹werden aus Haß und Verzweiflung in die Arme der Nationalen Befreiungsfront getrieben›. Für die Buddhisten ist der Abzug der Amerikaner einzige Voraussetzung für das politische Gespräch mit der FNL. In den Augen der anderen spielt zur Zeit allein die Nationale Befreiungsfront eine Rolle bei der Gestaltung der Zukunft Vietnams. – Es ist zu spät, noch auf andere Gesprächspartner zu hoffen.

Ho Chi Minh gilt allgemein als vollkommen unabhängig von Peking und Moskau, und niemand fürchtet mehr ‹ein Blutbad von seiten der Kommunisten›.

Das ganze öffentliche Leben ist vom Eingreifen der Vereinigten Staaten bestimmt. Vietnamesische Beamte erklärten gegenüber dem Autor:

‹Unser Haushalt wird in Washington aufgestellt, die Entscheidungen werden von der Botschaft der USA getroffen, und die Organisation der Verwaltung übernehmen amerikanische Soziologenteams.›

Die jüngsten Wahlen haben den Verfall des politischen Lebens verstärkt. Es ist jedem klar, daß diese Wahlen eine amerikanische Zeremonie waren, um das Wahl-Image von Präsident Johnson in den Vereinigten Staaten zu verstärken.

Die wichtigste Ursache für den Stimmungswechsel in Saigon besteht in den Schrecken des Krieges.

‹Es handelt sich um einen Krieg neuer Art, in dem die Zivilpersonen selbst die Feinde sind. Eine in offiziellen Kreisen Amerikas weitgehend anerkannte Statistik schätzt *die Zahl der getöteten Zivilpersonen auf eine halbe Million.* Seit 1961 rechnet man mit 200 000 gefallenen Vietkong.› Die Verwundeten, die unter denkbar schlechten Bedingungen gepflegt werden (es gibt in ganz Südvietnam 300 Ärzte), und die vier Millionen Flüchtlinge sind dabei noch gar nicht berücksichtigt.»

IV. Im Buchhandel erschienene Werke

Jonathan Schell ‹Das Dorf Ben Suc› (‹Le village Ben Suc›), Edition Knopf, New York 1967

Jonathan Edward Schell wurde 1943 in New York geboren, er ist Absolvent der Putney School in Vermont und promovierte mit *magna cum laude* in mittelöstlicher Geschichte an der Harvard Universität.

Sein Buch ist ein wichtiges Zeugnis für die Methoden, die die amerikanischen und südvietnamesischen Regierungstruppen zur ‹Befriedung› Vietnams anwenden. Es folgt eine Analyse der wichtigsten Passagen dieses Buches:

Die Truppen der Saigoner Regierung haben Ende 1963 Ben Suc unmittelbar nach einem Angriff der FNL evakuiert. Nach dieser Evakuierung hat die FNL das Dorf wieder aufgebaut und kontrolliert. 1965 hat die amerikanische Luftwaffe Ben Suc wieder bombardiert: man zählte mehr als 20 Tote. Anfang Januar 1967 hatte das Dorf 3500 Einwohner. Der Lebensstandard war zufriedenstellend, die Ernte ungewöhnlich gut.

Ende 1966 plante das amerikanische Oberkommando die Operation ‹Cedar Falls›, die den Widerstand im ‹Eisernen Dreieck› brechen sollte. Ben Suc liegt an der Grenze dieses Gebietes. Der Oberst A. C. Dixon von der 173. Airborne Brigade erläuterte vor sechs Journalisten die Gründe für die Operation und ihren Einsatzplan noch am Vorabend des vom amerikanischen Oberkommando festgesetzten Tages:

«Das Dorf ist ein politisches Zentrum des Vietkong. Diesmal wollen wir die Ortschaft vollkommen säubern. Die Bevölkerung soll evakuiert und in ein provisorisches Lager in der Nähe von Phu Cuong transportiert werden. Der Überraschungsangriff soll morgen stattfinden. Um acht Uhr werden 60 Hubschrauber 500 Soldaten der 2. Brigade der 1. Infanteriedivision in das Dorf fliegen. Fünf Minuten nach der Landung unserer Truppen werden Artillerie und Luftwaffe die nördliche Zone des Dorfes mit Granaten belegen, um der Bevölkerung die Fluchtmöglichkeit in den Wald abzuschneiden. Um 8.30 Uhr wird die 2. Infanteriebrigade die Straße im Süden des Dorfes abriegeln, während die Hubschrauber in Baumhöhe kreisen und die Dorfbevölkerung kontrollieren.»

Die Operation wurde am nächsten Morgen wie vorgesehen begonnen. Die Hubschrauber verbreiteten eine Warnung an die Bevölkerung: «Achtung, Einwohner von Ben Suc, ihr seid von Truppen der Republik Vietnam und von amerikanischen Streitkräften eingeschlossen. Bleibt in euren Häusern, sonst werdet ihr erschossen wie die Vietkong. Beachtet die nächsten Anweisungen.»

Gleich nach der Landung begannen die Soldaten das Dorf zu durchkämmen und nach den Männern zu suchen. Plötzlich erschien ein Vietnamese auf einem Fahrrad. Er bewegte sich in die verbotene Richtung. Eine MG-Garbe traf ihn, er rollte in einen Graben. Ein amerikanischer Soldat bemerkte: «Ich bin keineswegs erschüttert. Im Gegenteil, ich bin zufrieden, daß wir einen kleinen Vietkong erledigt haben.» Um neun Uhr wurden die Einwohner in der Dorfmitte zusammengetrieben, sie hatten die Sachen, die sie tragen konnten, bei sich. Um zehn Uhr standen ungefähr tausend in der Nähe ihrer zerstörten Schule. Inzwischen wurde der Beschuß des umliegenden Dschungelgebietes fortgesetzt: der weiße Rauch der Phosphorbomben und der schwarze Qualm des Napalms stiegen aus dem Dschungel.

Nach der vollständigen Umzingelung des Dorfes mußten nur noch die Vietkong von den Zivilpersonen getrennt werden. Die südvietnamesische Armee teilte die Bevölkerung unter Leitung der amerikanischen Streitkräfte nach ihrem Alter, dem Geschlecht und nach ihrem mehr oder weniger verdächtigen Aussehen ein. Alle Männer zwischen 15 und 45 Jahren wurden im Laufe des Nachmittags zur Hauptwache der Polizei gebracht. Die Vietkongverdächtigen und eine kleine Gruppe Vietkong wurden vom übrigen Teil der Bevölkerung getrennt, und einige von ihnen wurden an Armen und Beinen gefesselt, und die Augen wurden ihnen verbunden. Die amerikanischen und die südvietnamesischen

Truppen verhörten die Gefangenen. Die Verhöre der Amerikaner, an denen der Autor teilgenommen hat, wurden alle auf die gleiche Weise geführt:

«Wo wohnen Sie?»

«Sind Sie Bauer?»

«Haben Sie Vietkong gesehen?»

«Sind Sie Vietkong?»

Die südvietnamesischen Truppen hatten ihre eigenen Verhörmethoden: die Verdächtigen wurden mit einem Streifen Vinyl ins Gesicht geschlagen ...

Um 13 Uhr wurde die Zahl der getöteten Vietkong offiziell mit 24 angegeben. Drei Männer stiegen aus einem Tunnel, nachdem die amerikanischen Soldaten gedroht hatten, ihn in die Luft zu sprengen. Einer von ihnen versuchte zu fliehen: daraufhin wurden alle drei getötet. Ein Hubschrauber nahm einen Mann und eine Frau unter Beschuß, die im Freien frühstückten. Drei mit Paketen beladene Männer wurden von weitem abgeknallt. Man fand in ihrem Gepäck viele Medikamente: es handelte sich um Ärzte. 49 Waffen wurden erbeutet: 40 Fußeisen, 6 Granatwerfer, 2 russische Gewehre, ein amerikanisches MG. Die Gefangenen wurden anschließend mit Hubschraubern abtransportiert. In der folgenden Nacht durften die Frauen, die Kinder und die Alten unter der Aufsicht südvietnamesischer Soldaten wieder in ihre Häuser zurückkehren.

Am folgenden Morgen kamen Fahrzeuge nach Ben Suc, um die Bevölkerung zu evakuieren. Nach einer Stunde Fahrt erreichten sie die Stelle, die für das Flüchtlingslager vorgesehen war. Dort standen nicht mehr als zehn bereits bewohnte Strohhütten. Die Lastwagen hatten bereits rund tausend Einwohner aus anderen evakuierten Ortschaften des ‹Eisernen Dreiecks› ausgeladen. Diese Dörfer, die der Autor am Nachmittag besuchte, waren inzwischen von Bulldozern dem Erdboden gleichgemacht und niedergebrannt worden (Rach Lien, Bung Kong, Rach Bap).

«Von nun an», schrie der Oberst, der mit der Operation von Rach Bap beauftragt war, «gilt alles, was sich in der Umgebung bewegt, automatisch als Vietkong und wird dementsprechend bombardiert.» Er fügte hinzu: «Wir betrachten alle Männer dieses Gebietes als Vietkong und die ganze Bevölkerung als feindlich ...» Am Abend wurden die zusammengetriebenen Flüchtlinge in diesem Gelände mit Stacheldrahtrollen eingeschlossen.

Am nächsten Morgen begann der Bau der Baracken, die die Bevölkerung aufnehmen sollten. Sie bestanden aus Bambusstäben und einem Nylondach von 30 Meter Länge. Es gab weder Mauern noch Zwischenwände.

Wenige Tage später machten sich die Zerstörungstrupps über Ben Suc her. Die GIs übergossen die Strohdächer mit Benzin und setzten sie in Brand. Dann zerstörten Bulldozer die Unterstände. Das Dorf wurde ausradiert. Das letzte Stück Arbeit wurde von Flugzeugen übernommen, die ihre Bombenlast über dem Dorf abwarfen. Von Ben Suc ist nichts mehr übriggeblieben. (. . .)

Nach weltweit verbreiteter Ansicht erlaubt die amerikanische ‹Demokratie› die verschiedensten Formen der Meinungsbefragung, die heftigste Kritik und die radikalsten Äußerungen der Opposition gegen die von der Regierung der Vereinigten Staaten im Augenblick verfolgte Politik.

Die schwierigen Arbeitsbedingungen unserer Mission (man wich aus, hielt uns hin oder lehnte es sogar kategorisch ab, uns zu antworten) berechtigen uns, dieses Image der amerikanischen Demokratie richtigzustellen, ein Image, das von der politischen Realität des Landes täglich mehr Lügen gestraft wird.[1]

Es erscheint uns wichtig, dem Tribunal und der öffentlichen Meinung kundzutun, daß die Behinderungen unserer Arbeit Bestandteil und Hintergrund des Untersuchungsergebnisses sind.

Zusammenfassung

In *geplanter, massiver und systematischer* Weise wurden verbrecherische Handlungen von den amerikanischen Streitkräften und ihren Verbündeten in Vietnam begangen. Diese Verbrechen können nach den auf diesem Tribunal vorgelegten juristischen, historischen und wissenschaftlichen Analysen als Beweis dafür gelten, daß die Regierung der Vereinigten Staaten sich gegenüber dem souveränen Volk Vietnams des *Verbrechens des Völkermordes* schuldig macht.

1 Die Gründung einer Untersuchungskommission, deren Zusammensetzung, Methoden und Zielsetzung auffällige Parallelen mit der McCarthy-Kommission zur Erforschung antiamerikanischer Umtriebe ausweist, ist soeben vom amerikanischen Senat beschlossen worden. Diese Kommission hat die Aufgabe, die Aktivität der amerikanischen Bürger und Organisationen zu erforschen, die eine Fortsetzung des Vietnamkrieges ablehnen. Ihr Generalsekretär ist Sourvine, der schon Generalsekretär der McCarthy-Kommission war.

23. November 1967, nachmittags

Aussage des ersten amerikanischen Zeugen, Peter Martinsen

vorgestellt von Frau Gisèle Halimi

Dedijer: Wie alt sind Sie?

Zeuge: 23 Jahre.

Dedijer: Wo wohnen Sie?

Zeuge: In Berkeley, Kalifornien.

Dedijer: Ihr Beruf?

Zeuge: Ich bin Student.

Halimi: Herr Martinsen, können Sie dem Tribunal genau angeben, welches Ihre Aufgaben während Ihrer Wehrdienstzeit waren, bei welcher Waffengattung Sie sich befanden und wann genau Sie einberufen wurden?

Zeuge: Ich habe mich im Juni 1963 gemeldet und habe zunächst kochen gelernt. Dann schickte man mich auf eine Fremdsprachenschule, wo ich Vietnamesisch lernte und später auf die Militärakademie von Fort Holabird in Maryland, an der ich eine Spezialausbildung für das Verhör von Kriegsgefangenen erhielt. Die Vietnamkrise begann sich damals auszuweiten, und ich wurde dem 541. Military Intelligence Detachment zugestellt, das damals nach Vietnam entsandt und dem 11. Kavallerieregiment angeschlossen werden sollte. Wir verließen die Vereinigten Staaten Mitte August 1966 und kamen im September in Vietnam an. Ich war dort von September 1966 bis vergangenen Juni und wurde bei Verhören von Kriegsgefangenen eingesetzt.

Halimi: Haben Sie 1965 die Lehrgänge der USAINTS besucht und was haben Sie an dieser Schule studiert?

Zeuge: Die USAINTS ist die US-Army Intelligence School (eine Schulungsakademie der US-Army). Dort gibt es verschiedene Ausbildungszweige; ich nahm an dem genannten Spezialkurs teil.

Halimi: Wurden Sie dort ausgezeichnet?

Zeuge: Ich habe verschiedene Auszeichnungen erhalten: die Vietnam Service-Medaille, die Vietnam Expeditionary-Medaille und verschiedene Auszeichnungen als Scharfschütze. (. . .)

Halimi: Können Sie dem Tribunal mitteilen, wie Ihre Einheit aufgebaut war, wie viele Mannschaften und wie viele Offiziere sie hatte?

Zeuge: Eine Einheit der US-Army Intelligence School setzt sich aus vier Sektionen zusammen: Abwehr, Verhör von Kriegsgefangenen, allgemeine Truppeneinteilung und schließlich eine besondere Sektion zur Auswertung von fotografischem Material. Die Sektion zum Verhör der Gefangenen zählt vier einfache Offiziere und neun Soldaten. Die ganze Einheit besteht insgesamt aus 32 Mann. Ich selber war dem 11. Kavallerieregiment unterstellt. Jedes größere Truppenkontingent, das in Vietnam kämpft, bedient sich solcher militärischer Forschungsstäbe. Ich spreche von der Territorialarmee, ich weiß nicht, wie es sich mit der Marine verhält.

HALIMI: Würden Sie uns bitte sehr genau angeben, auch wenn es Ihnen peinlich ist, was Sie selber im Verlauf der Verhöre gemacht haben. Sie haben mir gesagt, Sie hätten, falls Ihr Gedächtnis Sie nicht trügt, zum erstenmal im Lager von Lon Giao einen Gefangenen gefoltert. Darf ich Sie bitten, den Bericht, den Sie mir vorher gegeben haben, vor dem Tribunal zu wiederholen?

ZEUGE: Es war bald nach meiner Ankunft in Vietnam. Wir hatten begonnen, unser Basiscamp von Lon Giao, zwölf Kilometer südlich von Xuan Loc, aufzubauen. Die Soldaten waren sehr nervös, sie nahmen alle Leute fest, die ihnen in die Hände fielen, und wir hatten die Aufgabe, sie zu verhören. Einer von unseren Soldaten war in einen Hinterhalt geraten und getötet worden. Wenig später wurde uns eine Gruppe von 8 oder 9 Gefangenen übergeben, an die genaue Zahl erinnere ich mich nicht mehr. Ich verhörte einen von ihnen, ohne die geringste Ahnung zu haben, was er getan hatte. Man hatte mir nur seinen Namen mitgeteilt. Ich begann mit dem Verhör, und er beteuerte unentwegt, daß er kein Vietkong sei und auch nicht wisse, wo sich die Vietkongtruppen aufhielten. Ich war überzeugt, daß er log. Ich war nicht sicher, ob er selber zum Vietkong gehörte, aber ich war mir auf alle Fälle sicher, daß er nicht die Wahrheit sagte, wenn er vorgab, nicht zu wissen, wo sich die Vietkongsoldaten aufhielten. Ich entschloß mich, ihn zu schlagen. Aber nichts hatte Erfolg, weder Ohrfeigen noch Fausthiebe ... Wie so oft in diesen Fällen kam dann ein anderer Leutnant, um mich beim Verhör abzulösen. Der Leutnant wiederholte, was ich auch gemacht hatte und schlug schließlich mit voller Kraft auf ihn ein, jedoch ebenfalls ohne Erfolg. Der Offizier setzte das Verhör fort, indem er den Gefangenen mit dem Feldtelefon folterte. Er legte ihm die Elektroden zunächst an den Händen, später an den Geschlechtsteilen an. Ich ging weg, weil ich den Anblick nicht ertragen konnte.

HALIMI: Später wurden Sie Zeuge, wie ein amerikanischer Leutnant einen Vietkongoffizier gefoltert hat.

ZEUGE: Das stimmt. Es war während der Operation ‹Cedar Falls›, der größten Operation innerhalb des ‹Eisernen Dreiecks› nördlich von Saigon. Ein aus Nordvietnam stammender Hauptmann war gefangengenommen worden. Er gab zu, daß er der nordvietnamesischen Armee, nicht aber dem Vietkong angehöre. Ich erhielt den Auftrag, ihn zu verhören, und man sagte mir ununterbrochen: «Wir müssen unbedingt sofort Informationen aus ihm herausbekommen.» Während ich den Mann verhörte, folterte mein Sektionschef ihn mit dem Telefon. Aber da ich nichts herausbekam, löste mich auch diesmal ein Leutnant ab und setzte dem Mann mit einem Elektromagneten zu, wiederum vergeblich. Daraufhin fing er an, ihm Bambuskeile unter die Fingernägel zu treiben. Aber der Chef unserer Einheit schnauzte den Leutnant an. Er sagte, daß der Gefangene davon Narben zurückbehielte. Im Normalfall hinterlassen weder die elektrische Folter noch Schläge Spuren. Es ist verboten, Bambuskeile zu verwenden, weil sie blutige Wunden und Narben zurücklassen. Über unsere Gefangene hatten wir absolute Gewalt, das Recht über Leben und Tod. Ich persönlich habe davon nie Gebrauch gemacht, aber es passiert oft, daß ein Gefangener durch einen unbeherrschten Schlag oder aus Versehen getötet wird oder zum Beispiel auch, um seine Kameraden einzuschüchtern.

HALIMI: Sie haben mir gesagt, Sie hätten einmal gesehen, wie ein Opfer nach der Folter gestorben ist. Können Sie uns die näheren Umstände berichten?

ZEUGE: Es geschah während der Operation ‹Cedar Falls›. Von allen Operationen, an denen ich in Vietnam teilgenommen habe, hat sie die größte Zahl von Folterungen. Wir arbeiteten damals mit der 172. Einheit des Forschungsstabes zusammen, die der 173. Luftlandebrigade angeschlossen war. Man hatte uns Gefangene übergeben, und wir verfügten über einen *tu hoy*, das ist ein Vietkongdeserteur, der uns Informationen über seine ehemaligen Kameraden geben sollte. Der *tu hoy* machte uns auf einen Gefangenen aufmerksam und sagte uns über ihn, er wäre so etwas wie ein örtlicher Kaderchef im ‹Eisernen Dreieck›, zu dem Ben Suc gehört. Der Vorfall ereignete sich während der Operationen gegen dieses Dorf. Am Nachmittag wurde besagter Gefangener in ein Zelt geführt. In der Nacht setzte eine andere Einheit das Verhör fort; plötzlich erschien ein Soldat dieser Einheit bei uns und teilte uns mit: «Wir haben soeben einen Gefangenen verloren.» «Was», rief ich, denn ich konnte es nicht glauben. Der Soldat wiederholte: «Das ist so. Der Offizier setzte ihm gerade mit dem Elektromagneten zu, da brach er tot zusammen.» Einen Augenblick später gesellte sich der Offizier zu uns und bestätigte die Neuigkeit: «Ich hatte ihn gerade unter Strom gesetzt. Er war kurz vor dem Zusammenbrechen. Ich habe gesehen, wie er sich vom Elektromagneten lösen wollte, aber in diesem Moment starb er.» Ohne sich allzuviel um die Formalitäten zu kümmern, legt man über jeden Gefangenen eine Akte an, und diese Papiere müssen immer mitgeführt werden. In diesem Fall war der Gefangene tot. Man rief den Doktor, einen Militärarzt der 173. Luftlandebrigade, der den Tod durch Herzschlag feststellte.

HALIMI: Arbeitete der amerikanische Offizier, der das Verhör vornahm, nicht in Gegenwart vietnamesischer Dolmetscher?

ZEUGE: Alle Verhöre, an denen ich teilgenommen habe, in meiner Einheit wie in allen anderen, fanden in Gegenwart eines vietnamesischen Dolmetschers statt, weil die Amerikaner die Landessprache nicht so gut beherrschen, als daß sie selbst ein kompliziertes Verhör führen könnten. Ich habe den Sergeanten, der in diesem Fall gedolmetscht hat, nicht persönlich gesehen, aber ich bin sicher, er war dabei. Ich erinnere mich an den Namen des Offiziers.

HALIMI: Hat der Offizier einen Bericht über diesen Todesfall geschrieben?

ZEUGE: Es gab keinen speziellen Rapport, bloß eine vage Eintragung ins Militärregister. Die Militärpolizei, die die Gefangenen bewacht, schrieb: «... an Herzschlag verstorben.» Kein Hahn kräht danach. Ich habe nie eine Rotkreuzeinheit in diesem Gebiet gesehen. Ich habe noch nicht einmal eine Ahnung, wo Rotkreuzhelfer zu finden sind.

HALIMI: Sie haben mir von einem Verhör erzählt, das Sie selbst einige Kilometer von einer Michelin-Plantage entfernt geführt haben.

ZEUGE: Das war im letzten Mai, während der Operation ‹Manhattan›. Wir hatten gerade ein Dorf dem Erdboden gleichgemacht: wir hatten das Dorf umzingelt und dann alle Einwohner zusammengetrieben, um eine erste Aussonderung zu treffen. Die Verdächtigen wurden im folgenden einem Verhör unterworfen. Man hatte einen entdeckt, der bewaffnet war und sich in einem Entwässerungsgraben versteckt hatte. Mir war sofort klar, daß er zum Vietkong gehörte. Ich mußte also nur noch herauskriegen, welche Funktionen er hatte und ob sie wichtig waren oder nicht. Wir befanden uns ungefähr vier Kilometer südlich der Michelin-Plantage Dan Tieng. Ich begann, den Gefangenen zu befragen. Mein Dolmetscher schlug ihn mit einem Holzhammer, den er aus unserem Quartier genommen hatte. Er schlug ihn auf die Knie und die Schultern, und ich ließ ihn gewähren. Aber der Gefangene machte nicht den Mund auf. Unsere Vorgesetzten ließen uns nicht aus den Augen, ich war äußerst verwirrt. Ich versuchte es also mit einer anderen Methode: Ich zwang ihn, sein eigenes Grab zu schaufeln, und zielte dabei auf seine Backe. Während er schaufelte, zählte ich auf Vietnamesisch, damit er merkte, daß ich kein Theater machte. Er brach zusammen und begann zu weinen. Über solche Macht verfügt derjenige, der verhört. Ganz offensichtlich zweifelte der Gefangene keinen Augenblick daran, daß seine letzte Stunde geschlagen hätte. Ich malte ihm den Tod aus, den er zu erwarten hatte ... Das nennen wir «einen Gefangenen kleinkriegen».

HALIMI: Sie haben mir erklärt: «Wenn ich gründlich und ausführlich befragt würde, könnte ich von Hunderten von Folterungen berichten.» Können Sie diese Äußerungen bestätigen?

ZEUGE: Das stimmt. Die elektrische Folter wurde während einer bestimmten Zeit sehr häufig in Vietnam angewandt; weniger oft, als meine Dienstzeit zu Ende ging. Schläge waren gang und gäbe. Der Offizier, der die Einheit befehligte, erklärte gern, man sollte während eines Verhörs weder foltern noch Gewalt anwenden; aber er ließ uns gewähren und wußte genau, was passierte. Er war bestens auf dem laufenden.

HALIMI: Ich möchte Sie jetzt um genauere Angaben bitten über den Tod des jungen Mädchens, das nicht gefoltert, sondern vergast wurde.

ZEUGE: Das ist eine besonders scheußliche Angelegenheit. Unsere Soldaten hatten den Eingang zu einem Tunnel entdeckt und merkten, daß jemand drin war. Man warf sofort Tränengasbomben, vielleicht ‹Anti-Aufruhr›-Gas. Dann begann die Jagd auf die Tunnelbesatzung. Der Tunnel war so lang, daß die Jagd 24 Stunden dauerte, bis zu dem Moment, als die Verfolgten hustend und mit schweren Gasvergiftungen am anderen Ende des Tunnels aus der Erde hervorkrochen. Man schleppte sie zu uns, und es war auf einen Blick zu sehen, daß sie alle unter schwerer Atemnot litten. Unter ihnen waren 4 oder 5 junge Mädchen im Alter von 16 bis 20 Jahren, Krankenschwestern und Arbeiterinnen. Ihr Zustand war erschreckend, als man sie uns brachte. Sie husteten, rangen nach Atem, und keuchten, als ob sie Asthma hätten, einen schweren Asthmaanfall. Ich rief einen Arzt, damit er ihnen eine Adrenalinspritze geben konnte. Dann wurden die Gefangenen, Männer wie Frauen, in ein mit Stacheldraht umgebenes Zelt gesperrt. Es gab keine Betten, und die Mädchen mußten auf der Erde im Schlamm liegen, so daß sich der Zustand eines Mädchens noch verschlechterte. Die Dienstvorschriften sehen vor, daß man jeden Gefangenen ohne Ausnahme verhört. Ich telefonierte immer wieder mit dem Arzt, um ihm zu sagen, daß das junge Mädchen eine Lungenentzündung hätte. Daran bestand für mich kein Zweifel, ich habe früher selbst eine Lungenentzündung gehabt. Aber der Arzt antwortete mir jedes Mal: «Auf keinen Fall, das gibt sich von allein.» Das Gegenteil geschah. Sie wurde schließlich ins Krankenhaus der 3. Brigade der 1. Division eingeliefert, wo sie später starb. Ich war darüber erzürnt und sagte allen Offizieren, die mit aller Gewalt das Mädchen hatten im Lager behalten wollen, um es zu verhören, meine Meinung über sie und den Arzt ins Gesicht. Um ein Haar wäre ich vor ein Kriegsgericht gekommen. Das ist eine der finstersten Geschichten, an die ich mich erinnere. (. . .)

PETER WEISS: Herr Martinsen, haben die Offiziere Sie in Ihrer Ausbildungszeit über das Genfer Abkommen informiert?

ZEUGE: Es ist möglich, obwohl ich es nicht annehme, daß sich die Lehrprogramme seit meinem Abgang geändert haben. Man hat uns nicht direkt über das Genfer Abkommen belehrt, aber man hat uns gesagt, daß keine Kriegsverbrechen verübt werden dürfen, daß Gefangene nicht gefoltert, nicht gequält, nicht mißhandelt und nicht für die Vergehen anderer bestraft und zu nichts gezwungen werden dürfen. Die Instrukteure erklärten uns jedoch mit vorgehaltener Hand: «In Vietnam sind solche Dinge an der Tagesordnung, das wissen wir alle, aber offiziell werden sie nicht zugegeben.» Jedes Verhör, an dem ich in Vietnam teilgenommen habe, fiel unter die Rubrik Kriegsverbrechen im Sinne des Genfer Abkommens. Die Armee hat ein Handbuch unter dem Titel ‹*The Law of Land Warfare*› veröffentlicht. Es handelt sich um einen vollständigen Nachdruck der Verträge von 1949. Dieses Handbuch ist für jedermann zu haben, aber keiner nimmt davon

Notiz. Ich selbst habe mir einige Kapitel angeguckt, aber das ist keineswegs Pflicht.

WEISS: Herr Martinsen, Sie haben in Vietnam gewiß eine tiefe moralische Wandlung durchgemacht. Sie haben drüben böse Dinge erlebt und Sie haben seither über diesen Krieg ganz andere Vorstellungen als bei Ihrer Abreise nach Vietnam.

ZEUGE: Als ich in Vietnam ankam, war ich für den Krieg. Von der Tatsache eines kommunistischen Angriffs war ich fest überzeugt. Ich war sicher, daß die Mehrheit des vietnamesischen Volkes unser Eingreifen begrüßte. Ich hatte vorher einige Sprachkurse in Vietnamesisch besucht und habe dann soviel wie möglich versucht, mit meinen Dolmetschern und mit möglichst vielen Vietnamesen zu sprechen, so daß ich schließlich ein wenig Vietnamesisch sprechen und verstehen konnte. Ich konnte mich deshalb selbst davon überzeugen, daß die südvietnamesische Regierung sich überhaupt nicht um die Gefühle der Bevölkerung kümmert, obwohl sie fortwährend das Gegenteil behauptet. Die Bevölkerung lehnt unser Eingreifen ab. Das habe ich selbst aus dem Mund von Vietnamesen erfahren. Die ganze Widersinnigkeit des Krieges wird in dieser Tatsache deutlicher als durch die häufigen Kriegsverbrechen. In jedem Krieg werden Verbrechen begangen. Eigentlich besteht der Krieg nur aus Kriegsverbrechen.

WEISS: Waren Sie und Ihre Kameraden zu der Zeit, als Sie die Militärakademie besuchten, davon überzeugt, daß Sie das, was Sie in Vietnam tun würden, für eine gerechte Sache täten, daß Sie es tun müßten, weil Krieg war und weil es im Krieg nur darauf ankommt, den Feind zu besiegen?

ZEUGE: Keiner von uns glaubte im Ernst daran, daß es nötig werden könnte, Gefangene zu foltern oder auch nur zu schlagen. Die Anwendung von Gewalt blieb selten, bis Mitglieder unserer Einheit getötet wurden und wir so mit dem Tod konfrontiert wurden. Wir wußten sehr wohl, daß in Vietnam Menschen umkamen, aber, Sie verstehen: wenn ein Freund fällt, hat der Tod ein anderes Gesicht. Dabei stellten wir schnell fest, daß eine kleine Dosis von Gewalt durchaus ihre Wirkung tut.

WEISS: Die Mehrheit Ihrer Kameraden hatte offenbar dieselben Vorstellungen wie Sie. Haben Sie während der Überfahrt über den Pazifik diskutiert, was in Vietnam passieren würde?

ZEUGE: Wir wußten nicht, was uns dort erwartete. Wir waren gut und vielfältig bewaffnet. Wir landeten bei Vung Tau, in einer ruhigen Zone. Wir suchten die Vietkong ohne Nervosität und fanden keinen einzigen. Zuerst mußten wir erkennen, daß die Vietnamesen in uns keineswegs ihre Befreier sahen. Wer ihre Sprache lernte, mußte rasch erfahren, daß sie uns keineswegs liebten. Tatsächlich verachteten sie kein Volk so wie unseres, ausgenommen vielleicht die Franzosen. (. . .)

WEISS: Herr Martinsen, bitte berichten Sie uns über Ihre persönliche

Entwicklung. Wie kam es, daß Sie Ihre Einstellung zum Krieg änderten?

ZEUGE: Aus vielerlei Gründen, vor allem die vielen Dinge, die man im Krieg erlebt. Ich erinnere mich zum Beispiel an einen jungen Burschen, der vom Hubschrauber aus Katz und Maus mit den Menschen spielte und sie dann abknallte. Ich habe Reis gesehen, den man dem Vietkong abgenommen und in amerikanische Säcke gefüllt hatte, um den Eindruck zu erwecken, es handele sich um Spenden aus Amerika; auf den Säcken war zu lesen: ‹US Nato-Reis›. So etwas kam tagtäglich vor. Vor allem Folterungen, völlig überflüssige Torturen. Dabei bemerkt man dann, daß im Grunde alle das Foltern mitmachen würden, wenn ihnen dieses Handwerk nicht eine Horde von spezialisierten Sadisten abnehmen würde. Unter bestimmten Bedingungen zeigt der Mensch seine angeborene Fähigkeit, seinem Nächsten Böses zu tun, und in Vietnam sind diese Bedingungen gegeben. Es ist schrecklich, sich an die Verhöre zu erinnern, wie unsere Soldaten begonnen haben, jemanden ihresgleichen zu schlagen, um ihm ein Geständnis abzuzwingen, wie sie weitergemacht haben, weil sein Schweigen sie reizte, und wie sie schließlich aus purem Vergnügen auf ihn losgeschlagen haben.

Die Amerikaner müssen verstehen lernen, daß die Nazis keineswegs die einzigen sind, die Kriegsverbrechen begangen haben. Aber niemand wagt es, seinen Mund aufzumachen, aus Angst vor Benachteiligungen. In meinem Fall kamen die Diskriminierungen aus der Familie: «Du beschmutzt unseren Namen und verlierst noch dein Erbteil», usw. Die Vorurteile innerhalb der Familie werden durch den Druck der Massenmedien noch verstärkt, usw. Immer heißt es: *«Right or wrong my country!»* Diese Einstellung muß von Grund auf geändert werden. (. . .)

DAVE DELLINGER: Mein Akzent sagt es Ihnen wohl schon: ich bin selbst Amerikaner. Schon bevor Sie auf den Druck anspielten, den Ihre Familie auf Sie ausübt und den die Öffentlichkeit auf Ihre Familie ausübt, wollte ich Ihnen zu Ihrer Zivilcourage gratulieren. Ich leugne nicht, daß dieser Meinungsterror noch andauert, aber ich bin überzeugt, daß der Tag kommen wird, an dem das ganze amerikanische Volk und nicht nur eine kleine Zahl von Amerikanern in Ihnen einen Held sieht und Ihnen dafür danken wird, daß Sie es zu sich selber zurückgebracht haben. Aber kommen wir auf den Druck der öffentlichen Meinung zurück: Zum Beispiel das kranke Mädchen, das man trotzdem verhören wollte. Sie haben das entsetzlich gefunden und aus Ihrer Meinung kein Hehl gemacht. Haben Sie sich darauf beschränkt, die Sache bekanntzugeben, oder haben Sie eine regelrechte Klage eingereicht?

ZEUGE: Hätte ich den Mut gehabt, eine formelle Klage einzureichen, wäre ich jetzt nicht hier, sondern im Gefängnis.

DELLINGER: Wissen Sie, was nach Abschluß des Verhörs mit den Gefangenen geschah?

ZEUGE: Man teilte sie in bestimmte Kategorien, je nach den Aussagen, die man von ihnen erhalten hatte. Alle diejenigen, die wahrscheinlich interessante Informationen zur strategischen Lage geben konnten, wurden den zentralen Geheimdienststellen übergeben, zum Beispiel der nordvietnamesische Offizier, von dem ich gesprochen habe. Er wurde unter dem Schutz amerikanischer Soldaten nach Saigon transportiert, wo er einer Spezialabteilung der CIA zum Verhör vietnamesischer Soldaten übergeben wurde. Mit den CIA-Agenten zusammen arbeiten Spezialkräfte der vietnamesischen Polizei und vietnamesische wie amerikanische Angehörige des Intelligence Service. Dort hat der nordvietnamesische Offizier endlich sein Schweigen gebrochen. Es gibt auch Gefangene, bei denen man weniger genau weiß, ob sie über nützliche Informationen verfügen. Will man sie weiter verhören, kann man sie einfach als Verbrecher im Sinne der allgemeinen Rechtsprechung betrachten. Theoretisch benötigt man dazu ‹die Ermächtigung› militärischer Justizbehörden, aber es handelt sich um eine einfache Formalität, und meistens denkt niemand daran, sie einzuholen. Die Vietnamesen müssen im Besitz eines Reisepasses sein, wenn sie von einer Provinz in die andere reisen wollen. Jeder, der keinen Paß hat, macht sich strafbar und kann inhaftiert werden. Im allgemeinen tragen die Vietnamesen aus Furcht, daß sie sie verlieren könnten, keine Identitätsausweise bei sich. Wer gegen die Bestimmungen verstößt, fällt in eine andere Kategorie. Während der Operation ‹Cedar Falls› (. . .) war ich beauftragt, die Männer zwischen 20 und 30 Jahren ‹auszusortieren›, die geeignet schienen, in die südvietnamesische Armee eingegliedert zu werden. Ein amerikanischer Bürger hat also die Vollmacht, die südvietnamesische Armee mit ‹Menschenmaterial› zu versorgen.

DELLINGER: In allen Fällen, von denen Sie berichtet haben, hat also ein amerikanischer Staatsbürger die Folter ausgeführt, Schläge ausgeteilt oder das Verhör überwacht. Wenn in Amerika über diese Folterungen gesprochen wird, kriegt man gewöhnlich zu hören, schuldig seien allein die Vietnamesen, und die Amerikaner seien entweder nicht anwesend oder könnten die Folterungen nicht verhindern.

ZEUGE: Es ist eine Lüge und eine pure Irreführung, wenn man behauptet, die Vietnamesen würden als einzige foltern. Ich habe nie gesehen, wie Vietnamesen ein Verhör durchführen, und ich weiß deshalb nicht, wie sie es machen. Ich stelle mir vor, daß sie es genauso wie unsere Truppen machen, nur daß sie weniger Skrupel zu haben brauchen, wenn bei der Folter Wunden entstehen.

DELLINGER: Haben Sie von amerikanischen Soldaten gehört, die sich geweigert haben, Verhöre durchzuführen?

ZEUGE: Nein. Ich kenne keinen einzigen Fall. Ich hätte mich fast geweigert, aber am Ende war ich leider zu feige, um einen demonstrativen Schritt zu wagen. (. . .)

DELLINGER: Haben Sie den Eindruck, daß die Bevölkerung in den von

Amerikanern besetzten Gebieten den Truppen feindlich gesonnen war?

ZEUGE: Bei den besetzten Gebieten handelt es sich in Wirklichkeit um Zonen, um die herum die Armee ein Netz von Stacheldraht gezogen hat. In den Gebieten, in denen die Machtstellung der Amerikaner einigermaßen unbestritten ist, tragen verschiedene Faktoren dazu bei, die Antipathie der Bevölkerung gegenüber den Amerikanern zu begründen; vor allem die ständigen Bombenangriffe und die blinden Feuerüberfälle. Das amerikanische Oberkommando versucht fortwährend die Zonen zu erweitern, in denen jeder abgeknallt werden kann. Unterschiedslos werden Schuldige und Unschuldige ermordet. Die Bevölkerung haßt unsere Soldaten auch, weil das ganze Land sich allmählich in ein riesiges Bordell verwandelt, zum Beispiel Saigon. Fulbright hatte völlig recht. Ich habe es mit eigenen Augen gesehen, nicht nur in Saigon, sondern auch in vielen anderen Städten. Wir verbreiten die Korruption über das ganze Land. In Vietnam kann eine Prostituierte am Tag bis zu 300 Dollar verdienen, während meines Wissens das durchschnittliche Monatseinkommen 30 bis 40 Dollar beträgt. Was würden Sie empfinden, wenn Ihre Tochter oder Ihre Schwester zur Hure würde? (. . .)

KASURI: Sie haben an vier großen Operationen teilgenommen?

ZEUGE: Ja, und außerdem an einer Unzahl von militärischen Operationen mit geringerer Bedeutung.

KASURI: Können Sie uns die Namen der vier Operationen nennen?

ZEUGE: Operation ‹Attleboro›, Operation ‹Cedar Falls›, Operation ‹Junction City› und schließlich die Operation ‹Manhattan›, Anfang Juni dieses Jahres.

KASURI: Wenn ich recht verstanden habe, dann wiederholten sich die Kriegsverbrechen, von denen Sie in Ihrer Aussage gesprochen haben, überall dort, wo Sie waren. Es handelt sich mithin um gebräuchliche Praktiken?

ZEUGE: Ja, mit Ausnahme der Operation ‹Junction City›. Während dieser Operation fand kein einziges Verhör statt. Gewiß wurden auch diesmal Gefangene gemacht, aber an anderen Kampfabschnitten, nicht bei uns. Aber nach dem, was ich gesehen habe, und nach dem, was die Kameraden von anderen Einheiten – vor allem von der 172. und 4. Einheit des Intelligence Service – mir erzählt haben, weiß ich ganz sicher, selbst wenn ich es nur von anderen weiß, daß nicht wenig gefoltert wurde. Sie hatten Feldtelefone bei sich, und sie haben mir gezeigt, wie man mit den Elektroden umgeht.

KASURI: Können Sie uns die ungefähre Zahl der Gefangenen nennen, die die Amerikaner während der Operation ‹Cedar Falls› gemacht haben?

ZEUGE: Während der Operation standen wir nahe Ben Cat. Wir arbeiteten damals eng mit der 172. Luftlandedivision zusammen. Im Rahmen dieser Operation wurde das ‹Eiserne Dreieck› besetzt. Tausende und abertausende wurden aus ihrer Heimat vertrieben. Ich war beauftragt, die Flüchtlinge ‹auszusortieren›, und sollte die zum Verhör geeigneten Personen heraussuchen.

Das ‹Eiserne Dreieck› liegt zwischen dem Saigonfluß und einem anderen Fluß, dessen Namen ich vergessen habe. Seit Jahren befand sich dieses Gebiet in der Hand des Vietkong. Er hatte es stark befestigt, sogar mit Betonbunkern. Im Zuge dieser Operation wurde die Bevölkerung ‹umgruppiert›.

Wenn ein Verhör nichts erbracht hat, wird nicht immer eine Anklageschrift fertiggestellt. Im Verlauf der Operation ‹Cedar Falls› wurden jedoch mehr als hundert Anklageschriften auf Grund von Verhören von uns geschrieben. Außerdem gab es Hunderte von Lageberichten. Die Flüchtlinge, die auf einem von Stacheldraht umzäunten Gelände zusammengepfercht waren, mußten vor mir vorbeidefilieren. Ich hatte nicht immer einen Dolmetscher zur Verfügung. Die Flüchtlinge hatten alles Hab und Gut bei sich, das ihnen geblieben war: Büffel, Hühner, Schweine, alles, was sie mitnehmen konnten. Dann trieb man sie auf Lastwagen und transportierte sie nach Phu Bai, in ein Flüchtlingslager. Ich bin zweimal durch die innere Kampfzone des ‹Eisernen Dreiecks› gekommen. In den zerstörten Dörfern liefen Hühner und Büffel herum. Ich war bei der Zerstörung von Ben Suc dabei. Die Bulldozer haben in den Dörfern alles, was noch niet- und nagelfest war, niedergewalzt. Übrig blieb ein Heer von Haustieren und persönliche Habe. Vielleicht konnte es hier und da noch Bewohner geben, die sich rechtzeitig in Unterstände in der Nähe ihrer Häuser geflüchtet hatten. Um das Risiko eines Überfalls einzuschränken, hatten die gewieften Soldaten entlang der Straße, die das ‹Eiserne Dreieck› durchquert, einen vierhundert Meter breiten Streifen verbrannter Erde angelegt. Die Landschaft war mit riesigen Bombenkratern übersät: eine 500 Kilo Bombe reißt einen Krater von 15 Meter Durchmesser und 12 Meter Tiefe. Meine Einheit besaß einen Panzerwagen mit einem Flammenwerfer, der nach dem Namen eines amerikanischen Feuerzeugs ‹Zippo› genannt wurde. Diese Maschine benutzten wir, um Laubwerk in Brand zu schießen. Ich weiß nicht, ob dieses Gerät auch im Gefecht eingesetzt wurde; es ist auf jeden Fall eine mächtige Zerstörungsmaschinerie, die einen Napalmstrahl bis zu hundert Meter Länge ausstößt, der ringsumher alles in Brand setzt. Von weitem habe ich Flugzeuge Napalm abwerfen sehen, ohne daß ich ein Ziel erkennen konnte.

KASURI: Und was geschah bei den anderen Operationen?

ZEUGE: Während der Operation ‹Manhattan› wurden viele Gefangene gemacht. Dieses Mal hatte auch unsere Einheit damit zu tun, es gab ungefähr 50 bis 60 Verhöre. Wiederum konnte ich mit den Gefangenen machen, was ich wollte, und ich wußte, daß, sollte jemand dabei umkommen, kein Bericht nötig und keine Strafe zu erwarten war. Schlimmstenfalls hätte ich immer noch als Todesursache angeben können: «beim Fluchtversuch erschossen» oder «gestorben infolge Herzschlag». (. . .)

KASURI: Von verschiedenen Seiten haben wir von der Anwendung von Wasserfoltern gehört. Haben Sie davon etwas erfahren, direkt oder indirekt?

ZEUGE: Nein. Aber ich kenne nur die 3. Militärregion. Was in den anderen drei Abschnitten, der 1., 2. und 4. Region, geschehen ist, kann ich nicht sagen. (. . .)

KASURI: Was geschieht mit den nachweislich unschuldig Angeklagten?

ZEUGE: Sie werden freigelassen.

KASURI: Können sie sich frei bewegen, oder werden sie in Flüchtlingslager interniert?

ZEUGE: Das hängt vom Verlauf der Operation ab. Während der Operation ‹Cedar Falls› hat man beispielsweise die Bevölkerung gewaltsam nach Phu Bai geschafft. Wenn jemand freigelassen wird, bringt man ihn in die nächste Provinzhauptstadt, in unserem Fall Xuan Loc, wo man ihn an einer Bushaltestelle absetzt. Dabei kann es ihm passieren, daß er 30 oder 40 Kilometer von zu Haus entfernt ist und sich mühsam nach Hause durchschlagen muß. Sollte man es für notwendig erachten, irgend jemand in Haft zu behalten, obwohl aus irgendeinem Grund keine Anklage gegen ihn vorliegt, braucht man ihn nur vor einem Polizeiposten freizulassen. Er wird dort sofort verhaftet, denn die vietnamesische Polizei braucht keinen Haftgrund. Die vietnamesische Polizei hat paramilitärischen Status und sehr weitgehende Vollmachten. Sie zählt mehr als 100 000 Mitglieder, die mit Maschinengewehren, Granatwerfern, Handfeuerwaffen und Handgranaten ausgerüstet sind. Sie weist viele Parallelen zu den nazi-deutschen Polizeikräften in den damals besetzten Ländern auf.

KASURI: Wie Sie uns gesagt haben, nahmen manchmal Offiziere an den Verhören teil.

ZEUGE: Das stimmt. An den Verhören nahmen vier Offiziere teil: ein Hauptmann und drei Leutnants. Der Hauptmann mischte sich nie direkt ein.

KASURI: Ist es vorgekommen, daß höhere Offiziere Verhöre durchgeführt haben?

ZEUGE: Es kann sein, aber ich weiß es nicht. Der kommandierende Offizier meiner Einheit hatte Majorsrang, und mein Sektionschef war Hauptmann. Die anderen Offiziere haben Verhöre vorgenommen, die zu den grausamsten gehören, an denen ich teilgenommen habe. Das einzige Mal, bei dem ich gesehen habe, wie Elektroden an die Geschlechtsteile eines Gefangenen gelegt wurden, fand statt, als ein Offizier folterte. Und die einzige Folterung, bei der Bambuskeile unter die Nägel der Gefangenen getrieben wurden, wurde ebenfalls von einem Offizier durchgeführt.

KASURI: Können Sie mir sagen, ob die höheren Dienstgrade über die Folterungen auf dem laufenden waren?

ZEUGE: Die Oberstleutnants wußten davon.

KASURI: Sind Sie sicher?

ZEUGE: Absolut sicher. Sie mußten es wissen, weil sie manchmal selber den Verhören beiwohnten und weil die Gefangenen in ihrer Gegenwart geschlagen wurden. Ich spreche allerdings nicht vom Regimentskommandeur. Soviel ich mich erinnere, hat er nie an einem Verhör teilgenommen. (. . .)

OGLESBY: Sind Sie dienstlich zu Ihrer Spezialausbildung eingesetzt worden, oder haben Sie sich freiwillig gemeldet?

ZEUGE: Ich habe mich freiwillig zu den Fremdsprachenkursen gemeldet. Nach dem Abschluß wurde ich auf die Intelligence Service-Akademie geschickt. Ich wollte im Abwehrdienst arbeiten, das heißt, ich wollte mich als eine Art James Bond betätigen. Statt dessen wurde ich auf Verhörtechnik gedrillt. Ich bekam also eine Ausbildung ohne konkrete Einsatzmöglichkeit: damals gab es keinen großen Krieg, und infolgedessen gab es keine Gefangenen zu verhören. Ich hatte auch Italienisch gelernt, aber die US-Army hatte kaum Soldaten in Italien stationiert. Man hatte für mich also keine Verwendung.

OGLESBY: Hat die Armee Sie zu dieser Spezialausbildung eingesetzt?

ZEUGE: Ja.

OGLESBY: Hatte die Ausbildung, die Sie dort erhielten, allgemeinen Charakter, oder diente sie unmittelbar zur Heranbildung von Spezialisten für den Vietnamkrieg?

ZEUGE: Während meiner Teilnahme an den Kursen wurde das Programm der Militärakademie geändert, um die Absolventen auf die Verhörpraktiken in Vietnam vorzubereiten. Vorher lag der Schwerpunkt unserer Ausbildung auf dem Erlernen von Verhören sowjetischer Gefangener; wir mußten zum Beispiel den sowjetischen Geheimcode lernen, usw.

OGLESBY: Was für Leute besuchen eine derartige Militärakademie? Handelte es sich um Soldaten mit überdurchschnittlicher Intelligenz?

ZEUGE: Ja, denn der Eintritt in den Intelligence Service ist an bestimmte Tests geknüpft. Bei den Army-Tests muß man 110 Punkte erreichen. Der Durchschnitt liegt bei 100 Punkten. Einige waren, wie ich selber auch, an einer Universität eingeschrieben, aber keiner hatte einen akademischen Titel. In den Kursen des Abwehrdienstes gibt es jedoch viele, die einen akademischen Grad besitzen. (. . .)

OGLESBY: Sie haben ein Handbuch erwähnt, dessen Inhalt der Geheimhaltungspflicht unterliegt. Ich möchte Sie deshalb nicht bitten, den Inhalt dieses Handbuchs zu erläutern, aber vielleicht können Sie dem Tribunal in allgemeinen Worten darlegen, warum dieses Verhör-Handbuch Staatsgeheimnis ist.

ZEUGE: Das ist eben die Frage! Ich weiß absolut nicht, warum der Inhalt dieses Handbuchs geheimgehalten werden muß. Es ging über allgemeine Richtlinien nicht hinaus, und ich kann Ihnen versichern, daß darin die Anwendung der Folter nicht ausdrücklich empfohlen wird.

Oglesby: Wie sind Sie zur Folter angeleitet worden?

Zeuge: Das lernt man halt an Ort und Stelle.

Oglesby: Wie haben Sie es gelernt, das Feldtelefon als Folterinstrument zu benutzen?

Zeuge: Ich wußte schon vor meiner Ankunft in Vietnam darüber Bescheid. Die Veteranen aus dem Zweiten Weltkrieg und aus dem Koreakrieg, die während der Kämpfe selber Verhöre durchgeführt hatten, haben mir davon erzählt. «Nimm einfach ein kleines Telefon», sagten sie zu mir, «knöpf dir den Mann vor, und er wird dir aufs Wort antworten.» Das ist zwar stark übertrieben, aber man ist allgemein davon überzeugt, daß die Folter noch das wirksamste Mittel ist, um möglichst rasch Informationen zu erhalten.

Oglesby: Ja aber, wenn die Folter sich nicht als genügend wirksam erwiesen hat, warum setzt man diese Praxis dann fort?

Zeuge: Man gibt irgend jemandem den Befehl, bestimmte Informationen herauszupressen, ohne sich über die Art und Weise auszulassen, wie er die Informationen beschaffen soll. Wenn Sie es mit einem störrischen Gefangenen zu tun haben, geraten sie in große Wut und verfallen dann auf die Anwendung der Folter. (. . .)

Oglesby: Haben die verhörenden Soldaten nicht auf die Folter zurückgegriffen, um ihren Rachedurst am vietnamesischen Volk zu stillen?

Zeuge: Das glaube ich nicht. Meiner Ansicht nach foltern sie vor allem deshalb, weil sie sich dafür rächen möchten, daß man sie nach Vietnam geschickt hat. Vietnam ist keine Vergnügungsreise für den amerikanischen Soldaten: es ist heiß, er lebt in Todesgefahr, selbst die Schlangenbisse sind tödlich, usw.

Agnoletti: Wurde die Mehrzahl der Gefangenen auf den Schlachtfeldern oder kampflos in den besetzten Ortschaften gemacht?

Zeuge: Das geschah meistens nicht im Verlauf direkter Kampfhandlungen, obwohl ich mehr als einmal Verwundete unter den Gefangenen gesehen habe.

Agnoletti: Nehmen Sie an, daß Sie nach Ihrer Rückkehr in die Vereinigten Staaten Schwierigkeiten zu erwarten haben, weil Sie vor diesem Tribunal ausgesagt haben?

Zeuge: Daran gibt es wohl keinen Zweifel. Ich bin aus verschiedenen Gründen hierhergekommen, aber vor allem wollte ich auf die Tatsache aufmerksam machen: ein Amerikaner ist nicht schon deshalb gut, weil er aus Amerika stammt. Wenn ich einem amerikanischen Durchschnittsbürger erzählte, ich hätte Kriegsverbrechen begangen, dann wäre er sicherlich entsetzt. Doch die Vorstellung, die er von sich selber hat, von seinen Mitbürgern und von seiner Gesellschaft, wäre nicht einen Augenblick in Frage gestellt.

Halimi: Ich möchte Herrn Martinsen daran erinnern, unter welchen Voraussetzungen er die Einladung zu diesem Tribunal angenommen hat: er hatte mich um genaue Angaben über die Zusammensetzung und die Zielsetzung des Tribunals gebeten; er hatte sich Bedenkzeit erbeten; er hatte mir erklärt, daß er sich keiner politischen Richtung verschreiben wolle, vor allem nicht der kommunistischen. Ich hatte ihm versichert, daß er hier frei sprechen könne und daß wir ihn nur über die Fakten befragen wollten. Herr Martinsen, können Sie bestätigen, was ich eben gesagt habe, und glauben Sie, daß Sie hier frei sprechen konnten?

ZEUGE: Alles, was Sie sagen, ist richtig. Die Amerikaner glauben, wie Sie wissen, daß die Kommunisten überall ihre Hand im Spiel haben. Sicherlich, das Tribunal wird von der kommunistischen Propaganda ausgenutzt werden. Ich persönlich halte überhaupt nichts von der kommunistischen Ideologie. Ich mag den Kommunismus nicht, auch das nicht, was er tut. Aber ich mag auch den Krieg nicht. Worauf es vor allem ankommt, ist der Widerstand gegen den Krieg. Der Verdacht, daß sich die kommunistische Propaganda dessen bedienen könnte, erscheint mir weniger wichtig.

DELLINGER: Ich danke Ihnen, Herr Martinsen. Werden Sie dem Tribunal weiter zur Verfügung stehen?

ZEUGE: Ja.

I. Aussage des zweiten amerikanischen Zeugen David Tuck

vorgestellt von Frau Gisèle Halimi

Dedijer: Sagen Sie uns bitte Ihr Alter und Ihren Geburtsort.

Zeuge: Ich bin 25 Jahre alt und in Baker, Westvirginia, geboren.

Dellinger: Ihr Beruf?

Zeuge: Postangestellter.

Dellinger: Haben Sie als Angehöriger der amerikanischen Armee in Vietnam gekämpft? Wenn ja, in welcher Einheit?

Zeuge: In der 3. Brigade der 25. Infanteriedivision, genauer: 35. Infanterieregiment, 1. Bataillon, Kompanie A, und zwar vom 8. Januar 1966 bis zum 9. Februar 1967. (...)

Halimi: Sie haben mir erzählt, Sie hätten einmal gesehen, wie amerikanische Soldaten Verwundete umgebracht haben. Können Sie uns das bestätigen und uns nähere Angaben machen?

Zeuge: Das ist wahr. Der Vorfall trug sich am 23. März 1966 zu, ungefähr 75 Kilometer nördlich von Ban Methuot, nahe dem Lager der Spezialeinheiten Ban Brian.[1]

An diesem Tag zählte meine Brigade die ersten Verluste, elf Mann; der Gegner verlor 100 Mann. Nach dem Kampf blieben mehrere nordvietnamesische Soldaten verwundet auf dem Feld zurück. Das war unsere erste Schlacht, und wir waren rasend vor Wut über den Verlust unserer Kameraden. Der Sergeant Kakahaschi, ein gebürtiger Japaner, enthauptete mit einem Säbelhieb einen der Nordvietnamesen, der an der Brust verwundet war, aber noch lebte. Dann schleuderte er den Kopf den Hügel herunter, um die anderen zu warnen. Wenn es unterhalb des Hügels noch Gegner gegeben hätte, sollten sie erkennen, daß es uns ernst war. Ich befand mich in diesem Augenblick in der Nähe des Sergeanten.

Halimi: Haben Sie ähnliche Fälle dieser Art gesehen, bei denen Kriegsgefangene oder Zivilpersonen von den amerikanischen Truppen oder ihren südvietnamesischen Verbündeten getötet wurden?

Zeuge: Zum Beispiel kurz nach meiner Ankunft im Februar 1966. Ich arbeitete im Camp Holloway, das direkt vor den Toren der Stadt Pleiku liegt. Dort bemerkte ich, wie eine Gruppe Südvietnamesen, die der amerikanischen Armee angegliedert waren, einen Vietkong folterte. In dem Moment, als ich hinzukam, hatten sie den Mann zwischen vier Pfähle gebunden, Arme und Beine weit auseinandergerissen. Sie versuchten, ihn zum Sprechen zu bringen, indem sie ihm mit

1 Die Ortsnamen, die nach Tonbandaufnahmen aufgezeichnet worden sind, sind unter Umständen orthographisch nicht korrekt.

einem Messer unter die Zehennägel fuhren und die Fußflächen aufschnitten. Als sie kein Ergebnis sahen, machten sie sich über die noch empfindlicheren Teile seines Körpers her, immer noch umsonst: aus diesem Mann war offensichtlich kein Wort herauszuholen. Dann schnitten sie ihm das Gesicht unterhalb der Augen auf, aber der Mann weigerte sich immer noch zu sprechen. Schließlich sperrten sie ihn in einen Stacheldrahtkäfig, wo er sich nur auf allen vieren aufrecht halten konnte; bei der geringsten Bewegung bohrte sich der Stacheldraht in sein Fleisch. Sie ließen ihn zwei Tage darin. Ich kam später noch einmal zum Camp zurück, da war er verschwunden. Ich vermute, sie hatten ihn ihren südvietnamesischen Vorgesetzten zur Exekution übergeben. Diese ganzen Folterungen wurden von südvietnamesischen Truppen ausgeführt, weil nur sehr wenige amerikanische Soldaten vietnamesisch sprechen können. Das vollzog sich zum Beispiel so: ein amerikanischer Offizier, wahrscheinlich ein Hauptmann, gab dem vietnamesischen Dolmetscher Anweisungen und der Dolmetscher übersetzte sie demjenigen, der die Folterung ausführte. Normalerweise werden alle Gefangenen den Südvietnamesen übergeben; sie können mit ihnen machen, was sie wollen. Unter Umständen bringen sie sie um, nehme ich an, wenn sie ihnen Informationen abgepreßt haben.

Im November habe ich noch einmal Mißhandlungen von Gefangenen beobachtet. Wir befanden uns in der Nähe eines anderen Lagers der Spezialeinheiten. Die Soldaten unserer Einheit wurden abwechselnd für einige Tage ins Basiscamp beurlaubt. An diesem Tag stieg ich gegen zwei Uhr nachmittags in einen Hubschrauber, der mich nach Hue bringen sollte. An Bord waren ein Pilot, ein Copilot, ein MG-Schütze und ich, ferner die Leichen von zwei amerikanischen Soldaten und zwei nordvietnamesische Gefangene. Während unseres Fluges begann einer der Nordvietnamesen zu lachen, als er die Leichen sah. Der Schütze sah es und sagte es dem Piloten. Der Pilot schrie: «Schmeiß ihn raus.» Der Schütze packte den gefesselten Gefangenen und warf ihn über Bord. Der zweite Gefangene rührte sich nicht mehr bis Ende des Flugs.

Das war ein Vorfall, wie er alle Tage passiert; wir haben nicht weiter darüber nachgedacht.

Einen ähnlichen Vorfall erlebte ich im Gebiet von Duc Hoa, nahe der kambodschanischen Grenze. Wir hatten das Dorf eingekreist. Plötzlich sahen wir eine Frau, die sich nicht wie die anderen in eine Schlange eingegliedert hatte. Ein Offizier sagte mir, daß diese Frau ihm verdächtig vorkomme; er ging auf sie zu und schrie ihr etwas ins Gesicht. Aber die Frau ging weiter auf einen Holzhaufen zu, und wir begriffen nicht, was sie da machen wollte. Der Offizier gab mir den Befehl, sie zu erschießen. Ich schoß. Es tat mir sehr leid, die Frau erschießen zu müssen, aber es war Befehl.

HALIMI: Könnten wir noch einmal auf diese Hubschraubergeschichte zurückkommen? Müßte der verantwortliche Offizier nicht wegen dieses fehlenden Gefangenen Meldung erstatten?

ZEUGE: Natürlich hätte er das Verschwinden des Gefangenen melden müssen. Man kann sich aber immer aus der Affäre ziehen, indem man behauptet, der Gefangene habe einen Fluchtversuch unternehmen wollen und man hätte ihn deshalb abknallen müssen, oder der Gefangene habe Selbstmord begangen, er sei einfach abgesprungen. Es würde aber auch keine Rolle spielen, wenn man feststellte, daß ein Gefangener fehlt, da man sich sowieso nicht um die Gefangenen kümmert, außer um Offiziere oder andere hohe Tiere. Unsere Offiziere hatten uns gesagt, es habe keinen Sinn, Gefangene zu machen, ausgenommen nordvietnamesische Offiziere.

HALIMI: Wurden Sie angewiesen, Gefangene zu beseitigen, falls sie lästig würden?

ZEUGE: Nein. Wir hatten den Befehl zu schießen und keine Gefangenen zu machen. Diese Anweisung war allgemein gültig und betraf vor allem das systematische Abknallen verwundeter Feinde. Für viele unserer Offiziere war das ein leidenschaftlich betriebener Sport. In ihren Augen ist ein toter Vietnamese ein guter Vietnamese. Ein schwer verwundeter Gefangener hatte kaum die Chance, in ein Krankenhaus transportiert zu werden.

HALIMI: Ich möchte das Tribunal noch daran erinnern, daß auch der Zeuge Campbell, dessen Aussage hier auf Tonband vorliegt, gesehen hat, wie Gefangene aus fliegenden Hubschraubern herausgeworfen wurden. Können Sie hier noch einmal bestätigen, was Sie mir über die Ohren der Vietnamesen gesagt haben?

ZEUGE: Ja, die abgeschnittenen Ohren. Eine Zeitlang war es in der 173. Luftlandebrigade üblich, den toten Feinden nach dem Kampf die Ohren abzuschneiden, um ein Souvenir zu haben. Im 1. und 14. Regiment der 25. Division, 3. Brigade, war es das gleiche; eine vorübergehende Manie. Derjenige, der die größte Anzahl von Ohren besaß, wurde als Weltmeister im Vietkongkillen betrachtet und hatte hinterher im Basiscamp Anspruch auf Freibier und Whisky.

HALIMI: Können Sie uns über die Flüchtlingslager berichten, die Sie in Vietnam gesehen haben?

ZEUGE: Diese Lager befanden sich im allgemeinen in der Nähe der Stützpunkte der Spezialeinheiten. Nach dem was ich gesehen habe, waren die Gefangenen alle halb verhungert und zerlumpt. Bald nach unserer Ankunft in einem Lager hatte man mich eingesetzt, Abfälle beiseite zu schaffen. Dabei sprangen die Flüchtlinge, wie eine wilde Horde, einem Trupp von Kindern ähnlich, in den Graben und begannen, sich wie Hunde um die Abfallreste zu streiten. Ich hatte den Eindruck, daß die Flüchtlinge, um überhaupt etwas zu essen zu kriegen, aufeinander losschlagen mußten. Sie mußten jeweils zu einer bestimmten Stunde im Lager sein. Wer danach noch außerhalb unseres Kontrollbereichs oder außerhalb der südvietnamesischen Kontrollzone angetroffen wurde, galt als Vietkong und wurde niedergeschossen. Vielen Flüchtlingsfrauen blieb nichts anderes übrig als die Prostitution, um sich überhaupt über Wasser zu halten.

HALIMI: Nach welchen Richtlinien teilte man die Bevölkerung in «V. C.», Vietkongverdächtige, und «I. C.», unschuldige Bürger (*civil innocent*) ein? Was geschah nach der Selektion der Bevölkerung mit den verschiedenen Gruppen?

ZEUGE: In den Vietkongzonen ging das meistens so vonstatten: ein Dorf wurde umzingelt, dann von unseren Truppen besetzt, und die Dorfbewohner wurden in der Mitte zusammengetrieben. Alle jungen Männer, die zum Waffendienst fähig schienen, schickte man mit Hubschraubern zu den Südvietnamesen, die sie dann verhörten. Die Frauen und Kinder wurden in ein Flüchtlingslager gebracht. Ebenso oft geschah es, daß, wenn im Dorf auf uns geschossen wurde, für uns die ‹Stunde der Rache› gekommen war: die Panzer und die MGs nahmen alles aufs Korn, was im Dorf zu finden war, tot oder lebendig; unsere Armee betrachtete, falls keine anderen Meldungen vorlagen, dabei jeden Vietnamesen als Vietkong.

HALIMI: Sie sind ein Neger. Können Sie dem Tribunal berichten, ob Sie während des militärischen Einsatzes von Ihren weißen Kameraden getrennt und ihnen gegenüber diskriminiert worden sind? Wurden Sie öfter ins Gefecht geschickt als die anderen?

ZEUGE: Zur Zeit ist der Krieg in den USA sehr beliebt. Wenn die Johnson-Regierung allerdings Weiße aus den bürgerlichen Mittelklassen nach Vietnam schickte, und diese Weißen dort umkämen, dann würden ihre Angehörigen sehr schnell das Ende des Krieges fordern. Deshalb steckt man in die Bodentruppen alle die, die man einsetzen kann, ohne daß es Protest gibt: Schwarze, Puertoricaner und weiße Landarbeiter, die wir die *‹hill-billies›*[1] nennen. Als ich in meine Heimat zurückkam, habe ich im Fernsehen in Berichten über Vietnam wenig Neger gesehen. Im Fernsehen sind die Vietnamsoldaten fast immer Weiße. Aber mit meinen eigenen Augen habe ich erkennen müssen, daß die Wirklichkeit anders aussieht. Davon abgesehen, gibt es keine Rassentrennung. Die einzige Diskriminierung besteht in der Wahl des Truppenführers: der Mann, der beim Marsch vorangeht. Er geht an der Spitze und muß immer auf dem Quivive sein. Der erste Schuß trifft meistens ihn. Die Wahl fällt immer auf ein ‹Bruderherz›, einen Neger.

HALIMI: Erinnern Sie sich, daß Sie vor oder nach dem Kampf Äußerungen von Ihren Offizieren gehört haben, die zum Haß gegen eine bestimmte Rasse oder eine bestimmte Volksgruppe aufrufen?

ZEUGE: Bevor wir nach Vietnam gingen, war unsere Einheit auf Hawaii stationiert. Kurz nach der Meldung, daß wir in Vietnam eingesetzt würden, haben wir kleine Orientierungshilfen erhalten, in

1 Deutsche Entsprechung etwa: Hinterwäldler

denen zu lesen war, daß wir dafür kämpfen sollten, daß die Vietnamesen vom Kommunismus befreit würden, und daß wir die Vietnamesen immer als unseresgleichen betrachten müßten. Wenn erst die Stunde für freie Wahlen in Vietnam gekommen wäre, würde man keinen Augenblick zögern, die Vietnamesen selbst über ihr Schicksal entscheiden zu lassen. Als wir unten waren, schlugen unsere Offiziere einen anderen Ton an: nur die toten Vietnamesen waren gute Vietnamesen; sie taugen nichts, sie sind elende Feiglinge. Als wir zum Beispiel am 23. März zum erstenmal in ein Gefecht verwickelt waren, hat unser Kommandant, Oberstleutnant Saul A. Jackson, uns eine kleine anfeuernde Predigt gehalten: «Daß ihr mir nur hart und erbarmungslos mit den Vietnamesen umspringt, ich will den Boden vollgetränkt mit vietnamesischem Blut sehen!» Diese Kampfparolen haben mich sehr schockiert; bis dahin hatte ich angenommen, daß wir nur gegen die Vietkong kämpfen sollten, die man uns immer als die Feinde der Freiheit Südvietnams hingestellt hatte. (. . .)

DELLINGER: Sie haben uns berichtet, wie vor Ihren Augen ein gefesselter Gefangener während des Flugs aus einem Hubschrauber geworfen wurde. Können Sie uns sagen, in welcher Höhe sich der Hubschrauber befand?

ZEUGE: Ich schätze in 2000 Meter Höhe.

DELLINGER: Gab es eine Überlebenschance?

ZEUGE: Nicht die geringste.

DELLINGER: Sie sprachen von einer ‹Stunde der Rache›. Wieviel Schüsse waren nötig, um sie auszulösen? Genügte ein einziger Schuß?

ZEUGE: Nein, dazu mußten schon mehrere Schüsse fallen. Wenn mehrere Salven auf uns gerichtet waren, wenn die Geschosse einen von uns gestreift oder ihn verletzt hatten, dann begannen wir eine wilde Schießerei, um uns zu rächen. Und dann drangen wir in das Dorf ein, um die Schäden zu begutachten und wenn möglich die Vietkong auszuheben, aber im allgemeinen hatten sie sich längst aus dem Staub gemacht.

DELLINGER: Nahm man bei den Aktionen Rücksicht darauf, ob in den Dörfern Frauen und Kinder lebten?

ZEUGE: Man wußte sehr wohl, daß in den Dörfern Zivilpersonen lebten, aber ich habe schon gesagt: man scherte sich nicht weiter darum. Wir wollten ihnen bloß klarmachen, daß wir es ernst meinten.

DELLINGER: Habe ich recht verstanden, daß Sie eines Tages ein Papier mit genauen Angaben, was Sie zu tun und zu lassen hätten, erhalten haben, obwohl man Ihnen mündlich vorher kaum etwas angedeutet hatte?

ZEUGE: So ist es. Ich habe es erhalten, während ich meine Kurse absolvierte; ich war damals schon fortgeschritten und befand mich im zweiten Achtwochenlehrgang meiner Ausbildung. Dieses Papier habe ich in Fort Sill, Oklahoma, bekommen. Es heißt unter anderem darin, und das hat sich mir fest eingeprägt, man solle sich dem Feind gegenüber menschlich verhalten. Das hat mich damals ein bißchen überrascht, weil ich mir immer vorgestellt habe, daß man im Krieg machen kann, was man will. Aber ich habe es nicht vergessen, was da stand: sich dem Feind gegenüber menschlich verhalten, ihn nicht zu Befestigungsarbeiten zwingen usw.

DELLINGER: Haben Sie dieses Papier mit nach Vietnam genommen? Wurde darüber während Ihres Aufenthalts in Vietnam gesprochen?

ZEUGE: Einige hatten es behalten, aber die meisten hatten es weggeworfen. Niemand hatte uns ausdrücklich auf die Wichtigkeit dieses Papiers hingewiesen. Wissen Sie, normalerweise werfen alle Soldaten die Papiere und amtlichen Schreiben, die man an sie verteilt, weg. (. . .)

WEISS: Sie haben uns berichtet, daß es Augenblicke gibt, in denen Dörfer blindlings unter Beschuß genommen werden. Was passiert danach? Werden die Dörfer mit Bulldozern plattgewalzt oder was geschieht sonst? Vertreibt man die Bevölkerung?

ZEUGE: Unmittelbar nach unseren Racheakten wird das Dorf umzingelt und von einer Abteilung besetzt. Unserer Einheit war ein Dolmetscher angeschlossen. Er gab den Einwohnern den Befehl, sich in Reih und Glied aufzustellen, und begann dann, sie zu verhören. Über Funk forderte man neue Befehle vom Bataillonschef an: sollte die gesamte Bevölkerung evakuiert werden? Sollte alles zerstört werden? Oder sollte man es mit einer einfachen Verwarnung bewenden lassen? In bestimmten Fällen holte man Hubschrauber heran, um die Bevölkerung zu evakuieren und in ein Flüchtlingslager zu überführen, und man brannte das Dorf einfach nieder.

WEISS: Können Sie uns ein Flüchtlingslager beschreiben?

ZEUGE: Wie ich schon gesagt habe, befinden sie sich meistens in der Nähe der Stützpunkte unserer Spezialeinheiten. In der Regel steht da ein Haufen Holz- oder Blechbaracken, die Gott weiß wie zusammenhalten. Im allgemeinen ist der Boden nackt: kein Baum, kein Strauch, nichts. Die Lager sind von Stacheldraht umzäunt und haben nur einen einzigen Eingang.

WEISS: Gibt es denn eine besondere Organisation, die zu Hilfe kommt und die Bevölkerung mit Nahrungsmitteln versorgt, wenn sie aus ihrem Dorf vertrieben ist?

ZEUGE: Meines Wissens nicht. Jedenfalls habe ich nie gesehen, daß sie etwas zu essen bekommen haben. Ich habe nur verhungerte und zerlumpte Gestalten gesehen.

WEISS: Haben Sie noch andere anfeuernde Reden gehört, die vom Geist Kommandant Jacksons geprägt waren?

ZEUGE: Natürlich. Diese Reden kriegten wir immer zu hören, kurz bevor wir ins Gefecht geschickt werden sollten, und ich muß schon sagen, diese Reden verfehlten ihre Wirkung nicht; viele GIs nannten die Vietnamesen nur noch ‹*gooks*›[1]. (. . .)

1 Deutsch: Pekinesen

SCHWARTZ: Sie haben uns gesagt, daß Sie den Befehl bekommen hatten, auf Gefangene zu schießen und daß Sie, weil es sich um einen Befehl handelte, nichts anderes tun konnten als gehorchen. Haben die in Vietnam eingesetzten amerikanischen Soldaten je vom Urteilsspruch des Nürnberger Gerichts gehört und wissen sie, daß sie das Recht und sogar die Pflicht haben, unmenschlichen Befehlen den Gehorsam zu verweigern? Haben Sie übrigens eine Ahnung, ob amerikanische Soldaten schon zur Rechenschaft gezogen worden sind, weil sie Taten begangen haben, die gegen die Kriegsgesetze verstoßen?

ZEUGE: Ich habe nie davon gehört, daß GIs bestraft worden sind, weil sie Kriegsverbrechen begangen haben. Die meisten von uns haben allerdings von dem Genfer Abkommen gehört. Wir wußten, daß bestimmte Kriegshandlungen verboten sind, aber wenn jemand einen Befehl verweigert, weiß er, daß er auf jeden Fall dran ist. Wenn ich mich zum Beispiel geweigert hätte, ein Gefecht mitzumachen, dann hätten mich meine Kameraden, meine eigenen Kameraden und die Offiziere fertiggemacht. Sie hätten mich zweifelsohne umgelegt. Darum bleibt einem gar nichts anderes übrig.

SCHWARTZ: Haben Sie in den Lagern Menschen an Hunger sterben sehen? Sind die Kranken überhaupt gepflegt worden? Wie waren die sanitären und medizinischen Bedingungen in den Lagern?

ZEUGE: Die Situation war einfach jämmerlich. Das entgeht keinem. Ich habe viele Menschen gesehen, die dem Hungertod nahe waren und die völlig am Ende waren. Man hätte ihnen dringend Medikamente und Spritzen geben müssen, aber die Sektion S-5, die mit allen nichtmilitärischen Angelegenheiten betraut war, hielt sich meistens an der Front auf und kam höchstens einmal im Monat in die Lager.

SCHWARTZ: Sie haben uns gerade berichtet, daß Gefangene oft den Südvietnamesen zum Verhör ausgeliefert wurden. Gestern hat Herr Martinsen uns gesagt, daß die Verhöre meistens von Amerikanern im Beisein eines vietnamesischen Dolmetschers durchgeführt würden. Wer folterte, nach Ihrer Ansicht, häufiger, die Amerikaner oder die Südvietnamesen?

ZEUGE: Ich möchte nicht zu dem Stellung nehmen, was Herr Martinsen gesagt hat. In den Fällen, die ich bezeugen kann, gab ein Amerikaner die Befehle und stellte die Fragen. Er bediente sich also eines südvietnamesischen Dolmetschers, stellte aber jedesmal selber die Fragen. Die Folterungen hingegen wurden von südvietnamesischen Soldaten vorgenommen.

GÜNTHER ANDERS: Können wir noch einmal auf die furchtbare Praktik, den toten Vietkong die Ohren abzuschneiden, zurückkommen. Ich hätte gern gewußt, ob es amerikanische Soldaten gibt, die sich weigern, an diesem finsteren Sport teilzunehmen.

ZEUGE: Es gab einige, die damit nicht einverstanden waren, da bin ich ganz sicher. Wenn sie diesen Sport nicht mitmachen wollten, wurden sie auch nicht dazu gezwungen. Es waren Vorgesetzte, die sich solche Sachen ausgedacht hatten, um die Kampfmoral der Leute zu steigern. (. . .)

JEAN-PAUL SARTRE: Sie haben uns berichtet, daß die Neger öfter in die vordersten Linien geschickt wurden. War Ihren schwarzen Kameraden diese Form der Rassendiskriminierung eigentlich bewußt?

ZEUGE: Fast alle schwarzen Soldaten verhalten sich in der Armee genauso wie im Privatleben: sie lassen sich die Gedanken verkleistern, man hat ihnen eingeredet, daß sie für die Freiheit der Südvietnamesen kämpfen, und sie vergessen dabei völlig, daß sie selbst in den meisten Staaten der USA nicht die geringste Freiheit besitzen. Aber auf der anderen Seite machen sich die wenigen bewußten Neger keine Illusionen: sie wissen genau, daß sie so oder so fertiggemacht werden, wenn sie den ganzen Dreck nicht mitmachen.

SARTRE: Waren sich die bewußten Neger auch darüber im klaren, daß diese Form der Rassendiskriminierung nicht nur ihnen selber, sondern auch den Vietnamesen galt?

ZEUGE: Es gab sicherlich außer mir noch viele Neger, die sich klargemacht hatten, daß man auf sie ebenso wie auf die Vietnamesen herabsah. Andererseits wußten sie, daß ihnen keine andere Wahl blieb, als sich am Kampf zu beteiligen. (. . .)

KASURI: Wie oft wurden Sie Zeuge der Racheakte, von denen Sie gesprochen haben? Einmal, zweimal oder mehrmals?

ZEUGE: Ich habe das oft beobachtet, man könnte fast sagen, ständig. (. . .)

KASURI: Sie haben uns einige erschreckende Dinge berichtet: daß man jeden Vietnamesen umlegen sollte; daß nur ein toter Vietnamese auch ein guter Vietnamese ist; daß es üblich war, gefallenen Vietkong die Ohren abzuschneiden, und daß es oft zu regelrechten Wutexzessen kam. Kann man mit Recht annehmen, daß diese Dinge auch dem amerikanischen Oberkommando bekannt sind?

ZEUGE: Für mich gibt es keinen Zweifel, daß auch die höchsten Vorgesetzten darüber bestens Bescheid wissen. (. . .)

OGLESBY: Was hat Sie dazu gebracht anzunehmen, daß hinter der Weisung, die Gefangenen zu töten oder überhaupt keine zu machen, System steckt? Etwa die Reden Ihrer Vorgesetzten? Oder handelte es sich um eine stillschweigende Übereinkunft, die unter den Soldaten von Mund zu Mund ging?

ZEUGE: Beides ist der Fall: wir Soldaten sprachen darüber, aber auch unser Kompaniechef sagte uns dasselbe. Er hat es natürlich nicht schriftlich fixiert. «Es ist besser, keine Gefangenen zu machen», sagte er immer, wenn nicht wortwörtlich, aber inhaltlich auf jeden Fall.

OGLESBY: Was würden Sie einem amerikanischen Offizier, der vor diesem Tribunal aussagte, er hätte von alldem keine Ahnung, antworten?

ZEUGE: Das richtet sich nach der Einheit, in der der Offizier gedient hat, und nach dem, was er dabei hätte sehen können. Wenn er bei der Infanterie war, hätte ich gesagt, dieser Mann ist ein Lügner. (. . .)

DELLINGER: Die Tonqualität des Films, der gestern dem Tribunal gezeigt wurde (es handelte sich um ein Filminterview von Gisèle Halimi mit dem Zeugen in Amerika), war schlecht, aber wenn ich recht verstanden habe, berichteten Sie darin von dem geläufigen Verfahren, vor dem Kampf die Geschosse stumpf zu machen? Können Sie uns darüber genauere Einzelheiten mitteilen?

ZEUGE: Ich muß vorausschicken, es kommt oft und in vielen Einheiten vor, daß man die Geschosse stumpf macht. Man hatte immer wieder festgestellt, daß die Vietkong und die Nordvietnamesen sich mit Morphium betäuben, und daß sie deshalb, selbst wenn sie an der Brust verletzt sind, noch weiter vordringen und noch in der Lage sind, uns zu töten. Man hat festgestellt, daß diese abgestumpften Geschosse sehr viel größere Wunden verursachen und daß sie das einzige Mittel sind, den Feind aufzuhalten, wenn es unmöglich ist, ihn sofort durch einen Kopfschuß niederzustrecken. Die Offiziere wußten genau Bescheid, aber sie haben weiter kein Wort darüber verloren. Es ging darum, zu töten oder getötet zu werden.

DELLINGER: Sie haben eben gesagt, die Offiziere wüßten bestens Bescheid. Heißt das, daß die Offiziere dazu den Befehl gaben, oder heißt das, daß die Offiziere mitangesehen haben, wie die Soldaten ihre Munition entsprechend bearbeiten? Oder woher wußten sie es sonst?

ZEUGE: Wir haben niemals den Befehl dazu bekommen, aber die Offiziere haben sich die Sache mitangesehen. Wer von unseren Kameraden nicht wußte, wie man das macht, dem wurde es von anderen gezeigt. (. . .)

KINJU MORIKAWA: Stimmt es, was ein Kriegsberichterstatter mir gesagt hat? Schießen die amerikanischen Soldaten, falls eine Mine in die Luft geht, auf alle Bauern, die sie im Umkreis sehen?

ZEUGE: Ja, das geschieht häufig. Aber ich muß doch sagen, daß sie nicht jeden töten. Sie dringen wild ballernd in das nächste Dorf ein, das stimmt schon, und wenn ihnen ein Unschuldiger vor die Flinte kommt, dann heißt es eben: «Ja, so ist der Krieg.» (. . .)

WEISS: Sie haben gesagt, jeder, der einen Befehl verweigert, wird fertiggemacht. Sind, Ihres Wissens, amerikanische Soldaten wegen Befehlsverweigerung umgebracht worden?

ZEUGE: Sie werden erstaunt sein über die Zahl der amerikanischen Soldaten, die von anderen amerikanischen Soldaten umgelegt werden. Ich habe zwei Sergeanten gekannt, die einmal betrunken ins Gefecht gingen. Man steckte sie in eine Artillerieeinheit, die von den Kämpfen heftig mitgenommen war, und hoffte, sie würden dabei draufgehen. Als sie heil zurückkamen, waren die Vorgesetzten alles andere als zufrieden.

WEISS: Wurden sie absichtlich in diese Einheit geschickt?

ZEUGE: Gewiß! Ich zum Beispiel wurde nach meiner Ankunft in Vietnam zunächst als Kurier eines Bataillons eingesetzt. Ich konnte mich mit dem Feldwebel nicht vertragen und darum wurde ich als Funker in die Infanterie gesteckt, man nahm natürlich an, daß ich dabei draufgehen würde. So bestraft man gewöhnlich seine Leute.

WEISS: Lassen Sie uns noch einmal auf einen Punkt zu Beginn Ihrer Zeugenaussage zurückkommen. Sie sagten, daß man vietnamesische Gefangene in Stacheldrahtkäfige sperrte.

ZEUGE: Ich habe nicht allgemein von Gefangenen gesprochen, ich habe nur einen einzigen Gefangenen gesehen.

DELLINGER: Hat der amerikanische Offizier den im Käfig eingesperrten Gefangenen verhört?

ZEUGE: Ja, und man muß schon sagen, dieser Gefangene verhielt sich übermenschlich, er hat sich immer wieder geweigert zu sprechen.

SCHWARTZ: Sie sagten, das sei der einzige Fall gewesen, bei dem Sie gesehen haben, daß dieser Käfig verwendet wurde. Aber offenbar gab es ihn schon früher; er war doch gewiß nicht speziell für diesen Gefangenen konstruiert. Wozu diente er sonst?

ZEUGE: Man hat ihn vermutlich auch schon früher verwendet. (...)

II. AUSSAGE DES DRITTEN AMERIKANISCHEN ZEUGEN, DONALD DUNCAN,

vorgestellt von Gisèle Halimi

DEDIJER: Können Sie uns bitte sagen, wann und wo Sie geboren wurden?

DUNCAN: Ich bin in Toronto, Kanada, 1930 geboren.

DEDIJER: Sie sind kanadischer Staatsbürger?

DUNCAN: Nein, ich bin 1955 amerikanischer Staatsbürger geworden, in Junction City im Staat Kansas, als ich in die US-Army eintrat.

DEDIJER: Welche Schulbildung haben Sie?

DUNCAN: In Kanada habe ich die Volksschule und das Gymnasium besucht, und in den Vereinigten Staaten habe ich verschiedene Universitäten besucht, die sich im Umkreis der Truppenstützpunkte befanden. Ich habe Seminare in politischer Wissenschaft absolviert, aber ich habe keine wissenschaftliche Abschlußprüfung.

DEDIJER: Können Sie uns sagen, welche militärische Ausbildung Sie erhalten haben?

DUNCAN: Ich habe mich auf die Beschaffung und Auswertung von Nachrichten spezialisiert, und zwar habe ich meine Ausbildung innerhalb und außerhalb der Spezialeinheiten erhalten, meistens in Spezialschulen, an denen ich später auch selber gelehrt habe.

DEDIJER: Sie haben also selber unterrichtet?

DUNCAN: Ja, ich war Instrukteur.

DEDIJER: Wie lange und ab wann haben Sie in Vietnam gedient?

DUNCAN: Ich war von März 1964 bis September 1965 in Vietnam im Einsatz.

DEDIJER: In welcher Waffengattung haben Sie gedient?

DUNCAN: Ich war bei den United States Army Special Forces, die man auch ‹*green berets*› nennt. Im wesentlichen habe ich während meines Aufenthaltes in Vietnam vier verschiedene Positionen innegehabt, die mich von den nördlichen Provinzen bis zur Landspitze von Camau durch das ganze Land führten.

DEDIJER: Welche Orden und Titel haben Sie erhalten?

DUNCAN: Ich habe zwei Bronze Stars erhalten, einen davon im höchsten Rang. Ich bin für die amerikanische Ehrenlegion vorgeschlagen worden und erhielt den United States Army Silver Star. Ich wurde mit dem Vietnam Silver Star ausgezeichnet, der US-Army Medaille und verschiedenen anderen Auszeichnungen: wie das Combat Infantery Badge, und der Ehrentitel Master Parachutist usw.

DEDIJER: Sie haben außerdem mehrere Artikel und Bücher verfaßt?

DUNCAN: Das stimmt.

DEDIJER: Erlauben Sie bitte eine Frage, die vor einem europäischen Gericht wie diesem etwas überraschend kommt, die in Ihrem Land aber keineswegs ungewöhnlich ist! Welches sind Ihre allgemeinen politischen Vorstellungen?

DUNCAN: Ich gehöre keiner politischen Partei an. (...) Ich würde sagen, ich bin ein ‹unabhängiger Radikaler›, das heißt, wenn ich diesen auch in meinem Land oft falsch verstandenen Begriff definieren darf, ich bin jemand, der mit dem gegenwärtigen Zustand der Welt unzufrieden ist und ihn zu verändern trachtet.

DEDIJER: Herr Duncan, wenn Gisèle Halimi Ihre Befragung abgeschlossen hat, werden die Mitglieder dieses Tribunals sich erlauben, Ihnen weitere Fragen zu stellen. Diese Fragen werden nicht nur die Jahre betreffen, die Sie in Vietnam verbracht haben, sondern auch Ihre übrigen Aktivitäten miteinbeziehen. Haben Sie nicht in Ihren Büchern dargelegt, in welcher Weise die in Vietnam von den Amerikanern verfolgte Politik entschieden wird? Die Mitglieder des Tribunals werden Ihnen deshalb auch zu diesem Punkt Fragen stellen. Sind Sie bereit, auch darauf zu antworten?

DUNCAN: Gern, soweit ich dazu in der Lage bin.

DELLINGER: Erlauben Sie mir dazu noch eine Frage: Ich weiß nicht mehr genau, wie es war, aber ich habe gehört oder irgendwo gelesen, daß Sie während des Aufenthaltes von Verteidigungsminister McNamara in Südvietnam Gespräche mit dem Minister geführt haben.

DUNCAN: So war es. Ich wurde gebeten, ihm einen Überblick über bestimmte militärische Operationen zu geben, wie ich es früher schon für General Westmoreland und für General Throck-Morton, damals US-Botschafter in Saigon, ebenso wie für die Herren Lodge und Taylor getan hatte.

HALIMI: Herr Präsident, um die Fragen zur Person abzuschließen, möchte ich Sie darum bitten, dem Tribunal einen an den Sergeanten Duncan gerichteten Brief vorzulesen, der Herrn Dellingers Angaben bestätigen kann.

DEDIJER: Ich lese diesen Brief vor. Auf dem Briefkopf steht: Stab der 5. Luftlandeeinheit der Special Forces, 1. Korps der Special Forces. Es folgt die Notiz: «APO US Forces 96240, 22. Juli 1965.» Darunter steht: «Betrifft: Letter of Appreciation[1] to M/Sgt Donald W. Duncan, Headquarters, Fifth Special Forces Group, ABM, First Special Forces, APO US Forces 96 240.» Der Text des Schreibens lautet wie folgt: «1. Ich möchte Ihnen meine Glückwünsche zu dem bemerkenswerten Bericht über die Aktivitäten der Spezialeinheiten aussprechen, den Sie am 19. Juli 1965 dem Minister Robert C. McNamara gegeben haben. 2. In Ihrem gesamten Bericht beweisen Sie eine außerordentliche Kenntnis aller Aktivitäten der Spezialeinheiten und eine außerordentlich klare Diktion. 3. Sie haben die wichtigen Argumente dem Verteidigungsminister so überzeugend dargelegt, daß Ihr Bericht unter Umständen spürbare Konsequenzen in Hinsicht auf die Unterstützung haben wird, die künftig den Spezialeinheiten in der Republik Vietnam zuteil werden wird. Ihnen gebührt Dank dafür, daß Sie Ihre Mission so glänzend absolviert haben. Dieser Brief wird Ihrer Militärakte Nr. 201 beigefügt.» Der Brief ist unterzeichnet mit «Colonel William A. MacKean».

HALIMI: (...) Sie haben das Buch ‹*The New Legion*› veröffentlicht. Ich zitiere Sie: Ihr Buch beabsichtigt, die Wahrheit darüber zu sagen, in welcher Weise die militärischen Operationen der Amerikaner in Vietnam durchgeführt werden, und wie eine Außenpolitik betrieben wird, die Amerika mehr Feinde als Freunde eingebracht hat.

DUNCAN: Mein Buch beruht auf reinem Tatsachenmaterial, es verzichtet auf Spekulationen. Was die Politik der USA anbetrifft, enthält es, wie Sie vielleicht wissen, Urteile, die gewiß eine Portion Polemik enthalten, anders ausgedrückt: es handelt sich um persönliche Ansichten. Aber die Fakten, die in diesem Buch dargelegt werden, diese präzisen Fakten, entsprechen vollkommen der Realität.

HALIMI: Ich möchte bei Ihren ersten Militärdienstjahren beginnen, als Sie Instrukteur in Fort Bragg waren. Sie haben in Ihrem Buch geschildert, wie man versucht, die Rekruten zu entpersonalisieren und psychologisch zu beeinflussen, um sie für den Antiguerillakampf fit zu machen und um ihnen die Verhörtechniken beizubringen. Könnten Sie uns berichten, welche Methoden in der Zeit zwischen dem Eintreffen der Rekruten und Ihrer Abreise nach Vietnam angewandt wurden?

DUNCAN: Die Methoden, um die es sich hier handelt, sind nicht nur bei den Spezialeinheiten üblich. Es handelt sich um die Praktiken der militärischen Ausbildung, die gegenüber allen Soldaten angewandt werden, und ich glaube nicht bloß in der amerikanischen Armee. Ihre wesentliche Absicht ist, das Individuum zu entpersönlichen, seine Persönlichkeit umzufunktionieren, seine moralischen Normen umzu-

1 Deutsch: Gratulationsschreiben

krempeln, und wenn man es fertiggebracht hat, ihm ein neues Wertsystem einzutrichtern, hat man endlich einen richtigen Soldaten aus ihm gemacht. Das ist das Ausbildungskonzept, dem der Rekrut während der ersten acht Wochen seiner Militärdienstzeit unterworfen ist. Wenn der junge Soldat in die Spezialeinheiten oder in ein Fallschirmjägerbataillon eingezogen wird, nimmt die Ausbildung selbstverständlich noch rigorosere Formen an. Das Ziel ist es, den Menschen aus seinem sozialen Bereich herauszulösen, ihm ein neues Wertsystem aufzuzwingen, ihn in die Lage zu versetzen, daß er Taten vollbringt, die er sich selber niemals erlauben oder die er strikt ablehnen würde. Solcher Unterricht wird in der Militärakademie von Fort Bragg in Nordkarolina erteilt, der Akademie der Spezialeinheiten. Ich habe dort anderthalb Jahre lang orthodoxe und nicht orthodoxe Techniken der Nachrichtenermittlung und des Verhörs gelehrt. Ich habe also Themen behandelt wie die Methoden der geheimen Nachrichtenübermittlung, den Aufbau eines Guerillanetzes oder die Vorbereitung und Durchführung einer Flucht usw. Die Dauer der Kurse über Verhörtechniken ist, verglichen mit anderen Lehrgängen, ziemlich lang, weil man sich nicht nur mit der psychologischen Seite des Verhörs beschäftigt, sondern den Rekruten auch ein Urteilsvermögen über die Wirksamkeit bestimmter Techniken beibringen muß; man muß sie dazu bringen, die Methode herauszufinden, mit der die wertvollsten Auskünfte und die sichersten Informationen ohne physische Gewaltanwendung zu erlangen sind. Es ist natürlich unmöglich, einem Rekruten innerhalb von einer Woche die vollkommene Handhabung der psychologischen Verhörmethoden beizubringen, und das bei einer Zahl von dreißig Militärabsolventen pro Klasse. Er bekommt allenfalls eine schwache Vorstellung von der Sache, ohne ein vollwertiger Spezialist werden zu können. Diese Ausbildung sollte die Absolventen in die Lage versetzen, bei einer Stationierung außerhalb der Vereinigten Staaten einheimischen Militärs diese Techniken zu vermitteln. Zudem sind diese Rekruten natürlich in der Lage, selber Verhöre durchzuführen. Abgesehen von diesem Ausbildungszweig gibt es andere Kurse, durch die die Rekruten darauf vorbereitet werden, selbst einem Verhör standzuhalten, falls sie in die Hand des Gegners fallen sollten. Eines der grundlegenden Werke, das dabei benutzt wird, ist das Handbuch der NKWD, der russischen Geheimpolizei, das eine Vielzahl von Foltermethoden aufführt. Die Notwendigkeit, sich auf dieses Handbuch zu beziehen, ist keineswegs einzusehen, außer um den Mythos am Leben zu erhalten, daß die Folter überall anderswo in Gebrauch ist, nur nicht bei uns. Jedenfalls habe ich diesen Eindruck in meiner eigenen Ausbildungszeit erhalten. Wie dem auch sei, dieser Kursus machte uns vollkommen klar, daß kein Training es möglich macht, ein Verhör heil zu überstehen, bei dem sowohl psychologische wie physische Praktiken der Beeinflussung angewandt werden. Tatsächlich lehrte man uns, daß nur ein Fanatiker aus religiösen oder irgendwelchen anderen Motiven gegebenenfalls in der Lage ist, einem solchen Verhör Widerstand zu leisten.

Da man uns so über die Unmöglichkeit, einem solchen Verhör standzuhalten, Klarheit verschafft hatte, kann man mit Fug und Recht fragen, wozu solche Kurse noch nötig sind: genau das habe ich in meinem Buch getan. Es handelt sich um einen Kursus, der höchster Geheimhaltungspflicht unterliegt: Posten bewachen die Türen der Klassenzimmer, jedem, der den Kursus nicht belegt hat, ist der Zutritt verboten, und alles, was mit dem Kursus zu tun hat, bleibt geheim. Man sagt den Schülern nicht ausdrücklich, daß sie selber foltern sollen: das wird ihnen nur indirekt klargemacht. Wäre ich nur Rekrutenschüler geblieben, hätte ich mir gesagt: «Ich habe vielleicht aus diesem Kursus Schlüsse gezogen, die ich eigentlich nicht hätte ziehen sollen!» Erst als ich selber solche Kurse geben mußte, wurde mir deutlich, wie sehr solche Schlußfolgerungen eigentlich beabsichtigt sind. Die Kurse legen in Wirklichkeit nah, daß es Augenblicke geben könnte, in denen man selber gezwungen ist, andere Verhörtechniken anzuwenden, Techniken, wie sie etwa im Handbuch der NKWD beschrieben werden. Gewiß, nicht alle besprochenen Techniken werden diesem Handbuch entnommen, aber alle werden so dargestellt, als ob sie auf jeden Fall anderswo als ausgerechnet in der amerikanischen Armee praktiziert würden. Dafür gibt es einen wichtigen Grund: die Armee ist gezwungen, in ihren eigenen Akademien eine derartige Vorsicht an den Tag zu legen. Das Oberkommando kennt natürlich die Kriegsgesetze, und es weiß auch, daß es Gefahr laufen kann, sie zu brechen. Darum greift man zu solchen indirekten Methoden und hält dabei gleichzeitig den Anschein nach außen hin aufrecht, die Legalität des Briand-Kellogg-Paktes und der Kriegsgesetze zu respektieren.

HALIMI: Sie waren Zeuge beim Prozeß gegen Hauptmann Horward Levy, der im letzten Mai in Columbia im Staat Südkarolina stattgefunden hat. Sie haben erklärt, daß die Rekruten nicht recht kapieren, worauf die Unterweisung in verschiedenen Verhörtechniken eigentlich hinausläuft, und Sie haben ausgeführt, daß man diese Kurse in folgender Weise zu rechtfertigen versucht: «Das kann euch passieren, wenn ihr in Vietnam von den Kommunisten gefangengenommen werdet.» Stimmt das?

DUNCAN: Nein, es ging nicht um die Frage der Rechtfertigung. Jedem, der dagegen protestieren wollte, daß an den Militärschulen Foltermethoden gelehrt werden, würde man offiziell antworten, daß es einzig und allein darum ginge, die Methoden des Gegners zu studieren. Aber die Absolventen können nicht den leisesten Zweifel über die geheimen Absichten derartiger Kurse haben. Es ist auch nicht richtig, daß man hier von ‹Rekruten› spricht. Die Absolventen dieser Kurse sind keineswegs alle ‹junge Soldaten›. Jeder, der sich zu den Spezialeinheiten meldete, mußte schon in der Armee gewesen sein und gewisse psychologische Tests und physische Prüfungen erfolgreich abgeschlossen haben. Außerdem setzt die Zulassung zu diesem Ausbildungsgang mindestens den Dienstgrad eines Sergeanten voraus. Das bedeutet, daß es sich bei diesen Militärschülern nicht um naive Teenager handelt, sondern zumindest dem Alter nach um reife Männer.

HALIMI: Auf Seite 158/59 bringen Sie in Ihrem Buch ein Gespräch zwischen einem Militärschüler und einem Instrukteur im Dienstrang eines Sergeanten. Der Schüler sagt dort: «Sie bringen uns bei, wie man einem Verhör standhalten soll, sagen aber gleichzeitig, daß so etwas gar nicht möglich ist. Warum nennen Sie dann die Dinge nicht beim Namen und sagen uns klipp und klar, daß wir diese Techniken später selber einmal anwenden sollen?» Der Sergeant antwortet ihm mit einem sarkastischen Lächeln: «Sie haben recht. Aber man kann das nicht so offen sagen, weil uns dann die amerikanischen mamies dazwischenreden würden.» Haben Sie dieses Gespräch einmal selber gehört?

DUNCAN: Ich habe ein Gespräch, das ich mit eigenen Ohren gehört habe, so wortgetreu wie möglich wiedergegeben, und ich habe wortwörtlich den Satz zitiert: «Aber das kann man nicht so offen sagen, weil uns dann die amerikanischen mamies dazwischenreden würden!» Dieser Satz ist zu einer Art Passepartout geworden und wird während der Ausbildungszeit beinahe ständig gebraucht.

HALIMI: Könnten Sie uns bitte genau angeben, welche Methoden in Fort Bragg denen beigebracht werden, die mit der Durchführung von Verhören oder mit der Ausbildung vietnamesischer Helfer betraut werden?

DUNCAN: Das genannte Handbuch des NKWD nennt unter anderem als Foltermethoden: die Geschlechtsteile des Opfers zerdrücken, dem Verhörten einen Eimer über den Kopf stülpen und ihn windelweich schlagen, ihn an einer Kette oder an einem Strick aufhängen, wobei man dem Opfer einen breiten Gürtel um den Leib legt und damit den Körper in Drehungen versetzt (jede dieser Foltermethoden hat einen besonderen Namen, der mir im Augenblick jedoch nicht einfällt). Außerdem wurden uns bestimmte Bücher zur Lektüre empfohlen, Bücher, an denen es in den Vereinigten Staaten weiß Gott nicht mangelt, bestimmte Bücher, die in allen Einzelheiten die in kommunistischen Ländern gebräuchlichen Foltermethoden schildern: vollkommene Isolierung von der Außenwelt, plötzlicher Wechsel vom Heißen zum Kalten oder umgekehrt, Abtötung des Zeitempfindens durch Unterbringung in dauernder Dunkelheit, die allmähliche Herbeiführung des physischen und psychischen Zusammenbruchs usw. Diese Methoden waren der Stoff für schriftliche und mündliche Prüfungsfragen. Das war natürlich nicht alles. Man sprach auch über die Anwendungsmöglichkeiten des elektrischen Stroms, über praktikable Methoden, die auch an der Front möglich sind, etwa das Feldtelefon, das von den kämpfenden Soldaten am häufigsten gebraucht wird. Man schaltet die Batterie ein und befestigt die Elektroden an den Geschlechtsteilen. Dann läßt man stoßweise den Strom fließen usw. Schließlich wurden wir, da die Spezialeinheiten ohnehin an keine Konventionen gebunden sind, ermuntert, beim Foltern unsere Phantasie spielen zu lassen. Das einzige, was wir unbedingt vermeiden sollten, war, irgendwelche sichtbaren Spuren von Schlägen oder anderen körperlichen Mißhandlungen zu hinterlassen. Die militärische Ausbildung in den Spezialeinheiten hat zwei Schwerpunkte, einmal die Vorbereitung auf den Antiguerillakrieg und zum anderen die Spezialisierung auf das Niederschlagen von Aufständen. Die Foltertechniken, von denen ich gerade gesprochen habe, gehören zum Programm der Antiguerillaschulung.

In den fünfziger Jahren wurde uns eingetrichtert, daß der Ostblock und vor allem die Sowjetunion in Kürze zum Angriff übergehen würden. Nach der Theorie unserer Ausbilder war die Bevölkerung der kommunistischen Länder derart unzufrieden, daß das Terrain für die Vorbereitung von Guerillaaktionen denkbar günstig schien. Mit anderen Worten, die Aufstände würden ganz von selbst entstehen und man würde dann automatisch zum Eingreifen gezwungen sein. Der Stoff unserer Lehrpläne – die Aufstellung von Guerillaeinheiten, von Mordtrupps, von Sabotagegruppen und anderen subversiven Verbänden – waren zur Weitervermittlung an die Bewohner der Ostblockländer gedacht, damit sie ihrerseits den Bürgerkrieg in eigener Regie übernehmen könnten. Das Handbuch für die Spezialeinheiten postuliert, daß eine ihrer Hauptaufgaben darin besteht, die den Vereinigten Staaten feindlich gesonnenen ausländischen Regierungen zu stürzen. Das steht dort wortwörtlich geschrieben und für jeden, der meine Ausführungen überprüfen möchte, halte ich ein Exemplar des besagten Handbuches zur Verfügung.

In Vietnam verlief die Sache natürlich anders. Die Amerikaner unterstützten eine Regierung, das Saigoner Regime. Man mußte also alle im Handbuch empfohlenen Vorkehrungen ändern. Statt das Regime zu stürzen, bedienten wir uns seiner. So wurden zum Beispiel die Verhöre meistens von Südvietnamesen oder besser von Männern des Saigoner Regimes durchgeführt. Seit Ende der fünfziger Jahre hatten wir begonnen, dafür Spezialisten auszubilden. Diese Phase sollte jedoch nur ein paar Jahre dauern. Die damals angewandten Verhörtechniken führten nur zu kläglichen Resultaten: sie sorgten allenfalls für unnütze Informationen. Es war äußerst schwierig, den Südvietnamesen psychologische Verhörmethoden nahezulegen, die sich als völlig ineffektiv erwiesen, so daß die Südvietnamesen in der Folgezeit natürlich bald wieder auf Mittel physischer Gewaltanwendung zurückgriffen. Deshalb beauftragten wir unsere Spezialisten, das heißt Amerikaner mit vietnamesischen Sprachkenntnissen, psychologische Verfahren anzuwenden, aber auch sie erzielten kaum bessere Ergebnisse. Da man nicht auf den vietnamesischen Geheimdienst rechnen konnte, um halbwegs brauchbare Informationen zu erhalten, mußten wir also Spezialeinheiten ausbilden, die selbst wertvolle Informationen beschaffen sollten. Das nannte man damals das ‹Projekt Delta›.

HALIMI: Können Sie uns bitte sagen, was Robin Moore, der Autor von ‹*The Green Berets*›, und Sie selbst genau unter CIDG verstehen?

DUNCAN: Bis Sommer 1964 bestand die Hauptaufgabe der Spezialeinheiten darin, das Programm CIDG zu verwirklichen. Wenn ich mich nicht irre, wurde dieses Programm 1961 eingeleitet. Es zielte darauf ab, bestimmte ethnische Gruppen, die in Vietnam ansässig sind, zusammenzufassen, so zunächst die verschiedenen Bergstämme, und später die Hoa-Hoa, die Caodhais und verschiedene Stämme kambodschanischer Herkunft. Die Bergstämme sollten zunächst dazu gebracht werden, ihren Kleinkrieg gegen das Saigoner Regime zu beenden, und zu diesem Zweck sollten sie in neuen Dörfern angesiedelt werden, die sich selber verteidigen konnten. Diese Politik hatte zudem, wie ich zufällig einem offiziellen Bericht entnehmen konnte, noch den Vorteil, daß man sich um die Verwirklichung des Genfer Indochinaabkommens von 1954 herumdrücken konnte. Dieses Abkommen verbietet unter anderem die Errichtung von neuen militärischen Stützpunkten in Südvietnam. Natürlich hat die amerikanische Armee ihre Lager nicht innerhalb der Ortschaften errichtet, sondern in ihrer Nähe, wobei jedes Lager von den Ortschaften durch Minenfelder, Tigerfallen, Stacheldrahtverhaue usw. getrennt war. In vielen Gebieten war den Einwohnern der Zugang zum Lager aus Sicherheitsgründen untersagt, was bedeutete, daß die Armee den Bewohnern der Dörfer, die sie vorgab zu verteidigen, kein Vertrauen schenkte. In vielen Fällen stammten die Zivilpersonen, die zur Verteidigung des Lagers eingesetzt waren, nicht aus den umliegenden Ortschaften, sondern waren aus anderen Landstrichen rekrutiert.

Die Ausführung dieses Programms unterstand bis 1964 der CIA. Selbst wenn die CIA dieses Programm ernst genommen hätte, so fehlten ihr doch die nötigen personellen Kräfte zur Realisierung. Ab 1964 stellten die Spezialeinheiten das zur Ausführung dieser Projekte benötigte Personal, während die CIA ihrerseits direkt oder indirekt das Unternehmen finanzieren mußte. Das Programm CIGD hatte außerdem das Ziel, über das ganze Land ein Nachrichtennetz auszubreiten, Basis für dieses Nachrichtennetz sollten die bestehenden Lager sein.

HALIMI: Robin Moore hat in seiner Aussage beim Prozeß gegen Hauptmann Levy von der Existenz regelrechter ‹Mordtrupps› gesprochen, die sich aus Südvietnamesen zusammensetzen, aber von Amerikanern ausgebildet und bezahlt werden. Können Sie etwas zu diesen Trupps sagen?

DUNCAN: Die ‹Mordtrupps›, wie sie oft genannt werden, sind im Verlauf des ‹Projekts Delta› entstanden. Einige Fachleute, die wie ich am Start des Programms beteiligt waren, wurden dafür abgestellt und halfen unter der Aufsicht der CIA bei der Aufstellung dieser Einheiten, die übrigens als Teil einer bedeutend größeren Organisation konzipiert waren. Die Organisation mit dem Namen ‹Rural Revolutionary Development Team›[1] war ihrerseits Bestandteil des allgemeinen Befriedungsprogramms des südlichen Teils von Vietnam. 1965 wurde tatsächlich beschlossen, ein Projekt zur Umgestaltung der dörflichen Infrastruktur in den Südzonen einzuleiten. Man hatte also mit anderen Worten eingesehen, daß es nicht genügt, die Nationale Befreiungsfront im offenen Kampf zu schlagen, solange sie die Möglichkeit behielt, sich in die Dörfer zurückzuziehen und so ihren organisatorischen Zusammenhalt fortwährend zu stärken. Vielleicht zum erstenmal wurden die Erfolge der FNL damit stillschweigend anerkannt.

Es war jedoch klar, daß die Amerikaner ihr Befriedungsprogramm nicht allein durchführen konnten, sie waren auf die Südvietnamesen angewiesen. Deshalb wurden die Spezialeinheiten mit der Aufstellung von *‹Revolutionary Development›* Kadern beauftragt. Nach dem vorgesehenen Projekt sollten die Dörfer zunächst umstellt werden, damit sie fremden Einflüssen unzugänglich gemacht würden. Dann sollte sich ein Kadertrupp im Dorf festsetzen und mit psychologischen Methoden die Bevölkerung umerziehen. Schon als der Plan sich noch im Stadium der Projektierung befand, wurde nicht daran gezweifelt, daß seine Realisierung in den Dörfern auf Widerstand stoßen würde, und daß sich ihm Kräfte entgegenstellen würden, die alles daransetzten, den Plan zu Fall zu bringen. Darum sollten die Gegner ausfindig gemacht, aus der Gemeinschaft ausgeschlossen und in Haft genommen werden. Falls es nicht möglich sein sollte, die Kräfte hinter Schloß und Riegel zu bringen, ohne Unruhe in der Bevölkerung hervorzurufen, blieb als letzter Ausweg die Ermordung der betreffenden Personen, zumal wenn es sich um bekannte Personen des öffentlichen Lebens handelte, deren Verhaftung zu Aufständen führen könnte. Es wurden also Vorbereitungen zur Aufstellung von Liquidierungstrupps getroffen, die zu allem bereit sein sollten. Die amerikanischen Militärs hatten in dieser Angelegenheit kein Wort mitzureden. Man sagte damals allgemein, die ‹Mordtrupps› seien Sache der CIA, und in dieser Weise sprach auch die amerikanische Presse von der Angelegenheit.

Deshalb mußte das Unternehmen so weit wie möglich geheimgehalten bleiben. Wenn es sich nur um *‹Revolutionary Development›*-Kader gehandelt hätte, nur um die Umerziehung der Bevölkerung und um nichts mehr, wäre die Geheimhaltungspflicht unnötig gewesen. In der damaligen Zeit wurde jedesmal, wenn ein Mord ausgeführt worden war, ein Brief zurückgelassen. Dieser Brief, ein Mittel

1 Deutsch etwa: Team zur revolutionären Umgestaltung der Landgebiete.

der psychologischen Kriegführung, änderte sein Aussehen von Gebiet zu Gebiet. Eine der verwendeten Formen zeigte ein weißes I auf schwarzem Grund. Man glaubte, dadurch würde es in Zukunft unnötig werden, Leute umzubringen. Es würde genügen, ihnen eine dieser Karten zu schicken, um sie von ihrer Aktivität abzuhalten. Diese Methode wird überall dort angewandt, wo die Spezialeinheiten der USA eingreifen, vor allem in Guatemala. Dort erscheint eine schwarze Hand auf einem weißen Briefbogen. Sie soll den Empfänger davon abhalten, die Guerilleros zu unterstützen.

Fortsetzung der Aussage Donald Duncans

Halimi: Man kann Ihren Aufenthalt in Vietnam in drei Perioden einteilen, entsprechend den Aufgaben, die Sie dort ausgeführt haben. Sagen Sie uns bitte, welches Ihre Funktionen in Vietnam waren?

Duncan: Sie haben recht, man kann meinen Aufenthalt in Vietnam in drei Perioden einteilen, wobei man die zweite noch einmal unterteilen könnte. Ich habe zunächst im Stab der fünften Gruppe der Spezialeinheiten gedient und war dort mit zwei Hauptleuten gemeinsam beauftragt, die dritte und vierte Militärregion zu überwachen, die grob gesagt den mittleren Bereich Südvietnams umfassen. Wir hatten die Aufgabe, die Lage zu prüfen, die Situation jeder an der Durchführung des Programms beteiligten Einheit, und zwar vor und nach jedem ihrer Einsätze. Und wir mußten eine permanente Verbindung zu den Lagern des CIGD sicherstellen. Natürlich waren wir auch damit beauftragt, hohen Politikern, die Vietnam bereisten, Berichte zur militärischen Lage zu geben. Deshalb mußten wir uns selber die Lager anschauen, um über die Kampfkraft der militärischen Verbände und der Einschüchterungstruppen urteilen zu können. Ich mußte persönlich an Patrouillen und militärischen Operationen teilnehmen.

Während der zweiten Periode meines Vietnamaufenthaltes war ich als Offizier des Intelligence Service in einem Stab des ‹Delta-Projektes›. Ich habe in der Tat aktiv daran mitgearbeitet, dieses Projekt aus der Taufe zu heben. Seine ursprüngliche Absicht lief darauf hinaus, mit Gruppen, die den Spezialeinheiten unterstellt waren, nach Laos einzudringen. In der Folgezeit wurde das Programm erweitert, und außer meiner Funktion als der mit der Zusammenstellung der für die Operationen erforderlichen Nachrichten beauftragte Offizier war ich Leiter eines der Einsatzkommandos, die überallhin beordert wurden. Diese Achtmanntrupps bestanden im allgemeinen aus zwei Amerikanern und sechs Vietnamesen und hatten in erster Linie den Auftrag, Nachrichten zu sammeln. Sie nahmen jedoch bald einen Charakter an, der in ihrem Namen klar zum Ausdruck kommt. Man nannte sie ‹Jäger- und Mördertrupps›. Man begann mit der Jagd auf Nachrichten und endete schließlich bei Kommandounternehmen nach Art der nazistischen Sonderkommandos. Ich sah mich bald mit immer mehr Aktionen dieser Art beschäftigt und vernachlässigte deshalb meine Büroarbeiten. Obwohl ich nominell meine Funktion als Berater behielt, wurde diese Tätigkeit praktisch von einem Major übernommen.

Schließlich, in den letzten sechs bis acht Wochen meines Aufenthaltes in Vietnam, war ich damit betraut, die offizielle Geschichte der Spezialeinheiten und verschiedene Situationsanalysen zu schreiben und dabei zugleich Lösungsvorschläge für die dargestellten Probleme zu entwickeln.

KASURI: Könnten Sie Ihre verschiedenen Tätigkeiten in Vietnam genau datieren?

DUNCAN: Der erste Abschnitt reicht von Mitte März 1964, dem Tag meiner Ankunft in Vietnam, bis zum 24. Mai desselben Jahres, also zwei Monate. Am ‹Delta-Projekt› arbeitete ich offiziell vom Mai 1964 bis August 1965, offiziell sogar so lange, bis ich Vietnam wieder verließ. Das heißt, auch als ich offiziell damit beauftragt war, die Geschichte der Spezialeinheiten in Vietnam zu schreiben, war ich immer noch Berater für das Projekt, obwohl ich nach August 1965 nicht mehr an direkten militärischen Operationen beteiligt war. Meine Dienstzeit ging um den 15. September 1965 zu Ende.

HALIMI: Sie schreiben in Ihrem Buch, daß ein Befehl existierte, nach dem gefährliche Gefangene, nachweisliche Angehörige des Vietkong, zu töten sind. Ich möchte das Tribunal daran erinnern, daß Peter Bourne, Psychiater im Hauptmannsrang, in seiner Aussage beim Levy-Prozeß dasselbe ausgeführt hat, und daß Robin Moore diese Anweisung in seinem Buch ausdrücklich bestätigt.

DUNCAN: *(Der Zeuge bittet aus Gründen der Übersicht zunächst darum, über die Gefangenenlager zu sprechen)* (...) Die von den Spezialtruppen verwalteten Lager werden ausnahmslos von den Vereinigten Staaten finanziert. Die Behauptung, vietnamesische Spezialkräfte würden die Lager leiten, ist ein seltsamer Euphemismus. Beide Teile schieben sich gegenseitig den schwarzen Peter zu. Wenn etwas nicht klappt, lehnen die Südvietnamesen jede Verantwortung ab und behaupten, sie hätten nicht den geringsten Einfluß. Die Amerikaner verhalten sich genauso, und sie versichern, diese Vorfälle gehörten nicht in ihr Ressort ... In Wirklichkeit haben die Südvietnamesen, was die Verwaltung der Lager anbetrifft, einen großen Spielraum. Wenn allerdings die Betreuung der Lager in den Augen der Amerikaner zu wünschen übrig läßt, üben sie Druck auf die Südvietnamesen aus, und der Chef des Lagers wird kaltgestellt. Das passiert auch auf höchster Ebene. So wurde zum Beispiel der kommandierende Befehlshaber der südvietnamesischen Spezialeinheiten, Colonel Lam Son, seines Postens enthoben, und zwar auf Grund eines Einspruchs von seiten der amerikanischen Spezialeinheiten.

Unsere Hauptaufgabe bestand darin, Nachrichten zu sammeln. Niemand weiß, welche Methoden dabei anzuwenden sind. Im entscheidenden Moment wenden sich die Amerikaner ab, sie stecken sich eine Zigarette an und warten, bis das schmutzige Geschäft zu Ende ist. Das geschieht alle Tage. Mehr als jede andere Einheit der amerikanischen Armee achten die Spezialeinheiten auf ethnische Unterschiede. So wurde uns während der militärischen Ausbildung beigebracht, daß wir Gefangene weder foltern noch töten sollten. Wir sollten diese Dreckarbeit am besten einheimischen Spezialisten, in diesem Fall also den Südvietnamesen, überlassen. Diese Verhaltensregel folgt nicht etwa moralischen, sondern ganz pragmatischen Überlegungen: würde ein Amerikaner Vietnamesen foltern oder umbringen, bestände die Gefahr, daß in der Bevölkerung Ressentiments hervorgerufen würden.

Halimi: Ich möchte auf die Ermordung von Gefangenen zurückkommen. Ihrem Buch, den Erklärungen von P. Bourne im Levy-Prozeß, der Aussage des Marineangehörigen Campbell, die ich auf Tonband aufgenommen habe, und den Angaben von Robin Moore habe ich entnommen, daß bestimmte amerikanische Einheiten Instruktionen erhalten, lästige Gefangene zu liquidieren. Haben Sie von solchen Instruktionen gehört?

Duncan: Ich selber habe nie gehört, daß ausdrücklich ein solcher Befehl erteilt wurde. Diese Instruktionen werden bestimmten Personen in bestimmten Situationen gegeben. Als Beispiel möchte ich einen Vorfall berichten, der mir persönlich passierte:

Es war 1965 im Tal von An Lao. Unsere Gruppe, die wie immer aus acht Mann bestand, wagte sich in ein Gebiet vor, das eine Zeitlang von der FNL gehalten worden war. Das Gebiet war von den Regierungstruppen seit mindestens zwei Jahren nicht mehr betreten worden; nun sollten wir in fünf Tagen die militärische Lage auskundschaften. Wenn möglich, sollten wir auf dem Rückweg einige Gefangene machen, die anschließend verhört werden sollten. Wie das oft geschieht, waren wir schon auf dem Hinweg gezwungen, aus Sicherheitsgründen einzelne Vietnamesen gefangenzunehmen, die sich uns in den Weg stellten. Sie laufen zu lassen war nicht möglich. Wir acht hatten also vier Gefangene am Hals, und es war klar, daß wir sie weder mitschleppen noch freilassen konnten. Ich setzte mich also per Funk mit dem nächsten Stützpunkt in Verbindung und gab Bescheid über unsere Zwangslage. Die Antwort war kurz und bündig: «Seht zu, wie Ihr sie loswerdet!» Ich bat darum, den Befehl zu wiederholen, und ich bekam ein zweites Mal zur Antwort: «Macht, daß Ihr sie loswerdet!» Ich tat so, als hätte ich nicht verstanden, und forderte einen Transporthubschrauber an, der uns herausholen sollte. Als wir zum Stützpunkt zurückkamen, mußte ich einen Wutanfall des Kommandanten über mich ergehen lassen. Er war empört, daß ich die Gefangenen zum Stützpunkt gebracht hatte und nicht die vorgesehenen vier bis fünf Tage in dem Tal geblieben war.

Er machte mir klar, daß er mit «Macht, daß Ihr sie loswerdet» selbstverständlich zum Ausdruck bringen wollte, daß wir die Gefangenen umlegen und unseren Auftrag zu Ende führen sollten. Wenn ich mich recht entsinne, geschah das im Beisein von zwei Zeugen. In der betreffenden Situation hätte es den üblichen Methoden, sich die Gefangenen «vom Hals zu schaffen», entsprochen, sie kurzerhand umzulegen. Der Hauptmann, der mir den Befehl erteilt hatte, hütete sich freilich, mir per Funk zu sagen: «Bringt sie um!» Da der Funksprechverkehr stets auf Tonband aufgezeichnet wird, hätte er, falls es Schwierigkeiten gegeben hätte, immer abstreiten können, daß er mir einen entsprechenden Befehl erteilt hätte, der dem amerikanischen Kriegsrecht widerspricht.

Angenommen, man macht während einer Achttagepatrouille einen Gefangenen, so liegt es auf der Hand anzunehmen, daß es sich um einen «dicken» Vietkong handelt. Wenn er aus diesem oder jenem Grund lästig wird, ist es klar, daß man sich seiner entledigen muß.

Halimi: Robin Moore, der Marineangehörige Campbell und Sie selbst betonen einhellig, daß die Amerikaner ihre Gefangenen den Südvietnamesen übergeben, obwohl sie genau wissen, was mit ihnen geschieht. Könnten Sie uns diese Angaben noch einmal bestätigen und uns die Folterpraktiken noch einmal vor Augen führen, die Sie in Ihrem Buch dargestellt haben?

Duncan: Es war an der Tagesordnung, jedenfalls in der Zeit, in der ich mich in Vietnam aufgehalten habe, daß man seine Gefangenen nach einem ziemlich oberflächlichen Verhör den südvietnamesischen Regierungstruppen übergab. Diese Übergabe findet manchmal im Lager, manchmal auf Provinzebene und manchmal auf Bezirksebene statt. Auf jeden Fall waren die Amerikaner sehr wohl über die Behandlung, die den Gefangenen bei den Verhören und bei ihrer Einkerkerung bevorstand, informiert. Gelegentlich machten sie den Südvietnamesen Vorhaltungen, nicht aus moralischen Gründen, sondern weil ihre Methoden nicht in der Lage waren, brauchbare Auskünfte aus den Gefangenen herauszuholen. (...) Aus zwei Gründen übergab man die Gefangenen gewöhnlich den Südvietnamesen: einmal (...) beherrschen nur sehr wenige Angehörige der amerikanischen Spezialeinheiten die Landessprache – darin bin ich keine Ausnahme –, und zum andern trägt diese Praxis zur Aufrechterhaltung des Mythos bei, daß es Vietnamesen sind, die die Operationen leiten.

Ich komme jetzt zum zweiten Teil Ihrer Frage. Die von Ihnen erwähnten Vorfälle haben sich in der Provinz Tay Ninh abgespielt. Der erste Vorfall ereignete sich während eines Zusammenstoßes mit dem Gegner. Unser ‹Einschüchterungstrupp› war feindlichem Feuer ausgesetzt, das durch das offene Gelände für uns besonders gefährlich wurde. Daraufhin hatten Flugzeuge in die Kampfhandlungen eingegriffen. Das umkämpfte Dorf, genauer gesagt: zwanzig, höchstens fünfundzwanzig Hütten, wurde dabei zum großen Teil zerstört. In dem Moment, wo die Flugzeuge eingriffen, war uns klar, daß sich wahrscheinlich eine größere Anzahl von Zivilpersonen in dem Dorf befinden mußte. Aber für uns blieb nur die einfache Wahl: entweder wir müssen dran glauben, oder uns völlig unbekannte Zivilpersonen beißen ins Gras! Nach Ende des Feuerüberfalls drang das ‹Einschüchterungskommando› ins Dorf und durchforschte die unversehrten Hütten. Alles Lebendige wurde herausgeholt. Die leeren Hütten wurden von unseren Soldaten niedergebrannt. Die Bewohner waren, wie sich denken läßt, verzweifelt, und einige von ihnen begannen laut zu protestieren. Sie mußten ihren Protest teuer bezahlen, und schließlich richtete ein Soldat sein Gewehr auf eine Frau und schoß sie nieder. Ein Mann mit gebrochenem Bein wurde herangeschleppt. Man hatte ihn mit elektrischem Leitungsdraht gefesselt, mit einem dünnen plastikumhüllten Metalldraht, der sich tief ins Fleisch eingrub. Man hatte ihm die Hände auf dem Rücken zusammengebunden. Die Soldaten schleppten ihn bis in die Mitte des Dorfes.

Dort begann der Chef des ‹Einschüchterungskommandos›, ihn zu verhören, allerdings ohne Erfolg. Verhören: das heißt, der Offizier brüllte ihm die Fragen ins Gesicht, während ein Soldat sein gebrochenes Bein mit Fußtritten malträtierte, und zwar so heftig, daß schließlich die Knochen zum Vorschein kamen. Ein Leutnant zog ein Messer, eine Waffe, die alle amerikanischen *marines* bei sich tragen und die sich besonders bei den Spezialeinheiten großer Beliebtheit erfreut. Der Leutnant begann, mit diesem Instrument den Körper des Gefangenen zu bearbeiten, und er machte sich ein Vergnügen daraus, mit der Spitze des Messers Linien über Brust und Bauch des Vietnamesen zu zeichnen, ohne das Fleisch tief aufzuschneiden. Der Gefangene brachte kein Wort heraus, und schließlich, wie vorauszusehen war, streckte ein Messerstich ihn zu Boden. Das besagte Messer hat eine Länge von immerhin zwanzig Zentimetern. Es grub sich tief in den Körper ein und durchbohrte den Magen. Dann sprang ein anderer Kompaniechef auf das arme Opfer, das schon im Sterben lag, und tobte sich an ihm aus. Er riß ihm die Gallenblase heraus und schwang sie wie eine Trophäe über den Kopf seines Opfers. Wochen später trug er sie noch immer in einem kleinen Plastikbeutel wie einen Talisman um den Hals.

Kommen wir nun zu dem zweiten Vorfall: dasselbe ‹Einschüchterungskommando›, und dieselbe Gegend, die Provinz Tay Ninh (. . .) Wir waren seit zwei Tagen auf Patrouille, es war morgens, und wir stießen in Richtung Osten vor. Wir fingen an, in einem Dorf Zivilpersonen zu sammeln, unbewaffnete Leute, die mit ihren Büffeln das Feld bearbeiteten oder mit Lastkarren herumfuhren. Zwei dieser Männer waren, glaube ich, im wehrfähigen Alter, alle anderen waren wesentlich älter.

Einer von ihnen war sogar ein altehrwürdiger Greis mit langem Bart. Als ich fragte, warum man ihn aufgegriffen hatte, erhielt ich zur Antwort: «Er ist vietkongverdächtig.» Es ist die Frage, ob es sich wirklich um FNL-Sympathisanten handelte. Wie dem auch sei, man fuhr munter fort, Zivilpersonen aufzugreifen, und am dritten Tag wurden alle als Träger eingesetzt: Einer trug ein Maschinengewehr, ein anderer eine Munitionskiste, ein dritter ein automatisches Gewehr, natürlich nicht, um es einzusetzen; die Benutzung der Waffen blieb natürlich unseren Soldaten vorbehalten. Schließlich (. . .)

mußten wir losschlagen und zum Angriff auf ein verdächtiges Dorf übergehen. Unsere Zivilpersonen wurden gezwungen, am Kampf teilzunehmen; obwohl sie keine Waffen hatten und nur Kriegsmaterial herbeischleppten, waren sie denselben Gefahren ausgesetzt wie unsere Soldaten. Einige Soldaten paßten auf, daß sie sich nicht vom Gros der Truppe entfernten. (. . .)

HALIMI: Können Sie nachweisen, daß die Tatsachen, die Sie über die Behandlung von Gefangenen und die Folterungen berichtet haben, keine Einzelfälle darstellen, sondern im Gegenteil in großem Maßstab stattfinden? Können Sie dem Tribunal nachweisen, daß sie System haben?

DUNCAN: Dieser Interpretation möchte ich voll und ganz zustimmen. Hauptmann Peter Bourne, Robin Moore und ich selbst hatten Gelegenheit, entsprechende Beobachtungen in mehr als drei Viertel aller damals in Vietnam bestehenden Lager zu machen. Es sollte darauf hingewiesen werden, daß wir zusammen insgesamt drei Jahre in Vietnam gewesen sind. Man kann deshalb auch nicht einwerfen, daß sich unsere Beobachtungen auf Vorfälle beziehen, die sich nur in einem ganz bestimmten und in keinem anderen Monat hätten abspielen können.

HALIMI: Können Sie uns berichten, wie während der Kampfhandlungen Zivilpersonen festgenommen werden, wie sie nach kurzer Überprüfung selektiert und unter welchen Umständen sie ins Lager gebracht werden?

DUNCAN: Ich möchte zunächst einmal sagen, daß es keine Festnahmen im eigentlichen Sinn des Wortes gibt. Die Leute werden gewaltsam ihrer jeweiligen Beschäftigung entrissen und auf der Stelle einem flüchtigen Verhör unterzogen. Das alles geht nicht ohne Grausamkeiten ab, vor allem bei Operationen in unruhigen oder ständig von der FNL kontrollierten Zonen. Dabei werden die Gefangenen grob in folgende Kategorien eingeteilt: Verdächtige, nachweisliche Vietkong, FNL-Sympathisanten oder eventuell Unschuldige.

HALIMI: Beim Levy-Prozeß haben Sie, nach den Flüchtlingslagern und den Lebensbedingungen in diesen Lagern befragt, lapidar geantwortet: «Das sind Abfallgruben!» Was hat Sie zu diesem Urteil gebracht? Wieviel Lager haben Sie mit eigenen Augen gesehen?

DUNCAN: Ich habe zwei oder drei Lager besucht. Den Ausdruck ‹Abfallgruben› habe ich gebraucht, weil mir keine treffendere Bezeichnung einfiel. Die Bedingungen, unter denen die Bewohner dieser Flüchtlingslager leben müssen, sind unerträglich. Überall herrscht Wassermangel. Entweder gibt es einen Wasserhahn für zweihundert Personen, oder man muß das Wasser von weit her heranschleppen. Wenn das Wasser zum Trinken oder Kochen langt, können die Bewohner der Flüchtlingslager glücklich sein, zum Waschen reicht es nicht. Wenn es überhaupt Toiletten gibt, sind sie im schrecklichsten Zustand. Die Lagerinsassen vegetieren dahin und warten, daß die

Zeit vergeht. Ich selber habe nichts gesehen, was auf unmittelbare körperliche Gewaltanwendung, auf systematisch schlechte Behandlung oder auf Prügel schließen läßt. Aber die Lager sind mehr als überfüllt; man lebt förmlich übereinander, und fast immer fehlen die Betten. Den Gestank spürt man schon von weitem, längst bevor man ins Lager kommt. Die Ursache liegt auf der Hand: es fehlen alle sanitären Einrichtungen.

HALIMI: Orville Shell beschreibt in einem bisher unveröffentlichten Artikel, den ich gestern bereits erwähnt habe, wie man die Zivilpersonen aus ihren Hütten auf Lastwagen schleppt und sie in die Flüchtlingslager pfercht, ohne Verpflegung und Bett. Kennen Sie ähnliche Fälle?

DUNCAN: Ich habe selber keine Gelegenheit gehabt, an größeren ‹Umsiedlungsaktionen› teilzunehmen, aber solche Aktionen sind Gegenstand von Berichten, und im Stab der Spezialeinheiten liegen zahlreiche Dokumente vor, beispielsweise über die Anlage strategischer Dörfer, und zwar seit Beginn ihrer Planung. Es gibt anscheinend einen wesentlichen Unterschied zwischen den sogenannten ‹strategischen Dörfern› und solchen, die man heutzutage ‹Dörfer des neuen Lebens› nennt. Nach den Berichten, die ich zu lesen kriegte, als ich die Geschichte der *‹Grünen Teufel›* schrieb, waren die ‹strategischen Dörfer› nichts mehr und nichts weniger als Konzentrationslager. Die Bewohner dieser KZs wurden gewaltsam aus ihren Heimatdörfern geschleppt, um die Nationale Befreiungsfront von ihren Ressourcen an Menschen, Lebensmitteln und militärischen Nachrichten abzuschneiden. Das war das von den Engländern in Malaysia praktizierte Modell. Damit war beabsichtigt, «das Meer von seinen Fischen zu säubern». In den sogenannten ‹Dörfern des neuen Lebens› haben die Bewohner zumindest theoretisch die Möglichkeit, einer Beschäftigung nachzugehen. Mit anderen Worten: Diese Dörfer sind als eine Art neuer Wohnsitz gedacht. Man beabsichtigt, die Verwaltung dieser Dörfer in die Hände der Südvietnamesen zu legen. Aber der Gedanke stammt aus Amerika. Amerikaner haben diese ‹Dörfer des neuen Lebens› erfunden, und Amerikaner geben das Geld zu ihrem Bau. Diese Geldmittel kriegen die Bewohner der Lager freilich selten genug zu sehen, und die Kleidungsstücke, die Nahrungsmittel und alle anderen für sie bestimmten Sachen landen meistens auf dem Schwarzen Markt oder sonstwo. Wenn Beschwerden laut werden, erklären die Amerikaner, daß die Dörfer südvietnamesischen Verwaltungen unterstehen. Sie, die Amerikaner, könnten sich in die südvietnamesischen Angelegenheiten nicht einmischen.

HALIMI: Haben Sie Gefangene in Käfigen gesehen?[1] Wenn ja, können Sie uns sagen, ob diese Käfige speziell für Verhöre gebaut worden sind oder ob sie zunächst für andere Zwecke bestimmt waren?

1 Vgl. dazu die Aussage von David Tuck.

Duncan: Die Käfige wurden speziell gebaut, um Kriegsgefangene einzusperren. Wenn man sie gesehen hat, kann man sich nicht vorstellen, daß sie irgendeinem andern Zweck dienen könnten. Ich habe mit eigenen Augen Gefangene, die in diese Käfige gepfercht waren, gesehen. Robin Moore beschreibt in seinem Buch ‹*Die Grünen Teufel*›, ich glaube im ersten Kapitel, das Lager Tinh Bien, genannt nach der benachbarten Ortschaft, das sich im Gebiet der Sieben Großen Hügel nahe der kambodschanischen Grenze befindet. Dort habe ich zwei solcher Käfige gesehen, in die man Gefangene sperrte. Sie waren aus Holz und standen dicht nebeneinander. Sie waren so gebaut, daß ein Mensch darin weder aufrecht stehen noch ausgestreckt liegen konnte. Schlimmer noch: der Eingesperrte konnte sich nicht einmal bewegen. Zudem ist der in die pralle Sonne gestellte Käfig ein wahrer Brutkasten. Es gibt noch eine andere Sorte von Käfigen, die unseren amerikanischen *conex containers* nachgebaut ist, ein metallener Hohlkörper mit einem Eingang. Die Sonnenhitze erzeugt in diesem Käfig eine regelrechte Backofenhitze.

Halimi: Haben Sie selbst gesehen oder wissen Sie, ob die Spezialeinheiten oder andere Truppenverbände bestimmte Waffenarten benutzen, die nach internationalem Recht als verboten gelten, zum Beispiel gegen Menschen gerichtete Waffen?

Duncan: Die Mehrzahl der amerikanischen Soldaten sind mit einem M 16 ausgerüstet. Zu der Zeit, als ich in Vietnam diente, und ich vermute, es ist jetzt noch genauso, gab es in den Lagern der Spezialeinheiten Phosphorgranaten als Munition für die Mörser. Wenn ich auch den *canister*, einen Behälter mit Eisensplittern, nicht aus eigener Anschauung kenne, ist mir desto genauer der *beehive*, der Bienenkorb, bekannt. Die Spezialeinheiten setzen dies Geschoß nicht ein, es ist der Artillerie vorbehalten. Es handelt sich um eine Granate, die Hunderte von Eisenpfeilspitzen enthält. Sie haben die Länge einer normalen Heftklammer. Die zugespitzten Pfeile wirken wie kleine Nadeln. Sie sind fest genug, um in den Körper einzudringen, und zwar so tief, daß die Wunde sich nach dem Eindringen des Pfeils wieder schließt. Wer in die Flugbahn dieser ‹Bienenkörbe› gerät, wird von Hunderten dieser Pfeilspitzen getroffen. Sie müssen auf chirurgischem Weg einer nach der andern entfernt werden, denn sie können so tief in den Körper eindringen, daß man sie nicht einfach wie Splitter herausoperieren kann. Diese Waffen werden serienmäßig in einer Fabrik in San José in der Nähe von San Francisco, wo ich wohne, hergestellt. Ich möchte die Aussage, die ich vor dem Levy-Prozeß zur Wirkung der M-16-Geschosse gemacht habe, hier gern noch vervollständigen. Ich weiß nicht, ob es beabsichtigt ist, aber das Gewehr M 16 sieht mir ganz so aus, als ob es konstruiert wäre, um das Gesetz, das den Einsatz von Dum-Dum-Geschossen verbietet, zu umgehen. Das Geschoß des M-16-Gewehrs hat ähnlich geartete Auswirkungen wie das Dum-Dum-Geschoß, nur in weit stärkerem Maße.

Es handelt sich um ein Geschoß von sehr kleinem Durchschnitt, nämlich 22 Kaliber, das aber im Vergleich zu seinem Durchmesser ausgesprochen lang ist. Auf Grund seiner Form, seiner Länge und der enormen Aufprallgeschwindigkeit explodiert das M-16-Geschoß genau in dem Moment, wo es ins Ziel trifft, seine Splitter spritzen nach allen Seiten. Ein Knochen kann zum Beispiel vollkommen zersplittert werden. Wenn etwa das Bein getroffen wird, kann schon der Aufprall den Tod des Verwundeten herbeiführen. Um Ihnen eine Vorstellung von der verheerenden Wirkung dieses Geschosses zu geben, möchte ich Ihnen ein Beispiel schildern. Als ich eines Tages während eines Schußwechsels aus kurzer Entfernung mit einer M 16 schoß, traf ich einen Mann in die Brust. Wie weggemäht wurde der Körper förmlich durch die Luft geschleudert und flog in einem Gleitflug drei bis vier Fuß über der Erde, bis er an einen Baum prallte. Unnötig zu sagen, daß die Brust des Mannes völlig zerfetzt war. Bei einem Dum-Dum-Geschoß wäre die Wirkung wahrscheinlich geringer gewesen. Mit dem M-16-Geschoß kann man die Kriegsgesetze nicht umgehen; es hat eine bedeutend stärkere Wirkung als das verbotene Dum-Dum-Geschoß.

HALIMI: Welche Verbindungen bestehen offiziell zwischen der CIA und den Spezialeinheiten im Hinblick auf Vietnam?

DUNCAN: Ich habe heute vormittag in meiner Aussage hervorgehoben, daß das CIGD-Programm von der Planung bis zur Ausführung ausschließlich in Händen der CIA gelegen hat und daß die Spezialeinheiten in ihrem Auftrag die Verwaltung der Lager übernommen haben, die im Rahmen des Befriedungsprogramms errichtet worden sind.

Wenden wir uns nun dem ‹Delta-Projekt› zu, an dem ich selber teilgenommen habe. Wir haben in Zusammenarbeit mit der CIA seine Realisierung vorangetrieben. Ich erinnere noch einmal daran, das ‹Projekt Delta› hatte zumindest anfänglich den Sinn und Zweck, unsere Leute nach Laos einzuschleusen; die CIA hatte dort Agenten eingesetzt. Wenn es keine Kooperation und Koordination gegeben hätte, dann hätten wir möglicherweise sogar den Aktivitäten der CIA geschadet.

Jetzt noch ein Wort zu der Operation SOG, deren Ausgangsbasis in Bien Hoa liegt und die vorgeschobenen Stützpunkte in Khe Sanh, Da Nang und ein weiteres neuerrichtetes Lager südlich von Da Nang unterhält. Den Namen dieses Lagers habe ich leider im Augenblick nicht im Kopf. Die 1964 gestartete Operation hatte das Ziel, Sabotage- und andere Trupps nach Nordvietnam einzuschleusen. Es ging darum, ein Programm fortzusetzen, das kurz zuvor von Colonel Landsdale, dem damaligen Chef der CIA in Vietnam, eingeleitet worden war. Der direkte Befehl über Kommandotrupps war Truppenführern der Spezialeinheiten übertragen worden, die zu diesem Zweck der CIA zur Verfügung gestellt wurden. Die Organisation des ‹Projekt Delta› war mehrfach gefächert, und es entstand eine abhängige

Unterorganisation, das ‹Omega-Projekt›. Es vereinigte wiederum Militärs und Agenten der CIA. Diese Organisation hat hauptsächlich die Aufgabe, Kommandoverbände von Südvietnam nach Kambodscha einzuschmuggeln. In Thailand gibt es eine Schwesterorganisation, die sich die Infiltration von Laos und Kambodscha zum Ziel gesetzt hat; auch dort arbeiten Armee und CIA Hand in Hand. Übrigens steuert die CIA einen großen Teil der Mittel bei, die erforderlich sind, um die Gesamtheit all dieser Operationen zu finanzieren. Ich habe schon von den ‹Einschüchterungskommandos› und den ‹Mordkommandos› gesprochen. Heute geschehen dieselben Dinge unter leicht veränderten Vorzeichen. Die Mitarbeiter dieser verschiedenen Organisationen, die aus den Spezialeinheiten kommen und der CIA unterstellt sind, werden vom Geheimdienst bezahlt. Nach Beendigung ihres Einsatzes kehren sie oft in die Spezialeinheiten zurück. Unter ähnlichen Vorzeichen und Voraussetzungen wurde die Vorbereitung der Landung in der Schweinebucht durchgeführt. Die Instrukteure von Fort Bragg wurden nach Lateinamerika geschickt, um die Kubaner auszubilden, die mit der Invasion betraut wurden. Anschließend kehrten die Instrukteure in ihre Dienstränge innerhalb der Spezialeinheiten zurück.

(. . .) Trupps der Spezialeinheiten hatten sich, lange bevor die amerikanischen *marines* in der Dominikanischen Republik landeten, dort festgesetzt. Ihre Mitarbeiter waren unter den in den Vereinigten Staaten lebenden Lateinamerikanern rekrutiert worden. Sie konnten sich entsprechend leicht unter die ortsansässige Bevölkerung mischen. Sie hatten den Auftrag, Informationen zu sammeln und ‹Herz und Sinne› der Bauern zu erobern, wenn diese religiöse Wendung erlaubt ist. Ich brauche wohl nicht genauer auszuführen, daß sich Mitglieder der Spezialeinheiten auch in Guatemala aufhalten. Sie wissen, in der Panamakanalzone ist eine Schule der Spezialeinheiten, ‹die Akademie der Amerikaner›, stationiert. Sie nimmt Staatsangehörige solcher Länder wie Peru, Guatemala, Bolivien, Venezuela, usw. auf. Das ganze vollzieht sich in enger Zusammenarbeit mit CIA, wie sich denken läßt.

SIMONE DE BEAUVOIR: Ihre Einstellung zum Vietnamkrieg hat sich offensichtlich stark verändert, seit Sie sich mit dem ‹Delta-Projekt› befaßt haben. Sie haben beim Levy-Prozeß ausgesagt, und Sie sind hierhergekommen. Könnten Sie uns Ihren Umwandlungsprozeß näher erläutern?

DUNCAN: Nicht ein einzelnes Ereignis hat mich bewogen, meine Einstellung und meine Ansichten zu ändern. Eine Fülle von Ereignissen hat mich zum Nachdenken gebracht, vor allem die Widersprüche, die zwischen den offiziellen Erklärungen und den tatsächlichen Vorkommnissen auftreten. Ich hatte innerhalb des ‹Projekts Delta› eine außergewöhnliche Sonderstellung, wie sie sonst selten einem Militär zufällt. Während ich in meiner Eigenschaft als Berater der höchsten Instanzen der Vereinigten Staaten in Vietnam am Zustandekommen der Entscheidungen maßgeblich beteiligt war, nahm ich zugleich an der Verwirklichung dieser Beschlüsse teil. Mit anderen Worten: zunächst spielte ich bei der Ausarbeitung eines Aktionsprogrammes eine wesentliche Rolle, dann machte ich mich auf die Reise und begab mich mitten ins Operationsfeld, um persönlich die Durchführung unseres Programms zu überwachen. Im allgemeinen sind diese beiden Funktionen natürlich voneinander getrennt. So hatte ich die seltene Gelegenheit, unsere Arbeit aus nächster Nähe zu überprüfen und den Wert unserer Nachforschungen an Ort und Stelle einzuschätzen. Es gab natürlich einen beträchtlichen Unterschied zwischen der Lagebeurteilung, die wir erarbeitet hatten, einerseits und andererseits den Berichten, die man dem amerikanischen Volk zu den von uns ‹proklamierten Zielen› von offizieller Seite gab. Scherzhaft könnte ich behaupten, daß meine Ausbildung als Nachrichtenspezialist ein wenig zu gründlich gewesen ist. Ich möchte jetzt zu den verschiedenen Vorfällen, die auf mich einwirkten und in mir schließlich eine Kettenreaktion ausgelöst haben, übergehen.

Als ich in Vietnam eintraf, hatten die amerikanischen Militärs, die damals fast alle noch Berufssoldaten waren, durchweg eine sehr schlechte Meinung von den Vietnamesen. In ihren Augen waren die Vietnamesen fast alle Diebe, käufliche Subjekte und Feiglinge. Im Kampf mit den Vietnamesen habe ich jedoch diese Ansicht bald revidieren müssen. Hätte ich nicht meine Militäreinheit, auf die die meisten amerikanischen Soldaten beschränkt sind, zeitweilig verlassen können, hätte ich wahrscheinlich meine Grundeinstellung nie geändert.

Gewöhnlich werden unsere Operationen von sehr kleinen Kommandos durchgeführt, die sich, von den übrigen Truppenteilen abgeschnitten, in den Vietkonggebieten bewegen. Sie können im Ernstfall kaum auf ein direktes Eingreifen ihrer Kameraden rechnen. Während der ganzen Dauer dieser Einsätze lebt man in einem ständigen Spannungszustand, oder besser gesagt, nach drei oder vier Tagen Aufenthalt in den Vietkonggebieten hat man ständig eine Heidenangst. Bei der Rückkehr von solchen Einsätzen, bei denen man mindestens fünf Tage lang nervlich überstrapaziert wird, findet man schnell den Frieden und die Ruhe wieder. Bei einem Gin-tonic oder bei einem Whisky kann man sich endlich entspannen. In dieser Gemütsverfassung saß ich eines Tages mit einem jungen südvietnamesischen Offizier zusammen, der zu unserem Trupp gehörte. Er verdankte mir seine Karriere; bevor ich mich für ihn einsetzen konnte, war er nur Sergeant. Wenn mir seine Motive auch nicht ganz klar waren, so schien er mir doch für seinen Posten geeignet, und wir hatten ziemlich oft dieselben Gefahren gemeinsam ausgestanden. Wir beide hatten die Gewohnheit, uns am Abend zu entspannen, genauer, wir soffen wie ein Loch, um nach der Rückkehr von unseren anstrengenden Expeditionen überhaupt einschlafen zu können. Zum erstenmal, seit ich seine Bekanntschaft gemacht hatte, zehn Monate nach meiner Ankunft in Vietnam, war mein vietnamesischer Kumpel vollkommen besoffen, so betrunken, daß er gar nicht mehr wußte, was er eigentlich sagte. Dabei sagte er mir natürlich Dinge, die er mir im nüchternen Zustand nie anvertraut hätte. Seine Feindseligkeit gegenüber den Amerikanern im allgemeinen und im besonderen sein Haß auf alles, was sie in Vietnam auf dem Gewissen hatten, kamen unverhohlen zum Ausdruck. Ich betone noch einmal, dieser Mann gehörte keineswegs zur Nationalen Befreiungsfront, und ich hatte großen Respekt vor seinen soldatischen Fähigkeiten. Ich war natürlich auch betrunken, hielt diese Äußerungen unserer Betrunkenheit zugute und dachte nicht weiter darüber nach. Einige Tage nach diesem Gespräch jedoch lud er mich zu sich ein. Dazu muß ich betonen, daß ein amerikanischer Soldat äußerst selten von Vietnamesen eingeladen wird. Ich lernte seine Familie kennen, seine Kinder, seine Eltern, seinen Bruder und andere Angehörige. Durch ihre Vermittlung lernte ich andere Vietnamesen kennen. Bei seinen Angehörigen ließ nichts, aber auch gar nichts, auf irgendeine Beziehung zur FNL schließen, aber das hinderte sie keineswegs, sich sehr unzufrieden über die Lage in Vietnam und besonders über das Saigoner Regime zu äußern. Sie öffneten mir die Augen und machten mir deutlich, was die Vietnamesen in Wirklichkeit empfinden, unabhängig von ihrem politischen Standort, ob kommunistisch oder nicht. Zunächst neigte ich allerdings dazu anzunehmen, daß sie mich überreden und mich von meiner Pflichterfüllung abbringen wollten. Ich hörte ihnen nur mit Mißtrauen zu. Ich mußte jedoch ihre Aufrichtigkeit anerkennen und einsehen, daß die Präsenz der Amerikaner in Vietnam ihren erbitterten Zorn geweckt hatte. Meine Gesprächspartner führten mich ein wenig herum, und sie zeigten mir Dinge, die ich ohne sie wahrscheinlich nie zu Gesicht bekommen hätte. Auf diese Art und Weise bin ich vielen Menschen begegnet, und ich habe, soweit es mir möglich war, die Situation mit den Augen eines Vietnamesen zu sehen versucht, weniger durch die Brille eines Amerikaners, der nach flüchtigem Aufenthalt in Vietnam wieder in seine Heimat zurückfliegt.

Erlauben Sie, daß ich Ihnen noch ein weiteres Erlebnis berichte: ich war 1964 in Vietnam, zur Zeit der Präsidentenwahlen in den Vereinigten Staaten. Präsident Johnson versuchte damals, eine Bestätigung der offiziellen Haltung zum Vietnamkrieg von den Wahlmännern zu erlangen, und das war wohl sein gutes Recht. Ich hatte jedoch den Eindruck und hatte den Beweis tatsächlich vor Augen, daß Johnson dem amerikanischen Volk bestimmte Umstände verheimlichte, die es jedoch hätte wissen müssen, um sich ein zutreffendes Urteil über die Lage in Vietnam bilden zu können. Zum Beispiel verkündete der Präsident den Amerikanern, daß das Ende des Krieges vor der Tür stände und daß unsere GIs bald in ihre Heimat zurückkehren würden, während der Ausbau des Verteidigungssystems an der Bucht von Kam-Ranh beschleunigt vorangetrieben wurde. Er verurteilte das Eindringen nordvietnamesischer Truppenverbände in die südlichen Gebiete in einem Augenblick, wo die amerikanischen Spezialeinheiten gerade dabei waren, ihrerseits Kommandos nach Nordvietnam einzuschleusen; auf Grund meiner Position hatte ich schließlich Überblick genug, um das zu erkennen. Johnson sprach auch über die Verletzung des Genfer Indochinaabkommens durch die Nationale Befreiungsfront und durch die Regierung in Hanoi.

Seine Erklärungen konnten keinesfalls ohne böse Absichten erfolgt sein, um es nicht deutlicher auszudrücken. Die Propaganda ist wohl kaum vom Krieg zu trennen; alle Welt weiß das, und jede Partei macht ihre eigene Propaganda. Aber zum erstenmal in seiner Geschichte wurde das amerikanische Volk mit Propaganda überschwemmt, noch bevor man überhaupt zugab, daß Amerika in einen regelrechten Krieg verwickelt war, immerhin in einen Krieg, der schon eine ganze Weile im Gange war. Und jetzt, als der Krieg längst ein großes Ausmaß angenommen hatte, wurde das Volk endlich aufgefordert, den Krieg voll und ganz zu unterstützen. Man hatte das Volk allerdings nicht um seine Meinung gefragt, bevor man den Krieg vom Zaun brach. An diesem Punkt möchte ich einmal hervorheben, wie schwer es mir fällt, vor den Schranken dieses Gerichts das an die Öffentlichkeit zu bringen, was ich heute ausgesagt habe. Ich glaube nicht, daß irgend jemand daran großen Gefallen finden kann, gegen sein Vaterland aufzutreten. Ich liebe mein Vaterland, die Vereinigten Staaten von Amerika, über alles. In seinem Namen werden jedoch Verbrechen begangen, die ich als Bürger dieses Landes scharf verurteilen muß. Wie entsetzlich und tragisch das amerikanische Vorgehen in Vietnam für die Vietnamesen auch ist, es wird bei uns in Amerika mindestens genauso schlimme Folgen haben. Mein zentraler Beweggrund ist folgender: Ich bin fest davon überzeugt, daß Amerika sich in gefährlicher Weise dem Tag nähert oder ihn womöglich schon erreicht hat, wo es zu einem Militärregime wird, zu einem Staat, der nur nach militärischen Vorstellungen operiert. Wir haben eine solche Macht erlangt, unser Denken ist so militärisch oder besser: militaristisch geworden, daß wir kaum noch in der Lage sind, Lösungen nichtmilitärischer Art ins Auge zu fassen.

SARTRE: In der *New York Herald Tribune* vom 23. November 1967 erklärt General Westmoreland, daß es wesentlichstes Ziel des Vietnamkrieges ist, der Welt zu demonstrieren, daß der Guerillakrieg keine Aussicht auf Erfolg hat. Es gibt demnach zur Zeit eine militärische Doktrin zur Unvermeidlichkeit des Antiguerillakrieges in den Vereinigten Staaten. Was können Sie uns über diese Doktrin sagen? Genauer gefragt: wie verhält sich diese amerikanische Doktrin gegenüber der vietnamesischen Bevölkerung, die die Guerillabewegung unterstützt?

DUNCAN: Diese Doktrin, ich würde lieber sagen: diese Politik, wurde oft von Präsident Johnson, von Dean Rusk, McNamara und anderen offiziellen Regierungssprechern dargelegt: Sie hat zum Ziel, alles zu unternehmen, damit die nationalen Befreiungsbewegungen im Keim erstickt werden. Das Anti-Aufstands-Programm wurde projektiert, um das Kennedy-Konzept vom begrenzten militärischen Einsatz abzulösen. Aber das Johnson-Programm geht, wie das oft der Fall ist, von falschen Prämissen aus. So wurde zum Beispiel in den Vereinigten Staaten nie offiziell anerkannt, daß die FNL weit mehr als eine bloße Minorität der Bevölkerung repräsentiert. Um unsere Intervention in Südvietnam zu rechtfertigen, erklären wir immer, daß die Bevölkerung, wenn sie frei wählen könnte, uns unterstützen und eine Regierung befürworten würde, die mit uns verbündet ist. (...)

SCHWARTZ: Weil Sie weit in Vietnam herumgekommen sind, können Sie uns vielleicht einige Zahlen nennen, etwa die Zahl der getöteten Gefangenen und die Zahl der in Flüchtlingslagern lebenden Personen.

DUNCAN: Ich habe leider nicht die geringste Ahnung, wie viele Gefangene ermordet worden sind; alles was ich sagen kann, ist, daß es viele sind. Über die Zahl der in Flüchtlingslagern lebenden Personen habe ich keine direkten Angaben zur Verfügung, aber ich kann so viel sagen, daß man sie im allgemeinen auf ein Drittel der Gesamtbevölkerung Südvietnams schätzt. Diese Zahl stammt entweder direkt aus Verlautbarungen der Regierung oder aus Angaben von Regierungskreisen nahestehenden Personen. Don Luce, der in Vietnam für die International Volunteers Services tätig war, hat, glaube ich, vor seinem Rücktritt eine ähnliche Zahl angegeben. Seine Stellung ermöglichte ihm einen genauen Überblick, weil das Flüchtlingsproblem zu seinem Aufgabenbereich gehörte und ihn schließlich sogar zum Rücktritt von seinem Posten veranlaßte.

SCHWARTZ: Glauben Sie, daß die von den Amerikanern angewendeten Methoden grundsätzlich vermeidbar sind, oder halten Sie Folter und Massenmord an Teilen der Bevölkerung für unlösbar verbunden mit dieser Art von Kriegführung gegen ein Volk, das die Guerilleros aktiv unterstützt?

DUNCAN: Es war möglich, diese Methoden zu vermeiden. Und zwar von Anfang an. Zum Beispiel war das Programm der strategischen Dörfer in Malaysia nicht völlig unangebracht. Dort sind der gesamtpolitische Zusammenhang, die ethnische Gruppierung der Bevölkerung und die Beschaffenheit des Geländes gar nicht mit der Situation in Vietnam zu vergleichen. Aber die Übertragung dieses in Malaysia bewährten Programms auf die Verhältnisse in Vietnam hat eine wirkliche Tragödie für die Bevölkerung heraufbeschworen und hat die gegenwärtige Lage wesentlich mitbestimmt; mit anderen Worten: diese Methode war in Vietnam von vornherein zum Scheitern verurteilt. Um Ihre Frage noch direkter zu beantworten, möchte ich sagen: Nein, ich kann nicht glauben, daß diese Methoden notwendig waren. Vor allem, weil ich nicht glaube, daß die Intervention der Vereinigten Staaten in Vietnam überhaupt nötig war.

25. November 1967, vormittags

I. Anwendung von Kampfgasen durch die amerikanischen Streitkräfte und ihre Verbündeten in Vietnam

Bericht von Francis Kahn, Professor an der medizinischen Fakultät der Universität Paris (zusammenfassender Bericht der wissenschaftlichen Untersuchungskommission des Vietnamtribunals über die von den Amerikanern in Vietnam begangenen Kriegsverbrechen, zusammengestellt unter der Leitung von Professor Edgar Lederer, Dozent an der Naturwissenschaftlichen Fakultät Paris-Orsay)

Bericht über die Aufgabenstellung, die der Untersuchungskommission gestellt war

Sie sollte mit allen geeigneten Mittel herausfinden, ob die amerikanischen Streitkräfte gegen die Zivilbevölkerung in Vietnam Kampfgase einsetzen, einen umfassenden Bericht über die Anwendung von Kampfgasen vorlegen, dem Tribunal die Art und die Hauptmerkmale der verwendeten Produkte und ihre Anwendungsweise erläutern und auf möglichst gründliche Weise ermitteln, ob die so beschriebenen, definierten und angewendeten Kampfmittel in der Lage sind, den Tod der Personen herbeizuführen, die ihrer Einwirkung ausgesetzt sind, und wenn ja, unter welchen Umständen.

Arbeitsmethode der Untersuchungskommission

Um auf jede dieser Fragen eine Antwort zu erhalten, hat die Kommission folgendes Material vorgelegt:

allgemeine Berichte, offizielle Verlautbarungen, Agenturberichte und Zeugnisse amerikanischen Ursprungs;

allgemeine Berichte, offizielle Verlautbarungen, Agenturberichte und Zeugnisse vietnamesischen Ursprungs, und zwar sowohl von der Regierung der Demokratischen Republik Vietnam als auch von der Nationalen Befreiungsfront Südvietnams;

von der Untersuchungskommission des Tribunals gesammeltes Material, sowohl aus der DRV als auch aus den von der FNL befreiten Gebieten; Untersuchungsergebnisse auf der Grundlage fotografischen und filmischen Materials;

wissenschaftliche Gutachten über in Vietnam gefundene Rückstände, angefertigt sowohl in Laboratorien der DRV in Gegenwart von Mitgliedern der Untersuchungskommission als auch in Laboratorien, die von der Untersuchungskommission des Tribunals ausgewählt wurden, wissenschaftliche Forschungsstätten in Westeuropa. Neben diesem zusammenfassenden Bericht stellt die wissenschaftliche Untersuchungskommission dem Tribunal weiteres Anhangmaterial zur Verfügung.

Definition der Produkte, die unter dem Namen ‹Gas› zusammengefaßt werden

Es erscheint der Untersuchungskommission notwendig, dem Tribunal darzulegen, daß verschiedenartige Giftgase zu militärischen Zwecken eingesetzt werden:

neben den dauernd flüchtigen Gasen, die man gewöhnlich als ‹Gas› bezeichnet, gibt es eine Anzahl von Verbindungen, die in flüssiger oder fester Form gebraucht werden und die sich erst sekundär verflüchtigen:

a) flüssige Gase, die sich durch Verdampfung in winzige Gasbläschen verwandeln;

b) feste Gase, die sich dann in Gase verwandeln, wenn sie ihrem festen Behälter entströmen. Diese Verflüchtigung wird durch Temperaturerhöhung beschleunigt, durch Bewegung oder durch die Einwirkung des Luftdrucks.

Diese Erläuterung ist notwendig, weil der vorliegende Bericht sich ausschließlich mit Kampfgasen befaßt, aber gleichzeitig auch den Einsatz chemischer Stoffe behandelt, die zunächst nicht flüchtig sind und sich erst im gewünschten Moment verflüchtigen. Die physiko-chemische und toxikologische Untersuchung muß also vollkommen getrennt betrachtet werden von der Untersuchung all der chemischen Substanzen, die auf die Vegetation einwirken und die in fester oder flüssiger Form auftreten können.

Viele Abhandlungen, die sich mit diesen Chemikalien befassen, trennen jedoch nicht zwischen den verschiedenen Substanzen. Die Kommission hat dementsprechend berücksichtigt, daß in einzelnen vietnamesischen Gutachten offensichtlich ebenfalls nicht zwischen den verschiedenen Substanzen getrennt wurde. Dieses Versäumnis ist bei nicht unterrichteten Personen, die mit der Untersuchung betraut werden, kaum zu vermeiden.

Die Kommission wird in ihrem zusammenfassenden Bericht nicht auf die Geschichte der Anwendung giftiger Gase eingehen, die mit dem Ersten Weltkrieg begonnen hat, vor allem mit dem Einsatz von Chlor und Yperit oder «Senfgas». Sie möchte jedoch die Aufmerksamkeit des Tribunals auf zwei wichtige Umstände lenken:

1. Die Klassifizierung der Kampfgase, wie sie in der ‹*Enzyclopaedia Britannica*› (Vol. V, p. 382–1964), im Kapitel ‹*Chemische Kriegführung*› vorliegt und die von der jeweils dominierenden physiologischen Wirkung ausgeht, ist willkürlich. So sind die Erstickungsgase (Chlor und Phosgen) zugleich Gifte, die auf die inneren Organe einwirken, und die Ätzgase (Yperit und Lewisit) können auch Erstickungen hervorrufen, wenn sie eingeatmet werden. Die Nies- und Tränengase können gleichzeitig das Blut vergiften und auf das Nerven- und das Verdauungssystem einwirken.

2. Genauso willkürlich ist die Klassifizierung der Kampfgase nach ihrer taktischen Wirkung: tödlich, kampfunfähigmachend, erschlaffend, lähmend. Die Wirkungsgrade hängen einzig und allein von den Be-

dingungen und von der Dosierung der angewendeten Kampfgase ab. Es genügt vielleicht, daran zu erinnern, daß die Derivate des Senfgases, das man zu den tödlichen Gasen zählt, in der Therapie verwendet werden. Im Gegensatz dazu will die Kommission nachweisen, daß die als ‹erschlaffend› und nicht tödlich eingestuften Produkte diese Klassifizierung keineswegs verdienen.

Die Kommission wird die verschiedenen bereits bekannten Kampfgase nicht näher erläutern, sondern nur die chemische Zusammensetzung und die Folgeerscheinungen der Gase darstellen, deren Anwendung von den Amerikanern in Vietnam freigegeben worden ist. Obwohl es Gerüchte über Versuche gibt, die mit organophosphorischen Produkten oder mit den Derivaten der Lysergitsäure (LSD) gemacht worden sein sollen, hat die Kommission sie nicht ausdrücklich bestätigen können. Sie hebt jedoch hervor, daß eine UPI-Meldung vom 21. August 1967 aus Bâton Rouge im Staat Louisiana von der Erprobung eines Gases berichtet, das durch Verdampfungspartikel verbreitet wird und auf das Verhalten seiner Opfer einwirkt. Dieses Gas, dessen chemische Zusammensetzung nicht bekanntgegeben wurde, wird von den Herstellern *apathy mist*, das heißt ‹Nebelapathie›, genannt.

Die Kommission hat die Anwendung folgender Gase untersucht:

CN (Chloro-Acetophenon)

DM (Chlorhydrat von Phenarsazin oder Adamsit)

CN-DM (Mischung aus den beiden oben genannten Zusammensetzungen)

CS (Ortho-Chloro-Benzal-Malononitril)

Schließlich hat sie am Rande auch die Wirkungen des Kohlenmonoxyds (CO) untersucht (vgl. den Bericht über Napalm), ein Oxyd, das im allgemeinen nicht zu den Kampfgasen gezählt wird, obwohl es von der *‹Enzyclopaedia Britannica›* aufgeführt wird und als Massenmordmittel von den Nazis 1941–43 angewandt wurde.

Die Anwendung des BZ-Gases (Bromo-Benzylcyanid) wurde durch die Aussage des französischen Journalisten Darcourt (*L'Express* vom 14. März 1966) aus dem Gebiet um Bong Son gemeldet; weitere Anwendungen sind jedoch bisher nicht belegt worden.

Beweise für die Anwendung der genannten Produkte in Vietnam

Die Kommission ist in der Lage, mühelos die stichhaltigsten Beweise für die Anwendung dieser Produkte in Vietnam vorzulegen, und zwar durch eine umfassende Dokumentation aus amerikanischen Quellen. Sie umfaßt: 51 Agenturmeldungen und Zeitungsausschnitte aus der Zeit vom 23. März 1965 bis zum 12. Mai 1967 (keineswegs vollständiges Material),

offizielle Erklärungen von Dean Rusk vor einer Pressekonferenz (*New York Times* vom 25. März 1965),

Erklärungen von Robert McNamara (*New York Times* vom 24. März 1965) gegenüber Michael Stewart, dem englischen Außenminister. Der englische Außenminister hat McNamara gegenüber «die tiefe Besorgnis Englands und anderer Völker über den Einsatz von Gasen im Vietnamkrieg» zum Ausdruck gebracht. Wenig später erklärte das amerikanische Außenministerium (zitiert nach *‹US News and World Report›*, 5. April 1965): «Der amerikanische Senat hat niemals das Genfer Protokoll von 1925 ratifiziert, das die Anwendung von Erstickungsgiften, Giftgasen und ähnlichen Stoffen verbietet, so daß die Vereinigten Staaten nicht durch die Abmachungen gebunden sind. Jedoch hält das Außenministerium die Anwendung der ‹Anti-Aufruhr-Gase› nicht für eine Verletzung des Genfer Protokolls« (wobei offenbar zugestanden wird, daß die Verwendung anderer Gase auch in den Vereinigten Staaten als Verstoß gegen das Genfer Protokoll angesehen wird).

Wenn man nur die Meldungen aus amerikanischen Quellen berücksichtigt, wird bereits die Anwendung von Giftgasen in den Provinzen Quang Tri und Tay Ninh sowie in den Ortschaften Binh Tranh, Da Nang, Bao Trai, Hau Nghia, Trung Lap, Binh Dinh und Ho Bo bewiesen. In anderen Fällen wird das Anwendungsgebiet vage mit ‹Zone C›, ‹Eisernes Dreieck›, ‹Landspitze von Ca Mau› umschrieben. Die Informationen vietnamesischer Herkunft enthalten genauere Angaben über Ort und Zeit der Anwendung toxischer Substanzen, die Gase ausströmen. Dem offiziellen Bericht des Generalsekretärs vom ‹Komitee zur Verurteilung der von den US-Imperialisten und ihren Helfershelfern in Südvietnam begangenen Kriegsverbrechen›, Ung Ngoc Ky, kann man folgende Angaben entnehmen:

Für die Zeit vom 28. Januar 1965 bis 5. Juli 1966 gibt es genaue Angaben über 29 Operationen großen Ausmaßes, bei denen Gas eingesetzt wurde.

Die Provinzen Phu Yen, Kien Tuong, Binh Dinh, Bien Hoa, Tay Ninh, Quang Nam, Soc Trang, Long An, Quang Ngai, Binh Duong, Cho Lon, Gia Dinh, Bac Lieu, Binh Thuan waren nachweislich Angriffsziele derartiger Operationen.

Außerdem war das Gebiet von Cu Chi das Ziel zahlreicher Angriffe, bei denen Gas eingesetzt wurde.

Eine auffällige Übereinstimmung zwischen den verschiedenen Informationsquellen der Kommission wird durch den folgenden Umstand dokumentiert. In der *New York Times* vom 23. März 1966 wird über den Abwurf von CS in 80-Liter-Kanistern über der Provinz Tay Ninh berichtet. Bei ihren Nachforschungen in derselben Provinz im September 1967 hat die nach Südvietnam entsandte Untersuchungskommission des Tribunals, die sich aus Roger Pic und den Ärzten Jean-Michel Krivine und M. F. Kahn zusammensetzte, einen Metallkanister gefunden, den Bauern in der Umgebung entdeckt hatten: Dieser Kanister mit der Nummer 2033-51-134 enthielt nach den eingetragenen Angaben CS. Eine Probenentnahme wurde von uns trotz großer Vorsichtsmaßnahmen nur unter beträchtlichen gesundheitlichen Schäden vorgenommen. Die Analyse des Kanisterinhalts, die in Paris unter der Leitung von Professor Lederer, Dozent an der naturwissenschaftlichen Fakultät Paris, angefertigt wurde, bestätigt, daß es sich tatsächlich um Ortho-Chloro-Benzal-Malononitril (CS) handelt. Das Produkt wurde zu toxologischen Versuchen benutzt, über die ich später noch berichten werde.

Zum Abschluß der Untersuchung ist Folgendes festzustellen: Die Kommission bestätigt den ausgedehnten, großen und fortgesetzten Einsatz toxischer Gase durch die Amerikaner und ihre Verbündeten in Südvietnam.

Formen der Anwendung von Kampfgasen

a) Formen der Verbreitung

Die Kommission hat auf der Grundlage amerikanischer Quellen folgende Methoden der Verbreitung festgestellt:

Pulver, das von Flugzeugen und Hubschraubern abgeworfen wird,

Gasgranaten, Handgranaten, Gewehrgranaten und Mörsergranaten,

traubenförmige Kanister (*cluster canister*) für alle drei Gastypen, die von Flugzeugen abgeworfen werden;

feiner, mit Hilfe einer Zerstäubungsmaschine pulverisierter Staub;

dieses Verfahren zur Verbreitung von CN und CS nennt man *mighty mite* (starker kleiner Finger);

kleine Dampffläschchen: CS in Aerosol.

Außer den aufgezählten Verbreitungsmethoden hat die Kommission auf Grund vietnamesischer Quellen noch folgende Anwendungsverfahren ermittelt: Gummi- oder Plastikballons, Explosivkanister mit einer Vorrichtung, die ihren Inhalt in weitem Umkreis um die Aufschlagstelle verbreitet.

b) Die wissenschaftliche Untersuchungskommission hat sich vor allem bemüht, die Anwendungsformen dieser Gase genau zu ermitteln, und zwar auf Grund amerikanischer und vietnamesischer Quellen und auf Grund der Zeugnisse, die sie selber zusammengetragen hat.

Es gibt zwei Formen der Anwendung: Verteilung unter freiem Himmel, über dem Erdboden, mit dem Ziel, ein bestimmtes Gebiet vorübergehend unbewohnbar zu machen und bei den Einwohnern physiologische Schäden zu verursachen, die sie an jeder Bewegung und Gegenwehr hindern.

Verteilung in unterirdischen Schutzräumen, Verstecken, Schlupfwinkeln und Tunnels mit Hilfe von Gasgranaten, in feinen Schwaden oder durch die Zerstäubungsmaschine *mighty mite*. Die zuletzt genannte Anwendungsform scheint von den amerikanischen Militärdienststellen in weitem Maße erlaubt zu sein. Mehrfache Meldungen aus der Zeit zwischen dem 8. Oktober 1965 und dem 10. Januar 1966 berichten von Operationen der 173. Luftlandebrigade, bei denen Gas eingesetzt wurde, um den Gegner aus seinem Versteck zu «vertreiben».

Diese Verstecke bilden tatsächlich sogar nach amerikanischen Aussagen oft die einzigen Unterstände, in die sich die Zivilbevölkerung bei Bombardierungen und Feuerüberfällen flüchtet.

Können die oben beschriebenen in Vietnam verwendeten Kampfgase tödliche Wirkungen haben?

Die zur Beantwortung dieser Frage von der Kommission geprüften Tatbestände sind von seiten der amerikanischen Behörden nicht ernsthaft bestritten worden. Im Gegenteil, die meisten der ermittelten Tatbestände entstammen Angaben in amerikanischen und vietnamesischen Quellen. Die an dieser Stelle des Untersuchungsberichtes gestellte Frage bildet den Schwerpunkt der Arbeit der vom Tribunal zur Untersuchung des Gaskrieges gebildeten Kommission. Sobald auch von amerikanischer Seite zugegeben wurde, daß in Vietnam von den Amerikanern Gas eingesetzt würde, haben die Behörden sofort die Unschädlichkeit der verwendeten Kampfgase hervorgehoben. Seit dem 24. März 1965 spricht Robert McNamara von einfachen Gasen, die nur eingesetzt werden, um einen Aufruhr im Keim zu ersticken und die von Firmen verkauft würden, die ihre Produkte öffentlich anbieten (!). In der *New York Times* vom 24. März 1965 wird behauptet, daß Robert McNamara die Wirkungen des CS persönlich getestet habe. Das Blatt fügt hinzu, daß der Einsatz von Kampfgasen die Möglichkeit gibt, das Leben der Zivilbevölkerung zu schonen, da er die Anwendung gefährlicher Feuerwaffen einschränkt. Am selben Tag wird in einem Bericht aus Saigon in derselben Zeitung eine Rechtfertigung des amerikanischen Oberkommandos zitiert: «Während des Einsatzes von Kampfgasen haben unsere Truppen nicht eine einzige Zivilperson getötet, und die Betroffenen sind nicht einmal ernstlich erkrankt.»

Eine weitere offizielle Rechtfertigung durch das amerikanische Oberkommando wird in einer AP-Meldung von Peter Arnett aus Saigon vom 22. März 1965 wiedergegeben: «Die Gase sind ein humanes Mittel, um eine feindliche Zone zu säubern, in der Frauen und Kinder leben.»

Ein anderer AP-Bericht aus Washington vom 24. März 1965 (Lewis Gulick) zitiert Dean Rusk: «Die Anti-Aufruhr-Gase sind nicht durch das Genfer Abkommen verboten, es verbietet nur den Einsatz von Kampfgasen.»

Dean Rusk (*New York Times* vom 25. März 1965) spricht von ‹Tränengas›. Genauer sagt er, daß in den meisten Fällen das Tränengas von südvietnamesischen Befehlshabern eingesetzt wurde; sie hätten bei bestimmten Gelegenheiten Erzeugnisse verwendet, die von den Franzosen im Lande zurückgelassen worden seien. Als ein Journalist Rusk gegenüber zu bedenken gab, daß Zeugenaussagen übereinstimmend bestätigt hätten, die sogenannten Tränengase verursachten allgemeine Übelkeit, antwortete der amerikanische Außenminister, daß auch einige Gastypen von der amerikanischen Polizei wie auch der Polizei anderer Länder benutzt würden, die zu Übelkeit führen könnten, und daß in Vietnam vielleicht eine Mischung von zwei verschiedenen Gasen eingesetzt worden sei.

Am 2. April 1965 erklärt das Nachrichtenmagazin *Time*, im Vergleich zu den Napalmbomben, die ganze Dörfer in Schutt und Asche legen könnten, und im Vergleich zum weißen Phosphor, der einen Menschen bis auf die Knochen verbrennt, seien die in Vietnam eingesetzten «vorübergehend kampfunfähig machenden» Gase eher als human zu bezeichnen.

Angesichts dieser Erklärungen, die übereinstimmend den ‹humanen›, keineswegs tödlichen, ungefährlichen Charakter der von den Amerikanern in Vietnam eingesetzten Gase hervorhoben, war die wissenschaftliche Untersuchungskommission über vietnamesische Berichte betroffen, in denen von zahlreichen Gasopfern die Rede war. Alle diese Berichte enthalten genaue Orts- und Zeitangaben:

Am 28. Januar 1965 in Phu Lac (Provinz Phu Yen) 100 Todesopfer unter der Zivilbevölkerung.

Am 13. Mai 1965 in Vinh Chau (Provinz Long An) 30 Tote und 146 Vergiftungsopfer.

Am 5. September 1965 wurde beim Durchkämmen der Ortschaft Vinh Quang bei Phuonc Son im Bezirk Tuy Phuoc, Provinz Binh Dinh, CN durch 47 Zerstäubungsmaschinen verbreitet: dabei starben 35 Bewohner, 7 erblindeten und 100 erkrankten an den Folgen ihrer Vergiftungen. Die Mehrzahl der Opfer waren Frauen, Kinder und Greise.

Am 8. September 1965 in Ba Lang An (Provinz Quang Ngai) 78 Tote, fast nur Frauen, Kinder und Greise.

Am 8. Oktober 1965 in Ben Cat (Provinz Binh Duong) drei Tote.

Am 2. Januar 1966 wurde von der Maschine *mighty mite* in Bau Trai (Provinz Long An) beim Durchkämmen der Ortschaft Gas zerstäubt. Dabei wurden mehrere hundert Personen vergiftet, und man zählte mehrere Todesopfer. Am selben Tag ähnliche Verluste in Duc Hoa (Provinz Cho Lon).

Vom 8. bis 15. Januar 1966 wurde das Dorf Hau Nghia (Provinz Long An) von amerikanischen und australischen Truppen durchkämmt. Dabei gab es mehr als hundert Tote. Wir kommen später noch auf diese Operation zurück, bei der ein australischer Korporal durch das Gas umkam, das seine eigenen Kameraden eingesetzt hatten.

Vom 9. bis 14. Januar 1966 wurden in Kim Tai, Bezirk An Nhon (Provinz Binh Dinh) vierzig Frauen, Kinder und Greise getötet. Die Amerikaner und Südkoreaner trieben die Bewohner in Unterstände und warfen Gasgranaten hinein.

Am 1. Februar 1966 kamen in Ky Anh, Bezirk Tam Ky, Provinz Quang Nam, vierzehn Kinder ums Leben.

Am 26. und 28. Februar 1966 gab es in elf Dörfern des Bezirks Binh Khe (Provinz Binh Dinh) 288 Tote.

Am 5. Juli 1966 ein Todesopfer in Da Bao (Provinz Tay Ninh).

Außerdem hat die Untersuchungskommission des Tribunals in Südvietnam noch folgende Ergebnisse ermittelt: Am 8. Januar 1966 haben die amerikanischen Truppen in einem Unterstand in dem Dorf Chua bei An Phu (Provinz Cu Chi) ein chemisches Produkt aus einer Metallflasche eingesetzt; sie trug die Aufschrift MTA 131 Riot I CS. Fünf Personen kamen ums Leben, zahlreiche andere erlitten schwere Vergiftungen.

Am 14. November 1966 haben die amerikanischen Truppen in die unterirdischen Gänge beim Dorf Got Chang in der Nähe von An Nhon Tam ein aschgraues Pulver geworfen. Die Wirkung dieses Produktes auf die ihm ausgesetzten Personen wird wie folgt beschrieben: Zittern am ganzen Körper, Blutspucken, Atemnot, Krämpfe, in mehreren Fällen trat der Tod ein. Von den 27 Verletzten starben acht an Ort und Stelle, zwei im Krankenhaus, drei blieben dauernd gelähmt.

In derselben Gegend wurde noch vor kurzem der Sohn von Frau Chao Thi Nghi durch Gas in einem unterirdischen Graben getötet (23. 5. 1967).

Die wissenschaftliche Untersuchungskommission hat also zwei vollkommen unterschiedliche Berichterstattungen vorgefunden: die offiziellen amerikanischen Erklärungen, denen zufolge die eingesetzten Gase ungefährlich sind und die Opfer nur außer Gefecht setzen; die Berichte der vietnamesischen Behörden, die mit genauen Orts- und Zeitangaben den Tod von mehreren hundert Personen dokumentieren.

Die Kommission hat daraufhin noch einmal eine detaillierte Überprüfung der amerikanischen Informationsquellen vorgenommen. Sie fand darin Angaben, die zumindest der Form nach den offiziellen Verlautbarungen widersprachen, Verlautbarungen, die immerhin mit großem Nachdruck abgegeben worden waren.

1. In der Zeitschrift *Science Magazine* vom 20. Januar 1967 heißt es: «Der Einsatz von DM ist dann nicht erlaubt, wenn es sich um Operationen handelt, zum Beispiel bei der Niederwerfung von Demonstrationen, bei denen der Verlust von Menschenleben nicht vertretbar ist.» Wir möchten darauf hinweisen, daß der Einsatz von DM in Vietnam klar aus amerikanischen Quellen hervorgeht (siehe oben).

2. Im Leitartikel der *New York Times* vom 24. März 1965 wird der Einsatz von drei Gastypen, deren Verwendung von den Vereinigten Staaten ausdrücklich genehmigt worden ist, folgendermaßen kommentiert: «Auch diese Gasarten können tödliche Wirkungen haben, vor allem bei kleinen Kindern, bei alten Leuten und bei Herz- und Lungenkranken.»

3. Das Militärhandbuch der Chemie (Handbuch-Sammlung der US-Army) nennt als tödliche Gase (auch solche, die nach offiziellen Angaben nicht als todbringend gelten): DM in einer Dosis von 30 mg/m^3, CS in einer Dosis von 11–25 mg/m^3.

4. In seinem Buch *‹Die Waffen von morgen›* (Edition McGraw Hill, 1964) schreibt der Brigadegeneral J. H. Rothschild, ein Fachmann für Spezialwaffen, ausführlich über das CS, eines der in Vietnam am häufigsten eingesetzten Gase. Er führt aus, daß die Sterblichkeit bei CS niedrig liegt, womit er freilich selber zugibt, daß tödliche Folgen immerhin möglich sind.

5. Der deutlichste Beleg ist wahrscheinlich der Tod des 21jährigen australischen Korporals Robert Bowtell aus Sydney. In einer Meldung vom 12. Januar 1966 (*New York Times* vom 13. Januar 1966) heißt es: «Die nicht giftigen Gase (!) und der Rauch (!), der in den Tunnels nord-

westlich von Saigon gegen die Vietkongrebellen eingesetzt wurde, haben den Tod eines australischen Soldaten herbeigeführt und sechs andere Soldaten krankenhausreif gemacht. Das haben offizielle Stellen heute bekanntgegeben. Der 21jährige Korporal Robert Bowtell aus Sydney ist an den Folgen einer Erstickung gestorben, obwohl er eine Gasmaske trug.»

Es erscheint uns bedeutsam, daß keine offizielle Erklärung den Tod des Korporals Bowtell und die Todesursache dementiert hat.

6. Die wissenschaftliche Untersuchungskommission hat darauf bestanden, trotzdem noch einen Tierversuch vorzunehmen, um die Giftgase mit Hilfe der Proben, die in ihren Besitz gelangt sind, auf ihre tödliche Wirkung hin zu überprüfen.

Diese Versuche sollten untersuchen, ob unter den Bedingungen totaler Isolierung von der Außenwelt, wie sie in den unterirdischen Tunnels, in die sich die vietnamesische Zivilbevölkerung flüchtet, gegeben sind, die von den Amerikanern eingesetzten Produkte den Tod herbeiführen können. Zwei verschiedene Untersuchungsmethoden wurden angewandt: Ein Verfahren wurde in Hanoi durch das Expertengremium der Kommission der DRV zur Untersuchung der amerikanischen Kriegsverbrechen in Vietnam in Anwesenheit von Dr. rer. nat. J.-P. Vigier, Forschungsbeauftragter beim CNRS, durchgeführt.

Ein Experiment diente der Erforschung des DM (Adamsit). Versuchstier war ein Affe. Die in dem luftdicht abgeschlossenen Käfig geschaffene Konzentration betrug 15 mg/l. (Zum Vergleich: eine DM-Granate enthält 200 g, das heißt 200 000 mg des Produktes). Nach zwanzig Minuten ist der Affe schwer vergiftet, nach 45 Minuten stirbt er. Die schwersten Schäden finden sich an der oberen Luftröhre und vor allem an der Leber, deren Zellen bereits in Zerfall übergegangen sind.

Der zweite Versuch wurde mit CS unternommen (Ortho-Chlorobenzal-Malononitril). Versuchstier war eine Katze. Die Konzentration betrug 15 mg/l. Nach dreißig Minuten trat der Tod des Tiers ein. Bei der Autopsie stellten sich starke Gewebeschäden an Leber, Gehirn, Nieren und Herz heraus. Die Nierenverletzungen waren besonders schwerwiegend.

Ein dritter Versuch sollte die Einwirkungen des CS auf einen Affen feststellen. Die Konzentration betrug in diesem Fall 5 mg/l. Nach 25 Minuten war das Tier tot. Die Autopsie ergab Schäden an Leber, Nieren, Atemorganen und Gehirn.

Eine zweite Serie von Experimenten wurde in Paris im Laboratorium von Dr. A. Roussel, Professor an der Medizinischen Fakultät und Spezialist für Vergiftungen der Atmosphäre, durchgeführt. Diese Experimente haben die Giftigkeit von CS geprüft. Es wurde von der Untersuchungskommission des Tribunals aus Südvietnam mitgebracht und im Labor unter der verantwortlichen Leitung von Professor Lederer, Dozent für Biochemie an der naturwissenschaftlichen Fakultät von Paris, chemisch untersucht. Als Versuchstiere dienten weibliche Mäuse, Gruppe CFI. Die beiden ersten Versuche fanden mit einer Konzentration von

0,2 bis 2,5 mg/l statt. Der dritte mit einer Konzentration von 0,035 mg/l. Bei den ersten beiden Versuchen starben zwei Drittel der Versuchstiere. Auch diesmal erschienen ebenso wie bei den Versuchen in der DRV die Leberschäden am schwerwiegendsten.

Allgemeine Zusammenfassung der Ergebnisse

Die wissenschaftliche Untersuchungskommission glaubt in der Lage sein zu können, dem Tribunal eine genaue Antwort auf die Frage zu geben, ob die von den amerikanischen Truppen und ihren Verbündeten in Vietnam eingesetzten Giftgase tödliche Folgen auslösen können.

a) Giftgase wurden und werden immer noch in Vietnam von den amerikanischen Streitkräften eingesetzt. Die Untersuchungskommission ist zwar über den eventuellen Einsatz von Nervengasen und «kampfunfähig machenden» Gasen, den Derivaten der Lysergitsäure (LSD), nicht genügend informiert. Aber sie kann den wiederholten und massiven Einsatz der Gase CN, CS und DM in Vietnam wissenschaftlich nachweisen.

b) Auf Grund übereinstimmender Zeugnisse, Erklärungen und Berichte ist die Kommission in der Lage, festzustellen, daß sich der Einsatz von Gas gegen Laufgräben, Tunnels und Unterstände richtet, in die sich die vietnamesische Bevölkerung vor den Angriffen der Amerikaner rettet.

c) Die oben beschriebenen Bedingungen für die tödliche Wirkung des Gases ergeben, daß es in hoher Konzentration verbreitet wird, weil der Raum, in dem es eingesetzt wird, von der Außenwelt luftdicht abgeschlossen ist. Die Kommission widerspricht in aller Form den offiziellen amerikanischen Erklärungen und glaubt den Beweis dafür erbracht zu haben, daß unter den oben dargestellten Einsatzbedingungen die angeblich bloß zu körperlicher Erschöpfung führenden Gase tödliche Folgen haben und sehr wohl Kampfgase sind, die damit unter das Verbot des Völkerrechts fallen.

II. Abschliessende Aussage von Donald Duncan

Oglesby: Welche Vollmachten üben die Amerikaner gegenüber den Südvietnamesen aus, die die Verhöre durchführen?

Duncan: Bei den Spezialeinheiten wurden 1964/65, über diese Zeit weiß ich aus eigener Erfahrung Bescheid, die Dolmetscher aus den Spezialeinheiten selber rekrutiert. Die Dolmetscher waren für die Zeit, in der sie bei uns tätig waren, vom Militärdienst freigestellt, es war also durchaus ein begehrter Posten. Wir beaufsichtigten unsere Dolmetscher direkt.

Oglesby: Ist die Beziehung zwischen den amerikanischen Aufsichtspersonen und den südvietnamesischen Dolmetschern bei Durchführung der Verhöre dieselbe wie außerhalb der Spezialeinheiten, zum Beispiel in der Infanterie?

DUNCAN: Wir zogen es grundsätzlich vor, uns eigene Dolmetscher zu halten, obwohl die Saigoner Regierung Wert darauf legte, daß man die von ihr vorgeschlagenen Dolmetscher einstellte.

OGLESBY: Führen die Dolmetscher auch Folterungen durch?

DUNCAN: Ja, aber nicht unbedingt.

DEDIJER: Erlauben Sie, daß ich Ihnen eine direkte Frage stelle: Wer trägt die Verantwortung für die begangenen Verbrechen, die amerikanischen Instrukteure oder die Südvietnamesen?

DUNCAN: Die Amerikaner.

DEDIJER: Ich habe Ihnen die Frage aus folgendem Grund gestellt. In Jugoslawien wurden während des letzten Weltkrieges 1,7 Millionen Menschen ermordet. Nach dem Krieg behaupteten deutsche Historiker: Wir tragen für diese Verbrechen keinerlei Verantwortung, Kollaborateure waren es, die ihre Landsleute gefoltert und ermordet haben.

SCHWARTZ: Kann man Ihre Aussagen verallgemeinern? Haben Sie zum Beispiel auch bei den Südkoreanern massive Verbrechen erlebt?

DUNCAN: Durchaus, man darf die Berichte durchaus verallgemeinern. Ich habe in meinem Buch versucht, die Atmosphäre aufzuzeigen und klarzumachen, daß es denjenigen, die bei den Verhören brutal vorgehen, nicht wirklich um eine Antwort von seiten des Gefolterten geht. Sie werden vielmehr von ihrer eigenen Angst und dem Wunsch, diese Angst zu rächen, dazu getrieben, und ich vermute, daß ihnen diese Untaten schließlich immer leichter fallen. Über die Südkoreaner weiß ich nichts aus erster Hand. Informationen, die mir zugänglich waren, berichteten jedoch über wiederholte Grausamkeiten. In einem Dorf nördlich von Saigon wurde zusammen mit Südkoreanern ein Angriff durchgeführt. Die südkoreanischen Truppen drangen als erste ins Dorf ein. Als schließlich die Amerikaner im Dorf eintrafen, fanden sie nur noch Schutt und Asche vor. Kein Mensch war mehr zu sehen, außer einer uralten Frau, die sich vor den Soldaten versteckt hatte und glaubte, die Amerikaner kämen, um sie zu befreien.

DELLINGER: Sind Ihnen Fälle bekannt, in denen amerikanische Soldaten oder Offiziere wegen Kriegsverbrechen vor Gericht gestellt wurden, entsprechend den Gesetzen über den Landkrieg?

DUNCAN: Es gab kürzlich einen solchen Fall: ein Marinesoldat wurde vor ein Kriegsgericht gestellt, weil er einen oder zwei Gefangene, ich weiß nicht mehr genau, wieviel, umgebracht hatte. Er sagte aus, sein Vorgesetzter habe ihm dazu den Befehl gegeben. Sein Vorgesetzter wurde ebenfalls vor das Kriegsgericht gestellt. Er wurde jedoch nicht verurteilt, während der Soldat eine Strafe bekam. Andere Fälle sind mir nicht direkt bekannt. Aber ich weiß, daß, wenn ein Fall einmal von der amerikanischen Presse aufgegriffen wird, von offizieller Seite mindestens eine Untersuchung des Falls eingeleitet werden muß.

DELLINGER: Leitet das Kriegsgericht sein Eingreifen von der Veröffentlichung des Falls in der Presse ab, oder geht es tatsächlich vom Tatbestand der Ermordung oder Mißhandlung eines Gefangenen aus?

DUNCAN: Entscheidend ist die Veröffentlichung.

KASURI: Welche Stärke hat tatsächlich die südvietnamesische Armee?

DUNCAN: 450 000 Mann. Die Berufsarmee stellt 350 000 bis 400 000 Soldaten.

KASURI: Finanzieren die Amerikaner den Unterhalt dieser Truppen?

DUNCAN: Ja, aber nicht direkt. Das Geld wird der Saigoner Regierung gegeben, und sie bezahlt die Armee.

KASURI: Wenn die südvietnamesische Armee nicht von den USA finanziert würde, könnte sie dann die Grausamkeiten gegenüber dem vietnamesischen Volk überhaupt begehen?

DUNCAN: Ich kenne einen Fall, in dem eine südvietnamesische Kompanie kein Geld erhalten hatte: sie weigerte sich zu kämpfen.

KASURI: Andere Zeugen haben ausgesagt, daß die Amerikaner selber auch Folterungen vornehmen.

DUNCAN: Ich kann Ihnen sagen, daß die Armeeangehörigen, die Verhöre durchführten, im Gegensatz zu den Spezialeinheiten vor September 1965 in der Tat keine vietnamesischen Kräfte eingesetzt haben. Nur die Spezialeinheiten hatten an dieser Kollaboration ihren Anteil.

KASURI: Gibt es in den von den Amerikanern kontrollierten Gebieten überhaupt eine ordentliche Rechtsprechung?

DUNCAN: Nein.

KASURI: (...) Also haben alle Menschen Anlaß zu fürchten, sie könnten ins Gefängnis kommen?

DUNCAN: Das ist so.

KASURI: Welche Lebensbedingungen herrschen in den Flüchtlingslagern?

DUNCAN: (...) Theoretisch ist für Ernährung und Unterhalt der Gefangenen gesorgt, falls sie keine eigenen Mittel haben. Aber in der Praxis wandert das dafür bewilligte Geld oft in andere Taschen. Es wird viel gestohlen, viele Lagerbestände verschwinden unter der Hand und so fort.

KASURI: Zwingt man die Familien, für den Unterhalt der Gefangenen aufzukommen?

DUNCAN: Im allgemeinen ja. Es gibt allerdings bestimmte ‹Schaulager›, die den Besuchen von Würdenträgern vorbehalten sind.

ANDERS: Sie haben gestern über die entpersonalisierende Ausbildung der amerikanischen Rekruten gesprochen. Glauben Sie, daß die jungen Soldaten auf Grund ihrer Ausbildung sofort nach ihrem Eintreffen in Vietnam in der Lage sind, Kriegsverbrechen zu begehen?

DUNCAN: Ich bin kein Pazifist. Ich vermute, daß, wenn mein Vaterland von einem fremden Eroberer überfallen würde, das meiste von dem, was ich während meiner Militärausbildung gelernt habe, tatsächlich unentbehrlich sein würde. Die Sache in Vietnam sieht aber schlecht für uns aus, weil uns immer wieder eingetrichtert wird, daß unser Land von der FNL bedroht ist. Die amerikanischen Soldaten glauben schließlich selber daran.

I. Abschliessende Aussage von Peter Martinsen

HALIMI: Könnten Sie uns über die Gefangenenlager in Vietnam berichten?

MARTINSEN: Ein provisorisches Gefangenenzentrum besteht im allgemeinen aus zirka dreißig Baracken, die mit Stacheldraht umzäunt sind. Es gibt weder Betten noch sanitäre Anlagen. Es gibt wenig zu essen, warme Mahlzeiten so gut wie nie. Die ständigen Lager sind größer, sie haben Fußböden und sanitäre Anlagen. Ich habe ein Lager gesehen, das von Südvietnamesen geleitet wurde. Ich bin nicht hineingegangen, aber es sah ganz wie ein Konzentrationslager aus. Die Gefangenen beklagen sich beim Verhör sehr häufig darüber, daß die Militärpolizei ihnen persönliche Gegenstände und Geld abnimmt. Manchmal werden auch die Geldmittel, die für den Unterhalt des Lagers bestimmt sind, entwendet.

WEISS: Haben Sie in den Lagern auch Kinder gesehen?

MARTINSEN: Ja, wenn eine Frau Kinder hat, behält sie sie meistens bei sich. Ich habe selber einmal gesehen, wie eine Frau während des Verhörs ihrem Kind die Brust gab. (...)

DELLINGER: Haben Sie Frauen verhört?

MARTINSEN: Oft.

DELLINGER: Und Jugendliche?

MARTINSEN: Auch, und sogar Kinder von acht oder neun Jahren an.

DELLINGER: Haben Sie beim Verhör von Frauen und Kindern auch elektrische Foltermethoden angewendet?

MARTINSEN: Nein, ich selber nicht. Ich habe aber oft genug beobachtet, daß auch Frauen so gefoltert wurden.

DELLINGER: Und Kinder auch?

MARTINSEN: Das habe ich nicht gesehen.

II. Frage an Yves Jouffa

DEDIJER: Sie haben in Ihrem Bericht eine Interpretation der Rechtsquellen vorgelegt, die den Einsatz bestimmter Waffen betreffen. Könnten Sie jetzt, nachdem Sie die Berichte der Experten, der Opfer und der Zeugen gehört haben, Ihre Stellungnahme präzisieren?

JOUFFA: Auf Grund meines Berichtes sind einige Mißverständnisse aufgetreten. Ich wollte in meinem Bericht zwei Dinge klarstellen.

1. Das Gewohnheitsrecht hat im Völkerrecht dasselbe Gewicht wie die formulierte Rechtsprechung.

2. Der ganze Bereich wird von der Martens-Klausel beherrscht, die das Prinzip des Völkerrechts formuliert; das Völkerrecht basiert auf

den Verhaltensnormen, die zwischen zivilisierten Nationen, in den Gesetzen der Menschlichkeit und in den moralischen Grundsätzen des menschlichen Gewissens ausgeprägt sind.

Ohne Zögern und trotz der eingeschränkten Interpretation der Rechtstexte – ich hielt es für angebracht, von einer solchen Auslegung der Rechtsgrundlage auszugehen – möchte ich feststellen, nachdem ich die Berichte der wissenschaftlichen Untersuchungskommission und die Darlegungen der amerikanischen Zeugen über die Anwendung der Tränengase, der «außer Gefecht setzenden» Gase und der Herbizide und anderer Giftstoffe zur Kenntnis genommen habe, daß der Einsatz dieser Mittel eindeutig ein Verbrechen im Sinne des Völkerrechts darstellt.

III. Juristischer Bericht über die Behandlung der Kriegsgefangenen und über den Schutz der Zivilpersonen in Kriegszeiten

von Solange Bouvier-Ajam, Anwalt am Pariser Gerichtshof

Die 2. und die 3. Frage, die das Tribunal zu untersuchen hat, lauten:

1. Unterliegen die vietnamesischen Gefangenen unmenschlichen Behandlungsmethoden, wie sie durch das Kriegsrecht verboten sind, besonders Folterungen und Verstümmelungen?

2. Finden ungerechtfertigte Repressalien gegenüber der Zivilbevölkerung statt, insbesondere Geiselerschießungen? Gibt es Zwangsarbeiterlager und Deportationen?

Es versteht sich von selbst, daß die grundlegenden und allgemeinen Normen des Völkerrechts, wie sie in der Allgemeinen Erklärung der Menschenrechte und in den Urteilsbegründungen von Nürnberg und Tokio formuliert sind und schon auf dem Stockholmer Vietnamtribunal herangezogen wurden, vollinhaltlich auf beide Fragestellungen zutreffen. Jedoch möchte ich noch einmal die in Frage kommenden Bestimmungen des Völkerrechts in Grundzügen darlegen und dem Tribunal verdeutlichen, daß diese Bestimmungen genau auf den von der amerikanischen Regierung verübten Angriffskrieg gegen das vietnamesische Volk zutreffen. Dieser Angriffskrieg, dessen Tatbestand eindeutig aus dem Urteilsspruch des Stockholmer Vietnamtribunals hervorgeht, bildet Grundlage und Voraussetzung unserer Beweisführung, von der wir hoffen, daß sich das Tribunal ihr anschließt.

In Frage kommende Rechtstexte

Die vier Genfer Abkommen vom 12. August 1949 sind für unsere Fragestellung am wichtigsten:

Das erste betrifft die verwundeten und kranken Armeeangehörigen, das zweite die verwundeten und kranken Schiffbrüchigen der Seestreitkräfte, das dritte die Kriegsgefangenen, das vierte den Schutz der Zivilpersonen in Kriegszeiten.

Diese vier Abkommen treten an die Stelle der Genfer Konvention vom 27. Juli 1929.

Unser Bericht wird sich vor allem mit den Abkommen befassen, die die Behandlung der Kriegsgefangenen und den Schutz der Zivilbevölkerung betreffen. Zur Frage des Schutzes der Zivilbevölkerung verweisen wir auf die Internationale Konvention über Gesetze und Gebräuche des Landkrieges vom 18. Oktober 1907, die noch immer rechtskräftig ist und zu der das vierte Genfer Abkommen von 1949 nur einen Zusatz darstellt. Alle diese Abkommen sind von den Vereinigten Staaten ratifiziert worden.

A) Die Kriegsgefangenen

Die Rechtsprechung verlangt, daß den Kriegsgefangenen normale Lebensbedingungen im Rahmen der durch Gefangenschaft notwendigen Einschränkung ihrer Bewegungsfreiheit zugesichert werden muß. Die Einschränkungen dürfen nur das Ziel haben, den Gefangenen vom Kampf fernzuhalten.

1. Die vertraglichen Verpflichtungen betreffen die Befriedigung der Primärbedürfnisse, das heißt: Schutz der körperlichen Unversehrtheit, das Verbot von Verstümmelungen, Folterungen und unnötigen Qualen; das Recht auf elementare Ansprüche: Nahrung und notwendige medizinische Hilfeleistung.

Art. 13 und 15 des 3. Genfer Abkommens aus dem Jahre 1949 fordern:

Art. 13: Die Kriegsgefangenen müssen stets menschlich behandelt werden. Jede unzulässige Handlung des Gewahrsamsstaates, die den Tod des Kriegsgefangenen oder schwere gesundheitliche Schäden zur Folge haben kann, ist verboten und wird als schwerer Bruch des Abkommens betrachtet. Vor allem darf kein Kriegsgefangener einer physischen Verstümmelung oder einem medizinischen beziehungsweise wissenschaftlichen Experiment gleich welcher Art ausgesetzt werden, sofern sie nicht durch die ärztliche Behandlung des Gefangenen gerechtfertigt und im eigenen Interesse des Gefangenen liegen.

Art. 15: Der Gewahrsamsstaat ist gehalten, für den kostenlosen Unterhalt und kostenlose ärztliche Betreuung der Kriegsgefangenen aufzukommen.

Diese imperativen und nicht eingeschränkten Regelungen bestätigt auch Art. 3.

2. Zum andern muß die Würde der menschlichen Person in voller Bedeutung geachtet werden. Dieses Gebot bedingt mehrere bedeutsame Verpflichtungen.

Bei der Gefangenenbefragung das Verbot jeder physischen und moralischen Gewaltanwendung, um Information oder Kollaboration zu erzwingen (Art. 17); zu den allgemeinen Lebensbedingungen: Schutz des persönlichen Eigentums, vor der öffentlichen Neugier geschützter Aufenthaltsort (Art. 18, 22); zur Form der Gefangenschaft: Entfernung aus der Kampfzone unter erträglichen Sicherheits- und Lebensbedingungen (Art. 19); zur Frage der Straf- und Disziplinarmaßnahmen: Die Gefangenen sind durch Gesetz gegen jede willkürliche Entscheidung geschützt, und es stehen ihnen alle Mittel und Rechte zur Verteidigung zur Verfügung (Art. 82 ff).

Das Tribunal wird darüber zu entscheiden haben, ob an irgendeinem Ort zu irgendeiner Zeit auch nur eine dieser Vertragsverpflichtungen von den Aggressoren respektiert wurde.

3. Angesichts der konkreten Bedingungen des dem vietnamesischen Volke aufgezwungenen Krieges wage ich kaum die Verpflichtungen beim Namen zu nennen, die den Schutz der persönlichen Menschenwürde des Kriegsgefangenen garantieren, das Verbot jeglicher Beleidigung. Ich zitiere:

Art. 14: Die Kriegsgefangenen haben unter allen Umständen das Recht auf die Wahrung ihrer Person und ihrer Ehre. Die Frauen müssen mit allem Respekt behandelt werden. Die Gefangenen behalten ihre volle Dispositionsfähigkeit, wie sie im Augenblick ihrer Gefangennahme besteht. Zu den Mindestvorschriften über die Gefangenenarbeit: Art, Dauer und Vergütung der Arbeit (Art. 49–57), das Recht, Briefe zu erhalten und abzusenden (Art. 69, 73 bis 77), das Recht, Geldmittel in Empfang zu nehmen und abzusenden (Art. 58 bis 68).

Untersuchen wir jetzt, unter welchen Bedingungen jemand als Kriegsgefangener zu gelten hat:

Wir müssen uns fragen, ob die Sache dadurch problematisch wird, daß die FNL das Genfer Abkommen von 1949 nicht unterzeichnet hat.

Es genügt daran zu erinnern, daß nach allgemeiner Auffassung diese humanitären, vom Gewissen der Welt inspirierten Abkommen für die Vertragspartner ohne jede Bedingung zu gelten haben; sie sind Teil des allgemeinen Völkerrechts schon deshalb, weil sie ein Ausdruck des geltenden Gewohnheitsrechts sind. Der Art. 2, der in allen vier Abkommen wiederkehrt, macht das Argument der Amerikaner, sie führten keinen rechtskräftig erklärten Krieg, hinfällig. Der Artikel lautet: Das vorliegende Abkommen gilt sowohl im rechtskräftig erklärten Krieg wie auch in jedem anderen bewaffneten Konflikt zwischen zwei oder mehreren Parteien, die dem Abkommen beigetreten sind, selbst wenn der Kriegszustand von einer Partei nicht anerkannt werden sollte.

Art. 4 des III. Abkommens definiert genau, wer als Kriegsgefangener zu gelten hat:

1. Angehörige der bewaffneten Kräfte einer am Konflikt beteiligten Partei, die Milizen und die den bewaffneten Streitkräften angeschlossenen Freiwilligen;

2. die Angehörigen der übrigen militärischen Verbände und der Freiwilligenkorps einschließlich der Mitglieder organisierter Widerstandsbewegungen, die einer am Konflikt beteiligten Partei angehören und außerhalb oder innerhalb der eigenen Landesgrenzen kämpfen, auch wenn das Land vom Gegner besetzt ist. Voraussetzung ist freilich, daß

die Milizen, die Freiwilligenkorps und die organisierten Widerstandsbewegungen folgende Bedingungen erfüllen:

a) eine verantwortliche Person an der Spitze,

b) ein auf eine bestimmte Entfernung erkennbares feststehendes Erkennungszeichen,

c) die Sichtbarkeit ihrer Waffen,

d) die Beachtung der Kriegsgesetze und -gebräuche bei den Kampfhandlungen.

Wir können feststellen, daß die Nationale Befreiungsfront Südvietnams, die die Bevölkerung der Kampfgebiete repräsentiert, diese Kriterien voll und ganz erfüllt. Sie hat ein Programm, das allen Schichten der Bevölkerung gerecht wird, sie besitzt eine politische und militärische Organisation und verfügt über offiziell anerkannte Führer. Es ist bekannt, daß sie mehr als zwei Drittel des Landes regiert. Sie trägt ihre Waffen jedermann sichtbar und beachtet die Kriegsgesetze und -gebräuche. Die regulären Streitkräfte der FNL tragen ein eindeutiges Erkennungszeichen; dieses Erkennungszeichen bedeutet für die gefangengenommenen Kämpfer der FNL allerdings nicht den Schutz durch die Gesetze des Völkerrechts, sondern ihre augenblickliche Ermordung.

Die Haager Konvention über die Gesetze und Gebräuche des Krieges, die durch das III. Genfer Abkommen (Art. 4, § 6) ergänzt wird, billigt den Schutz, der den Kriegführenden zukommt, auch der Bevölkerung zu, die sich spontan gegen die Besatzungsmacht erhebt. Das gilt, selbst wenn die Bevölkerung die genannten organisatorischen Kriterien nicht erfüllt. Die Aufständischen müssen lediglich die Waffen offen tragen und die Kriegsgesetze und -gebräuche respektieren. Die konkreten Kampfbedingungen des vietnamesischen Volkes, seine Kampfkraft und seine Ausdauer haben eine Situation, wie sie das Abkommen annimmt, zur Voraussetzung.

Aber die Genfer Abkommen gehen noch einen Schritt weiter. Sie machen zum erstenmal die Problematik nicht internationaler Kriege bewußt: Art. 4, § 2, nennt namentlich organisierte Widerstandsbewegungen. Art. 3 beseitigt Zweifel über den formalen Charakter des Konflikts, er kann national wie international sein, und garantiert im Rahmen jedes bewaffneten politischen Konflikts ein Mindestmaß an Rechten. Art. 3 lautet in allen vier Abkommen:

Im Fall eines bewaffneten Konflikts, der nicht international ist und auf dem Gebiet eines der Vertragspartner ausbricht, ist jede am Konflikt beteiligte Partei verpflichtet, zumindest folgende Regelungen einzuhalten:

1. Personen, die nicht direkt an den Feindseligkeiten teilgenommen haben, einschließlich der Angehörigen solcher Streitkräfte, die ihre Waffen niedergelegt haben, und Personen, die durch Krankheit, Verwundung oder aus anderen Gründen kampfunfähig geworden sind, müssen unter allen Umständen menschlich behandelt werden, ohne Diskriminierung auf Grund ihrer Rasse, Farbe, Religion, Weltanschauung, ihres Ge-

schlechts, ihrer Geburt, ihrer sozialen Stellung oder auf Grund eines anderen vergleichbaren Kriteriums. In diesem Sinn sind und bleiben überall und allezeit verboten:

a) Angriff auf das Leben und die körperliche Integrität der genannten Personen, besonders Mord in jeder Form, Verstümmelungen (...) Folterungen (...)

b) die Festnahme von Geiseln,

c) Verletzung der Würde der Person, besonders beleidigende und erniedrigende Behandlung,

d) ohne rechtskräftiges Verfahren Strafurteile und Exekutionen.

Das voraufgehende Verfahren muß von einem regulären Gerichtshof durchgeführt werden und mit den Rechtssicherungen ausgestattet sein, die bei den zivilisierten Völkern als unerläßlich gelten.

2. Verwundete und kranke Gefangene müssen ärztlich versorgt und gepflegt werden.

Die Ansicht, es handle sich in Vietnam um einen Bürgerkrieg, wurde vom Tribunal mit Recht widerlegt. Trotzdem handelt es sich, betrachtet aus der Perspektive zahlreicher tapferer Gegner des von den USA in Vietnam geführten Krieges, um eine bürgerkriegsähnliche Auseinandersetzung. Auch in diesem Fall sieht das Völkerrecht ausdrücklich Verbote vor, an die die amerikanische Regierung unbedingt gebunden bleibt, auch wenn sie angeblich einer der Bürgerkriegsparteien nur zu Hilfe geeilt ist.

B) Die Zivilbevölkerung in den Kampfgebieten und in den besetzten Gebieten

Man kann leicht nachweisen, daß sich die Entwicklung des Völkerrechts sowohl in den Verträgen wie auch in der Rechtslehre im Sinne der Humanität vollzogen hat.

Das IV. Abkommen vom 12. August 1949 über den Schutz der Zivilpersonen in Kriegszeiten setzt nicht die Haager Konvention vom 18. Oktober 1907 über die Gesetze und Gebräuche des Krieges außer Kraft, sondern ergänzt und vervollständigt sie, wie in dem Abkommen formuliert wird. Die Artikel 22 ff der Haager Konvention bleiben nach wie vor in Kraft. Sie verbieten:

1. Mord in jeder Form: Ermordung, Massenexekution, Folterungen und Hinrichtungen, grausame Mißhandlungen.

2. Festnahme von Geiseln und Übergriffe auf die Würde des Menschen; Bruch der Rechtsordnung des besetzten Landes, Kollektivmaßnahmen und Repressalien.

Das IV. Abkommen von 1949 sieht «allgemeine Maßnahmen» zum Schutz der Zivilbevölkerung gegen bestimmte Auswirkungen des Krieges vor (vgl. Abschnitt II des Abkommens). Diese Maßnahmen gelten unterschiedslos für die gesamte Bevölkerung (Art. 13). Vorgesehen sind Spital- und Sicherheitszonen, um Verwundete, Kranke, Körperbehinderte, Alte, Kinder bis zu 15 Jahren und schwangere Frauen (Art. 14) in

Sicherheit zu bringen. Außerdem sind neutralisierte Zonen vorgesehen (Art. 15). Diese neutralisierten oder geschützten Zonen müssen im Einvernehmen mit allen am Konflikt beteiligten Parteien errichtet werden (Art. 15). Die entehrende Maßregel der «strategischen Dörfer» widerspricht den Grundprinzipien des Abkommens zum Schutz der Bevölkerung. Zu Recht hat die FNL sich immer gegen die Errichtung dieser Lager zur Wehr gesetzt, deren KZ-Charakter hinlänglich bewiesen ist. Außerdem verbietet Art. 49 (im Abschnitt III über die besetzten Gebiete) die massenhafte oder individuelle Zwangsumsiedlung.

Die Besatzungsmacht kann die vollständige oder teilweise Evakuierung eines bestimmten besetzten Gebietes vornehmen, wenn die Sicherheit der Bevölkerung oder wichtige militärische Gründe es verlangen. Ausdrücklich gelten dabei folgende Bedingungen: «Die Besatzungsmacht muß Umsiedlungen und Evakuierungen so durchführen, daß die geschützten Personen im Rahmen des Möglichen in Einrichtungen aufgenommen werden, die genügend Gesundheitsfürsorge, Hygiene, Sicherheit und Ernährung garantieren.»

Auch bei diesem Komplex wird das Tribunal über das Ausmaß der Rechtsverletzungen urteilen müssen, indem es die Texte des Abkommens mit der harten Realität vergleicht.

Das IV. Abkommen verbietet «unter allen Umständen» die physische und moralische Gewaltanwendung, um Informationen zu erzwingen (Art. 31). Es verbietet Mord, Folter, Verstümmelung, jede andere Brutalität (Art. 32) und alle Repressalien. Die Besatzungsmacht muß die Freiheiten und die Rechte der ihr unterstellten Arbeiter respektieren. Ich verweise auf Art. 51 und 52. Die Besatzungsmacht darf die geschützten Personen nicht zum Militärdienst in ihren Streitkräften oder Hilfstruppen zwingen. Jeder Druck und jede Werbung von Freiwilligen ist im besetzten Gebiet verboten. (...) In keinem Fall darf die Rekrutierung von Arbeitern zu einer Mobilisierung unter militärischen oder halbmilitärischen Vorzeichen führen. (...) Auch bewegliches und unbewegliches Gut muß geschützt werden, sofern eine absolute militärische Notwendigkeit nicht das Gegenteil erfordert (Art. 53). Die Lebensmittel und die zivilen Krankenhäuser müssen der Bevölkerung zur Verfügung stehen, falls die militärische Lage nicht das Gegenteil erfordert (Art. 57). Die Kinder genießen besonderen Schutz (Art. 50).

Zusammenfassend zitiere ich aus den Abkommen. Art. 27: Die geschützten Personen haben unter allen Umständen Anspruch auf Achtung ihrer Person, ihrer Ehre, ihrer Familienrechte, ihrer religiösen Überzeugungen und Gepflogenheiten, ihrer Gewohnheiten und Gebräuche. Diese Verpflichtungen haben einen imperativen Charakter, der den Rahmen einer Völkerrechtskonvention sprengt.

Im IV. Abkommen heißt es im letzten Paragraphen des Art. 58 zu den Folgen einer Verurteilung im Fall der Nichteinhaltung der Verträge: «Die Verurteilung darf keine Wirkung auf die Verpflichtungen haben, die die am Konflikt beteiligten Parteien einhalten müssen, weil sie an die Prinzipien der Menschenrechte, wie sie sich aus den unter zivilisierten Nationen gültigen Praktiken ergeben, an die Gesetze der Menschlichkeit und an die Gebote des öffentlichen Gewissens gebunden sind.»

Dieser Rückgriff auf die Martenssche Klausel, der den Art. 3 ergänzt, macht meines Erachtens jede Kontroverse zur Frage der Rechtskräftigkeit des IV. Abkommens hinfällig.

C) Die Schuld der amerikanischen Regierung

Das nationale Recht der Vereinigten Staaten hat den Inhalt der vier Genfer Abkommen wortgetreu in das Handbuch der Landstreitkräfte, das ‹*Law of Land Warfare*› vom 26. Juni 1956, aufgenommen und sich ausdrücklich auf die genannten völkerrechtlichen Vereinbarungen berufen. Die durch ihre eigenen Gesetze gebundene Regierung der Vereinigten Staaten kann sich mit keinem zutreffenden Argument herausreden, um der Anwendung der Kriegsgesetze auf die Praktiken der USA zu entgehen, und sie kann sich nicht auf die juristische Fiktion berufen, die amerikanischen Streitkräfte würden der Saigon-Regierung nur nebensächliche Hilfeleistungen gewähren. Die erste Sitzungsperiode des Tribunals hat bereits nachgewiesen, daß es sich in Vietnam um einen eindeutigen Angriffskrieg handelt, und daß der Krieg von Anfang an von der amerikanischen Regierung geplant, ausgeführt und systematisch gesteigert worden ist. Wer führt diesen Krieg? Welcher Generalstab leitet die militärischen Operationen? Wem unterstehen die Marine und die Luftwaffe, die Vietnam von allen Seiten angreifen? Wer befehligt die hochgerüstete Armee von 500 000 Mann? Wer nimmt die Vietnamesen gefangen? Wer errichtet die «strategischen Dörfer»? Die amerikanische Regierung ist die vor allem am Konflikt beteiligte Partei; die Kriterien der Kriegführung mit allen sich daraus ergebenden juristischen Verpflichtungen treffen also vollinhaltlich auf die amerikanischen Streitkräfte zu.

Ein entsprechendes Eingeständnis kann man sogar amerikanischen Stellungnahmen entnehmen. Als Beispiel nenne ich drei Erklärungen von besonderer juristischer Tragweite:

1. Am 10. August 1965 antwortete die amerikanische Regierung auf einen Brief des Komitees des Internationalen Roten Kreuzes, in dem nach der amerikanischen Haltung zu den Abkommen von 1949 gefragt worden war. Die Regierung machte eindeutig klar, daß sie den internationalen Charakter des Vietnamkrieges nicht in Frage stellt. Damit ist jede einschränkende Anwendung der Genfer Abkommen ausgeschlossen.

2. Das am 8. Februar 1966 veröffentlichte Kommuniqué zum Abschluß der Honolulu-Konferenz zwischen Johnson und den Vertretern der Saigon-Regierung hebt in Punkt 9 die Absicht der Amerikaner hervor, unter allen Umständen die Genfer Abkommen einzuhalten.

3. Am 30. September 1967 hat der Präsident der Vereinigten Staaten die unmittelbaren Kriegsziele beim Namen genannt: «Der Schlüssel zum Verständnis all unserer Handlungen ist unsere eigene Sicherheit.»

Zum Abschluß meiner Ausführungen erscheint es mir notwendig, die Aufmerksamkeit des Tribunals auf die besonders schweren Verletzungen der Genfer Abkommen zu richten, die nicht nur von der Unaufrichtigkeit der amerikanischen Regierung, sondern von ihrem Vorsatz, zu vernichten und zu zerstören, zeugen.

Am augenfälligsten ist die flagrante Verletzung von Art. 12 des III. Genfer Abkommens. «Die Kriegsgefangenen unterstehen der Gewalt der feindlichen Macht, nicht aber den Einzelpersonen oder den Truppenverbänden, die sie gefangengenommen haben. Unabhängig von der individuellen Verantwortung einzelner ist die Gewahrsamsmacht verantwortlich für die Behandlung der Kriegsgefangenen. Die Kriegsgefangenen dürfen von der Gewahrsamsmacht nur an eine Macht übergeben werden, die die Abkommen anerkennt, und zwar nur in dem Fall, wenn die Gewahrsamsmacht sich überzeugt hat, daß die besagte Macht willig und in der Lage ist, die Abkommen einzuhalten.»

Dementsprechend muß man die vollkommene Ungesetzlichkeit unter Anklage stellen, die darin besteht, die von den amerikanischen Soldaten gemachten Gefangenen den Saigoner Marionettenbehörden zu überantworten. Der zitierte Artikel dokumentiert, daß das Genfer Abkommen in Vietnam im dreifachen Sinn verletzt wird.

Außerdem muß man die brutale Praxis der strategischen Dörfer, von der hier bereits berichtet wurde, mit in das Urteil einbeziehen. Sie läßt dem vietnamesischen Volk nur die Wahl zwischen Tod oder KZ.

Schließlich muß das Tribunal noch die Frage untersuchen, ob auf Grund der ihm vorliegenden Informationen das Ausmaß dieser Verbrechen nicht den Tatbestand eines noch größeren Verbrechens erfüllt, des Verbrechens des Völkermords.

IV. Bericht über die allgemeine Untersuchung zu den an der Zivilbevölkerung begangenen Verbrechen

Von der allgemeinen Untersuchungskommission des Internationalen Tribunals gegen die Kriegsverbrechen in Vietnam

Die Mitglieder der Kommission: Gisèle Halimi, Anwältin; René Bensasson, Dr. rer. nat.; Annette Bernas, Dr. rer. nat.; René Bernas, Forschungsbeauftragter der CNRS; Prof. Marcello Cini, Direktor des Physikalischen Instituts Rom; Jeanne Danon, Dr. rer. nat.; Joseph Danon, Ingenieur; Cyrano de Dominicis, Physiker.

1. Teil – Allgemeiner Überblick über Deportation und Umsiedlung der Zivilbevölkerung

(. . .)

Bilanz

a) Zahlenmäßige Bilanz

1. Die Flüchtlinge aus den Großstädten des Landes, die durch Bombenangriffe und chemische Kriegführung aus ihren Häusern vertrieben wurden, schätzte man schon 1966 auf eine Million (*Figaro* vom 12. April 1966) und 1967 auf zwei Millionen (Tom Buckley in der *New York Times* vom 28. Oktober 1967).

2. Das Ky-Regime schätzt die Insassen der strategischen Dörfer auf 1,8 Millionen, in der Mehrzahl Frauen und Kinder. Senator Edward Kennedy ist in diesem Punkt gänzlich anderer Ansicht. In seiner Ansprache vor dem International Rescue Committee erklärte er am 31. Oktober 1967: «Es ist eine grausame und erschreckende Tatsache, daß auf Grund des Krieges ungefähr ein Drittel der südvietnamesischen Bevölkerung aus seiner Heimat vertrieben wurde . . .»

Dasselbe stellt T. Buckley, Sonderberichterstatter der *New York Times* in Saigon, fest (*New York Times* vom 28. Oktober 1967): «Offizielle Zahlenangaben besagen, daß mehr als zwei Millionen Menschen durch die Lager gegangen sind, aber es ist anzunehmen, daß die wirklichen Zahlen bedeutend höher liegen . . .»

b) Umsiedlungslager

1. Geographische Lage: Don Luce, der seit 1958 in Vietnam tätig war, amtierte von 1961 bis 1967 als Direktor des International Voluntary Service (IVS), der bedeutendsten amerikanischen humanitären und rein zivilen Organisation, die in Vietnam arbeitet. In seiner Rede vor dem Untersuchungsausschuß zur Erforschung des Flüchtlingsproblems am 10. Oktober 1967 sprach er darüber, daß die Lager im allgemeinen in besonders unwirtlichen Gegenden errichtet werden. Er zählte Fälle auf, in denen die Lager zugleich militärischen und strategischen Zwecken dienen: «Zwei besonders markante Beispiele: eines aus der Bezirkshauptstadt Dak To, die ich vor anderthalb Jahren besucht habe. Der Distriktkommandeur erklärte, daß er die Flüchtlinge rund um das Hauptquartier angesiedelt habe. Er meinte, der Vietkong würde das Hauptquartier nicht mit Mörsern angreifen, wenn die Flüchtlinge dort wohnten, und er war überzeugt, daß es unter diesen Umständen sehr viel schwieriger sein würde, in das Hauptquartier einzudringen. In Cai Be gibt es einen Landstrich, in dem die Hütten der Flüchtlinge entlang einer Straße stehen, um so den Schutz der Straße zu gewährleisten.»

2. Zum Leben in den Lagern führte Don Luce aus: «In den Lagern bleiben nur die Frauen und Kinder. Ein typisches Bild: die Frauen sitzen unbeweglich da, starren auf den Boden und warten auf eine mögliche Essenszuteilung. Sie hoffen unentwegt, in ihre Heimat zurückzukehren, und das erklärt ihre Apathie. Warum einen Brunnen ausheben, warum

den Boden planieren, warum einen Garten anlegen, wenn die Hoffnung, im nächsten Monat ins Heimatdorf zurückzukommen, so unerschütterlich fest ist? Aber zwei Jahre später hoffen dieselben Insassen in denselben Lagern immer noch, spätestens im nächsten Monat heimzukommen, und im selben Zustand der Apathie warten sie immer noch und hoffen von einem Tag zum andern.» Don Luce fügt hinzu: «Alle Männer zwischen 16 und 45 Jahren gelten als vietkongverdächtig, und als solcher wird jeder festgenommen, inhaftiert und verhört und hat zahlreiche Schwierigkeiten zu erwarten.»

c) *Verhörlager. Ramparts*, Oktober 1967, berichtet über eine Spezialabteilung der Feldgendarmerie (Police Field Forces) und schreibt im einzelnen: «Eine ihrer Aufgaben ist es, das Personal für die Verhörzentren von mehr als dreißig Provinzen zu beschaffen. Diese Zentren sind Konzentrationslager für die politischen Gefangenen, sobald sie für Feldgendarmerie nicht mehr zu gebrauchen sind.»

Unter dem Oberbefehl einer Tarnorganisation der CIA, die unter dem Namen OSA (Office of the Special Assistance) bekannt ist, werden diese Gefangenenlager weiter ausgebaut. Das Baubudget der OSA, eine Viertelmillion Dollar allein für die zweite Militärregion, konzentriert sich im wesentlichen auf den Ausbau der bestehenden Verhörzentren und auf den Aufbau neuer.

2. Teil – Allgemeiner Überblick über die Opfer unter der Zivilbevölkerung infolge der Bombardierungen, des Einsatzes verbotener Waffen, der Folter und schlechter Behandlung

(...)

Statistik über die Verluste unter der Zivilbevölkerung

Alle Zahlenangaben über das Ausmaß der vietnamesischen Tragödie stimmen im wesentlichen überein.

«Informierte Kreise vermuten, daß das Verhältnis von zivilen Opfern und militärischen Opfern in diesem Krieg annähernd 1:10 beträgt.» (Dr. Wyan Washburn, amerikanischer Arzt, tätig im Rahmen eines medizinischen Hilfsprogramms für die Landgebiete, in *American Medical Association News* vom 2. Mai 1966).

Die Verluste unter der Zivilbevölkerung betragen in Südvietnam:

1. von 1961 bis 1964 160 000 Tote (Hugh Campbell in *Buffalo Evening News* vom 30. Januar 1965)
2. Von 1961 bis 1966 mehr als 415 000 Tote (W. Pepper in *Ramparts*, Januar 1967)
3. von 1961 bis 1967 zwischen 320 000 und 800 000 Toten (vgl. *Observer* vom 7. Januar 1967).

Am 12. März 1967 schreibt der *Figaro*: «Wenn die Verluste sich derart fortsetzen, wird Vietnam binnen kurzem nur noch ein Land von

Greisen und Kindern sein. Eine ganze Generation, die Generation der 1960 Achtzehn- bis Dreißigjährigen, wird ausgelöscht.» Diese Prophezeiung berücksichtigt nicht einmal die überaus hohe Zahl der getöteten und verwundeten Kinder.

In der Sondernummer der Monatszeitschrift *Ramparts*, die sich mit den *‹Kindern Vietnams›* befaßt, ist zu lesen, daß seit Beginn des Krieges 250 000 Kinder getötet und 750 000 verwundet und für immer entstellt wurden. Hunderttausende irren noch immer in den Straßen umher oder leben in Lagern zusammengepfercht. Nach den Hearings des Kennedy-Untersuchungsausschusses zur Flüchtlingsfrage ergibt sich, daß monatlich 50 000 Verwundete in die Provinzkrankenhäuser eingeliefert werden. In den gleichen Quellen wird die Zahl der monatlich von den medizinischen Ambulanzen in den Landgebieten Behandelten auf 50 000 geschätzt. Wenn man versucht, auch die nicht ärztlich behandelten Verwundeten zahlenmäßig zu erfassen, kommt man auf eine Zahl von monatlich rund 150 000 Verwundeten, wie Senator Kennedy vor dem International Rescue Committee (New York, 31. Oktober 1967) ausführte.

V. Zeugenbericht von Wilfred Burchett
aus Australien

Ich habe mich in Hanoi von Oktober 1954 bis Mai 1957 aufgehalten, um die Einhaltung des Waffenstillstandsabkommens von 1954 zu überwachen. Die häufigen Verletzungen des Abkommens durch das von den Vereinigten Staaten unterstützte Saigoner Regime wird von der Internationalen Kontrollkommission überall dort bestätigt, wo sie ihre Kontrollfunktionen hat ausüben können.

Ein markanter Zwischenfall, den ich freilich nicht mit eigenen Augen beobachten konnte, der mir aber von einigen Hauptbeteiligten geschildert wurde, ereignete sich bei der Kundgebung am 1. August 1954 in Saigon, kaum zwölf Tage nach Unterzeichnung des Waffenstillstandsvertrages. Nicht zu vergessen: noch immer hielten die Franzosen Hanoi und Haiphong in Nordvietnam besetzt, und Ho Chi Minh und die übrigen Vietminh-Führer hielten sich immer noch im Herzen der Wälder von Thai Nguyen im äußersten Norden des Landes verborgen. An diesem Tag versammelte sich in Saigon eine große Menschenmenge, um die ‹Rückkehr des Friedens› zu feiern, eine begeisterte und fröhliche Menge, die überzeugt schien, daß mit der Unabhängigkeit eine Ära des Friedens angebrochen sei. Nguyen Huu Tho, heute Präsident der Nationalen Befreiungsfront, beschrieb später, was damals geschah:

«In Saigon haben wir zwölf Tage nach der Unterzeichnung des Waffenstillstandsvertrages, am 1. August 1954, unseren ersten großen Schock erlitten. Ich kann Ihnen sagen, daß die Menschen in Saigon verrückt vor Freude darüber waren, daß die Genfer Konferenz erfolgreich beendet worden war. Der Aufschub von zwei Jahren bis zur endlichen

Wiedervereinigung wurde zwar mit gemischten Gefühlen betrachtet, aber man hielt ihn für einen verhältnismäßig geringen Preis, den man für die Rückkehr zum Frieden und zu einem normalen Leben, frei von jeder Fremdherrschaft, gern zahlen wollte. Am 1. August fand also eine Massenkundgebung statt, mit lauter begeisterten und fröhlichen Menschen, die alle die Unterzeichnung des Genfer Indochinaabkommens feiern wollten. Gleichzeitig gingen jedoch Petitionen zur sofortigen Freilassung der politischen und militärischen Gefangenen von Hand zu Hand, denen das Abkommen die Freiheit zugesichert hatte. Die Feier wurde mit einer Gewehrsalve beantwortet, dabei wurden mehrere Personen verletzt, und eine schwangere Frau wurde tödlich getroffen. Daß diese erste Kundgebung in Frieden und Freiheit so brutal unterdrückt wurde, wirkte noch auf die hitzigsten Gemüter wie eine kalte Dusche. Wenig später, noch am selben Tag, haben wir eine ‹Bewegung für die Verteidigung des Friedens und des Genfer Vertrages› gegründet. Diese Bewegung wurde später im Westen bekannter unter dem Namen ‹Friedenskomitee Saigon und Cholon›. Die Führer dieses Komitees zählten zu den führenden Intellektuellen Saigons.»

Nguyen Huu Tho fährt fort: «Für uns war dieser Zwischenfall ein Zeichen dafür, daß das Ngo Dinh Diem-Regime nur eine Marionettenregierung war, wie das von Bao Dai. Uns war klar, daß das Ngo Dinh Diem-Regime sofort nach seiner endgültigen Machtübernahme beginnen würde, die Bevölkerung zu unterdrücken. Wir hatten das zunächst nicht erwartet, und in der folgenden Nacht und in den nächsten Tagen überkamen uns bittere Zweifel. Die Unterdrückung setzte in Saigon zwölf Tage nach Unterzeichnung des Waffenstillstandsabkommens ein.»

Das Komitee sollte die strikte Einhaltung der Verträge überwachen und der Internationalen Kontrollkommission über jede Verletzung des Vertrages Bericht geben.

Aus der Provinz erhielten wir immer häufiger Nachricht über Massenverhaftungen und Massaker in den von den Vietminh-Truppen freigegebenen Gebieten. Sie waren im Begriff, sich gemäß den Genfer Verträgen in die Gebiete nördlich des 17. Breitengrades zurückzuziehen.

Nguyen Huu Tho schreibt: «Zwei Monate nach der Gründung unseres Komiteees kamen Delegationen aus den Provinzen zu uns, die uns baten, im ganzen Land ähnliche Komitees ins Leben zu rufen. Wir hatten mit dem Aufbau dieser Organisationen begonnen, als am 11. November, vier Monate nach dem Genfer Friedensschluß, die Polizei gegen uns einschritt, unser Komitee auflöste und mehrere Verantwortliche, darunter mich selber, verhaftete. Ohne uns damals schon darüber im klaren zu sein, hatten wir mit der Gründung unseres Komitees in Saigon und mit dem Ausbau verschiedener Zweige in der Provinz den Grundstein für die Nationale Befreiungsfront gelegt. Sie wurde sechs Jahre später offiziell gegründet.»

Am Tag nach den Verhaftungen gaben die Amerikaner die Nominierung von General Lawton Collins zum neuen Botschafter beim Diem-

Regime bekannt. Der erste Botschafter, Donald Heath, war kaltgestellt worden, nachdem er den Rücktritt von Ngo Dinh Diem empfohlen hatte, den er für ungeeignet hielt, die amerikanischen Interessen genügend zu vertreten.

Collins kam in Saigon an, als ich dort war. Am 17. November 1954 gab er eine Pressekonferenz, bei der er rücksichtslos der ausländischen und vietnamesischen Presse zu verstehen gab, daß Diem die einzige Persönlichkeit des politischen Lebens in Südvietnam sei, die Collins und die amerikanische Regierung zu unterstützen dächten, und daß ungeachtet der Einwände Frankreichs, ganz zu schweigen vom Genfer Abkommen, die Vereinigten Staaten die Ausbildung und den Aufbau der südvietnamesischen Streitkräfte in die Hand nehmen wollten. Collins sprach ganz so, als wäre er der Herrscher Vietnams. Obwohl die Mehrzahl der anwesenden Journalisten Vietnamesen waren, lief die Pressekonferenz in englisch ab, ohne vietnamesische Übersetzung. Ein vietnamesischer Journalist, der zweimal die Frage vorlegte, ob die Vereinigten Staaten bereit seien, eine nationale und nichtkommunistische Regierung, die nicht von Diem gestellt werde, zu unterstützen, wurde schroff angefahren: ‹Sie haben genug geredet, junger Mann!› Die Pressekonferenz von Collins war der Auftakt für das direkte amerikanische Eingreifen in Vietnam. Drei Tage später teilte Dulles dem französischen Ministerpräsidenten Mendes-France mit, daß die amerikanische Indochinahilfe von Ende Januar 1955 an direkt an die Diem-Regierung geleitet werde.

Die Diem-Polizei, die damals schon auf Provinz- und Distriktsebene amerikanische ‹Berater› hatte, machte Jagd auf die ehemaligen Mitglieder der antifranzösischen Widerstandsbewegung. Ich habe selbst gesehen, wie Frauen und Mütter mit ihren Kindern auf den Armen verhaftet und brutal auf die Polizeitransportwagen gestoßen wurden, als sie vor dem Hauptquartier der CIA zusammengekommen waren, um gegen die Verhaftung ihrer Männer und Söhne zu protestieren. Wenig später, noch im folgenden Monat, als ich mich in Saigon aufhielt, zerschlug die südvietnamesische Armee auf Empfehlung der Amerikaner die Binh Xuyen-Sekte, die die Franzosen noch als Polizisten in Saigon eingesetzt hatten. Man behauptete, die Sekte könne als Aktionszentrum profranzösischer Ideen wirksam werden. Da alle bewaffneten Verbände des Vietminh sich bereits zurückgezogen oder sich zumindest in den Grenzgebieten versammelt hatten, um ihren Rückzug nach Nordvietnam vorzubereiten, wie es das Genfer Indochinaabkommen forderte, gab es nach der Zerschlagung der Bien Xuyen-Sekte und zwei anderer bewaffneter profranzösischer Sekten, der Cao Dai und der Hoa Hao, keine mit Waffen ausgerüstete Oppositionsbewegung in Vietnam mehr; das jedenfalls mußten General Collins' und Diems Erwägungen gewesen sein.

Seit den ersten Tagen der Periode, die eigentlich eine Zeit des Friedens, der Versöhnung und des nationalen Aufbaus hätte sein sollen, erhob sich in Südvietnam ein Kampf zwischen ungleich starken Gegnern. Die faschistische Dunkelheit breitete sich über Südvietnam aus. Man setzte gegen ein wehrloses Volk eine immer übermächtigere Armee und Polizei ein; sie waren mit den neuesten technischen Errungenschaften der amerikanischen Polizei ausgerüstet und verfügten über eine perfekte Waffensammlung, die vom Lochkartensystem bis zur Folter mittels Magnetophonbändern reichte, ganz zu schweigen von den Beratern, amerikanischen Spezialisten, die sich in den Methoden der Gestapo, der Japaner und anderer Sicherheitsdienste des internationalen Faschismus bestens auskannten. Die einzige Verteidigung des vietnamesischen Volkes bestand zunächst in seinem unbeirrbaren Glauben an die Internationale Kontrollkommission, von der man die Stärkung der demokratischen Freiheiten erhoffte, die durch das Genfer Abkommen in Aussicht gestellt worden waren. Die harmlosesten Versammlungen, die stattfanden, um ‹Frieden und Unabhängigkeit› zu feiern, wurden blutig zerschlagen. Das wird durch das einhellige Urteil der Untersuchungskommission, die die Internationalen Kontrollorgane eingesetzt hatten, bestätigt. Aber ihre Berichte, die regelmäßig an die Co-Präsidenten der Genfer Konferenz weitergeleitet wurden, verschwanden in den staubigen Archiven der britischen und sowjetischen Außenministerien.

Der Grad der amerikanisch-diemistischen Unterdrückung hat die Stadien des Aufstands bestimmt. Der bewaffnete Kampf brach in dem Moment aus, als das Volk die Grenzen des Erträglichen überschritten sah. Auf die politische Unterdrückung antwortete das Volk mit dem politischen Kampf, mit dem es zugleich dem Polizeiterror und der militärischen Gewalt entgegentrat. Als sich der Terror zur Massenvernichtung steigerte, war die Explosion da, und der bewaffnete Aufstand begann. Ich habe die Spuren der ersten Zwischenfälle seit 1959 verfolgt. Zunächst haben die alten politischen Kader, die aus dem Krieg gegen Frankreich erhalten geblieben waren und weiterhin die politische Verantwortung trugen, diejenigen zu belehren versucht, die den gewaltsamen Kampf dem politischen Kampf überordnen wollten. Der gewaltsame Kampf widersprach der damaligen pazifistischen Tendenz der internationalen Politik, der ‹friedlichen Koexistenz›. Dieser Kurs brachte uns schwere Verluste ein. So wurden die ersten Aufstände und Hunderte von bewaffneten Zwischenfällen, die voneinander unabhängig, überall im Land, von den nördlichen Küstenregionen bis zum zentralen Hochplateau und dem Mekongdelta, auftraten, tatsächlich mit schweren Verlusten bezahlt, nicht zuletzt weil sie sporadisch und spontan entstanden waren. Aber nichts, nicht einmal das große Prestige der ehemaligen Widerstandsgruppen, die sich politisch natürlich an Hanoi orientierten, hat die Keime des Aufstandes ersticken können. Sie entwickelten sich überall im Lande, in den Jahren 1959 und 1960 griffen sie auf weite Gebiete über. Ein qualitativer Sprung wurde erreicht, als sich der friedliche politische Kampf in einen bewaffneten politischen Kampf transformierte: der Gewalt wurde jetzt mit Gewalt begegnet.

In diesem Stadium der Entwicklung wurde am 20. Dezember 1960 die

Nationale Befreiungsfront gegründet. Sie sollte in ihren Händen alle Fäden des Widerstandes vereinigen und sie zu einem dichten Netz des organisierten und systematischen bewaffneten Widerstandes zusammenfassen. (...) Die Bildung der FNL unter einem eigenen Oberkommando war die Krönung des Kampfes, den das Volk selber entfacht hatte. (...) Tatsache ist, daß Ende 1961, als die FNL einen Aufruf erlassen hatte, in den Landgebieten die Macht weitgehend in die Hände des Volkes übergegangen war.

VI. Überblick über die Berichte der 7. Untersuchungskommission, die die von der Nationalen Befreiungsfront in Südvietnam kontrollierten Gebiete bereist hat

Von Roger Pic (Frankreich)

Die 7. Untersuchungskommission besteht aus Prof. Francis Kahn, Dr. Jean-Michel Krivine und Roger Pic. Sie hat ihr Forschungsprogramm in der Zeit vom 15. September bis 7. Oktober 1967 durchgeführt. Sie hatte sich zwei Aufgaben gestellt:

1. Sie wollte prüfen, ob die amerikanischen Streitkräfte das Ziel verfolgen, die Zivilbevölkerung und ihre Nahrungsmittelquellen systematisch zu vernichten, sobald sie die einheimische Bevölkerung nicht in strategischen Dörfern kontrollieren können;
2. Sie wollte den Einsatz verbotener Waffen wie Kugelbomben und Giftgase untersuchen.

Die Kommission nahm ihre Untersuchungen vor allem in der östlichen Nambo-Zone, in der Provinz Tay Ninh nordwestlich von Saigon vor. Ich selber habe, allerdings allein, noch ein Dorf in Zentral-Nambo, in der Schilfebene, besucht. Die Kommission wurde betreut und beschützt von einer Guerillaeinheit der Nationalen Befreiungsfront. Sie wurde außerdem von Dolmetschern, von Truppenoffizieren, von Provinz- und Bezirksleitern und von dem Generalsekretär des FNL-Komitees zur Verurteilung der Kriegsverbrechen, Ung Ngoc Ky, begleitet. Die Kommission legte ungefähr einen Weg von sechshundert Kilometern zu Fuß oder mit dem Boot zurück, sie besichtigte die Überreste zahlreicher Dörfer und kam mit Bauern zusammen, die sich in den Wäldern Vietnams versteckt hielten. Sie wollte eine möglichst große Zahl von Zivilpersonen befragen.

Die Provinz Tay Ninh, in der wir hauptsächlich tätig waren, ist genau die Kampfzone, in der im Februar und März dieses Jahres der US-Generalstab die große Säuberungsaktion ‹Junction City› durchführte.

Nach amerikanischen Angaben nahmen 45 000 Soldaten, mehr als 800 Panzerfahrzeuge und 1200 Jagdbomber und Hubschrauber an der Operation teil, nachdem das Gelände vorher mit massiven Bombenangriffen durch B 52-Geschwader und durch einen umfangreichen Einsatz von Entlaubungsmitteln schlachtreif gemacht worden war.

Die Zeugnisse, die wir dem Tribunal vorlegen, beziehen sich hauptsächlich auf die Folgen dieser militärischen Aktionen, die in einer ausschließlich ländlichen, teilweise bewaldeten Provinz durchgeführt wurden. Sie hatten das einzige Ziel, die berüchtigten ‹*cleared zones*› (gesäuberten Gebiete) zu schaffen.

Wir haben in der Provinz Tay Ninh, Bezirk Chau Thanh, die Ortschaften Hao Duoc, Thanh Dien, Hoa Hoi, Hoa Hiep und Ta Bang besucht. Wir haben insgesamt 373 Zeugenaussagen erhalten, in vietnamesischer Sprache niedergeschrieben, auf Tonband aufgezeichnet und unterschrieben. Das gesamte Material ist mit den Übersetzungen und den Fotografien der Zeugen den Akten beigefügt, die wir dem Gericht übergeben haben.

Während der drei Wochen, als wir das Kampfgebiet bereisten, haben wir nicht ein einziges Dorf und nicht ein einziges Haus gesehen, das von den Bombardierungen und den Säuberungsaktionen verschont geblieben wäre.

Die Wälder und der dichte Dschungel des östlichen Mambo-Gebietes haben zwar den chemischen Produkten und den ständigen Bombardierungen standgehalten, und die Hälfte der Zivilpersonen in den von der Nationalen Befreiungsfront, den Guerillatrupppen und den Soldaten der FNL kontrollierten Gebieten hat die Angriffe überlebt, aber alle Dörfer sind systematisch zerstört worden.

Jede Familie wurde in irgendeiner Weise betroffen, durch Bombardierung, Deportation, Folterung oder Verhaftung. Alle von uns aufgezeichneten Zeugenaussagen geben über unnötige Leiden, Schmerzen und Katastrophen Aufschluß. Wir können hier natürlich nur einige Beispiele wiedergeben.

Während der sich über zwei Monate hinziehenden ‹Junction-City›-Operation wurde die gesamte Provinz Tay Ninh bis in jeden Winkel des Landes durchkämmt. Alle Dörfer wurden in Brand gesetzt und vernichtet, alle Reisfelder durch chemische Produkte vergiftet. Wir haben einige Proben dieser Giftstoffe mitgebracht, die wir selber aufgelesen haben. Die Getreidevorräte sind ebenfalls vernichtet worden; und die Zivilbevölkerung wurde von Haus und Hof vertrieben und in die «Konzentrationsgebiete» deportiert, die von den amerikanischen Dienststellen jetzt «Pazifizierungszonen» oder «Dörfer des neuen Lebens» genannt werden, um den viel geschmähten Namen der «strategischen Dörfer» zu vermeiden.

Viele der Bauern, die wir gesehen haben, sind aus den Konzentrationslagern geflohen, viele andere waren rechtzeitig vor den heranrückenden US-Truppen geflüchtet oder hatten sich einfach in den Wäldern verkrochen. Die überlebende Zivilbevölkerung ist jetzt gezwungen, völlig zurückgezogen in den Wäldern zu leben. Sie hat sich elende Behausungen aufgebaut, jede Familie hat sich einen unterirdischen Schutzgraben ausgehoben.

Die gesamte «weiße» Zone, die sogenannte ‹*free fire zone*›, ist inzwischen zum vollständigen Vietkonggebiet erklärt worden, und alles Leben, das sich dort rührt, muß folgerichtig systematisch ausgerottet werden. Während unseres Aufenthaltes in diesem Gebiet haben wir Tag und Nacht die Artillerie schießen hören. Von den Militärstützpunkten aus, in diesem Fall von Tran Long und Tour Hai, schießt die amerikanische Artillerie blind in die Gegend, um die Atmosphäre ständiger Lebensbedrohung aufrechtzuerhalten. Aufklärungsflugzeuge beschreiben ständig konzentrische Kreise über dem gesamten Gebiet.

Bei dem geringsten Lebenszeichen, das von einem dieser Beobachtungsflugzeuge registriert wird, erfolgt wenig später ein Jagdbomberangriff. Die Bomber toben sich über einem Waldstück aus und werfen ihre Ladung an Raketen, Kugel-, Napalm- und Phosphorbomben ab. Wir haben oft in einem Umkreis von zweihundert Metern eine riesige Zahl von Bombeneinschlägen, Aluminiumteilen, Raketenhülsen und Ananasbomben gesehen, ein ganzes todbringendes Eisenwarenlager.

Nach den Berichten der Distriktskommandanten muß man seit dem Beginn der ‹Junction-City›-Operation und der Angriffe auf alles, was sich bewegt, auf einen Einwohner des Landes zwei Tonnen Geschosse rechnen. Jeder achte Einwohner wurde getötet oder verwundet. Die Hälfte der Bevölkerung ist den Säuberungsaktionen entkommen oder den Umsiedlungslagern entflohen.

Ungefähr 10 000 Menschen leben mitten im Dschungel und werden von den Soldaten der FNL, den Guerillaeinheiten und den Zivildiensten der Nationalen Befreiungsfront unterstützt.

Trotz des Versuches, eine total gesäuberte Zone zu schaffen, sichert die Befreiungsfront den Überlebenden Schulunterricht und Gesundheitsfürsorge zu, selbst im kleinsten Dorf, das aus vier oder fünf im Dickicht verstreuten Hütten besteht.

Um ihr Leben fristen zu können, müssen die Bauern nachts winzige Reisfelder und kleine Gemüsegärten im Schutz des Waldes anlegen. Eine auffallende Feldkultur, ein ertragreiches Reisfeld würden automatisch durch chemische Stoffe, die per Flugzeug oder Hubschrauber abgeworfen werden, vernichtet. Wir haben mehrere Metallstücke gesehen, die in die Reisfelder hineingeworfen worden waren und die nach dem Abwurf vom selben Flugzeug unter Beschuß genommen wurden, damit der giftige Inhalt des Metallkörpers ausläuft, sich im Wasser des Reisfeldes auflöst und dadurch die gesamte Reiskultur vergiftet.

Die Überlebenden dieser militärischen Operationen, die ich, ohne zu zögern, als geplanten Völkermord bezeichnen möchte, können nur dadurch ihr Leben retten, daß sie sich versteckt halten und die Luftaufklärung fortwährend zu überlisten versuchen. Wir werden uns bemühen, mit Hilfe unserer Zeugenaussagen dieses dokumentarisch zu beweisen.

I. Bericht über die im zentralen Nambo-Gebiet in Südvietnam durchgeführte Untersuchung

Von Roger Pic

Das Material, das ich dem Tribunal überreiche, enthält:

1. Sieben Zeugenaussagen, die in verschiedenen Dörfern und Bezirken des zentralen Nambo-Gebietes aufgezeichnet wurden. Die Zeugen waren in die Gebiete zurückgekehrt, in denen ich meine Untersuchungen vorgenommen habe.

2. Einen zusammenfassenden Bericht über die Gesamtheit der militärischen Aktionen von seiten der amerikanischen Streitkräfte, von der Landung der Truppen im Mekongdelta im Januar 1966 bis Juli 1967. Der Bericht wurde aus den Zeugenaussagen von FNL-Offizieren im zentralen Nambo-Gebiet zusammengestellt.

3. Fotografien der vernommenen Zeugen.

4. Die Bandaufnahmen der Zeugenaussagen.

Ich will mich darauf beschränken, eine kurze Zusammenfassung des umfassenden Berichtes vorzutragen und nur wenige Passagen aus den Zeugenaussagen zu zitieren. Das zentrale Nambo-Gebiet im Süden Vietnams oder Cochin-China, wie es in der Kolonialzeit genannt wurde, hat drei Millionen Einwohner, die in 500 größeren Ortschaften leben. Seit der US-Truppenlandung im Mekongdelta wurden zehn amerikanische Stützpunkte errichtet. Dazu gehört auch ein Netz von 1213 Militärstationen und tausend strategischen Dörfern. Statistiken der Nationalen Befreiungsfront zufolge muß man auf 35 Bewohner einen Soldat der US-Streitkräfte oder der Saigoner Armee rechnen.

Innerhalb von neunzehn Monaten wurden 13 000 Säuberungsaktionen durchgeführt, darunter eine Säuberungsaktion, an der fünf- bis zehntausend Soldaten beteiligt waren. Ende Juli 1967 wurden bei der Operation ‹Colorado› in der Provinz My Tho zwanzigtausend amerikanische Soldaten eingesetzt. Dabei wurden mehr als viertausend Luftangriffe geflogen, vor allem mit B 52-Bombern.

Nach dem Bericht des Bürgermeisters von Cong Doan in der Gegend von Bienh Hoa Bac, die hier als typisches Beispiel angeführt werden kann, wurden bei 500 Einwohnern pro Kopf durchschnittlich acht Bomben und pro Quadratmeter vier Granatgeschosse gezählt.

Die umfassende Bilanz über 19 Monate US-Operationen beträgt:

8 000	Tote, davon 4000 Frauen und 2500 Kinder,
10 000	Verwundete und Kriegsbeschädigte,
35 000	zur Zwangsarbeit gezwungene Männer,
27 000	abgebrannte Häuser,
3 360 000	Kilo vernichteten Getreides,

100 000 Personen wurden in «strategische Dörfer», jetzt «Dörfer des neuen Lebens» genannt, deportiert.

500 000 Personen wurden durch chemische Mittel vergiftet (durch große Dosen von Entlaubungsmitteln), davon starben 500.

25 541 Hektar vernichtete Felder.

Hier die Namen der sieben Zeugen, deren Aussage ich an Ort und Stelle aufgenommen und in der vorliegenden Akte zusammengefaßt habe:

1. Lam Thanh Minh, 26 Jahre, Kaufmann, aus der Gemeinde Khanh Bien, Bezirk Tan Chau An Phu, Provinz An Giang, wurde durch einen Napalmangriff am 19. März 1965 verletzt.

2. Pham Thi Vinh, 28 Jahre, Bäuerin, Mutter von vier Kindern, aus der Gemeinde My Than, Bezirk Cai Lay, Provinz My Tho, wurde am 13. Januar 1966 mit ihrer jüngeren Schwester und einem ihrer Kinder durch einen Napalmangriff verletzt. Ihr dreijähriges Kind starb an den Verbrennungen.

3. Nguyen Van Do, 39 Jahre, Bauer aus der Gemeinde Thien My, Bezirk Cao Lanh, Provinz Kien Phong, berichtet, daß seine sechzigjährige Mutter am 10. Oktober 1966 von den amerikanischen und koreanischen Soldaten vom Stützpunkt Pak Chung Hy entführt worden ist, daß die Soldaten sie vergewaltigt und zu Tode gequält und anschließend ihre Leiche in den Nhi My-Fluß geworfen haben, aus dem sie später von den Dorfbewohnern herausgezogen wurde.

4. Dinh Van Di, 51 Jahre, Bauer aus der Gemeinde Thien My, Bezirk Cao Lanh, Provinz Kien Phong, wurde 1958 eigenen Angaben zufolge verhaftet. Er berichtet über die Leiden und die Folterqualen, die er bis 1964 über sich ergehen lassen mußte. Dann wurde er furchtbar verstümmelt und ohne Reaktionsvermögen in seine Heimat entlassen.

5. Die kleine Du Thy Dong, 11 Jahre, und ihr Vater Du Duc Liem, Bauer aus der Gemeinde Nhon Ninh, Provinz Kien Tuong, berichten, wie am 29. Juni 1967 ihr Dorf durch einen Hubschrauberangriff amerikanischer und südkoreanischer Soldaten völlig zerstört wurde. Die übrigen acht Mitglieder ihrer Familie seien dabei umgekommen. Die kleine Dong ließ man mit vier Kugeln im Körper als vermutlich tot auf dem Leichenhaufen liegen. Später wurde ihr ein Arm abgenommen, und noch heute ist sie schwer nervenkrank. Du Duc Liem entging dem Massaker in seinem Heimatdorf, weil er sich in dem Reisfeld, auf dem er arbeitete, versteckt hatte.

6. Pham Quoc Sac aus der Gemeinde Phuoc Loi, Bezirk Go Den, Provinz Cho Lon, wurde als ehemaliger Widerstandskämpfer gegen den französischen Kolonialismus ungeachtet der Genfer Indochinaverträge verhaftet. Ich möchte einige Auszüge aus seiner Zeugenaussage zitieren:

«In der Nacht vom 9. November 1955 wurde ich durch ein Milizkommando aus Go Den, das vom Sergeanten Bi angeführt wurde, festgenommen. Obwohl meine Papiere in Ordnung waren, wurde ich sofort gefesselt und in der Mitte meines Zimmers zu Boden geschleudert. Sie begannen zu fünfen auf mich loszuschlagen. Dann fielen sie über die Tochter meiner Wirtin her, rieben ihr den Leib mit Petroleum ein, zündeten es an und schrien dabei: ‹Wie können Sie es wagen, einen alten Widerstandskämpfer bei sich aufzunehmen?› Das arme Mädchen wurde schwer verletzt.

Sie hingen mich mit den Füßen an der Decke auf und schütteten mir eine Salzbrühe aus *nuoc mam* in Augen und Nase. Dabei machten sie sich über meine Schmerzensschreie lustig. Anschließend brachten sie mich in das Distriktsgefängnis, wo sie drei Tage lang vergeblich versuchten, mich durch elektrische Folterungen zum Sprechen zu bringen. Der Offizier des Geheimdienstes hieß Nguu. Nach diesen Mißhandlungen wurde ich vollkommen erledigt in das Gefängnis von Phu Lam in Cho Lon gebracht. Dort wurde ich wiederum verhört und dabei immer wieder geschlagen. Diese furchtbare Behandlung dauerte sechs Monate, ohne daß ich in irgendeiner Weise ärztlich behandelt wurde. In meiner Zelle starben zwei Kameraden, weil sie nach den erlittenen Folterungen nicht ärztlich versorgt wurden.» Der Gefangene wurde dann nacheinander in die Gefängnisse von Saigon, Bien Hoa und Gia Dinh gebracht.

Ich lasse jetzt eine neue Serie von Verhören und Folterungen aus und setze seinen Bericht an späterer Stelle fort, drei Jahre später, am 10. Januar 1957, bei seiner Einlieferung in das Zuchthaus von Poulo Condor:

«Zum erstenmal seit Beginn des Friedens liefert Diem wieder Gefangene in das Zuchthaus Poulo Condor ein. Ich hatte das traurige Vergnügen, bei der ersten Lieferung von 360 Gefangenen dabeizusein, darunter 50 Frauen; eine von ihnen hatte ein vier Monate altes Kind bei sich, eine andere ein acht Monate altes Kind.

Die amerikahörigen Diemisten ernannten damals einen neuen Gefängnisdirektor, den wegen seiner Grausamkeit berüchtigten Kommandanten Bach Van Bon. Er verfügte über eine Bande von erfahrenen Folterknechten, wie zum Beispiel den Unteroffizier Nguyet. Am Nachmittag des 29. April 1957 begann die brutalste Terrorwelle, die fünf Jahre dauern sollte. Wir wurden zu dreihundert in einen Raum gesperrt, und bald waren es 350, die förmlich aufeinanderlagen. Ich hatte für mich einen Platz von ungefähr dreißig Zentimetern, und wenn wir uns hinlegen wollten, mußten wir unsere Füße in die Achselhöhlen des anderen legen. In diesem Massengrab mußten wir essen, schlafen und unsere Notdurft verrichten. Ein unerträglicher Gestank und eine lähmende Hitze umgaben uns dauernd. Wir hatten kein Wasser, um uns zu waschen, und unsere Trinkwasserzuteilung wurde nach und nach auf einen Drittel Becher am Tag reduziert. Das Hungergefühl dauert nur wenige Tage an, aber die Durstqual wurde von Tag zu Tag schlimmer. Wir fingen an, unseren eigenen Urin zu trinken.» *(Weitere ausführliche Schilderung der Methoden in Poulo Condor.)*

Ich möchte Sie auf seine Schilderung der Foltermethoden in den sogenannten Tigerkäfigen aufmerksam machen: «Weil ich gewagt hatte, mit einigen anderen wegen der schlechten Behandlung zu protestieren, wurde ich in den sogenannten Tigerkäfig gesperrt. Das ist der elendste Platz in Poulo Condor, hier wird am schlimmsten gefoltert und zu Tode gequält. Sie sperrten uns zu zehn in einen Käfig, und wir konnten nur im Stehen schlafen. Jeder Käfig ist ungefähr 1,50 mal 3 Meter groß. Die Tür zum Käfig wird nur dreimal am Tag geöffnet, einmal morgens, um den Schmutzkübel auszuschütten, und dann noch zweimal, um ein wenig Essen hereinzureichen. Während man uns die Eßnäpfe reichte, wurden wir gleichzeitig von den Folterknechten geschlagen. Sie lösten sich gegenseitig ab, wenn sie erschöpft waren. Wir verloren den Atem, und oft wurden wir bewußtlos in den Käfig zurückgeworfen.

Abgesehen von diesen Grausamkeiten inszenierten sie gemeinsame Foltersitzungen, bei denen wir mit Faustschlägen bearbeitet und mit Fußtritten in den Bauch malträtiert wurden. Nach diesen Sitzungen mußte ich mich meistens erbrechen, und ich konnte kaum noch Nahrung zu mir nehmen. Ich fühlte meinen Tod auf mich zukommen. Unsere Folterspezialisten benutzen nicht nur Fäuste und Füße, um uns zu mißhandeln, sondern auch Eisenstäbe und starke Bambusstöcke. Außerdem gebrauchten sie die verrückt gewordenen Gefangenen, um diejenigen zusammenzuschlagen, die noch halbwegs normal waren. Zu Beginn meiner Haftzeit starben Hunderte in diesen Tigerkäfigen. Uns alle umzubringen, wäre allerdings für ihre Propaganda wenig sinnvoll gewesen. Darum hörten sie auf zu foltern, sobald unser Leben nur noch am seidenen Faden hing. Kaum hatten wir uns ein wenig erholt, wurden wir von neuem gefoltert. Im Januar 1961, mitten im Winter, als es auf der Insel sehr kalt war, befahl uns der Kommandant Tang Tu zu ‹baden›. Alle zwei Stunden wurden wir in unseren Käfigen mit Wasser besprengt. Wir klapperten mit den Zähnen, und wir konnten vor Kälte keinen Schlaf mehr finden. In der Kälte schmerzten unsere Wunden noch mehr; diese Tortur dauerte vierzehn Tage. Während dieser Zeit kriegten wir nur etwas Reis ohne Salz zu essen.

Im März 1961 waren die wenigen, die diese Tortur überlebt hatten, nur noch menschliche Wracks. Ich konnte mich nur noch auf allen vieren fortbewegen. Meine Zähne wurden schwarz und brüchig. Ende Dezember 1961 waren wir nur noch fünf, die in den Tigerkäfigen überlebt hatten. Ich hielt noch bis zum 31. August 1962 durch. Dann wurde ich nach Phu Loi überführt und später in das Cho Quan-Krankenhaus in Saigon gebracht, wo ich einen Monat blieb.»

(Der Zeuge berichtet dann, wie er wiederum nach Poulo Condor geschickt wurde und noch einmal in den Tigerkäfig geworfen wurde.) Schließlich wurde er nach neunjähriger Haft und Folter am 6. Juni 1964 freigelassen. Heute ist er schwer krank, er leidet unter starken nervlichen Spannungszuständen und fortwährenden Kopfschmerzen.

7. Ho Thi Le, 18 Jahre alt, aus der Gemeinde My Thanh, Bezirk Tay Duc Hue, Provinz Long An, ist die letzte Zeugin, aus deren Aussage ich zitieren möchte.

«Am 14. Dezember 1966 sprangen amerikanische Soldaten über meinem Heimatdorf ab und brachten die Bauern auf der Stelle um. Acht junge Mädchen und mich selber verschleppten sie in ihr Lager. Wir versuchten, zusammenzubleiben, konnten aber nicht gegen sie ankommen. Sie zerrissen meine Kleider und vergewaltigten mich von zehn Uhr morgens bis zum Abend. Sie brachten mich und meine Kameradinnen nach Hiep Hoa. Dort ließen sie mich kurze Zeit in Ruhe, und ich sah drei der anderen Mädchen vollkommen nackt und von Blut überströmt. Ich sah, wie meine Kameradinnen bei der Vergewaltigung um sich schlugen. Die amerikanischen Soldaten stießen leere Bierflaschen in die Geschlechtsteile der Mädchen und drückten dann ihre brennenden Zigaretten in der Vagina aus. Wieder wurde ich von morgens bis abends vergewaltigt, und ich wurde völlig besinnungslos. Dann wurde ich gefoltert; ich weiß nicht mehr genau, was sie mit mir machten, weil ich mehrmals hintereinander ohnmächtig wurde. Offensichtlich nahmen sie an, ich sei tot, denn sie warfen mich in einen Graben. Als ich wieder zu mir kam, sah ich einige meiner Kameradinnen neben mir liegen. Ich faßte sie an, sie waren tot. Ich nahm alle meine Kräfte zusammen, um aus der Leichengrube herauszukriechen. Ich schleppte mich so lange vorwärts, bis Bauern mich sahen und mich aufnahmen. Seitdem bin ich ständig krank, ich bin ein Krüppel geworden, ich habe meine ganze Jugend verloren . . .»

II. Fragen an Dr. Kahn und Dr. Krivine

Sartre: Können Sie mir sagen, wie die Bauern wirtschafteten, bevor ihre Dörfer eingeebnet wurden und sie sich verstecken mußten?

Kahn: Wir haben diese Frage in den Dörfern, durch die wir kamen, oft gestellt. Es waren hauptsächlich Dörfer, die vom Reisanbau, von der Viehzucht und vom Fischfang lebten. Die Dörfer liegen meistens in der Nähe eines Wasserlaufs . . . Im Dorf Ta Bang, Provinz Tay Ninh, zum Beispiel besaß jeder Bauer ungefähr 2 Hektar Land für den Reisanbau, zwei Büffel, einige Hühner und Schweine – vor 1954 natürlich.

Einige Dörfer, zum Beispiel Hoa Hiep[1], hatten durch das Holz der umliegenden Wälder eine zusätzliche Verdienstquelle.

Sartre: Welche Nahrungsmittel gab es?

Krivine: Hauptnahrungsmittel war Reis, täglich gab es einen Liter Reis pro Kopf. Außerdem ernährte man sich mit Maniok, Kartoffeln, Mais und Fisch.

Sartre: Glauben Sie, daß diese Ernährung ausreichte?

1 Die Kommission hat detaillierte Untersuchungen über die Lebensbedingungen in diesen Dörfern durchgeführt. Das Material befindet sich in den Tribunalakten.

KRIVINE: Das bestätigten nicht nur die Dorfbürgermeister, sondern auch die Ärzte und Krankenpfleger, mit denen wir gesprochen haben.

SARTRE: (. . .) Und wie ist das jetzt?

KRIVINE: Das kommt auf die Gegend an, aber wir haben oft verschimmelten Reis gesehen und Reis, der am Rande der Wälder wild wuchs. In den Waldlichtungen kann man Kartoffeln und etwas Maniok ziehen. Außerdem ißt man erlegtes Wild und Fische, die man natürlich nur nachts fangen kann. Im großen und ganzen hatte ich den Eindruck, daß die Bauern nicht genug zu essen haben.

KAHN: Ich habe Anzeichen für chronische Unterernährung feststellen können: Wachstumsstörungen und Muskelschwund (. . .) Die Gesichter und Körper vieler vietnamesischer Bauern sehen sehr ausgezehrt aus. Das hat mit dem normalen kleinen Körperwuchs der Vietnamesen nichts zu tun. Mehrere Bauern klagten über sensorische Schäden: Verminderung der Hörfähigkeit und Sehstörungen. Diese Schäden lassen im allgemeinen auf eine mangelnde Vitamin- und Proteinzufuhr schließen. Bei Kindern konnte ich keinen schwerwiegenden Proteinmangel beobachten. Das kommt daher, weil die Erwachsenen ihren letzten Bissen für die Kinder opfern, damit diese wenigstens das Notwendigste bekommen.

SARTRE: Können die Amerikaner Ihres Erachtens wirklich immer noch glauben, sie würden durch ihre fortgesetzten Bombardierungen die Bauern des Landes hindern, die FNL-Soldaten mit Lebensmitteln zu versorgen? Ist es nicht vielmehr in vielen Orten so, daß die Bauern nur dank der FNL überhaupt am Leben bleiben . . .?

KAHN: (. . .) Wir haben tatsächlich festgestellt, daß sehr oft die FNL-Organisation dafür sorgt, daß die Bauern sich ernähren können, wenn eine Ortschaft durch den Einsatz von Entlaubungsmitteln besonders in Mitleidenschaft gezogen worden ist. Die Häufigkeit der Angriffe steht in direktem Verhältnis zur Entfernung vom nächstliegenden amerikanischen Stützpunkt. Je näher die Ortschaft zur Militärbasis liegt, desto schwieriger wird es für die Bauern, ihre Felder zu bestellen. In diesem Fall sorgt die FNL dafür, daß die Bauern, die nun einmal in ihren Heimatdörfern bleiben wollen, aus weniger umkämpften Gebieten die Nahrungsmittel erhalten, die sie selber nicht mehr erzeugen können. Es tritt also genau das Gegenteil dessen ein, was die Amerikaner beabsichtigen.

DELLINGER: (. . .) Die Bauern bestellen während der Nacht in Waldlichtungen ihre winzigen Felder. Haben Sie beobachtet, daß Leuchtraketen geworfen wurden, um die Bauern an der Feldbestellung zu hindern?

KAHN: Die Anwendung der sogenannten Entlaubungsmittel ist nicht die einzige Methode, um die Bauern daran zu hindern, ihre Felder zu bearbeiten. Es gibt systematische Angriffe auf die Bauern und ihre Zugtiere. (. . .) Wir haben auch beobachtet, wie die Bauern nachts auf Fischfang gingen. Der Stützpunkt von Trang Long versuchte das gesamte Gebiet, in dem wir uns aufhielten, mit Leuchtraketen zu erhellen, die im Abstand von drei bis vier Minuten aufstiegen. (...) Gleichzeitig wurde das Gebiet vom Stützpunkt aus unentwegt beschossen.

III. Bericht über das von den Amerikanern in Vietnam eingesetzte militärische Potential

von J.-P. Vigier, Forschungsbeauftragter des CNRS, ehemaliger Stabschef, Waffenspezialist im Rahmen der Generalinspektion der französischen Landstreitkräfte (General de Lattre de Tassigny)

J.-P. Vigier führt dem Tribunal einige der in Vietnam eingesetzten Waffentypen vor, darunter eine Schmetterlingsbombe, die in ihrer Wirkung einer Kugelbolbe entspricht. Es handelt sich um eine *Anti-Personal-Mine,* die nicht schon beim Aufprall, sondern erst später bei Berührung explodiert. Ferner Geschosse aus Dumdumgewehren, eine Gashandgranate und andere Munition. Dann nennt er Zahlen über das Ausmaß des militärischen Engagements der Vereinigten Staaten: es verfügt über eine militärische Stärke, die größer ist als das Gesamtpotential aller im Zweiten Weltkrieg eingesetzten Truppen der Alliierten.

Während der Trockenzeit 1965/66 wurden 700 000 Mann aus den regulären Truppenverbänden gegen die FNL eingesetzt: 200 000 Amerikaner, mehr als 450 000 Soldaten der südvietnamesischen Marionettenarmee und 28 000 Mann aus den alliierten Hilfstruppen (Australier, Südkoreaner usw.). Diese Armee verfügte über 2300 Flugzeuge und Hubschrauber, 1200 schwere Geschütze, 1400 Panzer und Panzerfahrzeuge und 50 Kriegsschiffe.

Während der Trockenzeit 1966/67 wurden eine Million Soldaten gegen die FNL eingesetzt: 410 000 amerikanische Soldaten, mehr als 500 000 Soldaten der Saigon-Regierung und 54 000 Soldaten der Hilfstruppen. Die Zahl der Flugzeuge und Hubschrauber stieg von 2300 auf 4300, die der schweren Geschütze von 1200 auf 2300, die der Panzer und Panzerfahrzeuge von 1400 auf 3300 und die der Kriegsschiffe von 50 auf 230.

Im Mai 1967 verfügte die amerikanische Armee über 4300 Flugzeuge und Hubschrauber, über 4000 Geschütze aller Arten, 3300 Panzer und Panzerfahrzeuge und 230 Kriegsschiffe. 1964 gab es in Südvietnam an amerikanischen Stützpunkten: 169 Luftbasen, 11 Marinebasen. 1966: 186 Luftbasen und 15 Marinebasen.

Beim Übergang vom begrenzten militärischen Einsatz zum regelrechten Landkrieg stieg das Militärbudget von 2 auf 30 Milliarden Dollar (1967). Das Budget für die nichtmilitärische Unterstützung der Saigoner Regierung beträgt nur 830 Millionen Dollar.

Nach amerikanischen Militärangaben wurden 1966 500 000 Morgen Wald und 150 000 Morgen Ackerland und 1967 1 500 000 Morgen, davon die Hälfte Ackerland, durch chemische Mittel vernichtet.

Zusammenfassung
Die in Südvietnam angewandten klassischen Formen der Kriegführung haben sich taktisch und strategisch als wirkungslos erwiesen. Ende Sommer 1967 tritt eine Wende ein: die US-Army geht von der offensiven Kriegführung in die Defensive über. Die Folge ist verstärkter Druck auf die Zivilbevölkerung, um der Unterstützung der Guerillakämpfer durch die Volksmassen entgegenzuwirken: Bombardierungen und massiver Gaseinsatz, verbunden mit verstärktem Terror gegenüber der Zivilbevölkerung.

IV. Die Lage der Frauen und Kinder in Südvietnam
Bericht der Journalistin Madeleine Riffaud (Frankreich)

Ich habe in Vietnam von Januar bis Mai 1955 und später von November 1964 bis Anfang Februar 1965 in den von der FNL befreiten Gebieten Reportagen gemacht. Der Terror der Jahre 1954 bis 1959 und die zunehmende Faschisierung des neokolonialistischen Regimes, das in seinem Regierungsprogramm «Unabhängigkeit» und «Demokratie» propagierte, erklärt sich daraus, daß es den Amerikanern nicht möglich war, die Bevölkerung durch Marionetten an der Nase herumzuführen, eine Bevölkerung, die gerade erst nach neunjährigem harten Kampf gegen die Rekolonialisierung seine Freiheit zurückerobert hatte.

Die Frauen hatten als erste unter der neuerlichen Unterdrückung zu leiden. Während nach den Genfer Verträgen kein Bürger wegen seiner politischen Überzeugung verfolgt werden durfte und während die aus dem Süden stammenden Vietminh-Soldaten ihre Mütter und Frauen verlassen und sich in das Gebiet nördlich des 17. Breitengrades zurückziehen mußten, um die für 1956 vorgesehenen allgemeinen Wahlen und die erhoffte Wiedervereinigung des Landes abzuwarten, wurde die Bevölkerung seit den ersten Tagen des Diemregimes in zwei Kategorien eingeteilt: Kategorie A «mutmaßliche ehemalige Widerstandskämpfer», Kategorie B «Familienangehörige ehemaliger Widerstandskämpfer». Für diese beiden Kategorien begannen schon bald Verhaftungen und Folterungen, Erniedrigungen und Hinrichtungen mit dem Ziel, Exempel zu statuieren. «Bußsitzungen» wurden von den Diem-Agenten auf Empfehlung der Experten von der psychologischen Kriegführung in Washington organisiert. Die Menschen sollten gezwungen werden, ihre patriotischen Überzeugungen öffentlich zu widerrufen und um Gnade zu bitten, wobei sie vor einem Bild von Diem niederknien und die Fahne des Landes küssen mußten.

Die Frauen der ehemaligen Widerstandskämpfer wurden ein Opfer von «Scheidungskampagnen». Die Polizisten legten ihnen vorbereitete Formulare vor, in denen stand, daß sie sich von ihrem Mann, Verlobten oder Sohn im Norden trennen wollten. Die Unglücklichen weigerten sich, dieses Papier zu unterschreiben. Darauf nahm man ihnen unter dem Vorwand, die Jugend vor dem Kommunismus schützen zu wollen, die Kinder weg. Man verschleppte die Frauen und folterte sie in einer der vielen Dienststellen der Geheimpolizei, die zu tausenden in Schulen, Pagoden oder leerstehenden Kirchen improvisiert worden waren. Bald glich Vietnam einem riesigen Internierungslager. Die Methoden, die man anwandte, um Scheidungen und Familientrennungen zu erzwingen, wurden im Soldatenjargon «Schweinekäfig», «Reise nach Dakota» und «U-Boot-Fahrt» genannt. Man schlug die Frauen auf die Fußsohlen, durchstach ihnen die Fingerspitzen und praktizierte besonders häufig Foltermethoden, die zur Sterilität führen. Ich habe nirgendwo in Südvietnam eine vollständige Familie gefunden. Mütter suchten Kinder, die schon vor Jahren entführt worden waren; Männer wußten schon seit Jahren nicht mehr, ob ihre Frauen noch in Haft saßen oder längst umgebracht waren. Ich habe während der Zeit, in der ich als Kriegsberichterstatterin eine Einheit junger Soldaten der regulären FNL-Armee begleitete, zweimal folgende Szene erlebt: beim Durchmarsch durch ein Dorf findet ein Zwanzigjähriger seine Mutter wieder, die jetzt aus dem Zuchthaus entlassen wurde und die er seit seinem siebten oder achten Lebensjahr nicht mehr gesehen hatte. Sie erkannten sich nicht, nur durch einen Zufall kam heraus, daß sie Mutter und Sohn waren.

Auch nur durch Zufall erfuhr ich damals, daß im Oktober 1959 in Saigon ein Gesetz verkündet worden war, demzufolge ein Urteil der Militärsondergerichte, das auf subversive Absichten gegenüber der Regierung erkannte, ausreichte, um lebenslänglich in Haft genommen oder mit dem Tode bestraft zu werden. Das konnte auch ohne eine Rechtsmittelbelehrung und ohne ein Schuldbekenntnis des Angeklagten erfolgen. Die Urteile, gegen die es keine Berufung gab, wurden sofort vollstreckt. Transportable Guillotinen gingen von Dorf zu Dorf.

In einem Krankenhaus, das vom Gesundheitsdienst der FNL in einem Dschungelgebiet errichtet worden war, traf ich im Dezember 1964 mehrere Frauen, die sieben Jahre im Zuchthaus von Poulo Condor gesessen hatten, ohne jemals rechtskräftig verurteilt worden zu sein. Unter ihnen befand sich Frau Tho, die ich zu meiner Überraschung hier auf der Zeugenbank des Tribunals wiedersehe. Als ich ihr damals begegnete, mußte man sie ins Freie tragen, damit ich von ihr eine Aufnahme machen konnte, die ich 1965 veröffentlicht habe und jetzt den Gerichtsakten beifüge. Frau Tho litt an einer schweren Tuberkulose und traumatischen Wahnvorstellungen, die sie von den jahrelangen Folterungen zurückbehalten hatte.

Ich glaubte nicht, daß Frau Tho die Hölle, die mir ihre Mitgefangenen ausgemalt hatten, lang überleben würde (...) Einige Frauen, die erst kürzlich aus den Zentralgefängnissen von Phu Loi und Chi Hoa entlassen worden oder entflohen waren, konnten überhaupt nicht sprechen: sie waren vollkommen von Sinnen. Andere spuckten Blut (...) Ich erinnere mich an ein junges Mädchen mit Namen Chi Hue aus der Provinz Gia Dinh, das ich bei den Guerilleros traf. Sie wurde in der Hubschrauberjagd von keinem übertroffen. Man muß starke Nerven haben, um den verwundbaren Punkt des Hubschraubers aufs Korn zu nehmen, wenn der Hubschrauber mit Maschinengewehrgeknatter auf einen zukommt. An einem Abend wurde sie beim Anblick einer Schlange von heftigen Zuckungen gepackt: in Chi Hoa hatten die Polizisten, um sie zum Sprechen zu bringen, ihr mindestens zehn Schlangen in die Hosen gesteckt und die Hosen an den Füßen zugebunden, damit die Tiere nicht herauskriechen konnten.

In jedem Kolonialkrieg werden Gefangene und Verdächtige gefoltert. Aber im allgemeinen hat die Folter mit dem Verhör ein Ende und wird von den Quälereien der Haftzeit abgelöst. In dem Neokolonialkrieg, den die Amerikaner jetzt führen, nimmt die Folter überhaupt kein Ende und dauert die ganze Haftzeit über an. Es geht weniger darum, den Gefangenen physisch zu vernichten, als vielmehr darum, ihn moralisch zu zerstören. Man will die Gefangenen zwingen, ihre revolutionäre und patriotische Gesinnung aufzugeben, und versucht aus ihnen Agenten des Neokolonialismus zu machen. Ich stelle vor dem Tribunal fest, daß in diesem Augenblick Tausende von Männern, Frauen und Kindern in langsamer Auszehrung und unter Haftbedingungen dahinvegetieren, die an das Los der Deportierten und an die in den KZs von Auschwitz, Dachau und Mauthausen dahinsiechenden Häftlinge erinnern.

Ich habe in Vietnam zahlreiche amerikanische Piloten gesehen, die bei Einsätzen gegen die Zivilbevölkerung abgeschossen worden waren. Unter anderem traf ich Major Watt Kastler, der im Juni 1966 an der Bombardierung der Vorstädte von Hanoi teilgenommen hatte und im August desselben Jahres gefangengenommen wurde. Die Piloten bekamen von den vietnamesischen Behörden ausreichende medizinische Pflege und erhielten genügend zu essen. Sie bekamen bereitwillig die Erlaubnis, durch mich ihren Familien Nachricht zukommen zu lassen.

In Südvietnam betreibt die amerikanische Armee die systematische Zerstörung der Familien. In den von der FNL befreiten Gebieten fallen die Hubschrauber dann über die Dörfer her, wenn die Männer auf dem Feld arbeiten. Nguyen Dienh Lam aus der Provinz Lon An erzählte mir: «Ich sah von weitem, wie ‹fliegende Adler› auf die Dächer unserer Häuser zustießen. Ihre Schrauben deckten die Strohdächer wie Sturmwind ab. Ich lief mit dem Gewehr in der Hand auf mein Haus zu. Als ich es erreichte, hatten die Hubschrauber schon wieder abgedreht. Die Frauen wälzten sich weinend auf dem Boden. Die Amerikaner hatten wahllos Kinder und Frauen geschnappt, ihnen die Hände gefesselt und sie in die Hubschrauber geworfen. Meinen fünfjährigen Sohn und meine jüngste Tochter hatten sie auch mitgenommen. Mein Nachbar stand mit seinen Kindern allein da, die Soldaten hatten seine Frau entführt.»

Entsprechend dem Statut von Nürnberg galt nach dem Zweiten Weltkrieg als eines der Hauptverbrechen der Nazis die gewaltsame Umsiedlung der Bevölkerung. Da es den Amerikanern gelingt, in Vietnam nicht die Bevölkerung wirksam einzuschüchtern, deportieren sie täglich Tausende.

Ich möchte dem Tribunal einen Fall von Kindermord darstellen. Das Geschehen spielte sich im Januar 1963 ab. 25 Hubschrauber greifen im Tiefflug die Schule von Long Dien an und verfolgen die Kinder und die Lehrerin bis in die Sümpfe, wo sie sich zu verstecken versuchen. Warum? Diese Zone zählt zu den befreiten Gebieten, und dieser Terrorakt hat einzig das Ziel, die Bevölkerung zu bestrafen und zu demoralisieren, indem man auf das zielt, was ihr am teuersten ist, auf ihre Kinder.

Seit Juli 1964 sind solche Aktionen gegen die Schulen in aufständischen Gebieten, die vorher vereinzelt unternommen wurden, systematisiert worden. Ich habe An Tanh und An Hoa in der Provinz Long An besucht. McNamara hatte 1964 diese Provinz als Versuchskaninchen ausgewählt, sie sollte als Modell herhalten für die sieben Hauptprovinzen, die in diesem Jahr zum Schutz Saigons befriedet werden sollten. Trotz der Anstrengungen der Besatzungstruppen sind in dieser Provinz fortwährend weitere Gebiete befreit worden. In einem Dorf in der Nähe der Landstraße habe ich zerborstene Tische gesehen, daneben Reste einer Schiefertafel, Trümmer, Lehmbrocken und Dachziegel, die von einer Schule übriggeblieben waren. Diese Schule war am 3. Oktober 1964 mit Bomben angegriffen worden. Am selben Tag hatten die Amerikaner noch die Schulen von An Ninh und An Hoa, zwei Nachbardörfern, bombardiert, und am 28. Oktober hatten sie in derselben Gegend die Schule von Duc Hoa überfallen. In weniger als einem Monat wurden in diesem Gebiet vier Schulen zerstört! Auch in An Hoa habe ich die Trümmer der Schule gesehen, sie waren schwarzgebrannt vom Napalm. Die Menschen haben mir gezeigt, was übriggeblieben war: blutbefleckte Rechenhefte, von Kugeln durchlöcherte Hüte und die Kleidungsstücke der umgekommenen oder noch rechtzeitig ins Krankenhaus gebrachten Kinder. Ich kann nicht alle Zeugenaussagen von gleichem Gewicht, die ich aufgezeichnet habe, verlesen und möchte mich deshalb auf den Bericht aus An Hoa beschränken.

«Es war die Stunde, wo alle Kinder in der Schule waren. Wie Sie vielleicht gesehen haben, befindet sich vor dem Eingang zur Schule eine große Tafel mit der Aufschrift ‹Gemeindeschule›. Wir waren eben noch zu vertrauensselig! Wir glaubten, so könnten sich die Flugzeuge auf keinen Fall vertun. Sie haben sich nicht vertan: zuerst warfen sie Rauchbomben in den Schulhof, um ihr Ziel deutlich zu markieren. Unsere Schule hatte zwei Klassen. Die Klasse der ‹Älteren› erreichte mit ihrem Lehrer rechtzeitig die Unterstände. Die sechzig Kinder aus der Unterklasse, fünf bis sieben Jahre alt, bekamen furchtbare Angst und liefen erregt durcheinander. Der Lehrer Tam begann die Kinder zu dritt aus dem Fenster zu tragen, eins auf der Schulter und zwei unter seinen Armen (...) er hatte schon 45 Kinder in Sicherheit gebracht, als er ins Bein getroffen wurde. Er konnte noch einmal drei Kinder aus der Schule holen, dann wurde er ein zweites Mal verwundet, dieses Mal schwer. Er rief den Kindern, die noch in der Klasse geblieben waren, zu: ‹Springt aus dem Fenster! Habt keine Angst! Ich bin da!› Aber die Kinder waren zu klein, um über das Fensterbrett klettern zu können. (Ich weiß das, denn ein junger Lehrer, der den Angriff überlebt hat, hat es mir selber erzählt.) In diesem Augenblick warfen die Flugzeuge auf das, was von der Schule noch stehengeblieben war, ihre Napalmbehälter ab und man hörte kein Kind mehr schreien.»

Draußen versuchten die Kleinen, die Tam mit so viel Opfermut gerettet hatte, aus ihren Unterständen herauszukommen, und rannten auf ihre Elternhäuser zu. Unterwegs wurden sie von den tieffliegenden Hubschraubern unter Beschuß genommen. Sie schossen auf die Kinder wie auf wilde Kaninchen. (. . .) Dann wurden sogar die Eltern, die ihren Kindern zu Hilfe eilen wollten, von benachbarten Posten beschossen. Vierzehn Menschen wurden dabei getötet, weil sie es versäumt hatten, vor den heranfliegenden Hubschraubern in Deckung zu gehen.

Nach diesem Angriff auf die Schule sammelten die Bewohner der nahe beieinanderliegenden Dörfer von Long An alle verfügbaren Kräfte und griffen, um den Tod ihrer Kinder zu rächen, am 7. Oktober 1964 einen feindlichen Posten zehn Kilometer von Duc Hoa entfernt an. Nachdem der Posten gefallen war, legten sie Fallen an, um nachrückenden Truppen den Weg abzuschneiden, und riefen die Trupppen der Nationalen Befreiungsfront zu Hilfe. Während der folgenden Kämpfe trat die US-Luftwaffe in Aktion und bombardierte in völliger Verwirrung die nachrückenden südvietnamesischen Truppen, die sich an den Straßenrand geflüchtet hatten. Die Südvietnamesen baten daraufhin die Truppen der FNL um Hilfe. Sie hatten viele Tote in ihren Reihen. Südvietnamesen und Guerilleros zielten gemeinsam auf die amerikanischen Flugzeuge.

Frage an Madeleine Riffaud

SARTRE: Wir wissen, daß in Nordvietnam trotz der ständigen Bombenangriffe die Bevölkerungszahl zunimmt (. . .) Das hat seinen Grund nicht nur in der Kampfmoral der Vietnamesen, sondern auch darin, daß die Familien und die ökonomische Struktur des Landes bisher nicht zerstört werden konnten. Nach Ihrer Aussage scheint es so, als ob in Südvietnam die Integrität der Familien und die Grundlagen der Volkswirtschaft bereits zerstört sind. Können Sie uns sagen, ob das einen Einfluß auf die Bevölkerungszahl hat?

RIFFAUD: Ich kann keine Zahlen nennen. Ich habe mit vollem Bewußtsein gesagt, daß die amerikanische Regierung schon vor Beginn der eigentlichen Kriegshandlungen eine schwerwiegende Form des Völkermords in Angriff genommen hatte. Diese besondere Form bestand in der Zerstörung der Familien. Das geschah in mehreren Stufen: zunächst wurden schon Familien durch das Verbot der für 1956 vorgesehenen allgemeinen Wahlen auseinandergerissen; deshalb leben mehr als hunderttausend verheiratete oder verlobte Männer seit mehr als 10 Jahren in Nordvietnam. Dann folgten die Scheidungskampagnen, von denen ich zuvor berichtet habe. Die Zusammengehörigkeit der Familie ist den Vietnamesen heilig. Die amerikanischen Experten sagen sich: treffen wir sie in ihrem Familiensinn, dann werden sie schon klein beigeben! Darin haben sie sich durchaus getäuscht. Denn wenn man den Menschen in dem angreift, was ihm heilig ist, wird er erst recht zum Kämpfer, und gerade das ist in Vietnam passiert. Später hat man die Mütter systematisch von ihren Kindern getrennt. Sie können zwar behaupten, daß in allen Kriegen Familien auseinandergerissen werden, diesmal jedoch besteht von Anfang an ein erklärter und grundsätzlicher Wille dazu (. . .) Über Radio Hanoi und über den Sender der Befreiungsfront kann man zweimal am Tag den Familiensuchdienst hören: «Ich suche meinen Sohn, den ich im Alter von sieben Jahren verloren habe . . .» Inzwischen können viele Jahre vergangen sein, niemand weiß, wo er ist. Viele Frauen haben zudem Folterungen an ihren Geschlechtsteilen ertragen müssen und sind dadurch unfruchtbar geworden (Glasscherben und Termiten wurden zum Beispiel in die Vagina eingeführt).

I. Zeugenaussage von Pham Thi Yen
Apothekerin, Mitglied der Delegation der Nationalen Befreiungsfront

Meine Herren Vorsitzenden, meine Damen und Herren,
erlauben Sie mir, in dieser Sitzung des Tribunals von einigen Folterungen und unmenschlichen Behandlungsweisen zu berichten, die ich während meiner siebenjährigen Einkerkerung vom 18. April 1960 bis zum 27. Februar 1967 am eigenen Leibe erlitten habe. Ich stamme aus einer bürgerlichen Familie in Saigon. Ich habe in Hanoi studiert und 1944 mein Staatsexamen als Apothekerin abgelegt. Seit 1947 bin ich als Apothekerin in einer eigenen Apotheke, die mitten in Saigon, am Boulevard Tong Doc Phuong liegt, tätig.

Ich habe am Widerstand des Volkes gegen die japanischen Faschisten und gegen die französischen Kolonialisten teilgenommen. Als das Genfer Indochinaabkommen über die Unabhängigkeit, die Souveränität, die Einheit und die territoriale Integrität meines Vaterlandes 1954 unterzeichnet worden war, kehrte ich nach Saigon zurück und nahm dort meinen Beruf wieder auf. Die amerikanischen Imperialisten und ihre diemistischen Helfershelfer sabotierten jedoch systematisch das Genfer Abkommen. Sie verweigerten die allgemeinen Wahlen zur Wiedervereinigung des Landes. Sie verfolgten die ehemaligen Widerstandskämpfer und terrorisierten die Massen des Volkes in ihren sogenannten «Kampagnen gegen den Kommunismus».

Am 18. April 1960 wurde ich abends um acht mitten auf der Straße in Saigon von der amerikahörigen diemistischen Sicherheitspolizei wegen meiner patriotischen Betätigung verhaftet.

Ich wurde zum Kommandoposten Nr. 1, dem Ba Hoa-Posten in Cholon, gebracht. Der Chefkommandant leitete persönlich das Verhör, das sofort nach meiner Festnahme begann. Er stellte mir Fragen zu meiner politischen Tätigkeit und verlangte Auskünfte über die Arbeit meiner Mitkämpfer. Ich gab ihm jedoch auf seine Fragen keine Antwort.

Dann begannen die Folterungen. Nach Schnaps stinkend, schlugen die «Kommandos», wie sie auf Vietnamesisch heißen, auf mich ein und schrien dabei vor Erregung. Die «Kommandos» sind nichts anderes als die vietnamesische Gestapo. Sie fesselten mir die Hände auf dem Rükken und hängten mich mit dicken Stricken, die sie um meine Handgelenke gebunden hatten, an der Decke auf. Sie schlugen mich mit Stöcken und hörten erst auf, als ich ohnmächtig geworden war. Dann ließen sie mich herunter und gossen mir eiskaltes Wasser übers Gesicht. Langsam kam ich wieder zu mir. Ich wurde nochmals gefragt, aber ich sagte kein Wort. Wütend hängten sie mich von neuem auf. Das wiederholte sich mehrmals, ich weiß nicht, wieviele Male. Diese Tortur nannten sie «Reise nach Dakota». Mein Körper war über und über mit Wunden bedeckt. Er war überall geschwollen und tat überall weh. Ich habe Entsetzliches durchgemacht. Bei der geringsten Bewegung glaubte ich, vor Schmerz ohnmächtig zu werden.

Nach kurzer Unterbrechung mußte ich mit ihnen eine «U-Boot-Fahrt» unternehmen: so nannten sie, was nun auf mich zukam. Sie fesselten mich nackt und auf dem Rücken liegend an eine Bank. Mit einem Handtuch, das mir Nase und Mund zudrückte, wurde mein Kopf auf die Bank gepreßt. Durch einen Gummischlauch ließen sie Wasser aus einem 200-Liter-Faß, das über mir auf einem Ständer stand, auf mich herablaufen. Das Wasser fiel Tropfen für Tropfen auf das Handtuch und sickerte über mein Gesicht. Bei jedem Atemzug atmete ich Wasser durch Nase und Mund ein. Ich fing an zu stöhnen. Mein Bauch wölbte sich bald wie ein Ballon. Ich bekam keine Luft mehr, und wenig später war ich ohnmächtig.

Als ich wieder zu mir kam, spürte ich unvorstellbare Schmerzen. Die beiden «Kommandos» Duc und Danh, die wir wegen ihrer Bluttaten «graue Tiger» nannten, stampften auf meiner Brust und meinem Leib herum. Ich mußte mich erbrechen, Blut und Wasser strömten mir aus Mund und Nase. Das wiederholte sich mehrere Male. Ich hatte furchtbare Schmerzen an meiner Brust und in meinem Leib. Es kam mir vor, als ob mir jemand meine Eingeweide aus dem Leib reißen wollte.

«Versucht's noch mal mit 'ner andern Medizin!», befahl der Kommandant seinen Leuten. Vier Kommandos, die im Viereck um mich herumstanden, schlugen mit Stöcken auf mich ein. Dann warfen sie mich wie beim Ping-Pong-Spiel von einer Ecke zur andern. Sie schrien wie Tiere und beschimpften mich unflätig. An meinem Kopf klaffte eine große Wunde, und das Blut strömte. Sie hörten auf, mich zu prügeln, und fingen an, meinen Kopf zu rasieren, und legten mir einen Kopfverband an. Dann versuchten sie, mich mit einer zweifelhaften Mischung aus Drohungen und Versprechungen auf ihre Seite zu ziehen:

«Wenn Sie den Mund aufmachen, können Sie schnell zu Ihren Kindern zurück. Wenn nicht, müssen sie dran glauben, und Ihre Kinder haben keine Mutter mehr! Wenn Sie den Mund aufmachen, können Sie Ihre Apotheke und Ihren Besitz behalten. Wenn nicht, sind Sie ruiniert! Machen Sie das Maul auf oder wir werden Sie zu Tode foltern. Und selbst wenn Sie unsere Folter überleben sollten, wären Sie für nichts mehr zu gebrauchen. Sie würden nicht mal mehr die Kraft haben, nach einer Fliege zu greifen! . . .»

Diese Verlockungen und diese Erpressungsversuche konnten mich nicht umstimmen. Rasend vor Wut, schleuderten sie mich daraufhin mit dem Bauch auf den Boden. Ein dicker Kerl setzte sich rittlings auf meinen Rücken, zwei andere hielten meine Füße hoch, mit den Sohlen nach oben. Sie schlugen mit starken Knüppeln auf meine Fußsohlen, schnaubend vor Wut. Meine Füße und Beine schwollen stark an, ich spürte, daß die Haut jeden Augenblick platzen könnte.

Dann nahmen sie mich in Handschellen und hingen mich an einem

Fenster auf. Meine Arme waren überkreuzt, und ich konnte nur mit den Fußspitzen den Boden berühren. Ich kriegte furchtbare Schmerzen an Armen und Beinen. Sie schleuderten meine Arme gegen die Gitterstäbe. Sie waren bald ohne Gefühl, und ich konnte sie nicht mehr bewegen. Als sie merkten, daß auch diese Behandlung ohne Wirkung blieb, banden sie mich endlich los und warfen mich mit einem heftigen Fußtritt auf den Boden. Sie trampelten auf mir herum, und überall trat das Blut aus meinem Körper. Vor Schmerz verlor ich die Besinnung.

Noch einmal mußte ich Versprechungen, Drohungen und Beschimpfungen über mich ergehen lassen. Als sie endlich erschöpft waren, holten sie andere Gefangene hinzu und befahlen ihnen, mich zu prügeln. Niemand gehorchte ihnen. Daraufhin wurden alle, die sie herbeigerufen hatten, furchtbar geschlagen. Alle menschlichen Gefühle versagen angesichts solcher Scheußlichkeiten.

Kurz vor Tagesanbruch servierten sie mir ein «ungewöhnliches Festessen»; so nannten sie das, was sie mir jetzt brachten. Sie fesselten mich an einen Feigenbaum, der im Garten stand. Ihm gegenüber befand sich ein Käfig, in dem zwei Tiger vor Hunger brüllten. Bedenken Sie, daß die Feigenbäume in Vietnam wegen ihrer süßen Früchte voller Ameisen sitzen. Wenn ein einziges dieser Tiere Ihnen in den Fuß sticht, schreien Sie vor Schmerzen, und die Stelle schwillt sofort stark an, weil die Stiche giftig sind. An einem solchen Baum banden sie mich fest. Die Zweige waren voll von gelben Ameisen. Der Boden, der die Baumwurzeln bedeckte, wimmelte zudem von roten Ameisen. Sie werden Feuerameisen genannt, weil ihre Bisse die Haut wie bei Verbrennungen reizen. Die Kommandos banden mich am Baum fest, die Arme wurden hinter dem Baumstamm mit Handschellen zusammengeknotet. Meine Beine bedeckten sie mit der Erde, die voll war von roten Ameisen. Sie schüttelten die Zweige, so daß die gelben Ameisen auf meinen Kopf, auf mein Gesicht und meinen Körper herunterregneten. Ich wurde überall gestochen. Die Ameisen krochen bis in meine Ohren, in meine Nase, in meine Augen, in den Mund und in meine Geschlechtsorgane. Ihre Stiche taten furchtbar weh, und ich konnte mich nicht bewegen, um die Tiere abzuwehren. Die Tiger brüllten, die Folterknechte heulten vor Wut. Die Henker drohten mir: «Wenn Sie nicht gleich den Mund aufmachen, dann werden wir Ihre Kinder vor Ihren Augen foltern. Ihre Eltern, Ihre Brüder und Ihre Schwestern werden wir sofort verhaften. Wir werden Ihre Familie auslöschen und Ihre Apotheke sofort beschlagnahmen! . . .»

Um sechs Uhr morgens, nach zehn Stunden ununterbrochener Folter, warfen sie mich endlich in eine Zelle. Ich konnte mich kaum aufrecht halten. Ich mußte auf dem kalten Fußboden schlafen. Einige Tage später machten die Diemisten ihre Drohungen wahr. Sie beschlagnahmten meine Apotheke, obwohl ein Vertreter für mich die Geschäftsführung übernommen hatte, wie es die Gesetze vorschrieben. Sie suchten meine Mutter, die jedoch schon einige Monate vorher gestorben war. Sie suchten meine Kinder, mein ältestes war sechs, das jüngste vier Jahre alt.

Aber eine Freundin hatte sie rechtzeitig in Sicherheit gebracht. Am dritten Tag, am 20. April 1960, verhafteten sie meine beiden Schwestern, meinen Schwager und meine Neffen. Sie folterten sie vor meinen Augen. Der Anblick meiner furchtbar mißhandelten Verwandten machte mir schwer zu schaffen, ich litt mit ihnen. Die Armen wußten überhaupt nichts von meiner politischen Aktivität. Dennoch mußten sie bis Ende 1963 in Haft bleiben, ohne rechtskräftiges Urteil, bloß weil sie als «Verwandte von Vietkong» galten. Die Folterknechte gaben sich nicht damit zufrieden, mich körperlich zu quälen. Sie rächten sich an mir durch psychologischen Druck. Jedesmal, wenn sie einen Mann verhaftet hatten, führten sie ihn zu mir und rühmten sich ihrer bestialischen Grausamkeit: «Guck dir genau an, wie wir sie behandeln. Diese Frau ist eine gebildete Frau, eine Apothekerin. Wenn du deinen Mund nicht aufmachst, werden wir dich fünfmal, zehnmal so tüchtig foltern wie diese hier. Schau dir ruhig an, in welchem Zustand sie sich jetzt befindet!»

Nach einem Monat Einzelzelle wollten sie mich zwingen, mich von meinem Mann zu trennen. Er war inzwischen in die befreiten Gebiete geflüchtet. Sie wollten mich zwingen, meine patriotischen Gefühle zu verraten, und ich sollte an ihren «antikommunistischen Umerziehungskursen» teilnehmen. Man verlangte zudem von mir, andere Patrioten zu denunzieren. Sie forderten mich auf, mit ihnen zu kollaborieren. Dafür wollten sie mich freilassen, und ich sollte meinen Beruf wieder ausüben können. Auch meine Verwandten sollten dann freikommen.

Weil ich ihre Angebote kategorisch zurückwies, begannen sie wieder, mich zu foltern, diesmal allerdings auf eine andere Weise. Eine ganze Woche lang wurde ich gezwungen, auf Fragen, die sie mir stellten, zu antworten, ohne mir auch nur einen Moment Pause zu gönnen. Meine Nerven waren am Ende, nachts konnte ich überhaupt nicht mehr schlafen. Ich glaubte mich am Ende meiner Kräfte.

Erst nach zwanzig Monaten Schutzhaft wurde ich vor ein Militärtribunal gestellt. Dort wurde gegen mich am 25. März 1963 wegen «Landesverrat» verhandelt. Ich antwortete den Richtern auf ihre Fragen: «Ich bin kein Verräter. Ich will weder mein Vaterland noch mein Volk verkaufen. Ich habe gegen die französischen Kolonialherren gekämpft, und jetzt kämpfe ich gegen die amerikanischen Aggressoren, für die Unabhängigkeit, die Demokratie, den Frieden und die Wiedervereinigung meines Landes . . .»

Die Richter schnitten mir das Wort ab, weil das Publikum, das der Verhandlung beiwohnte, meine Erklärung mit Beifall bedacht hatte. Im allgemeinen haben die Angeklagten nicht das Recht, selber das Wort zu nehmen, um sich gegen die willkürlichen Anklagen zu verteidigen.

Die Militärrichter verurteilten mich zu lebenslänglicher Zwangsarbeit. So machten sie Wort für Wort ihre Drohungen wahr. Ich möchte Sie darauf hinweisen, daß ich eine von den wenigen war, die überhaupt vor ein Gericht gestellt wurden. Fast alle Gefangenen werden in Haft genommen, ohne daß irgendein gerichtliches Verfahren stattfindet. Ich kam mit Gefangenen zusammen, die seit acht Jahren ohne Urteil in Haft saßen. Sie saßen auch noch am Tag meiner Freilassung in Poulo Condor. Nach meiner Aburteilung kam ich in verschiedene Gefängnisse, in Gia Dinh, in Chi Hoa, in Thu Duc, in Phu Loi und Poulo Condor. (. . .)

Ich möchte Ihnen nur einige der Unterdrückungsmaßnahmen erläutern, von denen ich selber betroffen war. Die meisten Gefängniswärter sind Militärs. Sie wurden in Amerika oder in Militärakademien neofaschistischer Prägung ausgebildet, wie sie selber zugeben. Die Gefängnisse werden «Umerziehungslager» genannt. Wie der Name schon sagt, betreibt die amerikahörige diemistische Regierungspolitik in diesen Lagern antikommunistische Umerziehung. Das bedeutet, die Häftlinge sollen ihre Liebe zum Vaterland verleugnen, auf die Fahnen der südvietnamesischen Quislinge schwören und an den Kursen des antikommunistischen Schulungsprogramms teilnehmen. Wie die anderen Häftlinge sagte ich den Wärtern ins Gesicht: «Ich schwöre auf keinen Fall auf diese Verräterfahne, sie ist vom Blut der Patrioten befleckt; ich nehme auch nicht an euren antipatriotischen Umschulungskursen teil, ich bleibe meinen Ideen und meinen Grundsätzen treu.» Als wir uns zu dieser Haltung bekannt hatten, führten wir ein Leben wie in der Hölle.

Ich möchte nicht weiter über die gewöhnlichen Folterungen sprechen. Sie fanden statt, immer wenn wir zum Gruß der Saigonfahne gezwungen werden sollten. Wir mußten Schläge, elektrische Stromstöße, «Reisen im Flugzeug» oder «U-Boot-Fahrten» über uns ergehen lassen. Diese Henkersknechte schreckten nicht vor den barbarischsten Torturen zurück, um uns «zahm zu machen», wie sie es nannten. So sperrten sie uns im Lager Thu Duc in die «Rauchkammer» ein. Das waren Zellen, die direkt neben den großen Öfen, in denen das Essen für die Häftlinge gekocht wurde, lagen. Vom Morgengrauen bis zum späten Abend wurde der dicke und kohlenoxydhaltige Rauch in die Zellen abgelassen. Wir husteten und waren fortwährend dem Ersticken nahe. Die Hitze der Öfen und das tropische Klima machten uns vollkommen fertig. Wir waren ständig schweißgebadet. Auf die Dauer waren wir wie ausgelaugt. Wir wurden immer bleicher. Das Kohlenoxydgas zersetzte unser Hämoglobin. Zwei von uns husteten Blut. Das war noch längst nicht alles: Jedesmal, wenn wir gegen die schlechte Behandlung protestierten, warfen uns die Henkersknechte DDT-Pulver ins Gesicht. Zwei Genossinnen von uns, Lon und Phe, wurden die Augen verbrannt. Sie sind fast erblindet.

Am 5. Juni 1964 wurde ich zusammen mit neunzehn anderen Häftlingen in die Haftanstalt von Gia Dinh gebracht. Sie ist wegen der Grausamkeit ihrer Gefangenenwärter weithin berüchtigt. Dort sollten wir gezwungen werden, uns vor der Saigonfahne zu verneigen. Die Folterknechte verprügelten uns und fesselten uns im Gefängnishof, wo wir der brennenden Sommersonne, den tropischen Regengüssen und der Kälte der Nacht fast schutzlos ausgesetzt waren, denn wir waren nur knapp bekleidet.

Im Lager von Phu Loi erging es uns nicht besser. Die Folterknechte Ky und Tri, «der Schrecken der Häftlinge», sperrten uns in zellenähnliche Räume, die für zwanzig Häftlinge vorgesehen waren; es wurden jedoch 71 Gefangene in diese Räume gepreßt. Wir mußten im selben Raum essen und hatten für unsere Notdurft nur einen offenen Kübel. Unser Raum grenzte an einen anderen, in dem die Tuberkulosekranken ersten Grades und die Schwerleprakranken des Lagers hausten. Das Trinkwasser wurde uns von Leprakranken gebracht; ihre Hände waren von blutenden Schwären bedeckt, und vielen waren die Finger abgefallen.

Eines Tages, abends um sechs, wurden wir von einer kalten und ekelerregenden Dusche überrascht, die durch das Gitter an der Decke auf uns gegossen wurde. Das Zeug war so eklig, daß wir Galle erbrechen mußten. Von unserm Schreck erholt, merkten wir endlich, daß Kopf, Haare, Gesicht, Kleidung und Fußboden von eitrigem und blutigem Speichel und erbrochenen Speiseresten überschüttet waren. Uns wurde schrecklich elend, und wir mußten uns übergeben. Die Folterknechte lachten hinter der Tür. «Kämpft, bleibt eurer Idee treu, ihr werdet alle Tuberkulose und Lepra kriegen. Das geschieht euch nur recht.»

Tatsächlich versuchten sie, uns mit Mikroben kleinzukriegen, sie übergossen uns mit dem Geschirrspülwasser, mit dem Waschwasser, mit dem Spülwasser der Spucknäpfe und mit Spülresten der Tuberkulose- und Leprakranken. Sie hatten das verseuchte Wasser in Behältern aufgefangen und fingen an, uns jeden Abend systematisch eine Stunde lang mit dem Zeugs zu überschütten. Wir waren jedesmal bis auf die Haut durchnäßt. Nachts war es oft sehr kalt, und wir mußten vollkommen durchnäßt und verschmiert von den Abfällen in diesem unerträglichen Gestank schlafen. Diese Behandlung erhielten wir eine Woche lang jeden Abend ... Zu anderer Zeit gaben uns die Henkersknechte zu jeder Mahlzeit eine Schale Reis mit Salz und ungefähr ein Fünftel Liter Wasser. Täglich gab es nur zwei von diesen sogenannten Rationen. Wir hatten unentwegt Hunger und furchtbaren Durst. Der Sommer war ausgesprochen heiß, und unsere Lippen und unsere Kehlen waren gänzlich ausgetrocknet. Die Kranken erhielten nicht einen Tropfen Wasser und nicht einen Löffel Suppe. Wir lebten wie die Tiere, hatten nicht einmal Wasser zur Reinigung unserer verschmutzten Körper.

Später, 1966, kam ich in das Zuchthaus Poulo Condor, in dem Tausende und aber Tausende von Patrioten ihr Leben gelassen haben. Die Behandlung ist dort außergewöhnlich brutal. Die Henkersknechte gaben uns nur weißen Reis ohne irgendwelche Zutaten zu essen. Die meisten der Gefangenen leiden an Beri-Beri, an Nervenentzündungen, Skorbut, Tuberkulose oder Magenkrebs. In Poulo Condor waren wir 33 Frauen. 18 von uns hatten Tuberkulose, 11 davon mit Bluthusten. Die anderen waren mehr oder weniger schwer krank.

Am 13. Januar 1967, einen Monat vor meiner Freilassung, gaben uns die Wärter abermals nur weißen Reis mit Salz und sonst nichts zu essen.

Wir protestierten gegen diese Hungerkur, und wir wurden dafür brutal geprügelt. Daraufhin traten wir in einen Hungerstreik, und sie nahmen uns dafür auch noch den letzten Tropfen Wasser. Wehrlos wurden wir dem kalten Winterwind ausgesetzt. Am 23. Januar 1967 lagen wir alle im Koma.

Während meiner siebenjährigen Haftzeit habe ich noch viele andere Verbrechen mit eigenen Augen ansehen müssen. Auch Kinder und Greise waren davon betroffen. Im Lager von Chi Hoa mußte zum Beispiel die kleine Anh, die gerade vier Jahre alt war, dieselben Torturen wie ihre Mutter erleiden. Ihre Mutter hatte sich geweigert, sich vor der Saigonfahne zu verneigen. Eines Tages bekam das Kind epileptische Anfälle. Trotz unserer Bitten erhielt sie kein einziges Medikament.

Ein anderes Mal sah ich, wie die Vollstreckungsbeamten einen Mann namens Ky einlieferten. Mit ihm wurden sein neunzigjähriger Vater und seine Frau, die im neunten Monat schwanger war, ins Gefängnis gebracht. Sie folterten Ky vor seinem Vater und vor seiner Frau. Sie verbrannten ihm den Arm mit einem Benzinlappen, sie rissen ihm mit einer Zange einen Zahn nach dem andern heraus, sie nagelten seine Finger auf einem Holztisch fest und rissen ihm gewaltsam die Fingerkuppen ab; das Blut spritzte in Strömen. Bei jedem Angstschrei Kys lachten sie, bei den Hilferufen seines Vaters und den Schmerzensregungen seiner schwangeren Frau.

Herr Präsident, meine Damen und Herren,
die wenigen Tatbestände, von denen ich hier Bericht geben konnte, sind nur ein winziger Ausschnitt aus der Summe des Leidens, die meine Landsleute seit 1954 für die Unabhängigkeit ihres Vaterlandes und für den Frieden in der Welt erdulden mußten.

Fragen an Pham Thi Yen

KASURI: Haben die anderen Frauen eine ähnliche Behandlung wie Sie erfahren?

ZEUGIN: Ja, alles, was ich Ihnen geschildert habe, trifft auch auf andere Frauen zu.

KASURI: Wurden auch andere Frauen vergewaltigt und an ihren Geschlechtsorganen gefoltert?

ZEUGIN: Ja, ich kenne Genossinnen, die noch im Gefängnis sitzen; sie wurden wiederholt vergewaltigt. Ich kenne ein sechzehnjähriges Mädchen, das in Ben Tre mehrere Male nacheinander vergewaltigt worden ist.

KASURI: Haben amerikanische Ärzte Ihre Gefängnissse besucht?

ZEUGIN: Ich habe keine gesehen. Jeden Monat kommen amerikanische Delegationen, die nur aus Militärs bestehen, um – ich weiß nicht was – zu kontrollieren.

KASURI: Konnten Sie nach diesen Besuchen irgendwelche Verbesserungen bemerken?

ZEUGIN: Nein.

KASURI: Konnten die Gefangenen sich bei den amerikanischen Offizieren über ihre schlechte Behandlung beklagen?

ZEUGIN: Nein, wir konnten sie nur von weitem sehen. Sie stellten uns keine Fragen.

WEISS: Wurden die Verhöre von Angehörigen der südvietnamesischen Regierungstruppen durchgeführt?

ZEUGIN: Ja, aber nach dem, was einige mir sagten, werden diese Soldaten von Amerikanern in Spezialkursen ausgebildet. Sie rühmen sich gern ihrer wissenschaftlichen Foltermethoden, die sie von den Amerikanern gelernt haben wollen.

DELLINGER: Als Sie von den Delegationen sprachen, die gelegentlich die Lager besuchen, haben Sie dabei die Gefängnisse von Saigon oder Poulo Condor gemeint?

ZEUGIN: In alle Gefängnisse kamen regelmäßige Delegationen. (. . .) Auf die Insel Poulo Condor wurden wir von amerikanischen Piloten geflogen. Während der Flugreise vom Flughafen zum Lager habe ich militärische Anlagen und einen amerikanischen Stützpunkt gesehen.

SCHWARTZ: Ihre Kinder sind nicht inhaftiert worden, weil sie von Freunden in Sicherheit gebracht worden waren. Können Sie vor diesem Tribunal die Aussage Madeleine Riffauds bestätigen; sie hat ausgesagt, daß die Familien in Vietnam gewaltsam getrennt werden.

ZEUGIN: Ich kann Ihnen ein Beispiel erzählen. Es handelt sich um eine Mutter von vier Kindern, die mit mir in Chi Hoa gefangen war. Sie wurde verhaftet und konnte nur ihre beiden Jüngsten mitnehmen. Die beiden anderen wurden in ein Waisenhaus gebracht. Wir haben zahlreiche Eingaben gemacht und Proteste veranstaltet, um von den Behörden herauszubekommen, in welchem Waisenhaus die Kinder untergebracht waren. Ich weiß nicht, ob die Frau es inzwischen erfahren hat (. .) Ihr Mann sitzt noch immer im Gefängnis. Ich habe noch andere Fälle erlebt: als man uns von Chi Hoa nach Thu Duc bringen wollte, sollten die Kinder von ihren Müttern getrennt werden. Wir haben sehr gegen diese Maßnahme kämpfen müssen, und sogar die Strafgefangenen haben sich unserem Kampf angeschlossen (. . .) Ein anderes Mal, in Chi Hoa, ebenfalls bei einem Gefangenentransport von einem Lager ins andere, haben sie es geschafft, die Kinder von ihren Müttern zu trennen (. . .) Die Kinder werden in den Gefängnissen nicht amtlich registriert. Sie müssen von den Rationen der Mütter leben.

SCHWARTZ: Anfangs wurden Sie gefoltert, um Nachrichten aus Ihnen herauszupressen. Später wurden Sie offenbar gefoltert, um Sie dafür zu strafen, daß Sie die Regierungsfahne nicht genügend verehrt hatten, und einfach, um Sie zu terrorisieren. Wurden denn auch diejenigen, die der Saigonfahne hinlänglich Reverenz erwiesen hatten, trotzdem mißhandelt?

ZEUGIN: Die Behandlung war kaum anders. Wer bei der Prozedur einen Fehler macht, wird dafür mit Repressalien bedacht, damit er seinen Fehler «korrigiert». Es gibt wiederholte und sehr harte Disziplinarstrafen.

SCHWARTZ: Haben Sie den Eindruck, daß Poulo Condor eine Art Vernichtungslager darstellt?

ZEUGIN: Ja, dafür ist es berüchtigt.

SARTRE: Sie sind eine der wenigen Internierten, die vor einem regelrechten Gerichtshof verurteilt worden sind. Die meisten anderen werden verhaftet, ohne daß man ihnen den Grund ihrer Verhaftung mitteilt. Können Sie mir sagen, in welchen Fällen man eine Justizfarce überhaupt für nötig hält? Wie konnte es dazu kommen, daß man es für nötig erachtete, so zu tun, als würde über Sie ein rechtmäßiges Urteil verhängt?

ZEUGIN: Ich bin in der Hauptstadt bekannt; meine Verhaftung hatte allerhand Aufsehen erregt. Die Intellektuellen hatten protestiert.

SARTRE: War es allein die öffentliche Meinung?

ZEUGIN: Ich glaube, in meinem Fall ja.

DE BEAUVOIR: Unter welchen Umständen hat man Sie freigelassen?

ZEUGIN: Ich kann den Grund meiner plötzlichen Freilassung nicht genau angeben. Der Marionettenleutnant sagte mir: «Es gibt Demonstrationen für die Freilassung der politischen Häftlinge und der Kriegsgefangenen!» Ich glaube, man hat mich aus Demagogie freigelassen. Ich bin jedoch ein Ausnahmefall. Die anderen bleiben weiter in Haft, ohne rechtskräftig verurteilt zu sein; manchmal ist die Strafe längst abgesessen, aber die Verurteilten bleiben weiter im Gefangenenlager.

DE BEAUVOIR: Dafür gibt es keinen anderen Grund als für das Urteil gegen Sie?

ZEUGIN: Ich denke, so ist es.

HERNANDEZ: Wo leben Sie jetzt?

ZEUGIN: Gegenwärtig wohne ich in den befreiten Gebieten.

HERNANDEZ: Haben Sie jemals davon gehört, daß gefangengenommene amerikanische Soldaten von den Truppen der Befreiungsfront gefoltert worden sind?

ZEUGIN: Ich nehme nicht an, daß amerikanische Soldaten gefoltert werden. Ich habe jedenfalls nie davon gehört.

DEDIJER: Ich danke Ihnen, Frau Yen, für Ihre Aussage. Sie war für uns sehr wertvoll. Auch ich möchte energisch gegen die Art und Weise Protest erheben, in der die englische Presse, besonders die Zeitungen des Lord Thompson, über unsere Arbeit berichtet. Unsere Aufgabe ist es, das ans Licht der Öffentlichkeit zu bringen, was wirklich in Vietnam geschieht. Diese Presse bemüht sich, der öffentlichen Meinung Englands die Wahrheit über Vietnam vorzuenthalten. Wie dem auch sei, wir werden nichts unversucht lassen, damit die Wahrheit sich auch in England durchsetzt.

II. Aussage von Nguyen Thi Tho

Mitglied der Delegation der Nationalen Befreiungsfront. (Nguyen Thi Tho wurde in Lai Thieu, Provinz Thu Dau Mot, geboren; sie war früher Lehrerin und ist heute als Landwirtin tätig. Sie ist verheiratet und Mutter von zwei Kindern.)

Nach der Unterzeichnung des Genfer Indochinaabkommens im Juli 1954 wurde der Friede in Vietnam wiederhergestellt. Versehen mit Identitätspapieren von der südvietnamesischen Verwaltung, konnte ich nach Lai Thieu, Provinz Thu Dau Mot, zurückkehren und dort meine frühere Tätigkeit wiederaufnehmen.

1956 startete das Marionettenregime von Ngo Dinh Diem eine Kampagne ‹zur Überführung der Kommunisten›, die ‹Truong Tan Buu›-Aktion. Die Beamten des Staatssicherheitsdienstes, die Polizei und der Verwaltungsapparat Diems führten Terroraktionen durch, bei denen die ehemaligen Widerstandskämpfer verfolgt und verhaftet wurden. Auch die Personen, die allein oder organisiert für den Frieden, die Unabhängigkeit, die nationale Einheit und die Verwirklichung der demokratischen Freiheiten in Saigon und in allen Provinzen des östlichen Nambo-Gebietes, ehemals Cochinchina, tätig waren, wurden verfolgt. Im Verlauf dieser Kampagne wurde ich verhaftet.

Im Oktober 1956, als ich von Phu Huu zum Markt von Thu Dau Mot fuhr, wurde ich vom Bürgermeister von Phu Huu und seinen Vollstrekkungsbeamten festgenommen. Sie richteten ihre Gewehre auf mich, fesselten mich und brachten mich zum Polizeiposten von Thu Dau Mot; sie warfen mir vor, ich gehöre zum Widerstand.

Dort wurde ich in den ‹Verhörraum› gestoßen. Sofort wurde ich von den brutalen Aufsehern mit Fausthieben und Fußtritten bearbeitet. Sie schrien mich an: «Du hast im Widerstand gekämpft. Warum bist du nicht in den Norden abgehauen? Du bist hier geblieben, um für die Wiedervereinigung Propaganda zu machen und an der Kampagne für den Frieden teilzunehmen!»

Diese brutalen Aufseher, die auf Befehl der Amerikaner arbeiteten, folterten mich und die anderen Häftlinge auf vier verschiedene Arten:

1. Wir wurden auf Brust und Rücken geprügelt, vor allem die linke Brust wurde mit einem Knüppel von ungefähr sechzig Zentimeter Länge und sechs Zentimeter Umfang malträtiert. Anschließend war meine Brust stark geschwollen und beinahe wie zerquetscht. Ich wurde bis zur Besinnungslosigkeit zusammengeschlagen.

2. Die Wasserfolter. Ich wurde in einen Raum geführt, in dem ein 500-Liter-Wasserbehälter stand, außerdem befanden sich darin eine Holzplanke, auf der man gerade ausgestreckt liegen konnte, Stricke und ein Gummischlauch. Man band mich auf der Holzplanke fest und verschloß mir Mund und Nase mit einem Stück dünnen und wasserdurchlässigen Stoff. Zwei Beamte der Sicherheitspolizei drückten meinen Kopf nach unten, und ein dritter hielt den Schlauch so, daß mir immer mehr

Wasser in den Mund floß. Ungefähr eine halbe Stunde lang mußte ich mehrmals nacheinander verschiedene Flüssigkeiten schlucken, mal Wasser, mal Fischsoße und dann wieder Seifenlauge ... Ich konnte keine Luft kriegen und sog mit jedem versuchten Atemzug die Flüssigkeit tiefer in mich hinein. Ich hatte das Gefühl, jeden Augenblick zu ertrinken; ich fühlte einen schwarzen Schleier vor meinen Augen. Trotz meiner heftigen Abwehrreaktionen fiel ich in Ohnmacht. Als ich wieder zu mir kam, hatten die Beamten meine Stricke gelöst und hielten meinen Kopf nach unten, damit das Wasser herauslaufen konnte. Dann banden sie mich von neuem auf die Bank und fingen an, mich wieder zu foltern, und das viele Male nacheinander.

3. Sie zwangen mich, mich flach auf den Boden zu legen, mit dem Gesicht nach oben. Dann schlugen sie mit Rohrstöcken auf meine Fußsohlen ein. Bei jedem Schlag war mir, als ob mein Herz aus der Brust springen sollte. Mir war, als ob mein Schädel mit einem Eisenstab durchbohrt würde. Ich konnte kaum noch etwas erkennen und merkte, wie mein Körper immer gefühlloser wurde. Als die Tortur zu Ende war und ich aufzustehen versuchte, verursachte mir jede Bewegung grausame Schmerzen.

4. Ich wurde auf eine Bank gefesselt, das Gesicht zur Decke. Über mir hing ein Wasserfaß von fast zwei Meter Umfang. Durch eine kleine Öffnung tropfte das Wasser auf meine Stirn. Zunächst machten mir die Tropfen nicht allzu viel aus, aber dann fiel jeder Tropfen auf mich herab wie ein schwerer Kieselstein. Ich wurde fast verrückt vor Schmerzen. Während dieser Tortur hörte ich, wie der zweite Kommandant der Verhörabteilung mehrmals zu seinen Leuten sagte: «Wenn ihr den Häftling zu heftig schlagt, geht er sofort zugrunde, oder er behält deutliche Spuren zurück. Das paßt nicht in das Konzept der Amerikaner.» Mir gab er zu verstehen: «Du wirst dein ganzes Leben lang gelähmt bleiben. Du kannst nicht mal eine Fliege mehr kaputtdrücken. Ich will dich mit dieser Methode auf kleiner Flamme zu Tode schmoren. Du wirst schon sehen, wie wir dich fertigmachen!»

Jetzt, elf Jahre danach, bin ich von den Mißhandlungen, die ich im Gefängnis erlitten habe, noch immer nicht geheilt. Beim geringsten Wetterwechsel habe ich genauso starke Schmerzen wie damals, als ich der Folter ausgesetzt war. Außer dem, was ich selbst mitgemacht habe, mußte ich in verschiedenen Gefängnissen noch andere Foltermethoden mitansehen:

In Thu Dau Mot verhafteten die Sicherheitspolizisten Frau Hue aus Lai Thieu, entkleideten sie völlig und prügelten sie so lange, bis sie ohnmächtig umfiel. Sie glaubten, sie wäre gestorben, und ließen sie deshalb einfach im Verhörzimmer liegen. Es gelang ihr jedoch zu fliehen. Zurück ließ sie ihre blutverschmierten Kleider.

Die Beamten, die mit der Durchführung der antikommunistischen Kampagne in Thu Dau Mot beauftragt waren, verhafteten einen älteren Mann und seinen Sohn; beide waren Vogelfänger. Ich konnte sehen, daß der Vater noch einen Käfig mit einem Vogel in der Hand hielt, als die Sicherheitspolizei kam und beide auf die Polizeistation brachte. Er wurde so brutal geschlagen, daß er noch auf dem Weg ins Gefängnis starb. Sein Sohn wurde trotz seiner Hilfeschreie an ein Tischbein gefesselt, während man den Sterbenden herausschaffte.

Ich habe gesehen, wie Beamte der Spezialpolizei Nadeln unter die Fingernägel von Frau Ly trieben. Dann umwickelten sie einen Finger mit einem Benzintuch und steckten es an. Der Finger verbrannte bis auf den Knochen, und die übrigen Finger wurden ebenfalls schwer verletzt.

Frau Phuong aus Ninh Long, die wegen versuchter Hilfeleistung für die Gefangenen während des Massakers von Phu Loi angeklagt war (dabei waren mehr als tausend Gefangene an Vergiftungen gestorben), trieb man einen starken Knüppel in die Scheide ein. Frau Phuong litt noch fünf Jahre später an fortwährenden Blutungen.

Um Frau Nga, Mutter eines sechsjährigen Mädchens, zum Sprechen zu zwingen, tauchten die Polizisten das Kind in ein Wasserfaß, auf dessen Wände sie heftig einschlugen. Als sie das Mädchen wieder herausholten, strömte ihm das Blut aus Mund, Nase und Augen. Seitdem hat das Kind Gedächtnisstörungen, und seine Gesundheit ist stark in Mitleidenschaft gezogen.

Frau Dan aus Phan Thiet wurde entsetzlich geschlagen und anschließend eingesperrt, weil sie sich geweigert hatte, sich von ihrem Mann scheiden zu lassen. Ihr Mann war in den Norden gezogen. Die Polizisten haben Frau Lien aus Phan Thiet fast zu Tode gewürgt, und sie hat seither die Sprache verloren.

Ich habe hier nur von einigen Fällen berichtet, von denen ich selbst gehört habe. Fast alle Gefangenen haben die verschiedensten Formen barbarischer Folterungen über sich ergehen lassen müssen. Alle, die überlebt haben, sind seither schwer krank . . .

Im März 1957 wurde ich vom Gefängnis Thu Dau Mot in das Gefängnis Gia Dinh transportiert, und einen Monat später wurde ich nach Poulo Condor, einer Insel vor dem Mekongdelta, gebracht. An Bord des Schiffes waren vierhundert Menschen, darunter achtzig Frauen, zwei von ihnen älter als sechzig Jahre, und zwei Babys, das eine sechs Monate, das andere ein Jahr alt. Die Gesamtzahl der auf der Insel Internierten schwankte in der Zeit, als ich dort inhaftiert war, zwischen vier- und achttausend, einschließlich der kriminellen Straftäter. Unter den Gefangenen waren ungefähr hundert Frauen und zehn Kinder, die älter als ein Jahr waren.

In der Zeit, als ich in Poulo Condor saß, begann man, die Internierten systematisch zu töten, aber man stellte sie nicht einfach an die Wand. Infolge der zum Himmel schreienden Dürftigkeit der Wasser- und Speiserationen, der fehlenden Frischluft in den entsetzlich überfüllten Zellen und des Fehlens aller medizinischen Hilfsmittel starben die Häftlinge reihenweise an Erschöpfung oder Seuchen dahin. Nach meiner Ankunft wurde ich zunächst in einen verhältnismäßig großen Raum gebracht und erhielt ausreichende Mahlzeiten. Drei Tage später erklärte Hauptmann Nam, der Lagerkommandant, den neueingelieferten Häftlingen die Lagerordnung. Er sagte uns: «In Poulo Condor sind so viele Gefangene umgekommen, wie wir Ziegelsteine gebraucht haben, um dieses Gefängnis aufzubauen. Die Insel liegt weit vom Festland entfernt, weit weg von euren Freunden. Es gibt hier keinen, der euch schützen kann. Im Gefängnis Poulo Condor wenden wir amerikanische Methoden an. Sie haben den Sinn, alle diejenigen allmählich kleinzukriegen, die sich weigern, gegen den Kommunismus Front zu machen, die sich weigern, unseren Präsidenten Ngo Dinh Diem zu ehren, die sich weigern zu lernen, wie man Kommunisten überführt, und die sich gegen die Anwesenheit unserer amerikanischen Freunde auflehnen. Es ist schon wahr: wer in dieses Gefängnis mit seinen Tausenden Schwerkranken kommt, steht schon mit einem Fuß im Grabe. Ich warne euch, daß es euch nicht genauso ergeht!»

Am Abend ließ uns Hauptmann Nam eine vorgefaßte Erklärung zukommen, in der wir unseren festen Willen erklären sollten, mit dem Kommunismus zu brechen. Er wollte uns gewaltsam zur Unterschrift zwingen. Als wir uns weigerten, wurden wir geschlagen und zu viert in eine Zelle gesperrt. In der Zeit, als die französischen Kolonialherren das Gefängnis gebaut hatten, waren die Zellen für einen Einzelhäftling gedacht. Die Zellenwände bestehen aus ungefähr 45 Zentimeter dicken Beton- und Steinmauern und sind auch nach oben hin mit einer starken Betondecke vermauert. Die fünf Zentimeter starke Holztür hat ein winziges Luftloch mit einem Durchmesser von zweieinhalb Zentimetern. Über der Tür befindet sich eine weitere Öffnung von 60 mal 30 cm, die jedoch schwer vergittert ist und schon am Tag unserer Einlieferung völlig abgedichtet war. Eine weitere Öffnung verbindet die Zelle mit einem abseits gelegenen WC. Die Zelle ist ungefähr 1,50 Meter lang und ist mit einer Bank von 1,50 mal 0,30 cm ausgestattet. Die Bank dient als Schlafstelle. Es gab keinerlei Beleuchtung, und jede Frischluftzufuhr war unmöglich, weil alle Öffnungen abgedichtet waren, außer dem Durchgang zur Toilette. Die Wächter brachten uns einen Eimer für unsere Notdurft, der ungefähr zehn Liter faßte und der einmal in der Woche geleert wurde.

Schon eine Viertelstunde nach der Einlieferung in die Zelle konnten wir kaum noch Luft kriegen. Die Toiletten stanken unerträglich, und durch die schwarzen Betonmauern sickerte die Jauche. Die Hitze war unerträglich, und wir trieften vor Schweiß. Bald mußten wir unsere Kleider ablegen und unsere langen Haare abschneiden, aber die Hitze wurde darum nicht erträglicher.

Zuerst waren wir nur zu viert in der Zelle, dann waren wir acht und schließlich wurden es zwölf, die in dieser winzigen Zelle zusammengepfercht wurden. Viele bekamen Erstickungsanfälle. Wir rangen nach Luft und schrien um Hilfe, bis die Wärter die Tür öffneten. Die Ohnmächtigen kamen dann in einigen Minuten zu sich.

Die tägliche Essensration bestand aus zwei Schalen mit ungeschältem Reis, die wir uns zu dreien teilen mußten, zwei Eßlöffel Salzwasser und etwas weniger als ein Viertelliter Trinkwasser. Wir hatten nicht einen Tropfen Wasser, um uns zu waschen. Vor dem Eingang war eine entsetzlich stinkende Abflußrinne, durch die die Fäkalien abgeleitet wurden. Sie stellten den Reis an den Rand dieser Rinne, bevor wir ihn zu essen kriegten. Fliegen aller Größen setzten sich vor unseren Augen darauf. Jeder mußte sich nach diesem Fraß erbrechen. Cholera und Ruhr verbreiteten sich rasch unter den Gefangenen.

Vier Monate lang konnten wir weder baden noch waschen. Wir starrten vor Dreck. Während der Menstruation konnten wir nichts anderes tun, als uns an die Wand zu lehnen und das Blut fließen zu lassen. Manchmal fielen wir dabei vor Erschöpfung in unser eigenes Blut.

So litten wir zehn Monate in dieser Zelle. Wir waren alle unglaublich heruntergekommen und wurden immer fahler. Einige von uns konnten ihre Beine nicht mehr bewegen. Wir litten an Verdauungsstörungen und Nervenreizungen, an Malaria, an Geschwüren und Gebärmutterentzündungen. Wir waren zu Skeletten abgemagert.

In Poulo Condor gab es auch Zellen, in denen ungefähr zweihundert Gefangene zusammengepfercht waren. Die waren so überfüllt, daß vier Gefangene im Durchschnitt nur drei Quadratmeter zum Sitzen und Schlafen zur Verfügung hatten. Manche Gefangene werden jahrelang unter solchen Bedingungen eingesperrt, mit denselben Essensrationen, wie ich sie genannt habe. Viele Gefangene starben schon nach einem Jahr an Erschöpfung, Unterernährung oder Seuchen. Einmal im Jahr hatten wir Anspruch auf ein Bad im Meerwasser. Meistens waren wir beim Verlassen der Zellen so schwach, daß wir kaum kriechen konnten. Eine Krankheit, die wir ‹Schwarzfuß› nannten, griff im Lager um sich: schwarze Flecken traten zunächst an den Knien der Betroffenen auf, sie führten im weiteren Verlauf der Krankheit zum Tod des Opfers. Die Leichen wurden in Strohmatten gewickelt und vergraben. Später wurden die Hügel, die sich über den Massengräbern gebildet hatten, abgetragen, so daß alle Spuren verwischt waren.

Nach einer offiziellen Statistik aus dem Büro des Leutnants Nguyet wurden von Juli bis September 1957 mehrere tausend Gefangene von dieser Epidemie befallen. Alle waren schwer erkrankt, und es gab dreihundert Todesopfer.

Jeder arbeitsfähige Häftling wurde zu schwerer Zwangsarbeit herangezogen; zum Beispiel mußte man pro Tag drei Quadratmeter Holz hacken, das ist dreimal so viel, wie ein Arbeiter normalerweise am Tag schafft. Wenn der Häftling seine Tagesnorm nicht erfüllte, wurde er windelweich geschlagen. Die Gefangenen, die zur Holzarbeit eingeteilt waren, versuchten, Schnecken und Kräuter zu sammeln, die sie mit ihren Kameraden essen wollten. Wenn die Aufseher das bemerkten, schlugen sie blindwütig auf sie ein. Die zur Zwangsarbeit herangezogenen Häftlinge hatten Anspruch auf ein Bad von drei bis vier Minuten Dauer;

aber da sie zu vierzig oder fünfzig in einer Gruppe waren, hatten sie gerade nur die Zeit, sich einen Eimer Wasser zu greifen und ihn sich über den verdreckten Körper zu schütten. Bei der Verhaftung hatten die meisten Häftlinge Kleidungsstücke zum Auswechseln erhalten. Da es jedoch in den WCs kein Papier gab, waren sie gezwungen, ihre Hemden, Umhänge und Pyjamas auseinanderzureißen. Schließlich besaßen all diejenigen, die zur Holzarbeit eingesetzt waren, nur noch einen schmalen Stoffstreifen, den sie sich um die Hüften legten. In den Zellen waren die Gefangenen nackt, die ungeschorenen Haare fielen bis auf die Schulter herab, und der Bart reichte bis auf die Brust.

Weihnachten 1957 wurde den katholischen Gefangenen verboten, die Messe in der Gefängniskapelle zu hören, und sie durften nicht einmal in ihren Zellen beten. Als die Glocken läuteten, um die Gläubigen zu rufen, hörte ich die im Lager I eingesperrten katholischen Gefangenen laut beten, dann schrien sie vor Schmerzen, weil die Aufseher über sie hergefallen waren. Von Mitternacht bis zum nächsten Mittag gegen eins wurden zahlreiche praktizierende Katholiken grausam geschlagen.

In Poulo Condor sitzen vor allem Häftlinge, die nach der Unterzeichnung des Genfer Indochinaabkommens verhaftet worden sind. Aber es gibt dort auch politische Gefangene, die schon vorher festgenommen und 1954 durchaus nicht freigelassen worden waren, wie es die Genfer Verträge eigentlich vorschrieben. Man hatte sie einfach zu kriminellen Häftlingen erklärt (. . .) Sie versuchten, uns mit allen Mitteln auf ihre Lage aufmerksam zu machen. Sie erklärten uns, daß man sie 1954 an dem zur Freilassung der politischen Gefangenen vorgesehenen Termin in aller Eile auf die Insel Coong transportiert hatte. Dort leiteten sie eine Kampagne zur Verteidigung ihrer Rechte ein. Zwanzig Häftlinge sind während dieser Auseinandersetzungen umgekommen. Ich habe selbst den Graben gesehen, in den man damals ihre Leichen geworfen hat. Nur ein großer Erdhaufen verrät noch den Ort. (. . .)

1958 initiierte die Bevölkerung von Saigon mächtige Aktionen gegen das Diem-Regime. Das Diem-Regime hatte auf Geheiß der Amerikaner unter anderem auch Frauen nach Poulo Condor deportiert. Um die Bewegung niederzuschlagen, brachte man die weiblichen Häftlinge aufs Festland zurück. Vor unserer Rückreise wurden wir zunächst in ein größeres Gebäude verlegt, wir erhielten genügend zu essen, und man gab uns sogar eine kleine Abschiedsfeier. Das alles, um uns die entsetzlichen Qualen vergessen zu lassen und um unseren Haß zu besänftigen.

Bei der Ankunft auf dem Festland wurden ungefähr hundert Häftlinge in das Gefängnis Phu Loi gebracht; ich gehörte zu diesen Betrogenen. Die Gefängnisleitung wollte uns zwingen, die Saigonflagge zu grüßen, Antikommunismus zu geloben und dem Präsidenten Ngo Dinh Diem die Treue zu schwören. Wir weigerten uns und erklärten: «Eine Fahne ist das Emblem einer Regierung. Die gegenwärtige Regierung ist von den Vereinigten Staaten eingesetzt worden, es ist eine Regierung, der das Volk Vietnams sich widersetzt. Die Chefs dieser Regierung greifen zu Massenexekutionen, sie verfolgen mörderische Pläne: darum können wir diese Regierung nicht gutheißen!»

Zwei Tage später wurde ich mit einer Gruppe von 41 weiblichen Häftlingen von Phu Loi nach Gia Dinh gebracht. Von dort wurden wir in das Gefängnis Thu Duc transportiert. Mitte 1959 waren wir schließlich in unseren vertrauten Zellen von Phu Loi. Das Gefängnis Phu Loi liegt weit außerhalb der Stadt gleichen Namens. Zunächst war es ein japanischer Militärposten, dem ein Flugplatz angeschlossen war. Die Franzosen verwandelten den Stützpunkt in eine Militärakademie und befestigten ihn mit Artilleriestellungen, von denen aus die befreiten Gebiete ununterbrochen beschossen wurden. Die amerikahörige Saigonclique baute den Stützpunkt dann zu einem Gefängnis um, in dem rund sechstausend Gefangene, darunter drei- bis vierhundert weibliche Häftlinge, inhaftiert waren.

In Phu Loi bestand eine Spezialabteilung des Sicherheitsdienstes. Es gab dort ein ‹Verhörzentrum›, das in Wahrheit nichts anderes als eine mit allen erdenklichen Folterinstrumenten ausgerüstete Folterkammer darstellte.

Bald nach unserer Ankunft nahmen die Aufseher uns alle kleinen Andenken ab, die wir aus winzigen Stoffresten, die wir mühsam zusammengesucht hatten, gebastelt hatten. Dann schlugen sie uns mit Knüppeln und Stöcken zusammen, nachdem wir es abgelehnt hatten, die vorbereiteten Erklärungen zu unterschreiben.

Die Mißhandlungen, denen unsere Gruppe ausgesetzt war, dauerten 75 Tage. Jeden Morgen wurden fünf bis zehn von uns in die Folterkammer geschleppt, wo Leutnant Ky und Sergeant Tri das Regiment hatten. Sie folterten zum Beispiel die achtzehnjährige Hong, indem sie ihr mit Gewalt eine Mischung aus Salzlauge und Seifenwasser durch Mund und Nase einflößten. Die 24jährige Frau Loi wurde mit dem Kopf nach unten an einem Haken aufgehängt und mit Knüppelschlägen traktiert. Auf Frau Hong hetzten sie die Polizeihunde, sie wurde beinahe von den wütenden Tieren zerrissen. Die siebzehnjährige Lo wurde elektrisch am empfindlichsten Teil ihres Körpers gefoltert.

Wir mußten acht Stunden am Tag absolut still sein und die antikommunistischen Radiosendungen über uns ergehen lassen. Die geringste Bewegung war uns untersagt, wir durften nicht einmal zur Toilette gehen oder uns entspannen. Wer dieses Reglement nicht einhalten konnte, wurde wegen ‹Sabotage› angeklagt und gezwungen, Tag und Nacht aufrecht zu stehen. Im besten Fall kam er mit einer zusätzlichen Foltersitzung davon.

Das Gefängnis war vollkommen überfüllt, und für die Körperpflege der Gefangenen fehlte das Wasser. Während der Menstruation einen Viertelliter Wasser, um sich zu waschen. Manchmal gelang es einer von uns, sich aus der Zelle nach draußen zu schleichen und in einem nahe gelegenen Tümpel zu baden. Aber wenn die Aufseher das merkten, wurden wir geschlagen.

Innerhalb des Gefängnisgeländes war jede Kontaktaufnahme mit Freunden oder sogar mit den nächsten Angehörigen verboten. Wenn es einer Mutter gelungen war, ihrem Kind einige Worte zuzuflüstern, liefen beide Gefahr, sofort wegen ‹verbotener politischer Beziehungen› angeklagt zu werden. Wenn zwei Häftlinge mit dem Gesicht zueinander eingeschlafen waren, anstatt mit dem Gesicht zum Rücken des anderen zu liegen, wie es vorgeschrieben war, wurden sie wegen ‹illegaler Kontakte› in die Folterkammer geschleppt.

Das Gefängnis hatte unter seinen Häftlingen auch dreizehn Kinder. Sie waren entweder dort geboren oder als Kleinkinder mit ihren Müttern zusammen eingeliefert worden. Zwei von ihnen waren Kinder eines Deserteurs. Die Häftlinge gaben auf sie besonders acht, aber die Aufseher rächten sich dafür mit besonders brutalen Mißhandlungen. Die beiden Kleinen, der vierjährige Hung und der dreijährige Duc, durften nie ins Freie, um draußen spielen zu können. Sie durften sich den ganzen Tag nicht von der Stelle rühren. Von Zeit zu Zeit versuchten sie trotzdem, sich nach draußen zu schleichen. Wenn sie dabei jedoch ertappt wurden, wurden sie damit bestraft, daß sie aufrecht an der Stelle, an der sie erwischt worden waren, in der brennend heißen Mittagssonne stehen bleiben mußten.

Sie wurden fast jeden Tag irgendwie bestraft. Fast täglich mußten sie zwei oder drei Stunden nacheinander still stehen oder auf den Knien sitzen. Wenn ihre Mutter dagegen protestierte, wurde sie fast lahm geschlagen.

Im Mai kündigte man den bevorstehenden Besuch einer parlamentarischen Untersuchungskommission an. Sie wollte den vom ‹Vietkong› zerstörten Nachbarposten Tan Long inspizieren. Man forderte uns auf, eine Grußadresse an den Präsidenten Ngo Dinh Diem zu schicken. Wir sollten darin den Norden anklagen, daß er das Vaterland in zwei Teile getrennt habe, und wir sollten beteuern, daß wir bereit seien, das Diem-Regime und die Amerikaner zu unterstützen. Die Häftlinge wurden höflich gebeten und schließlich unter Drohungen gezwungen, die Parlamentarier zu belügen, und es wurde ihnen strikt verboten, das beim Namen zu nennen, was sie über ihre gesetzwidrige Inhaftierung dachten.

Hier einige der vorbereiteten Fragen und Antworten:

«Haben Sie genügend Wasser zum Trinken und Waschen?» «O ja, wir haben reichlich Wasser.» «Haben Sie genug zu essen?» «Ja.» «Sind Sie jemals gefoltert oder in irgendeiner Weise mißhandelt worden?» «Nein, niemals.» «Kriegen die Kinder Milch zu trinken?» «Ja, die Kinder bekommen Milch.»

Nach diesem Besuch wurden die Internierten, die mit den Parlamentariern gesprochen und dabei nicht die verlangten Antworten gegeben hatten, sofort in den ‹Verhörsaal› geführt und den entsetzlichsten Folterungen ausgesetzt. Diejenigen, die sich geweigert hatten, die Grußadresse zu unterschreiben, erlitten das gleiche Schicksal und wurden Tag für Tag gefoltert. Das ganze dauerte wieder 75 Tage.

Am 26. Oktober, dem Nationalfeiertag des Marionettenregimes, leitete die Gefängnisverwaltung eine neue Unterschriftenkampagne ein. Wieder wurden die sich Sträubenden auf das Brutalste mißhandelt.

Ende 1960 begann im ganzen Land eine mächtige Kampagne für die Freilassung der politischen Häftlinge. Die amerikatreue Diem-Clique war gerade dabei, die ‹Wahlen› für ihre Nationalversammlung vorzubereiten. Um Druck abzulassen, beschlossen die Behörden, eine kleine Anzahl von Gefangenen freizulassen. Ich hatte das Glück, unter den Entlassenen zu sein. Vor der Entlassung mußten zwei Angehörige des Internierten ein Papier unterzeichnen, in dem sie die Verantwortung dafür übernahmen, daß der Freigelassene sich keiner politischen Organisation anschließen würde, außer den Verbänden, die Ngo Dinh Diem selber ins Leben gerufen hatte. Der Häftling mußte seinerseits einmal im Monat sich auf der nächsten Dienststelle des Staatssicherheitsdienstes melden, und er konnte sofort wieder verhaftet werden, wenn er in den Verdacht geraten war, in einer der patriotischen Organisationen der Nationalen Befreiungsfront aktiv mitzuarbeiten.

Bei meiner Entlassung aus der Haft war ich schwer krank und konnte wegen meines Gesundheitszustandes nicht zu Hause bleiben. Ich begab mich aus Sicherheitsgründen in die befreiten Gebiete; meine Landsleute und die Nationale Befreiungsfront schickten mich nach Nordvietnam, damit ich dort gesundgepflegt werden könnte.»

Fragen an Nguyen Thi Tho (. . .)

MORIKAWA: In Phu Loi sind am ersten Dezember 1958 tausend Gefangene umgebracht worden. Können Sie Näheres über diesen Massenmord berichten?

ZEUGIN: Sie sind vergiftet worden. Ich selber war nicht dort, aber Mitgefangene in Phu Loi haben mir berichtet, daß sie vor der Vergiftung alle in einen Hungerstreik getreten waren, weil sie nicht genügend zu essen und zu trinken bekamen. An dem Tag gab man ihnen überreichlich zu essen. Die Gefangenen mußten sich erbrechen und fast alle sind gestorben.

KASURI: Hat es Häftlinge gegeben, die der Saigonfahne ihre Reverenz erwiesen oder der Regierung ihre Loyalität erklärt haben?

ZEUGIN: Eine ganz geringe Zahl (. . .) Anschließend waren sie ebenso wie die anderen Repressalien ausgesetzt.

Hier folgt die Zeugenaussage von Jean Bertolino.

Nach Verlesung ihrer Aussage zur Lage in den von der FNL befreiten Gebieten erklärt Frau Marta Rojas auf eine Frage des Tribunals:

Wir haben die amerikanische ‹Aufklärungskampagne› miterlebt. Am Morgen nach einem Bombenangriff warfen die Hubschrauber Flugblätter mit folgendem Wortlaut ab:

«Freunde, Offiziere und Soldaten des Vietkong, Ihr habt entsetzliche und erschreckende Augenblicke miterlebt. Ihr habt mit eigenen Augen die düstere Tragödie mitangesehen, die die Kommunisten mit den Schlagworten ‹Revolution› und ‹Befreiung› Südvietnams zu verschleiern versuchen. Die Aktion der B 52-Bomber, die Ihr gerade erlebt habt, wird in noch weit stärkerem Maß fortgesetzt. Der Krieg wird erst dann aufhören, weiter um sich zu greifen, wenn das kommunistische Regime im Norden sich zu friedlichen Verhandlungen bereit erklärt. Beendet den Krieg in Vietnam! Andernfalls werdet Ihr Zeuge der völligen Niederschlagung des Aufstands in Südvietnam werden. Überlegt es Euch sorgfältig! Nehmt dieses Flugblatt und bringt es zum nächsten Militärposten, von dem Ihr Eure Befehle und Euren Nachschub erhalten habt!»

I. Bericht von Kommandant Kouroudeth, Mitglied der kambodschanischen Delegation

Nachdem Kommandant Kouroudeth von den neuesten Übergriffen der Vereinigten Staaten, Thailands und der Armee der südvietnamesischen Marionettenregierung auf die Integrität Kambodschas berichtet hatte, setzte er seine Ausführungen wie folgt fort:

Zur selben Zeit, da wir Kambodschaner den wiederholten verbrecherischen Anschlägen der amerikahörigen südvietnamesischen und thailändischen Truppen ausgesetzt sind, leiden unsere rund 600 000 Landsleute in Kampuchea Krom unter den furchtbaren Folgen der Völkermordpolitik, die von den amerikanischen und südvietnamesischen Machthabern betrieben wird.

Diese Politik, die auf die Vernichtung der Kmer-Bevölkerung in Südvietnam zielt, zeigt sich vor allem in der Praktizierung folgender Methoden:

1. die Vietnamisierung aller in Cochin-China geborenen Kmer: die Saigonregierung hat allen in Cochin-China geborenen Kmer die südvietnamesische Staatsangehörigkeit aufgezwungen. Auf Grund dieser Maßnahme müssen alle Kmer vietnamesische Namen annehmen.

2. Behinderung der kambodschanischen Sprache im Schulunterricht: die südvietnamesische Regierung ist bestrebt, vor allem Kambodschanisch als Unterrichtssprache und als Lehrfach zu unterbinden. Sie geht sogar so weit, die Schließung aller Schulen, einschließlich der Religionsschulen im Kmer-Gebiet zu verfügen.

3. Verpflichtung der Kmer zum Wehrdienst in der südvietnamesischen Armee: seit dem 1. August 1957 wurden alle jungen Kmer in Südvietnam zum Wehrdienst eingezogen, um als Kanonenfutter für die amerikanischen Imperialisten mißbraucht zu werden. Auch die kambodschanischen Mönche blieben nicht verschont (. . .)

4. Repressalien gegenüber den Kmer Krom: von der vorübergehenden Festnahme, der unmenschliche Folterungen folgen, über die dauernde Internierung bis zum brutalen Mord. Alle diese Formen der Unterdrückung wurden von den südvietnamesischen Behörden gegenüber der Kmer-Bevölkerung in Südvietnam, einschließlich der Mönche, Greise, Frauen und Kinder, angewendet.

Am 31. Oktober 1967 betrug die Zahl der auf Grund fortwährender Repressalien seitens der südvietnamesischen Machthaber und der amerikanischen Streitkräfte nach Kambodscha geflohenen Kmer 16 500, darunter 2191 Mönche, 4202 Frauen, 5488 Männer und 4619 Kinder.

1957 begann die Ngo Dinh Diem-Regierung mit der Realisierung ihres Plans zur Ausrottung der Kmer-Bevölkerung und der buddhistischen Religionsgemeinschaft, der 99% der Kmer-Bevölkerung in Südvietnam angehören.

Der folgende Auszug aus der Erklärung eines Repräsentanten der nach Kambodscha geflohenen südvietnamesischen Kmer, die am 18. März 1961 gegenüber dem kambodschanischen Staatschef, Prinz Norodom Sihanouk, abgegeben wurde, zeigt ihnen, wie brutal und barbarisch die Marionettenregierung in Saigon, die Handlanger der Amerikaner, die Kmer-Volksgruppe behandelt. «(. . .) Einige Kmer, die öffentlich demonstriert hatten, wurden standrechtlich erschossen. Man schlitzte den Erschossenen den Bauch auf und stellte den Zuschauern die Leber der Opfer zur Schau. Wenn die Diem-Machthaber Informationen über die Tätigkeit der ‹Vietkong› haben wollen, verhaften sie unschuldige Kmer und setzen sie grausamen Folterungen aus, damit sie die Namen der gesuchten Personen preisgeben.

Die Regierung Diem hat nicht gezögert, den Mönchen gegenüber dieselben brutalen Maßnahmen anzuwenden. Einflußreiche Geistliche sind ermordet worden (. . .) Manchmal werden alle Mönche einer Pagode verhaftet und anschließend mit Gewalt verhört. Sie werden elektrisch gefoltert, oder man träufelt ihnen Salzlauge oder Seifenwasser in Nase und Mund.»

Diese Völkermordpolitik ist von allen sogenannten Regierungen, die in Saigon einander abgelöst haben, konsequent betrieben worden und wird jetzt von der gegenwärtigen Regierung und ihren amerikanischen Drahtziehern mit besonderem Eifer und mit besonderer Intensität fortgeführt.

Die königliche Regierung von Kambodscha hat es sich zur Aufgabe gemacht, regelmäßig die monatlich registrierten Fälle der CIC und der UNO mitzuteilen. Im letzten April wurde die CIC zu einer Inspektionsreise eingeladen, um die Anwesenheit von zwei mehrere hundert Personen umfassenden Flüchtlingsgruppen in der Provinz Kampot zu überprüfen. Viele dieser Flüchtlinge waren selber Opfer der barbarischen Übergriffe der amerikanisch-südvietnamesischen Truppen geworden.

Die Aussagen der jüngsten Kmer-Flüchtlinge aus Südvietnam sind weitere überzeugende Beweise für die Völkermordpolitik Südvietnams. Die von Prof. Francis Kahn geleitete Untersuchungskommission des Tribunals hat diese Flüchtlinge besuchen und am 11. September 1967 in der Provinz Takeo ihre Aussagen aufzeichnen können.

Die Dokumente sagen aus: die amerikanisch-südvietnamesischen Machthaber betreiben nach wie vor die Vernichtung der Kmer-Bevölkerung in Südvietnam. Sie unterdrücken ihre Kultur, ihre Sitten und Gebräuche und zerstören systematisch ihre Dörfer und Pagoden. Wir klagen die amerikanische Regierung und das Saigonregime des Völkermordes an der in Südvietnam lebenden kambodschanischen Minderheit an.

II. Umfrage im Grenzposten Phnom Denh

am 11. September 1967, von Frau Rena Kahn in einem Auffanglager für Kmer-Flüchtlinge aus Südvietnam durchgeführt (anwesend: 300 Personen aus 17 verschiedenen Ortschaften)

1. *Zeuge:* Buddhistenführer Kan-Kang, ehemaliger Abt einer Pagode in der Ortschaft Kaul bei Vinh Trung, Bezirk Svay Tong, Provinz Moat-Chrouk (auf Vietnamesisch: Chau Doc, neuerdings Chau Phu).

FRAGE: Können Sie Einzelheiten über die Methoden der Unterdrükkung berichten, die gegenüber der Kultur der Kmer-Minderheit Südvietnams von seiten der amerikanisch-südvietnamesischen Machthaber angewendet werden?

ANTWORT: Die Saigon-Regierung hat alle Kmer-Schulen geschlossen. Sie hat der Kmer-Bevölkerung verboten, ihre eigene Sprache zu lehren und zu lernen, selbst im Bezirk Svay Tong, wo die Kmer die Mehrheit der Gesamtbevölkerung stellen (. . .) Überall in der Provinz Moat-Chrouk finden wir dieselbe Situation. Diese Politik wird seit 1960/61 betrieben. Alle Kmer wurden verpflichtet, ihre Namen zu ändern. Viele Pagoden sind zerstört worden, zum Beispiel die Pagode der Ortschaft Trapéang Chouk bei Le Try, Bezirk Svay Tong. Den Mönchen ist es untersagt, ihre Gebete zu rezitieren.

FRAGE: Wann sind Sie hierhergekommen, und warum haben Sie Ihre Heimat verlassen?

ANTWORT: Anfang 1961 hatten die amerikanischen und südvietnamesischen Truppen die Charek-Pagode, deren Abt ich damals war, umzingelt. Sie verhafteten alle Mönche und alle Gläubigen, die sich in der Pagode aufhielten, führten sie in Handschellen ab und schleppten sie fort. Ich war zufällig nicht anwesend, weil ich in einem Nachbarort an einer religiösen Feier teilnehmen mußte. Die Soldaten verhörten die Mönche, um zu ermitteln, wo ich mich aufhalte. Sie zwangen die Mönche und Gläubigen, gemeinsam mit ihnen nach mir zu suchen, wobei zwei Gläubige erschlagen wurden. Die anderen konnten fliehen, noch mit gefesselten Händen.

FRAGE: Warum sollten Sie verhaftet werden?

ANTWORT: Mir wurde vorgeworfen, Kontakte zur FNL zu unterhalten.

FRAGE: Wurde die Pagode bei der Aktion beschädigt?

ANTWORT: Ja, sie wurde von der Artillerie beschossen und anschließend eingekreist.

FRAGE: Sind noch andere Geistliche wegen der Unterdrückung Ihrer Religionsgemeinschaft geflohen?

ANTWORT: Mehr als 700.

2. *Zeuge:* Chau Uon, 55 Jahre, aus der Ortschaft Sla Dom bei Ang Tuk, Bezirk Svay Tong.

FRAGE: Warum sind Sie hierhergekommen, und seit wann sind Sie hier?

ANTWORT: Ich bin 1966 hierher geflohen, um in Frieden meinen Lebensabend zu verbringen. Flugzeuge haben mein Heimatdorf bombardiert, alles ist zerstört und verbrannt. Ich bin mit meiner Frau zusammen geflohen. Sie ist jedoch auf der Flucht umgekommen. Ich wurde durch einen Bombensplitter am Auge verletzt. (Das linke Auge des Zeugen ist erblindet) . . . Das war Ende Dezember 1966.

FRAGE: Sind Sie vor dem Bombenangriff auf Ihr Dorf gewarnt worden? Sind Flugblätter abgeworfen worden, um Sie auf die Gefahr hinzuweisen?

ANTWORT: Nein, wir sind vorher nicht gewarnt worden.

FRAGE: Wann begann der Angriff?

ANTWORT: Frühmorgens, und er dauerte fast den ganzen Tag.

FRAGE: Gab es in Ihrem Dorf Kmer-Schulen?

ANTWORT: Früher gab es welche, aber sie waren seit langem geschlossen. Es gab dann nur noch vietnamesische Schulen.

FRAGE: Wurden außer Ihrer Frau noch andere Angehörige Ihrer Familie getötet?

ANTWORT: Ja, meine Tochter und mein Neffe.

3. Zeuge: Frau Thun, 52 Jahre, aus der Ortschaft Tuk Chu bei Ang Tuk (ihre Aussage entspricht der voraufgegangenen).

4. Zeuge: Chau Hong, 50 Jahre, aus der Ortschaft Kiang Daung bei Svay Tong.

FRAGE: Wann sind Sie hierhergekommen und warum?

ANTWORT: Ich bin erst vor zwei Tagen hier eingetroffen. In meinem Heimatdorf hielten sich sehr viele Flüchtlinge auf, die aus den bombardierten Nachbardörfern zu uns geflohen waren. Vor vier Tagen haben die Amerikaner auch mein Heimatdorf aus der Luft und durch Artilleriebeschuß angegriffen. Viele Bewohner sind dabei umgekommen, auch Büffel und andere Tiere wurden getötet.

FRAGE: Wurden vorher Flugblätter abgeworfen, um Sie vor dem Angriff zu warnen?

ANTWORT: Ja, aber sie waren in vietnamesischer Sprache abgefaßt. Ich selber kann vietnamesisch nicht lesen.

FRAGE: Warum wurde Ihrer Meinung nach Ihr Dorf bombardiert?

ANTWORT: Das ist ihre Vernichtungspolitik gegenüber unserem Volk.

FRAGE: Sind auch in Ihrem Dorf alle Kmer-Schulen geschlossen worden?

ANTWORT: Ja, schon vor langer Zeit. Man darf die Kmer-Sprache nicht lernen, und Rundfunksendungen in der Kmer-Sprache dürfen wir nicht hören.

FRAGE: Sind Sie gezwungen worden, Ihre Religion zu wechseln?

ANTWORT: Sie wollten, daß wir den katholischen Glauben annehmen sollten.

Während meiner Umfrage hörten ungefähr hundert Flüchtlinge sehr aufmerksam zu. Wir baten sie dann, sich ihrem Heimatort entsprechend aufzustellen, und uns zu berichten, ob die Situation bei ihnen zu Hause ähnlich wäre, wie die vernommenen Zeugen sie geschildert hätten. Einstimmig sagten sie, in ihrer Heimat habe sich dasselbe zugetragen: überall seien die Kmer-Schulen geschlossen, die Kmer-Sprache sei verboten, die Namensänderung vorgeschrieben und Dörfer und Pagoden seien weithin zerstört worden.

III. Die Komplicenschaft der Philippinen und Thailands bei der amerikanischen Vietnamaggression

Bericht von Charles Fourniau, Historiker

A. Man kann die Komplicenschaft der Philippinen in ihrer historischen Dimension nicht voll erfassen, wenn man nicht von Anfang an in Rechnung stellt, daß die Philippinen der Prototyp eines neokolonialistischen Staates darstellen, der von den Vereinigten Staaten völlig abhängig ist, was sich aus der totalen wirtschaftlichen Vorherrschaft der Vereinigten Staaten, der politischen Bevormundung und der militärischen Ausnutzung des Landes ergibt.

Wenn die USA 1945 den Philippinen die Unabhängigkeit gewährt haben, dann nur um sie besser unter Kontrolle halten zu können. Das «Boll-Gesetz» brachte seit 1946 die Wirtschaft des Landes unter die Kontrolle des amerikanischen Kapitals: es ermöglichte die zollfreie und unbeschränkte Einfuhr von amerikanischen Geldern und Waren. Seit 1961 betrugen die amerikanischen Investitionen auf den Philippinen rund 800 Millionen Dollar; das ist doppelt soviel wie in der ganzen Vorkriegszeit. Zum andern ist der Außenhandel des Landes voll auf die Vereinigten Staaten hin orientiert. Selbst wenn sich gegenwärtig ein regelrechter Trend abzeichnet, die Rolle der nationalen Industrie zu stärken und den Handelsaustausch auf andere Länder auszudehnen, ein Faktor, der für das Verständnis der wachsenden Opposition gegen die amerikanische Politik wichtig ist, so bleibt doch die ökonomische Vorherrschaft der USA auf den Philippinen vorerst voll bestehen.

Die politische Orientierung der philippinischen Regierung wird ganz und gar von den Vereinigten Staaten bestimmt. Wie wir bereits ausgeführt haben, sind die Philippinen Mitgliedsstaat der SEATO, der ASA und der ASPAC. Die Beziehungen zwischen Manila und Saigon werden als freundschaftlich bezeichnet (. . .)

Am 15. September 1966 erklärte Präsident Marcos (UPI, 15. September 1966): «Unser Ziel ist es, die Verteidigungslinie, die mitten durch Vietnam geht, aufrechtzuerhalten, zumindest wollen wir dafür sorgen, daß die Kommunisten den 17. Breitengrad nicht überschreiten. Wir sind dabei, diese Aufgabe zu erfüllen, und wir sind bereit, alle erforderlichen Stützpunkte für eine gemeinsame Aktion der südostasiatischen Staaten zum Schutz der kollektiven Sicherheit dieses Raumes zur Verfügung zu stellen.»

Auf diese amtliche Erklärung folgten wichtige diplomatische Initiativen: auf Einladung von Präsident Marcos trat im Oktober 1966 in Manila die nach dem Tagungsort benannte Konferenz zusammen. In Gegenwart von Präsident Johnson, der vorher alle eingeladenen Länder bereist hatte, versammelten sich die asiatischen Verbündeten der USA und einigten sich auf eine neue Friedensoffensive. Der Sonderberichterstatter der französischen Zeitung *Figaro* schrieb aus Manila: «Die Eröffnungsrede von Präsident Marcos erinnerte stark an bestimmte Passagen aus den zahllosen Reden, die Präsident Johnson seit seiner Abfahrt von Washington in Ostasien gehalten hatte.» Das Ergebnis der Manilakonferenz war eine neue ‹Friedensoffensive› der Vereinigten Staaten, die als ein schlechtes Alibi für ein Ultimatum der USA an das vietnamesische Volk herhalten mußte. Die Politik der philippinischen Regierung hat dieses Tarnmanöver offen unterstützt.

Die wesentliche Bedeutung der Philippinen für die Strategie der amerikanischen Streitkräfte liegt in ihrer Funktion als Hauptumschlagsplatz für die Versorgung und den Nachschub der amerikanischen Truppen in Südostasien. Seit 1947 haben die zwischen den Vereinigten Staaten und den Philippinen abgeschlossenen Militärverträge den USA 23 großräumige Gebiete zur Errichtung von militärischen Stützpunkten zugesprochen. Diese Verträge waren ursprünglich auf 99 Jahre abgeschlossen, ihre Gültigkeit wurde im September 1966 jedoch auf 44 Jahre reduziert.

Auf den Philippinen existieren folgende amerikanische Stützpunkte:

1. Die Marinestützpunkte Subic und Sangley Point

Der Stützpunkt Subic liegt am Golf von Subic nordwestlich von Manila, 1500 Kilometer von Saigon entfernt. Er umfaßt drei Komplexe: den eigentlichen Marinehafen und seine Befestigungsanlagen, den Flughafen für die Marinestreitkräfte, die in Subis stationiert sind, und zudem ein umfangreiches Nachschublager mit Reparaturanlagen für die amerikanischen Seestreitkräfte.

Vizeadmiral Donald Baer, der Kommandant der Militärbasis Subic, erklärte im letzten Jahr: «Subic ist die wichtige Basis der US-Navy im Fernen Osten.» (*Manila Times* vom 29. April 1966) Sie ist in der Tat das wichtigste Nachschub- und Reparaturzentrum für die VII. Flotte (vgl. *Sunday Times* vom 31. Juli 1967).

Sangley Point ist eine der Basen der VII. Flotte. Er dient vor allem zur Lenkung der U-Boote und verfügt über zahlreiche Langstrecken-Aufklärungsflugzeuge.

2. Die Stützpunkte der US-Air Force

Der wichtigste amerikanische Luftstützpunkt auf den Philippinen ist Clark Field nördlich von Manila. Er umfaßt eine militärische Nutzungsfläche von 540 Quadratkilometern; in seinem Bereich sind alle Flugzeugtypen stationiert, von den Jagdbombern F-100, F-102 und F-105 bis zu den schweren Bombern B 57 und den Transportflugzeugen der

Serien C 47, C 54 und C 130. Auf seinem Gelände liegt auch das Hauptquartier der 13. Air Force. Über Clark Field geht der Nachschub für die amerikanischen Basen in Thailand. Wenn auch der Oberbefehl über die 13. Air Force inzwischen nach Udon in Thailand verlegt worden ist, sind die amerikanischen Luftbasen in Thailand weiterhin, was ihre Versorgung mit Nachschubgütern betrifft, ganz vom Hauptquartier der 13. Air Force auf den Philippinen abhängig. Hinsichtlich ihrer militärischen Einsatzplanung hängen sie von der 7. Air Force ab, deren Oberkommando kürzlich nach Saigon verlegt wurde. Tatsächlich heißt das Kommando von Udon «7–13». Die Militärbasis Clark Field dient unter anderem dazu, die Einsatzbereitschaft der am Vietnamkrieg beteiligten Luftstreitkräfte perfekt zu machen. Zum andern ist sie eine wichtige Relaisstation zwischen den Vereinigten Staaten und Vietnam. Die *Sunday Times* meldet am 13. Juli 1967: «Das gesamte Personal der amerikanischen Luftstreitkräfte passiert auf dem Weg nach Südostasien den Stützpunkt Clark Field.» Außerdem werden alle Verwundeten zunächst nach Clark Field geflogen, ehe sie die Rückreise in die Vereinigten Staaten antreten. Auch dringliche Munitions- und Nachschubtransporte gehen über diesen Stützpunkt. 1966 hatte sich der Umschlag im Vergleich zu den Jahren vor 1965 vervierfacht. Jeden Monat gehen über Clark Field ungefähr hunderttausend Sendungen, die für Südvietnam bestimmt sind. Dort sind ebenfalls die Tankflugzeuge vom Typ KC 135 stationiert, die vor allem zum Auftanken der B 52-Bomber in der Luft eingesetzt werden. Zudem besitzt Clark Field zahlreiche Krankenhäuser. Die Zahl der dort behandelten Verwundeten stieg von 2340 im September 1965 auf 4054 im März 1966, wobei ein Teil der verletzten Soldaten nur vorübergehend in Clark Field in Behandlung war. Man darf annehmen, daß seitdem die Zahl noch beträchtlich zugenommen hat.

Der zweite Stützpunkt ist Mactan. Er wurde erst kürzlich durch einen am 2. Juni 1967 von Präsident Marcos und der amerikanischen Botschaft unterzeichneten Vertrag den Vereinigten Staaten für die Dauer des Vietnamkrieges überlassen. In Mactan sind 48 Transportflugzeuge vom Typ C 130 stationiert. Sie sollen dem enormen Anstieg des Bedarfs an militärischem Nachschub Rechnung tragen. Außerdem umfaßt der Stützpunkt das Nachrichtenzentrum San Miguel und das Erholungszentrum Banguio. Insgesamt sind auf den Philippinen 48 000 amerikanische Soldaten, die vor allem der Navy und der Air Force angehören, stationiert.

Am 23. Januar 1967 erklärte McNamara vor dem Verteidigungsausschuß des amerikanischen Senats: «Solange der Krieg in Vietnam andauert, behalten die Philippinen eine außerordentlich bedeutende strategische Rolle für uns. Die Militärbasen und die Hilfsmittel, über die die Vereinigten Staaten auf den Philippinen verfügen, sind für uns sehr wichtig, und deshalb müssen wir mit ihnen zusammenarbeiten. Unser zunehmender militärischer Bedarf in Vietnam macht die strategische

Stellung der Philippinen und ihre Zusammenarbeit mit den Vereinigten Staaten wichtiger als je zuvor.» Die Stützpunkte auf den Philippinen sind ein unentbehrlicher Rückhalt für die VII. Flotte und ein unumgänglicher Umschlagplatz für Transporte zwischen den Vereinigten Staaten und Thailand einerseits und Südvietnam andererseits.

Trotzdem haben die Vereinigten Staaten von den Philippinen noch größere Zugeständnisse verlangt. Wie von allen Verbündeten haben sie auch von den Philippinen nachdrücklich den Einsatz der eigenen Streitkräfte gefordert. Die Regierung mußte diesen Forderungen nachgeben.

Seit 1964 stellt die philippinische Regierung ein symbolisches Kontingent für den Angriffskrieg der amerikanischen Streitkräfte gegen das vietnamesische Volk. Am 8. August 1964 wurde eine Einheit von 34 Soldaten als Kerntruppe der ‹Philcag›, der philippinischen Civil Action Groupe, nach Südvietnam entsandt. Im März 1965 folgte eine zweite, gleich starke Gruppe. Seit 1966 geht das Engagement der Philippinen jedoch über ein symbolisches Kontingent hinaus. Als Ergebnis einer Humphrey-Reise durch Südostasien im Februar 1966 entschloß sich Präsident Marcos, ein philippinisches Expeditionskorps nach Südvietnam zu beordern. Er stieß dabei jedoch auf starken Widerstand in der öffentlichen Meinung und im Parlament. Er mußte auf Grund der starken Opposition das Kontingent als Hilfskorps der ‹Philcag› deklarieren; es setzte sich nominell aus Ingenieuren, Sanitätern und Schutztruppen zusammen. Tatsächlich verließen Anfang September 1966 gut zweitausend Mann unter Befehl des Generals Thobias Manila und wurden in der Provinz Tay Ninh stationiert. Am 22. September 1966 meldete *Nhan Dan*, das Organ der Arbeiterpartei Vietnams: «In den Augen des vietnamesischen Volkes und der anderen Völker Südostasiens hat Präsident Marcos einen weiteren Schritt getan, um sich mit der verbrecherischen Aggression der Amerikaner in Vietnam zu identifizieren ...»

Die philippinische Regierung ist vollkommen dafür verantwortlich, daß sie sich als Handlanger des amerikanischen Aggressionskrieges in Vietnam betätigt.

B. Thailand entging im Gegensatz zu den anderen Ländern Südostasiens der Besetzung durch europäische Kolonialmächte und bewahrte zumindest nominell stets seine Unabhängigkeit. Nach dem Zweiten Weltkrieg ging Thailand in den neokolonialistischen Einflußbereich der Vereinigten Staaten über.

Vor dem Zweiten Weltkrieg besaß England in Thailand starken Einfluß. Er ging verloren, als sich 1939 in Thailand die Militärdiktatur des Phibun Songkhram etablierte, der eine Expansionspolitik in Indochina einleitete und sich an das militaristische und faschistische, mit Hitlerdeutschland verbündete Japan anschloß. Im Dezember 1941 landeten japanische Truppen in Thailand, um ihren Angriff auf Burma und Malaysia vorzubereiten. Im Januar 1942 schloß Phibun einen militärischen Beistandsvertrag mit Japan und erklärte den Alliierten den Krieg.

Zur gleichen Zeit wie sein japanischer Komplice Toyo, 1944, wurde Phibun Songkhram gestürzt. Er kam jedoch schon 1947 wieder zur Macht, diesmal mit der raschen Zustimmung Englands und der USA. Er bemühte sich, eine sichere Bastion gegen den Kommunismus auf der indochinesischen Halbinsel zu errichten.

Die seit 1947 von den Amerikanern eingeleitete Offensive gegen den Kommunismus führte in Thailand zu zahlreichen Machenschaften der amerikanischen Geheimdienste, die wiederholt zu Staatsstreichen führten und schließlich dem Mann wieder zur Macht verhalfen, der Prototyp für die Kollaboration mit den japanischen Faschisten gewesen war. Wie überall auf der Welt kam der amerikanische Neokolonialismus in Verträgen zum Ausdruck, durch die Thailand in eine wirtschaftliche und militärische Abhängigkeit von den USA geriet.

Im September und Oktober 1950 wurden zwischen Thailand und den Vereinigten Staaten zwei Verträge abgeschlossen, einer betraf die «wirtschaftliche und technische Zusammenarbeit», der andere die «Gemeinsame Verteidigung». Die thailändische Regierung versucht ihre gegenwärtige Bündnispolitik mit der Prosperität des Landes zu rechtfertigen: Der Gold- und Devisenbestand soll 800 Millionen Dollar überschritten haben, eine für die Länder Asiens und Afrikas äußerst seltene Währungsdeckung. Man könnte leicht beweisen, wie illusorisch und wirtschaftlich ungesund die gegenwärtige Scheinblüte des Landes ist. Der Lebensstandard der Bevölkerung ist durch ständige Preis- und Steuererhöhungen bedroht, das Vermögen des Staates ist durch eine ungeheure Schuldenmasse gefährdet, der Verteidigungshaushalt und die Entwicklung des Nationaleinkommens sind durch die Überfremdung mit ausländischem Kapital und die Aufrüstung im Interesse einer auswärtigen Macht überbeansprucht. Darüber zu berichten, ist jedoch nicht meine Aufgabe. Meine Aufgabe besteht vielmehr darin, zu untersuchen, wie die politische Haltung der thailändischen Führer ihre Komplicenschaft an der Seite der Vereinigten Staaten in Vietnam bedingt, ohne Rücksicht auf die innenpolitischen Folgen ihrer Politik.

Die Unterstützung Thailands ist zunächst politischer Natur. Es spielt eine wichtige Rolle in der SEATO, die ihren Sitz in Bangkok hat und deren Generalsekretär ein Thailänder ist. Die thailändische Regierung hat wiederholt ihre Billigung der amerikanischen Vietnampolitik zum Ausdruck gebracht. Es erübrigt sich in diesem Zusammenhang, die zahlreichen Regierungserklärungen aufzuführen, in denen die Bombardierungen der DRV und die Eskalationspolitik der Vereinigten Staaten gutgeheißen werden. Darüber hinaus hat sich die Regierung in Bangkok immer bemüht gezeigt, die gesamte Ostasienpolitik Amerikas zu unterstützen. Im August 1966 lancierte zum Beispiel Außenminister Thanat Khoman den Plan einer in Asien von Asiaten abgehaltenen Friedenskonferenz und versandte Einladungen an 17 asiatische Länder. Da viele Regierungen die thailändischen Einladungen ablehnten, wurde diese Initiative wieder fallengelassen.

Seit den fünfziger Jahren haben die Vereinigten Staaten Truppenverbände in Thailand stationiert, damals noch verhältnismäßig geringe Kontingente. Nach Gründung der SEATO 1954, bei der Thailand eine wichtige Rolle gespielt hat, wurden die meisten Militärmanöver der Paktstaaten auf thailändischem Gebiet abgehalten. 1962 wurde von Thailand aus der «Spezialkrieg» in Vietnam in verstärktem Maße vorangetrieben. Das im Februar in Saigon gegründete Assistance Command der US-Army dehnte seinen Befehlsbereich auf ganz Indochina aus, und die amerikanischen Truppenverbände in Thailand wurden ihm unterstellt. Die amerikanischen Streitkräfte in Thailand wurden von 1962 bis 1965 unter seinem Oberbefehl in ihrer Schlagkraft verstärkt, und die ihnen eingeräumten Stützpunkte wurden stark ausgebaut. Der Angriff auf Laos wurde wesentlich von Thailand aus geführt. Die Laoskrise wurde seinerzeit durch ein Kommuniqué der Außenminister Rusk und Thanat Khoman vorbereitet. Es besagt, daß ab sofort, März 1962, die Stationierung von US-Truppen in Thailand auch ohne die vorherige und einstimmige Zustimmung der übrigen SEATO-Pakt-Staaten erfolgen könne. So wurden im Mai, als die Krise um Laos ausbrach, 7000 *marines* in Thailand gelandet; sie sollten nötigenfalls den Mekong nordwärts überschreiten. Wenige Monate später, nach der Unterzeichnung des Genfer Laosabkommens im Juni 1962, wurden sie wieder abgezogen. Die USA ließen jedoch in Korat, heute einer ihrer mächtigsten Stützpunkte, einen Truppenstab und ihre Nachschubeinheit Nr. 9 mit Funker- und Ingenieurstäben zurück.

Eine Serie von Abkommen der Vereinigten Staaten mit Thailand, die 1963 und 1964 abgeschlossen wurden, ermöglichte den Ausbau der Stützpunkte und des Nachrichtennetzes. Spätestens damals hörten die in Thailand stationierten US-Truppen auf, bloße Hilfskorps der in Vietnam stehenden Verbände zu sein. Thailand wird einer der Schwerpunkte des amerikanischen Abwehrsystems in Indochina, und es erhält bald ein eigenes Oberkommando. Im Dezember 1965, als Johnson wieder einmal die Welt mit einer besonders spektakulären «Friedensoffensive» in Erstaunen versetzte, traf General Wheeler in Bangkok ein. Er war dem Vernehmen nach äußerst beunruhigt über die mögliche Errichtung einer zweiten Landfront der US-Truppen in Indochina. Kurz nach seiner Bangkokreise wurde das *MAC thai* (Military Assistance Command, das militärische Hilfskommando) gegründet. Es erinnert an die Gründung des US Army Assistance Command 1962 in Saigon. In beiden Fällen handelte es sich um einen bedeutenden Truppenstab von zwar geringer militärischer Einsatzstärke, aber um so größerer Infrastruktur aus Nachschubbasen und Stützpunkten, deren System ständig erweitert wurde.

Das US-Kontingent in Thailand betrug 1965 10 000 Mann, heute ungefähr 40 000 Mann. Davon gehören 30 000 Mann zur Air Force. Das in Bangkok stationierte *MAC thai*, das von General Mac Cown befehligt wird, umfaßt folgende militärische Verbände: das schon genannte Oberkommando «7–13» in Udon, das dem Kommandierenden

General der 13. Air Force untersteht; das US Army Support Command in Bangkok; das Oberkommando 333 in Udon, dem die Einsatzkommandos unterstellt sind; und das Logistikkommando Nr. 9 in Korat. Es ist klar, daß die Befehlsgewalt eines solchen militärischen Apparats weit über die Grenzen des thailändischen Territoriums hinausgeht. Der militärische Aufwand trägt offensichtlich einmal dem Plan zur Errichtung einer zweiten Landfront in Indochina und zum andern dem Umfang des ständig anwachsenden Luft- und Marinestützpunktsystems in Thailand Rechnung. Dieses System umfaßt folgende militärische Anlagen: vier Stützpunkte für Jagdflieger und Jagdbomber in Takli, Korat, Udon und Ubon; drei Hubschrauberbasen in Nakjon-Phanom, Udon und Ubon; ein Stützpunkt für die strategischen Bomberverbände vom Typ B 52 in Utapao; im August 1967 waren dort ständig 15 B 52 und 33 Tankflugzeuge stationiert. Eine weitere Basis für die B 52 wird gegenwärtig in Khon Kaen gebaut; ein Marinestützpunkt in Satahip südöstlich von Bangkok, der am 18. August 1967 in Betrieb genommen wurde; die Baukosten betrugen 43 Millionen Dollar; ein Stützpunkt für die Spezialeinheiten in Lop Buri in der Nähe der Basis Takli; ein Zentrum für den Nachschub und Waffendepots der Luftstreitkräfte in Don Muang in der Nähe von Bangkok.

Ein solches Stützpunktnetz erfordert eine spezielle militärische Infrastruktur: ein gekennzeichnetes Wasserstraßennetz und Radarsystem (Ubon, Mukdahar, Chieng Mai), Depots, Pipelines und Straßen zum Truppentransport. Ihr Muster ist die sogenannte «Freundschaftsstraße», eine breite Autobahn ausschließlich für militärische Zwecke, die von Bangkok bis zum Mekong, und zwar bis in die Höhe von Vientiane führt.

Alle diese Stützpunkte liegen weniger als tausend Kilometer vom vietnamesischen Kriegsschauplatz entfernt, einige nur 500 Kilometer. Die meisten liegen nahe der laotischen Grenze. Von ihnen aus werden heute die meisten Einsätze gegen Vietnam und Laos geflogen. Trotzdem haben die amerikanischen Behörden erst am 18. Januar 1967 öffentlich zugegeben, daß sie diese Stützpunkte für den Einsatz ihrer Truppen in Vietnam verwenden, und erst am 9. März 1967 haben die thailändischen Behörden diese Erklärung auch von ihrer Seite bestätigt. Und das, obwohl die thailändischen Stützpunkte von Anfang an im Vietnamkrieg als Ausgangsbasen benutzt wurden. Schon in den ersten Wochen der Bombenangriffe auf die DRV startete ein Teil der US-Bomber von thailändischen Luftbasen aus. Dazu kann ich einige Beobachtungen aus eigener Anschauung beisteuern: Ich habe im März 1965 die Luftangriffe auf Nghe An miterlebt. Wir hörten deutlich, wie die Flugzeuge vom Westen her einflogen; die thailändische Grenze liegt von hier nicht ganz 300 Kilometer entfernt. Außerdem wurden seit Juni 1965 amerikanische Piloten, die auf Grund ihrer mitgeführten Papiere von Thailand aus gestartet waren, über die DRV abgeschossen. Im September 1965 wurde zum Beispiel Robinson Risner, ein amerikanisches Flieger-

As vom Stützpunkt Korat, gefangengenommen. Madeleine Riffaud hatte letztes Jahr in Hanoi Gelegenheit, mit ihm zu sprechen. Die Behörden der DRV haben alles Beweismaterial gesammelt und 1966 ein Weißbuch über das ‹*Zusammenspiel zwischen den thailändischen Machthabern und amerikanischen Regierungskreisen bei der Aggression gegen Vietnam*› veröffentlicht. Die internationale Presse einschließlich amerikanischer Blätter hat diese Meldungen nur sehr zögernd weitergegeben.

Diese amtliche Zurückhaltung steht im Widerspruch zu der zynischen Offenheit, mit der von der Benutzung der philippinischen Stützpunkte die Rede ist. Das hat zwei Gründe. Die Militärstützpunkte auf den Philippinen sind den USA pachtweise überlassen worden, die USA-Truppen sind also Herr im Hause. In Thailand hingegen sind die Basen offiziell in thailändischen Händen geblieben, und die thailändische Regierung gestattet ihrerseits den amerikanischen Streitkräften die Benutzung der auf ihrem Territorium liegenden Stützpunkte. Dabei handelt es sich sicherlich um eine juristische Fiktion.

Die militärische Bedeutung der thailändischen Basen ist in der Tat beträchtlich; man schätzt, daß 80 % aller Einsätze gegen die DRV von dort geflogen werden. Die meisten Bomber, die die DRV angreifen, starten von Ubon und Korat. Die Hubschrauber, die zur Rettung abgeschossener Piloten eingesetzt werden, sind fast alle im Stützpunkt Nakhon Phanom stationiert. Wenn die DRV tagtäglich mit solcher Intensität bombardiert wird, dann nicht zuletzt deshalb, weil die US-Luftwaffe über zahlreiche Luftbasen in Thailand verfügt. Die Mittäterschaft der thailändischen Regierung und ihre Mitverantwortung für die in Vietnam begangenen Kriegsverbrechen sind also unbestreitbar.

Auch die Bombardierung Südvietnams durch die B 52 wird dadurch wesentlich erleichtert, daß diese Bomber nicht mehr von Guam, sondern von der Basis Utarpao aus eingesetzt werden. Statt 7000 Kilometer Hin- und Rückflug brauchen sie jetzt nur noch knapp 2000 Kilometer zurückzulegen, um ins Zielgebiet zu gelangen. Die thailändische Regierung ist zu einem nicht geringen Teil ebenso mitbeteiligt und mitschuldig an dem Terror, von dem hier bereits berichtet wurde, an den Angriffen mit Napalm und Phosphor auf Südvietnam. Schließlich ist Thailand auch darum Komplice der in Vietnam begangenen Verbrechen, weil seine Truppen direkt an militärischen Operationen beteiligt sind.

Seit 1964 wurden thailändische Piloten dem Befehl der Saigoner Armee unterstellt. Im September desselben Jahres gibt Nguyen Cao den Einsatz von 17 thailändischen Piloten in Vietnam zu und bestätigt ebenso, daß südvietnamesische Piloten auf dem thailändischen Stützpunkt Don Muang ausgebildet werden. Aber schon im August wurde ein thailändischer Pilot über der DRV abgeschossen, weil sein Bombenflugzeug, das die Nationalfarbe von Laos trug, den Luftraum der DRV verletzt hatte. Die Beweise liegen der dem Tribunal von der DRV-Delegation übergebenen Dokumentation bei. Am 1. August 1965 bestätigt der Direktor des thailändischen Geheimdienstes, daß neue thailändische

Luftstreitkräfte nach Vietnam entsandt worden seien, um südvietnamesische Piloten auszubilden und selbst bei den Kämpfen in Vietnam eingesetzt zu werden. Diese Angaben wurden später durch weitere offizielle Erklärungen bestätigt. Im Mai 1966 gibt die thailändische Regierung in unumwundener Form ihre direkte Beteiligung am Krieg in Vietnam bekannt: sie veröffentlicht ihre Entscheidung, ein Beobachtungsschiff vom Modell LST, zwei Flugzeuge vom Typ C 123 und 180 Soldaten nach Südvietnam zu entsenden. Im Januar 1967 bestätigen die thailändischen Machthaber, daß sie in Südvietnam 1000 Soldaten stationiert haben, die von jetzt an als selbständige Einheiten operieren. Außerdem erklären sie, daß sie weitere 1000 Mann nach Vietnam beordern wollen. Am 21. September 1967 wird in Saigon das Regiment ‹Queen's Cobra› mit mehr als 2000 Soldaten ausgeschifft. Seine ganze Ausrüstung und Munition stammt aus Amerika. Schließlich veröffentlicht die Nachrichtenagentur Reuter erst vor wenigen Tagen, am 15. November 1967, ein Kommuniqué der thailändischen Regierung, das die baldige Entsendung einer thailändischen Division nach Südvietnam ankündigt.

Im ganzen erhält Thailand von den Vereinigten Staaten eine jährliche Militärhilfe von 60 Millionen Dollar zur Unterhaltung einer Armee von 85 000 Mann. Außerdem existieren Gerüchte, daß die USA Bangkok Luftabwehrraketen liefern wollen, wenn das nicht inzwischen längst geschehen ist.

Die thailändische Regierung geht zudem gegen Kambodscha vor. Seine Grenzen werden oft genug von thailändischen Kommandos verletzt. Auch gegen das Volk von Laos ist das thailändische Regime in vielfältiger Weise aktiv.

Durch ihre eindeutige Reaktion auf die amerikanische Aggressionspolitik gegen Vietnam werden die Regierungen der Philippinen und Thailands zu Komplicen der USA und sind demzufolge in direkter oder indirekter Weise mitschuldig an den in Vietnam begangenen Kriegsverbrechen.

IV. Die völkerrechtswidrigen Truppenentsendungen der Marionettenregierung Südkoreas

Bericht von Paik Il Kon, Leiter der Delegation des koreanischen Komitees zur Aufdeckung der amerikanischen Verbrechen in Vietnam

Im Juni 1962 reiste eine sogenannte südkoreanische Militärkommission auf Betreiben der amerikanischen Regierung nach Südvietnam. Später machte Kim Jang Pil, der Präsident der Demokratisch-Republikanischen Partei, die in Südkorea an der Macht ist, eine Rundreise durch Südostasien. Er erörterte auf seiner Reise vor allem die Frage einer Entsendung der südkoreanischen «ROK-Armee» nach Südvietnam. Am 13. Mai 1964 gab die amerikanische Regierung durch Vermittlung ihres

Botschafters in Seoul und des Oberkommandeurs der US-Truppen in Südkorea der Marionettenregierung den Auftrag, eigene Truppenverbände nach Südvietnam zu entsenden. Die Botschaft der Vereinigten Staaten gab unumwunden zu: «Die Truppenentsendung erfolgte auf Geheiß der Vereinigten Staaten» (Radio Seoul am 26. Januar 1965).

Die südkoreanische Lakaienclique, die stets den Befehlen des US-Imperialismus willfährig war, begann ab September 1964 mit der Verwirklichung ihres verbrecherischen Planes. Sie entsandte 140 Soldaten der «ROK-Armee», darunter eine Kompanie beweglicher «Sanitäter», nach Südvietnam.

Ein zweites Truppenkontingent, das man unter der Bezeichnung «technische Hilfskräfte» verbarg, wurde im Februar und März 1965 nach Südvietnam verlegt. Im Juni wurde ein dritter Militärtransport zusammengestellt. Das geschah unter dem Vorwand, die bereits entsandten Hilfskräfte verstärken zu müssen. (Vgl. die südkoreanische Zeitung *Dong-A Ilbo* vom 25. Februar 1965.) Das zweite und das dritte Kontingent umfaßten zusammen 2500 Soldaten (Agence Kyodo, Saigon, 21. Februar 1965).

Die amerikanischen Aggressoren waren zu der Zeit schwer durch einen akuten Mangel an militärischem Personal gehandicapt. Darum wurde der Soldknecht des US-Imperialismus Pak Yung Hi im Mai 1965 nach Washington zitiert und erhielt den Auftrag, die Initiative zur Entsendung des Truppenkontingents zu übernehmen. Im September und Oktober 1965 wurde eine kampfstarke Division von mehr als 17 000 Armeeangehörigen aus den Divisionseinheiten «Tiger» und «Blauer Drache» zusammengestellt und nach Südvietnam beordert (vgl. die südkoreanische Zeitung *Kyunghyang Shinmun* vom 4. Oktober 1965).

Im Februar 1966 hatten die US-Imperialisten ihre asiatischen Lakaien in Honolulu zusammengerufen, um eine Ausdehnung des Angriffskrieges zu beschließen. Ende desselben Monats reiste Humphrey nach Südkorea, um Pak Yung Hi und seine Clique unter Druck zu setzen, ein Regiment und eine Division zur Verstärkung nach Südvietnam zu schicken. Daraufhin wurden im April 1966 5000 Angehörige der Marionettenarmee zur Unterstützung der «Tiger»-Division nach Vietnam entsandt, und im August folgte eine Division der Landstreitkräfte, die Division «Weißes Pferd» (vgl. die südkoreanischen Zeitungen *Yungnam Ilbo* vom 24. Februar 1966; *Hankook Ilbo* vom 26. Februar 1966 und *Dong-A Ilbo* vom 24. und 26. Februar 1966). Demzufolge beträgt die Zahl der nach Südvietnam entsandten Soldaten 50 000.

Die verbrecherischen Truppentransporte sind noch nicht beendet. Die Marionettenclique um Pak Yung Hi hat zwar großspurig verkündet, daß keine Verstärkung für die «ROK»-Armee nach Vietnam geschickt worden sei. Sie will damit das südkoreanische Volk und die Weltöffentlichkeit täuschen. Sie verschleiert die Tatsache, daß sie den US-Imperialisten billiges Kanonenfutter liefert in Gestalt von jungen Südkoreanern, die sie heuchlerisch als Ersatzdienstler oder Zivilisten bezeichnet.

Die Hintermänner dieser verbrecherischen Truppenentsendungen sind einzig und allein die imperialistischen US-Aggressoren, die ihre willfährigen Handlanger in Pak Yung Hi und seiner Lakaienclique gefunden haben.

Die US-Imperialisten haben die südkoreanischen Söldnertruppen in ihre Verbrannte-Erde-Strategie in Südvietnam miteinbezogen. Diese Strategie hat den einzigen Zweck, «alles zu vernichten, alles zu verbrennen und alles umzubringen». Damit sollen die amerikanischen Angriffspläne realisiert werden.

Man muß die Truppentransporte der Pak Yung Hi-Regierung, die auf Geheiß der US-Imperialisten erfolgt sind, nicht nur als kriegerischen Angriff auf das vietnamesische Volk verurteilen, sondern muß sie auch als verbrecherische Anschläge auf den Frieden und die Sicherheit in Asien geißeln, als Anschläge, die das menschliche Gewissen und die Konventionen des Völkerrechts mit Füßen treten. Nicht zuletzt stellen sie einen Ausdruck der aktiven Verschwörung der südkoreanischen Machthaber mit den US-Imperialisten dar, die man auf das schärfste verurteilen muß.

28. November 1967, vormittags

Vortrag von Nguyen Van Thien

Mitglied des Zentralkomitees der FNL, ständiger Botschafter der FNL in Hanoi, Leiter der FNL-Delegation zur zweiten Sitzungsperiode des internationalen Vietnamtribunals

Es sei mir gestattet, dem Tribunal zur Untersuchung der amerikanischen Kriegsverbrechen in Vietnam die herzlichsten Grüße und den aufrichtigsten Dank des Zentralkomitees der FNL in Südvietnam und unserer Delegation zu überbringen. Die Bevölkerung Südvietnams dankt dem Tribunal, daß es in Stockholm festgestellt hat, (. . .) daß die amerikanischen Imperialisten sich eines Angriffskrieges gegen Vietnam schuldig gemacht haben: ein schwerwiegendes Verbrechen, das die fundamentalen Rechte Vietnams gröblich verletzt. Wir möchten auch den Mitgliedern der Untersuchungskommissionen und den Zeugen einschließlich der amerikanischen Vertreter dafür danken, daß sie dem Tribunal unwiderlegbare Beweise für die amerikanischen Kriegsverbrechen vorgelegt haben.

Mit ihrem Angriffskrieg, dem zentralen Verbrechen, das alle anderen Rechtsbrechungen einschließt, haben die Amerikaner zugleich Kriegsverbrechen und Verbrechen gegen die Menschlichkeit begangen; selbst des Völkermordes haben sie sich schuldig gemacht. Im folgenden Referat verurteilen wir vor der Weltöffentlichkeit die Völkermordverbrechen, die die Amerikaner in Südvietnam begangen haben und immer noch begehen.

(Der Leiter der FNL-Delegation gibt darauf einen historischen Überblick über die Beteiligung der USA am Rückeroberungskrieg der französischen Kolonialisten, über die Schlacht von Dien Bien Phu, das Genfer Indochinaabkommen und die offene Machtübernahme der Amerikaner in Südvietnam.)

I. Die verbrecherischen Handlungen

Die verbrecherischen Handlungen der Amerikaner in Südvietnam umfassen alle erdenklichen Praktiken und greifen das Leben des Volkes in allen Aspekten, physisch, materiell und moralisch, an.

1. Massaker, schwerwiegende Übergriffe auf das Leben und die Gesundheit der Zivilbevölkerung

Die Geschichte des amerikanischen Krieges in Südvietnam ist vor allem die Geschichte der brutalen Vernichtung menschlichen Lebens durch denkbar grausamste Methoden.

Zu Anfang des Krieges führten die Amerikaner und ihre Söldner einen einseitigen Kampf, in dessen Verlauf die wehrlose Bevölkerung Südvietnams durch die Armee, die Polizei und die Justizorgane terrorisiert und massakriert wurde. Da sie das Volk nicht unterwerfen konnten, intensivierten sie ihre Vernichtungspolitik mit Hilfe des Spezialkrieges, den sie später zum lokal begrenzten, neokolonialistischen Angriffskrieg ausweiteten. Seit Ende 1954 erfolgten willkürliche Verhaftungen und individuelle und kollektive Mordanschläge auf die ehemaligen Widerstandskämpfer. Diese Anschläge richteten sich damit praktisch gegen das gesamte Volk Vietnams. In dem Jahr nach Abschluß des Genfer Indochinaabkommens betrug die Zahl der Opfer dieser Anschläge bereits einige Zehntausend. Die Namen von Ngan Son, Duy Xuyen und Cho Duc haben im ganzen Land eine traurige Berühmtheit als Stätten furchtbarer Blutbäder erlangt *(Der Sprecher nennt mehrere Fälle von Massenmord, die damals an diesen Orten verübt wurden.)*.

Von 1955 an führte die Marionettenarmee unter Anleitung ihrer amerikanischen Instrukteure in einem Dorf nach dem anderen Säuberungsaktionen und Mordanschläge durch. Jede Operation wurde mit einigen Hundert Toten und Verwundeten bezahlt, ganz zu schweigen von den unzähligen Verhafteten.

Nach 1961 wurde durch das direkte Eingreifen der amerikanischen Armee die physische Vernichtung in noch gesteigertem Umfang betrieben. Washington ist in Vietnam über Hitler hinausgegangen, vor allem seit 1965, als der lokal begrenzte Krieg mit seiner Strategie, «alles zu vernichten, alles zu verbrennen und alles umzubringen», eingeleitet wurde. Die Amerikaner metzeln blindwütig alles nieder, ohne Unterschied zwischen Kämpfenden und Zivilisten, ohne Rücksicht auf Alter und Geschlecht ihrer Opfer.

Sie zerstören in großem Ausmaß: Menschen und Sachen, Häuser, Vieh, Gärten, Plantagen, Arbeitsgerät, Geschäfte, Erntevorräte und so weiter. Die unter Anleitung der amerikanischen Berater von der Marionettenarmee durchgeführten Säuberungsaktionen haben bereits während des Spezialkrieges ein großes Ausmaß angenommen. 1962 wurden 27 000 Säuberungsaktionen, 1963 nicht weniger als 37 000 Säuberungsaktionen durchgeführt; bis 1965 stieg die Zahl der Operationen auf 160 000. Seit Beginn der vom amerikanischen Expeditionskorps durchgeführten Operationen nehmen die Aktionen der Alliierten an Umfang und Brutalität zu. Strafexpeditionen sollen die besetzten Gebiete vergrößern, sie sollen das Land «befrieden», Sicherheitszonen um die US-Basen schaffen und weiße Regionen herstellen, aus denen die Dorfbevölkerung vertrieben und in Konzentrationslager, die mit dem Namen «strategische Dörfer» notdürftig getarnt werden, eingepfercht wird. «*Search and destroy*», «pazifizieren» und das neueste Modell der «Zangenbewegung»: diese Bezeichnungen bringen den Vernichtungswillen der Aggressoren schon in den amtlichen Bezeichnungen deutlich zum Ausdruck.

Die G.I.s und die südkoreanischen Söldner, deren Grausamkeit nur bestialistisch genannt werden kann, haben den Auftrag, während ihrer Säuberungsaktionen alles zu vernichten, was ihnen in die Quere kommt, und niemanden am Leben zu lassen. Ihre Opfer verbrennen sie bei lebendigem Leibe, sie schlitzen ihnen den Bauch auf, sie reißen Kinder in Stücke, ehe sie ihre Leiber ins Feuer werfen, sie schneiden den Frauen die Brüste ab und vergewaltigen alle Frauen, selbst Kinder schonen sie nicht. Über weite Landstriche werden toxische Stoffe, die viele Menschenleben fordern, verregnet. Nach unvollständigen Berichten hatte das von den Giftstoffen verseuchte Gebiet 1965 eine Ausdehnung von 700 000 Hektar (...), das sind zwei Drittel der landwirtschaftlichen Nutzfläche Vietnams. In diesem Jahr starben 400 Personen unmittelbar durch Gifteinwirkung, 140 000 erlitten Vergiftungserscheinungen, an denen nicht wenige zugrunde gingen. Andere behielten unheilbare Krankheiten zurück. 1966 wurde der chemische Krieg auf 32 Provinzen ausgedehnt, er vergiftete 876 490 Hektar Land, verursachte den Tod von 462 Personen und ließ 258 000 Vietnamesen an Vergiftungserscheinungen erkranken.

Auch in den Gefängnissen und Konzentrationslagern wird gemordet. Der unmenschliche amerikanisch-diemistische Strafvollzug umfaßt Folterungen und Mißhandlungen, an denen im Zusammenwirken mit den miserablen Lebensbedingungen in den Lagern und Gefängnissen Tausende zugrunde gingen und Abertausende für immer krank wurden. Um die gefangenen Patrioten zu liquidieren, greifen die amerikanisch-diemistischen Machthaber zu Gift, in Phu Loi wurden zum Beispiel am 1. Dezember 1958 sechstausend Gefangene vergiftet, von denen über tausend starben. Außerdem werden Patrioten in den Lagern erwürgt und geköpft, zum Beispiel in Kien Phong, wo am 20. Juni 1960 52 Häftlinge auf diese barbarische Weise umgebracht wurden. Im Gefängnis Hoi An kamen innerhalb von drei Tagen 147 von 1200 Häftlingen ums Leben. Im Zuchthaus Poulo Condor starben in den Jahren 1957 bis 1959 dreitausend Gefangene von insgesamt viertausend. Die in den «Tigerkäfigen» eingepferchten Patrioten von Poulo Condor müssen die schlimmsten Folterungen über sich ergehen lassen. Zahllose Gefangene sind geisteskrank, taub, stumm und lahm geworden, sie haben schwere Verwundungen und todbringende Krankheiten davongetragen.

Nach noch unvollständigen Angaben haben diese kriminellen Praktiken in der Zeit von 1954 bis 1964 mehr als eine Million Opfer gefordert, darunter 170 000 Todesopfer und 800 000 Verwundete und Invaliden. 1964 saßen rund eine halbe Million Häftlinge in den Gefängnissen, rund acht Millionen waren in den «strategischen Dörfern» interniert. Seitdem hat die Zahl der Inhaftierten und Internierten beträchtlich zugenommen. William Tapper, Direktor des Instituts für Kinderkrankheiten am Mercy College in New York, hat 1967 in der Januar-Nummer der Zeitschrift *Ramparts* die Ergebnisse einer Untersuchung veröffentlicht, nach der die Zahl der von den amerikanischen Truppen in Südvietnam getöteten Kinder auf 250 000, die der Verletzten auf

750 000 geschätzt werden kann. Wenn man bedenkt, daß ganz Vietnam nur 14 Millionen Einwohner zählt, ist diese Zahl wahrhaft erschreckend.

2. *Umsiedlung und Zusammenfassung der Bevölkerung in Lagern*

Um die Bevölkerung unter Kontrolle zu bringen, verfolgen die Amerikaner das Konzept, sie gewaltsam so zusammenzufassen, daß sie der direkten Gewalt der Polizei und der Armee untersteht. 1955 und 1956 wurden auf den Hochebenen Südvietnams sogenannte «landwirtschaftliche Ansiedlungen» angelegt, um verdächtige Elemente auf einfache Weise abzuschieben. Schon 1957 belief sich die Zahl der in diesen Lagern internierten Personen auf ungefähr 200 000, wenn man den offiziellen Zahlen aus Saigon Glauben schenken darf. Diese Maßnahme hat sich als unzulänglich erwiesen. Die Aggressoren und ihre Helfershelfer wollten auch die Bevölkerung in den Flußebenen sowohl militärisch als auch verwaltungstechnisch fest in den Griff bekommen. Sie wollten nach eigenen Angaben «die Agitation und die Propaganda» des Vietkong ausschalten. 1959 schritt die amerikahörige Diemverwaltung zur gewaltsamen Internierung der bäuerlichen Bevölkerung in den fruchtbaren Teilen des Mekongdeltas. Sie zwang die Bauern, ihre Dörfer zu verlassen. Auf Grund des hartnäckigen Widerstandes der Bauern wurde diese Maßnahme jedoch zu einem großen Fiasko. 1961, zu Beginn des Spezialkrieges, starteten die Amerikaner das Staley-Taylor-Programm. Es sah die Pazifizierung Südvietnams innerhalb von achtzehn Monaten vor und glaubte dieses Ziel durch die Errichtung von insgesamt 17 000 strategischen Dörfern, in denen rund 10 Millionen Bauern interniert werden sollten, erreichen zu können. (. . .) Dieses Projekt wurde als Kern des amerikanischen Befriedungswerkes angesehen. Washington gab Saigon für die Realisierung dieses Programms riesige Geldmittel. General Harkins und die USOM-Mission nahmen das Projekt in die Hand. Im September 1961 kam der britische Major Thomson, der an der Zusammenfassung der malaysischen Bevölkerung in Konzentrationslagern maßgeblich beteiligt war, nach Saigon, um die US-Berater seinerseits zu unterstützen.

Mitte 1963 war es den Amerikano-Diemisten gelungen, mehr als acht Millionen Menschen, das sind 61 % der südvietnamesischen Bevölkerung, in einem dichten Netz von strategischen Dörfern zusammenzufassen. Aber die Amerikaner und ihre Helfershelfer konnten die Planziffern nicht erfüllen, weil die Bevölkerung sich ihren Maßnahmen widersetzte. Zahlreiche strategische Dörfer mußten mehrmals wiederaufgebaut werden, manche bis zu zehnmal nacheinander. Jedesmal hatten die Bewohner sie wieder zerstört.

Von 1965 an wurde in Vietnam entsprechend der neuen Konzeption des lokal begrenzten Krieges ein neues strategisches Befriedungsprogramm entwickelt. Vermehrte Bombenangriffe und Säuberungsaktionen waren die Folge. Man hoffte, die Bauern dadurch aus ihren Dörfern verjagen zu können und sie in die «Flüchtlingslager» zu hetzen. Diese sogenannten «Umsiedlungslager» wurden allerdings eines nach dem andern in strategische Dörfer umgewandelt, die sogenannten «Dörfer des neuen Lebens». Diese Lager sind von verminten Gräben und von Stacheldrahtverhauen umgeben, von Aussichtstürmen und Wachtposten. Die Ausgänge werden streng überwacht, und eine benachbarte Garnison ist in ständiger Bereitschaft, um auf Anforderung der Lagerleitung beim geringsten Alarmsignal einzugreifen.

3. Vernichtung der Ernährungsquellen und der Existenzmöglichkeiten des südvietnamesischen Volkes

a) Die Vernichtung der Nahrungsmittel: Die Weltöffentlichkeit einschließlich der amerikanischen öffentlichen Meinung hat dagegen protestiert, daß die Aggressoren trotz des ausdrücklichen Verbots durch die Konventionen des Völkerrechts über immer größeren Gebieten Chemikalien abwerfen. Zahlreiche Wissenschaftler und bedeutende Persönlichkeiten des öffentlichen Lebens haben sich gegen dieses brutale Vorgehen ausgesprochen, aber die amerikanischen Friedensbrecher stellen sich weiterhin taub. (Vgl. die Berichte der wissenschaftlichen Untersuchungskommission.)

b) Die Vernichtung der Existenzmöglichkeiten: Die Strategie, «alles zu vernichten, alles zu verbrennen und alles umzubringen», und die Entlaubung durch chemische Giftstoffe verwüsten riesige Landstriche. Sie beeinträchtigen in starkem Maße die naturgegebenen Lebensbedingungen mehrerer Millionen Menschen, und sie behindern die landwirtschaftliche Bodennutzung beträchtlich. Tausende von Dörfern liegen in Schutt und Asche, unzählige Ortschaften sind dem Erdboden gleichgemacht, auf weiten Flächen herrscht vollkommene Öde. In vielen Gebieten ist die Bevölkerung gezwungen, unter der Erde in Höhlen und Kellern zu leben. Sie muß die Feldarbeiten im Schutz der Dunkelheit verrichten.

Auf dem Lande gibt es nirgendwo Sicherheit. Das Leben vollzieht sich unter der Bedrohung ständigen Terrors. Verhaftung und Folterung können jedem jederzeit drohen. Es gibt keine Bewegungsfreiheit, keine freie Wahl des Arbeitsplatzes, keine Versammlungsfreiheit und keine Freiheit der Person.

In den Städten greifen die Amerikaner, bedrängt durch den Widerstand der Massen und zu propagandistischen Rücksichten gezwungen, zu subtileren, aber darum nicht weniger harten Zwangsmaßnahmen. Die Freiheit der Meinung und der Presse sind aufgehoben. Nur der Verrat der nationalen Interessen hat freien Lauf und wird von der Marionettenbürokratie nach Kräften begünstigt. Jeder, der von wirklicher Unabhängigkeit und Neutralität zu sprechen wagt, wird als Vietkong verdächtigt. Ein Dekret der Machthaber in Saigon vom 1. Januar 1964 hat die Aktivität aller kommunistischen und neutralistischen Organisationen und Einzelpersönlichkeiten verboten. Die Religionsfreiheit und sogar die religiöse Überzeugung werden brutal unterdrückt. Die Kräfte der Unterdrückung in Südvietnam mischen sich nicht nur in die inneren Angelegenheiten der religiösen Sekten ein, sondern zerstören auch ihre Gebäude, sie verhaften und internieren die Gläubigen. Die unter Diem eingeleitete Verfolgung der Buddhisten wird in Saigon, Hue und in anderen Städten planmäßig fortgesetzt. (. . .)

4. Zerstörung der Familien, Verbrechen an Frauen und Kindern

Kein anderer Aggressor hat die Familien als soziale Gruppen so konsequent und tiefgreifend zu zerstören versucht. Es gibt kaum eine Familie, die nicht Haß gegen die amerikanischen Aggressoren und ihre Büttel hegt. Bei den militärischen Operationen werden die Eltern in Gegenwart ihrer Kinder umgebracht, die Kinder werden gevierteilt, sie werden im Angesicht ihrer Eltern erschlagen. Die Frauen werden vor den Augen ihrer Männer und ihrer Kinder vergewaltigt.

Seit dem Friedensschluß von Genf im Jahre 1954 wurden die Mitglieder fast aller Familien im Verlauf sogenannter «Denunziationssitzungen» zur Entlarvung der Kommunisten und zur Bekämpfung der Patrioten gezwungen, sich gegenseitig zu denunzieren. Die Marionettenbürokratie hat die Frauen gezwungen, ihre Männer, die dem Genfer Indochinaabkommen entsprechend nach Nordvietnam gegangen waren, öffentlich zu verleugnen (vgl. den Bericht von Madeleine Riffaud).

Die meisten Opfer der US-Aggressoren sind Frauen und Kinder. In den Bezirken Hoa Vang, Dien Ban, Duy Xuyen und Dai Loc in der Provinz Quang Nam sind von allen Todesopfern in der Zeit von März 1965 bis August 1966 67 % Frauen und Kinder, und von allen Verletzten sind es sogar 84 %. Unterschiedslos werden alte Frauen, Schwangere und junge Mädchen vergewaltigt. Aus dem genannten Gebiet wurden im genannten Zeitraum 750 Vergewaltigungen gemeldet; viele von ihnen wurden an Mädchen, die jünger als 15 Jahre waren, verübt. Ein Fünftel der betroffenen Frauen starb, nachdem sie von mehreren Soldaten nacheinander mißbraucht worden waren.

In den Städten verursacht die amerikanische Besatzung Massenelend und eine allgemeine Demoralisierung. Nach noch unvollständigen Angaben schätzt man die Zahl der Prostituierten in Saigon auf 70 000, in Hue auf 10 000. Viele dieser Unglücklichen sind vorher gewaltsam sterilisiert worden.

In den Gefängnissen werden die Frauen so barbarisch gefoltert, daß sie dadurch, wie auch offen zugegeben wird, unfruchtbar werden (vgl. den Bericht von Madeleine Riffaud). Rund 10 000 Kinder sind in 77 Kinderlagern interniert, aber Millionen andere irren obdachlos umher und müssen sich durch Betteln ernähren (AFP vom 22. Dezember 1966). Viele von ihnen sind ohne Arme oder Beine, viele von ihnen sind von Napalmverbrennungen dauernd entstellt, viele von ihnen sind für immer geistesgestört.

In Anbetracht des Ausmaßes dieser entsetzlichen Verbrechen leisten selbst Frauen und Kinder Widerstand und beteiligen sich am Kampf gegen den Aggressor. Viele von ihnen wurden Helden des Widerstandes.

5. Zerstörung der nationalen Kultur

Die amerikanischen Bomben und Granaten zerstören unterschiedslos Schulen, Kirchen, Pagoden, Tempel, historische Baudenkmäler und die landschaftliche Schönheit Vietnams. Es ist nicht möglich, eine detaillierte Zusammenstellung aller zerstörten Kulturdenkmäler zu geben. In den Bezirken Hoa Vang, Dien Ban, Duy Xuyen und Dai Loc wurden zwischen März 1965 bis August 1966 35 Schulen, 32 Kirchen und 85 Pagoden zerstört. (...) An Hand dieser Zahlen kann man sich ein ungefähres Bild über das Ausmaß der der Nationalkultur Vietnams zugefügten Schäden machen. (...)

6. Die gewaltsame Einflußnahme auf das Bewußtsein der Bevölkerung

a) (...) Seit 1954 haben die amerikanischen Imperialisten ihre Strategie der Denunzierung und Ausschaltung der Kommunisten planmäßig betrieben. Nachdem blutige Militärexpeditionen den Terror über das ganze Land verbreitet hatten, wurden die sogenannten «Übungen und Anleitung zur Denunziation von Kommunisten» organisiert. Damit sollte die Bevölkerung gezwungen werden, die gegen die Mitglieder des Widerstandes und der FNL gerichteten Strafaktionen als berechtigt anzuerkennen und die Saigoner Machthaber als wahre Patrioten und die Amerikaner als Wohltäter des Volkes zu feiern. Man zwang die Menschen, die Farben der Marionettenregierung zu grüßen, Diem kultisch zu verehren und ihm einen Treueid zu schwören. Man zwang die Bevölkerung massenweise, sich gegenseitig als «Vietkong» oder als «Vietkongsympathisant» zu denunzieren. Fast die gesamte Bevölkerung Südvietnams war diesen verbrecherischen Praktiken ausgesetzt. Alle, die sich den Denunziationsübungen entziehen wollten, und alle durch erzwungene Aussagen Überführten wurden verfolgt, bis man ihrer habhaft wurde, sie wurden gefoltert, ins Gefängnis geworfen oder schlicht und einfach umgelegt. In den Gefängnissen, den sogenannten «Umerziehungslagern» und in den «strategischen Dörfern» sind die Menschen denselben Praktiken ausgeliefert.

II. Methoden und Praktiken der Kriegsverbrechen

Zur Durchsetzung ihrer kriminellen Anschläge haben die Amerikaner unter den ihnen ergebenen Südvietnamesen eine regelrechte Schmarotzerschicht denaturierter Subjekte, die jede Menschlichkeit verloren haben und zu jeder Schandtat bereit sind, herangebildet. Die Bevölkerung nennt diese Subjekte, die sich am Blutvergießen berauschen, *Ac on*, das heißt: Ungeheuer. Diese Unmenschen führen Folterungen so gelassen aus, als ob sie ihrer täglichen Arbeit nachgingen.

Die USA verfügen in Vietnam über eine Armee von einer Million Soldaten, einschließlich der Truppen der Saigoner Regierung und ihrer Satellitenstaaten, die das Pentagon mit den modernsten Waffen ausgerüstet hat. Ein Drittel der taktischen Luftstreitkräfte der USA und fast achtzig Prozent der Flugzeugträger sind auf dem vietnamesischen Kriegsschauplatz eingesetzt. Es handelt sich um ungefähr 4000 Flugzeuge aller Modelle, unter ihnen 1300 vollautomatische wie die strategischen Bomber vom Typ B 52 und die Transportflugzeuge vom Typ C 123, die zum Abwurf giftiger Chemikalien eingesetzt werden.

Die modernsten, und sogar völkerrechtlich verbotene Waffen werden in Vietnam verwendet, mit Ausnahme atomarer Waffen. Im April 1966 erklärte McNamara vor dem amerikanischen Kongreß, im betreffenden Jahr sollten 638 000 Tonnen Bomben über Vietnam abgeworfen werden. Diese Zahl übertrifft bei weitem die Zahl der im Zweiten Weltkrieg im pazifischen Raum abgeworfenen amerikanischen Bomben (502 781 Tonnen).

Die US-Army setzt in großem Ausmaß Luftminen, Napalm, Phosphor und Magnesiumbomben, Kugelbomben, Raketen und Flammenwerfer ein. Sie wendet chemische Giftstoffe und Kampfgase an. Die amerikanischen Luftstreitkräfte bombardieren willkürlich ganze Landstriche, um Zonen, in denen alles niedergeschossen werden darf, sogenannte *free fire zones,* zu schaffen. Diese Gebiete, deren Umrisse vorher auf Generalstabskarten festgelegt worden sind, werden mit regelrechten Bombenteppichen belegt. Wahllos werden chemische Giftstoffe über vorher auf der Karte markierten Zielgebieten verregnet.

Der Einsatz verschiedenster Waffen ist bei jeder Operation nach genauem Plan so kombiniert, daß eine Vielzahl von Einwohnern dabei umkommen muß.

Man muß ferner betonen, daß die Amerikaner seit mehr als dreizehn Jahren die Bevölkerung als Versuchskaninchen und das südvietnamesische Territorium als Experimentierfeld für ihre Strategie, ihre Taktik, ihre Angriffsmethoden und ihre neuen Waffen benutzen. Die erzielten Ergebnisse werden nicht nur an Ort und Stelle weiterverwendet, sie sollen auch für neue Angriffskriege und für neue Kriegsschauplätze nutzbar gemacht werden.

Am 8. Februar 1965 erklärte General Harkins: «Vietnam ist für die amerikanische Armee das Experimentierfeld zur Erprobung neuer Taktiken für den Antiguerillakrieg geworden . . .»

Die Verbrechen gegen die Menschlichkeit bestehen in systematischen Übergriffen und schweren Verletzungen der fundamentalen Rechte der Person. Die amerikanischen Aggressoren, die sich derartiger Verbrechen schuldig machen, treten die in der Charta der Vereinten Nationen feierlich bestätigten Grundsätze und ebenso die Charta der Menschenrechte mit Füßen.

Außerdem verstößt die Unterdrückung der ehemaligen Widerstandskämpfer gegen den Art. 14 c des Genfer Indochinaabkommens über die

Beendigung der Feindseligkeiten. (Art. 14 c lautet: «Jede Partei verpflichtet sich, keinen Druck und keine Benachteiligung gegenüber Personen und Organisationen auszuüben, die auf irgendeiner Seite am Krieg teilgenommen haben. Sie garantiert die demokratischen Freiheiten aller am Krieg Beteiligten.»)

Die amerikanische Regierung hat sich also zahlloser Verbrechen gegen die Menschlichkeit schuldig gemacht. Die Gesamtheit dieser Anschläge, die unternommen wurden, um das vietnamesische Volk zu vernichten, stellt nach der Definition der Völkermordkonvention von 1948 nichts anderes als Völkermord dar. Diese Konvention definiert Völkermord als Taten, die «in der Absicht, eine nationale, ethnische, rassische oder religiöse Gruppe ganz oder teilweise zu vernichten, geschehen». Auch wenn man den Wortlaut so wörtlich wie möglich interpretiert, bleibt unbestreitbar, daß das Vorgehen der Amerikaner Völkermord bedeutet. Dabei muß betont werden, daß die kriminelle Praxis der Amerikaner in Vietnam, die auf die Zerstörung einer nationalen Gruppe zielt, in mehrfacher Hinsicht noch über das hinausgeht, was in Art. 2 dieser Konvention vertraglich festgelegt wird. Bei der Verwirklichung seiner Pläne zur Errichtung der Weltherrschaft und zur Unterjochung aller anderen Völker greift der amerikanische Imperialismus nicht nur zu den geläufigen Praktiken physischer und biologischer Vernichtung, er versucht zugleich alle anderen wesentlichen Grundlagen nationaler Lebensformen zu zerstören, er greift die politischen, wirtschaftlichen, kulturellen, ideologischen und sozialen Grundlagen des nationalen Lebens in gleicher Weise an.

Man sollte nicht außer acht lassen, daß Washington nicht nur die internationale Rechtsprechung verletzt, sondern auch die Gesetze selber umzudeuten versucht, um seine Verbrechen zu tarnen. Die Amerikaner versuchen, die internationale Öffentlichkeit irrezuführen.

Die von den Amerikanern massenweise begangenen Verbrechen stärken jedoch nur den Haß der südvietnamesischen Bevölkerung. Sie schließen sie immer nur fester zusammen und verstärken ihren Willen, den Anspruch in die Tat umzusetzen, der in der historischen Erklärung der Nationalen Befreiungsfront vom 22. März 1965 dokumentiert wird: die südvietnamesische Bevölkerung und die Armee der Befreiungsfront erklären ihre Entschlossenheit, ihre heilige Aufgabe zu erfüllen, die amerikanischen Imperialisten aus dem Land zu jagen, Südvietnam zu befreien, Nordvietnam zu verteidigen und die Wiedervereinigung des Landes vorzubereiten.

Infolge der großen Siege des südvietnamesischen Volkes werden die befreiten Gebiete immer stärker und größer. Die FNL hat im gegenwärtigen Zeitpunkt vier Fünftel des Landes unter Kontrolle. Sie hat in den befreiten Gebieten die Funktion, die Aufgaben und die Macht einer rechtmäßigen Regierung übernommen. Die Verwaltungsräte, vom Volk gewählte Instanzen nationaler und demokratischer Selbstbestimmung, haben in politischer, wirtschaftlicher, militärischer, kultureller und medizinischer Hinsicht die Führung übernommen und nehmen die Geschicke des Landes im Rahmen der allgemeinen vom Zentralkomitee der FNL ausgearbeiteten Richtlinien der Politik in die Hand.

Unter der Führung der FNL versucht die Bevölkerung in den befreiten Gebieten, alle Hindernisse zu überwinden. Sie versucht mit allen ihr zu Gebote stehenden Mitteln, die durch die Angriffe des Gegners verursachten Schäden so gering wie möglich zu halten, vor allem die Folgen der Luftangriffe, der Artillerieangriffe und der Angriffe mit chemischen Giftstoffen. Die landwirtschaftliche Produktion konnte im wesentlichen aufrechterhalten werden. Das Netz von Schulen, Krankenhäusern, medizinischen Hilfsstationen, Entbindungsstationen, Informations- und Dokumentationszentren reicht bis ins kleinste Dorf.

Erlauben Sie mir, im Namen von 14 Millionen Vietnamesen, allen friedliebenden und nach Gerechtigkeit strebenden Völkern, den internationalen und den nationalen Verbänden und allen denjenigen, die uns in der Verteidigung unserer gerechten Sache unterstützt haben, meinen tiefsten Dank auszusprechen. Ich möchte auch meine Dankbarkeit und meine Bewunderung für die amerikanischen Bürger zum Ausdruck bringen, die einen heroischen Kampf gegen die aggressive Politik Johnsons in Vietnam führen, einen Kampf, bei dem einige nicht zögern, ihr Leben aufs Spiel zu setzen.

28. November 1967, nachmittags

I. Referat von Tiao Souk Vongsak

Leiter der laotischen Delegation, Mitglied des Zentralkomitees der Neo Lao Haksat (Zusammenfassung)

Der Sprecher gibt einen historischen Überblick über die amerikanischen Angriffe auf Laos. Er erinnert daran, daß das Genfer Indochinaabkommen von 1954 die Unabhängigkeit, Souveränität und die territoriale Integrität des Landes proklamiert hat. Die Pathet Lao-Soldaten hatten sich entsprechend den Genfer Vereinbarungen schon vor dem vorgesehenen Zeitpunkt in die Provinzen Phong Saly und Sam Neua zurückgezogen. Aber die von den Amerikanern eingesetzte neue Regierung griff diese Provinzen an, um die Widerstandskämpfer auszuschalten. Das veranlaßt die Pathet Lao-Kräfte, den Kampf für ein unabhängiges und friedliches Laos neu zu organisieren. Seit 1962 hat das laotische Volk unter der Führung der Neo Lao Haksat durch seine militärischen Siege zwei Drittel des laotischen Landes und die Hälfte der Gesamtbevölkerung befreit. In den befreiten Gebieten wird das politische, wirtschaftliche und kulturelle Leben im Gegensatz zu den von der Marionettenregierung und den von den Amerikanern kontrollierten Gebieten nach den Prinzipien nationaler und demokratischer Selbstbestimmung *organisiert. Seit drei Jahren bombardiert die amerikanische Luftwaffe die befreiten Gebiete von Laos.*

Das laotische Volk sehnt sich nach Frieden, aber auch nach Unabhängigkeit, Souveränität, Einheit und territorialer Integrität. Diese unveräußerlichen Rechte sind ihm feierlich von der Weltöffentlichkeit zugesprochen worden, das erste Mal durch das Genfer Indochinaabkommen von 1954, das zweite Mal durch die Abkommen der Laoskonferenz von 1962.

In Südostasien und zur Zeit in der ganzen Welt ist Laos der zweite Kriegsschauplatz, den die Amerikaner provoziert haben. Aber es ist ein von der Weltöffentlichkeit vergessener Krieg. Den Amerikanern ist es gelungen, um ihre Laos-Aggression eine Mauer des Stillschweigens aufzurichten. Unser Volk hofft, daß dieses Tribunal die Mauer des Schweigens durchbrechen wird. *Mit diesen Worten schloß der Leiter der laotischen Delegation seine Ausführungen.*

II. Zeugenbericht aus Laos

Von Bernard Couret

Die amerikanische Präsenz und ihre Unterstützung durch thailändische und südvietnamesische Truppenverbände stellt eine flagrante Verletzung der Genfer Abkommen von 1954 und 1962 dar. (...) Anfangs hat selbst die amerikanische Presse die Fiktion von der Neutralität Laos' aufrechterhalten und geflissentlich alle Nachrichten verschwiegen, die geeignet schienen, auf die amerikanische Intervention im Königreich Laos aufmerksam zu machen. Seit einiger Zeit ist diese Vorsicht überflüssig geworden. Die Präsenz amerikanischer Streitkräfte in Laos und die Durchführung offensiver Operationen, die durch die Genfer Laosabkommen von 1962 noch einmal verboten wurden, werden heute von Washington beinahe offiziell zugegeben.

Die allmähliche Angliederung des Pathet Lao-Gebietes an den südvietnamesischen Kriegsschauplatz ist zur allgemein anerkannten Doktrin geworden. Was zunächst als gelegentliche Bombardierung der Verbindungswege, als Beschießung einzelner Anlagen in den von der Neo Lao Haksat kontrollierten Gebieten und als gelegentliche Truppenentsendung begann, ist mittlerweile zur geläufigen Praxis der Amerikaner geworden. Die amerikanische Präsenz in den Städten ist offenkundig, wenn auch die Stärke der eingesetzten Truppen schwer abzuschätzen ist, weil die amerikanischen Staatsbürger in Laos die wirkliche Zahl geheimhalten und es für sie nicht schwer ist, sich heimlich und ohne von den einheimischen Dienststellen kontrolliert zu werden, nach Laos zu begeben. Nach ungefähren Schätzungen beträgt die Zahl der in Laos tätigen Amerikaner ohne Familienangehörige rund 4000. Die Zahl der im diplomatischen Dienst, in der Verwaltung und im zivilen Hilfskorps beschäftigten Amerikaner stieg von 800 auf 1000. Die Zahl der militärischen Instrukteure für die Luftwaffe beträgt in diesem Jahr bereits 2000, im letzten Jahr waren es noch 1200. Die Zahl der Militärs, die mit der Aufstellung von Kadertruppen im Dschungel und mit der Ausbildung in den Instruktionszentren und bei den Einheiten der laotischen Streitkräfte beschäftigt sind, stieg von 150 auf 2000 ... Dazu kommen noch die 500 außerhalb der offiziellen Armeeinheiten eingesetzten Piloten der von der CIA finanzierten «zivilen» Fluggesellschaften Air America und Continental Service. Das sind inzwischen bereits 150 mehr als Ende 1965. Mehr als 500 Spezialisten arbeiten als Zivilisten getarnt (...) in den sogenannten *«cluster villages»*, bei den Straßenbaukommandos, am Landentwicklungsprogramm und in Trupps, die mit der Verwaltung und der Unterhaltung von 100 kleineren Flugplätzen beauftragt sind. Diese Flugplätze wurden von den Amerikanern überall in Laos gebaut, dreißig liegen in den von der Neo Lao Haksat kontrollierten Gebieten.

Die Gesamtstärke wird auf 3000 Mann geschätzt, das sind bereits 600 mehr als Ende 1965. Außerdem haben die Spezialeinheiten, die in der Nähe der vietnamesischen Grenzen eingesetzt sind, rund 1000 Vietnamesen in ihren Reihen, das sind inzwischen 600 mehr als vor einem Jahr. Man kommt schließlich auf eine Gesamtzahl von rund 12 000 Amerikanern in Laos. Die direkte oder indirekte amerikanische Hilfe für die königlich laotische Regierung hat beträchtlich zugenommen. Man kann als sicher annehmen, daß die königliche Armee hinsichtlich ihrer

Verwaltung, ihres Unterhaltes und ihrer Feuerkraft ganz von der amerikanischen Finanzhilfe abhängt. Man darf annehmen, daß die amerikanische Finanzhilfe sich von 1948 bis 1965 auf 650 Millionen Dollar belief, davon wurden zwischen 1963 und 1965 allein 230 Millionen Dollar nach Laos geliefert. Zur Zeit beträgt die amerikanische Hilfe jährlich rund 70 Millionen Dollar. Sie gliedern sich wie folgt auf:

Wirtschaftliche Hilfe: 50 Millionen; Handelskredite: 3,5 Millionen; Verdeckte Zahlen: 3 Millionen; Beteiligung am Fonds zur Stabilisierung der nationalen Währung: 13,7 Millionen Dollar.

Die als direkte Militärhilfe vergebenen Kredite sind am wichtigsten. Sie decken die Kosten für eine Armee von 80 000 Soldaten. 1965 betrugen diese Kosten 27 Millionen, 1966 30 Millionen Dollar. Die indirekte Hilfe erstreckt sich vor allem auf die teilweise Finanzierung der beiden genannten zivilen Luftfahrtgesellschaften. 1964 wurden dafür 9,1 Millionen Dollar ausgegeben, 1965 12 Millionen und 1966 15 Millionen. Hinzuzufügen ist, daß die Verbreiterung und Asphaltierung der Straßen von Sarawan in die tiefer gelegenen Regionen 150 000 Dollar gekostet hat. Diese Ausbesserungsarbeiten wurden durchgeführt, damit Jagdbomber, die bei ihren Einsätzen über Vietnam in Bedrängnis geraten, dort landen können. Der Ausbau der Luang Prabang-Straße kostete 100 000 Dollar. Die Wiederherstellung des strategischen Straßennetzes und der Wiederaufbau der Straße Nr. 13 sind vorgesehen. Dafür wurden 9 Millionen Dollar veranschlagt. (. . .)

Die *«cluster villages»* bilden das Gegenstück zu den berüchtigten «strategischen Dörfern» Vietnams, ein Instrument für die politische Formierung der Dorfbewohner. In diesem Jahr hat ihre Zahl besonders im laotischen Tiefland beträchtlich zugenommen. Das Experiment soll auch auf bestimmte Gebiete nördlich von Vientiane ausgedehnt werden. Die Höhe der Kredite für diese Umsiedlungsaktionen steht nicht fest. Nach offiziellen Quellen sind 300 000 Bauern in diesen *«cluster villages»* interniert; andere Zahlen nennen 400 000.

I. Erklärung des amtierenden Präsidenten, Jean-Paul Sartre, aus Anlass des Eintreffens von Stokeley Carmichael am gleichen Tag

Stokeley Carmichael wurde einstimmig von den Mitgliedern des Tribunals kooptiert; er ist damit Geschworener mit den gleichen Vollmachten wie wir. Wir schätzen uns glücklich, daß er zu uns gekommen ist. Seine politische Arbeit, mit der wir alle einverstanden sind, machte es ihm jedoch unmöglich, an den voraufgegangenen Sitzungen teilzunehmen. In Stockholm konnte er sich wenigstens vertreten lassen; das war in der zweiten Sitzungsperiode bisher leider nicht möglich. Zu unserem größten Bedauern müssen wir ihn deshalb bitten, bei unseren Beratungen über das Urteil zwar teilzunehmen, aber nicht mitzuwirken. Wir schlagen ihm aber vor, unseren Ergebnissen eine persönliche Stellungnahme hinzuzufügen, da er Vietnam immerhin aus eigener Anschauung kennt. Diese Erklärung könnte gleichzeitig mit unserem Urteil, aber getrennt von ihm bekanntgegeben werden.

II. Die Tatbestandsmerkmale des Völkermords der USA-Truppen in Nordvietnam

Bericht von Pham Ngoc Thach, Gesundheitsminister der R.D.V.
(Zusammenfassung)

(vgl. Russell-Sartre: «Das Vietnam-Tribunal oder Amerika vor Gericht» [rororo 1091], vor allem den zusammenfassenden Bericht über die Bombenangriffe auf Nordvietnam von Dr. Behar)

III. Zeugenaussage zur Lage in der entmilitarisierten Zone

Von Marceline Loridan, französische Filmreporterin, die zugleich im Namen ihres holländischen Kollegen Joris Ivens spricht

Meine Aussage betrifft vor allem die systematischen Säuberungsaktionen an der vietnamesischen Bevölkerung, die am 17. Breitengrad am Südufer des Ben-Hai-Flusses wohnte, und ihre Deportation.

Am 18. Mai 1967 haben die Amerikaner per Schiff und Hubschrauber 5000 *marines* und 10 000 Soldaten der Saigoner Armee auf der Südseite des Flusses Cua-Tung nahe der Mündung gelandet. An den Tagen vor der Landung fanden äußerst heftige Kämpfe statt, sowohl im Norden, wo wir mehrere Tage lang in den Kellern bleiben mußten, als auch im

Süden; dort ging es den Angreifern darum, die Bevölkerung zu terrorisieren und sie zum Verlassen des Gebietes zu veranlassen. Flugblätter wurden abgeworfen, auf denen die Bevölkerung mit totaler Vernichtung bedroht wurde, wenn sie nicht die entmilitarisierte Zone sofort verlassen würde.

Die Ziele der Amerikaner waren: die Einkreisung der Militärbasis Con Thien durch die Soldaten der Nationalen Befreiungsfront zu durchbrechen, eine «weiße Zone» entlang des Ben-Hai-Flusses in der entmilitarisierten Zone dadurch zu schaffen, daß alle Ortschaften dem Erdboden gleichgemacht, die gesamte Bevölkerung deportiert und in Lagern interniert wird, und im Rahmen der Gesamtstrategie zum Ausbau der sogenannten McNamara-Linie beizutragen.

Die Aktion der Amerikaner begann in den Dörfern an der Mündung und sollte später bis zur laotischen Grenze vorangetrieben werden.

Wir machten uns auf den Weg in den Süden, um mit eigenen Augen zu sehen, was aus den Dörfern geworden war. Ich darf einen Artikel verlesen, in dem ich berichte: «Wir sind jetzt am 17. Breitengrad. Auf dem Fluß treiben noch immer von Baumwurzeln umklammerte Leichen. Am Ufer liegt der zerrissene Körper eines jungen Mädchens. Sie wurde vom Hubschrauber aus niedergeknallt, als sie versuchte, aus der Hölle der Bombenangriffe und der Säuberungsaktionen in den Norden zu fliehen. Hier steht nichts mehr außer rauchenden Ruinen und Haufen verbrannter Asche. Man sieht, daß die Bewohner Hals über Kopf geflohen sind; in den Schalen ist noch Reis, krepierte Hühner, Enten und Schweine liegen herum, daneben Büffel, deren Leiber von Verwesungsgasen mächtig aufgedunsen sind. (...) Überall Leichengeruch, menschenleere, tote Dörfer. (...) Ein mit Asche verschmierter Hund irrt umher. Zerbrochene, zusammengefallene und ausgebrannte Häuser. Eine alte Frau wühlt im Schutt. Als sie uns sieht, kommt sie auf uns zu, fragt uns, wer wir sind, und sagt dann: «Berichtet die Wahrheit über das, was die Amerikaner hier angerichtet haben, berichtet der Welt die Wahrheit! Sie haben alles zerstört und verwüstet, ich habe meine Kinder verloren. Ich weiß nicht, wo sie sind. Sie wurden mit Hubschraubern weggeschafft. Der Reis war gerade reif, er war schön. Wir können den Reis nicht mehr ernten, die Amerikaner haben ihn mit Flammenwerfern abgebrannt.»

Alle Dörfer, durch die wir gekommen sind, waren genauso zerbombt und dem Erdboden gleichgemacht.

Im nordvietnamesischen Dorf, in das wir zurückkehrten, waren inzwischen tausend Flüchtlinge, darunter 254 Kinder unter zwölf Jahren und 307 älter als zwölf, eingetroffen; die meisten waren ohne Eltern gekommen. Sie sind über den Fluß geschwommen, um der Deportation in die Umsiedlungslager zu entgehen. In diesem Dorf sind es tausend, in den Nachbarorten sind es mehr als 7000. Sie sind auf der Stelle geflohen. Viele wurden beim Durchschwimmen des Flusses von den Hubschraubern erschossen, andere ertranken, weil sie nicht schwimmen konnten. Für alle ist der Norden die einzige Zuflucht. Sie werden von den nordvietnamesischen Bauern vollkommen versorgt, sie haben Reis, Gemüse und Kleider für sie gesammelt; in den Unterständen drängt sich alles eng zusammen, um den Flüchtlingen Platz zu machen.

Der Film, den ich Ihnen jetzt vorführen möchte, ist ein Zehnminutenausschnitt aus einem längeren Dokumentarfilm von Joris Ivens; er heißt *«Der 17. Breitengrad»*. Sie sehen darin zunächst Aufnahmen von den zerstörten Dörfern südlich des 17. Breitengrades, danach eine alte Bäuerin, die den Soldaten der Befreiungsfront erzählt, was sie erlebt hat, dann Spuren der Säuberungsaktionen und die Aussagen südvietnamesischer Bauern, die in den Norden fliehen konnten.

Sie hören in dem Film Auszüge von Aussagen, deren vollständiger Wortlaut dem Tribunal maschinenschriftlich vorliegt.

Auszug aus einem im Film dargestellten Interview:
Eine Frau: «... Wir waren mitten im Schlaf, als sie anfangen, auf uns loszuschießen. Die Räuber sind da, und alle versuchen zu fliehen. Einige bleiben jedoch in ihren Häusern. Morgens sagen sie nichts, mittags befehlen sie uns plötzlich, wir sollten uns fortscheren, sonst würden wir alle von den Bomben getötet werden. Wir haben ihnen gesagt: ‹Warum verjagt ihr uns nicht im Januar oder Februar, wenn der Reis noch nicht reif ist! Jetzt ist der Reis reif; wir wollen hier bleiben und essen, was wir ernten!› Einige alte Leute sagen: ‹Hier sind wir geboren, und wir wollen lieber sterben als von hier wegziehen.› Die Amerikaner haben uns gesagt: ‹Ach, ihr wollt kämpfen! Hört nicht auf die Vietkong, die euch zum Kampf aufhetzen!› Sie packten uns, fesselten uns, und zwei Männer rissen mich zur Seite. Die alten Leute und die jungen Mädchen wurden geschlagen und kriegten dabei zu hören: ‹Kämpft nur weiter, wenn's euch Spaß macht!›»

Hier folgt ein Bericht über die japanische Beteiligung an der Vietnamaggression, dessen Einzelheiten im nachfolgenden Kapitel detaillierter wiedergegeben werden.

29. November 1967, nachmittags

I. Bericht über Okinawa

Von Hiroaki Yoshizawa, Mitglied der japanischen Delegation

Einleitung

Zwischen der chinesischen Küste und dem offenen Pazifischen Ozean liegt eine Gruppe von ungefähr 60 Inseln. Sie reicht von Kyu-Shu, dessen südlichste, eine der vier größten Inseln, das eigentliche Japan bildet, bis Taiwan (Formosa). Zwischen Japan und Formosa liegen die Riu-Kiu-Inseln, deren größte Okinawa ist.

Die Inselgruppe, die von Okinawa aus verwaltet wird – Okinawa ist eine der 47 Provinzen Japans –, ist seit dem 22. Juni 1945 amerikanisches Besatzungsgebiet. Das Riu-Kiu-Archipel hat eine Ausdehnung von 2388 Quadratkilometern und zählte am 1. Oktober 1965 934 167 Bewohner, 1967 war die Zahl auf ungefähr 960 000 angewachsen.

Diese Provinz, integraler Bestandteil des japanischen Staatsgebietes, ist seit einem Vierteljahrhundert von den Vereinigten Staaten besetzt. Das Besatzungsregime umfaßt «die Inseln und die Bevölkerung» ebenso wie den Luft- und den Seeraum.

Der Angriffskrieg gegen Vietnam und Okinawa. Die Funktion der Stützpunkte von Okinawa und die atomare Rüstung der USA.

Die Gesamtgröße der ehemaligen japanischen Provinz Okinawa beträgt, wie ich schon gesagt habe, 2388 Quadratkilometer. Davon haben 8,19 % der Gesamtfläche oder 24,5 % der Hauptinsel dem japanischen Staat gehört. Diese 810 Quadratkilometer sind jetzt von der amerikanischen Armee beschlagnahmt.

Auf diesem Gelände gibt es Straßen und verschiedene Einrichtungen, unter anderem befinden sich dort folgende Stützpunkte: acht Abschußbasen für Nike-Raketen, acht für Hawk-Raketen und vier Mace-B-Raketen, sechs Radarstationen, fünf Flughäfen, zwei Hubschrauberlandeplätze, zwei Seehäfen, ein Fallschirmjägerstützpunkt, drei Ausbildungslager für den Antiguerillakrieg, vier Garnisonsstäbe, zahlreiche Depots, Luftabwehrbasen und Nachrichtenstationen.

Wie verhält es sich mit den Raketen, die mit Atomsprengköpfen ausgerüstet sind?

Die Abschußbasen der Mace-B-Raketen, SSM-Raketen mit Atomsprengköpfen, die zur 498. Einheit der taktischen Verbände der 318. Division gehören, die ihrerseits dem fünften taktischen Luftverband untersteht, sind sämtlich auf das chinesische Festland ausgerichtet.

Die 30. Artillerieeinheit (DCA) umfaßt zwei Nike-Hercules- und zwei Hawk-Raketen-Bataillone. Sie gehören zum SAM-Typ, es handelt sich um Fernlenkwaffen, die nötigenfalls auch eine Atomladung ins Ziel tragen können.

Außerdem lagern auf Okinawa Little-John-Raketen, kleine Raketen mit Atomsprengköpfen, die direkt auf dem Kriegsschauplatz eingesetzt werden können.

Auf den amerikanischen Stützpunkten von Okinawa werden außerdem Truppen ausgebildet, die aus den Vereinigten Staaten und ihren Satellitenstaaten in Asien stammen, die Truppen der «japanischen Selbstverteidigung», die Marionettenarmeen Thailands, der Philippinen und Südvietnams, die «ROK»-Armee Südkoreas und die Truppen des Generals Tschiang Kai-schek.

Erklärungen offizieller amerikanischer Sprecher zur militärischen Bedeutung des Stützpunktes Okinawa

Aus den voraufgegangenen Erläuterungen wird klar, daß die Vereinigten Staaten sich nicht nur damit zufriedengegeben haben, Okinawa zu ihrer wichtigsten Bastion im Fernen Osten auszubauen, sondern daß sie dort zugleich ihre verschiedenen Marionettenarmeen zum militärischen Einsatz ausbilden, um sie für den Aggressionskrieg in Vietnam fit zu machen. Wie aber versteht Amerika die militärische Rolle Okinawas? Zitieren wir dazu einige Erklärungen offizieller Persönlichkeiten aus den Vereinigten Staaten.

Admiral Sharp, Oberkommandierender der US-Streitkräfte im pazifischen Raum, erklärte im Dezember 1965 im *Morning Star* (10. Dezember 1965), dem Organ der amerikanischen Armee: «Es ist nicht möglich, den Krieg in Vietnam fortzuführen, ohne Okinawa zu benutzen.» Auf Fragen, die ihm die Herren Kishida und Maeda von der Zeitung *Asahi Shimbun* im Juli 1967 stellten, antwortete er:

«Solange der Friede und die Sicherheit der freien Länder Südostasiens weiterhin bedroht sind, ist nicht mit einer Veränderung der technologischen und militärischen Lage im pazifischen Raum zu rechnen, die Folgen für den Wert Okinawas als Verteidigungsposten der freien Welt gegen die Unterdrückung haben könnte. Die Sicherheit der freien Welt einschließlich Japans erfordert die Aufrechterhaltung der militärischen Einrichtungen der USA auf Okinawa. (...) Okinawa bleibt weiterhin eine Relaisstation, ein Nachschublager und ein Nachrichtenzentrum von vitalem Interesse für die amerikanischen Boden- und Luftstreitkräfte, es ermöglicht den Truppen, auf jeden raschen Wechsel der militärischen Lage in Südostasien angemessen zu reagieren.» (*Asahi Shimbun* vom 22. Juli 1965.)

Nach den Ausführungen des stellvertretenden Staatssekretärs für militärische Fragen, Halt, «ist es unumstößliche Tatsache, daß Okinawa dank seiner strategischen Lage den wichtigsten Stützpunkt für die Verteidigung der freien Welt darstellt. Der einzige Grund, weshalb die Vereinigten Staaten die Selbstverwaltungsrechte der einheimischen Bevölkerung einschränken mußten, besteht in dem Faktum, daß die militärische Bedeutung der Basis und die Spannungen im Fernen Osten nicht geringer geworden sind. Vom militärischen Gesichtspunkt aus betrachtet, müssen wir um eine korrekte Zusammenarbeit mit der Bevölkerung bemüht sein, damit die Basis ungestört operieren kann.» (Erklärung vor dem dritten Unterausschuß des Verteidigungsausschusses des amerikanischen Repräsentantenhauses.)

Diese offiziellen Erklärungen amtlicher amerikanischer Persönlichkeiten bekräftigen die Tatsache, daß Okinawa eine wichtige Bastion für den imperialistischen Angriffskrieg gegen Vietnam darstellt. Über die Rolle des Stützpunktes Okinawa habe ich auch Zeitungsausschnitte jüngeren Datums mitgebracht.

Die Völkerrechtswidrigkeit der amerikanischen Besetzung und die Mitverantwortung der japanischen Regierung und des japanischen Monopolkapitals

Besitzt die amerikanische Besetzung Okinawas eine juristische Grundlage? Der Tokioter Kriegsverbrecherprozeß hat in dieser Angelegenheit das folgende Urteil gefunden:

«Mit den Worten der Erklärung von Kairo im November 1943 verzichten die Siegermächte auf jede Annexion und sind sich darin einig, daß Japan nur solche Gebiete aberkannt werden sollten, die es selbst geraubt, ausgeplündert und besetzt hatte. Das Potsdamer Abkommen vom Juli 1945 hat diese Entscheidung bestätigt, und es liegt auf der Hand, daß die Alliierten völkerrechtlich verpflichtet sind, diese Vereinbarungen einzuhalten und ihre Bestimmungen durchzuführen. Okinawa und Ogasawara sind unveräußerliche Bestandteile Japans. Diese Gebiete sind weder geraubt, ausgeplündert noch besetzt worden, und folglich können sie Japan nicht abgesprochen werden.

Demzufolge ist der Geist von Potsdam schon in dem Augenblick verletzt worden, als auf Grund des Art. 3 des Friedensvertrages von San Francisco Okinawa und Ogasawara dem Schutz der Vereinigten Staaten unterstellt wurden und als die Amerikaner begannen, die legislative, exekutive und richterliche Gewalt auf den Inseln auszuüben, um ihre Schutzherrschaft zu praktizieren. Dem Geist von Potsdam widerspricht ebenso, daß Japan im Dezember 1956 in die Vereinten Nationen aufgenommen wurde, obwohl Art. 78 der Charta untersagt, daß Staaten Mitglieder der UN werden können, die ganz oder teilweise fremder Schutzherrschaft unterstehen. Die Klausel, die den Vereinigten Staaten die Schutzherrschaft über Okinawa und Ogasawara sicherte, ist also spätestens von diesem Zeitpunkt an hinfällig, und Okinawa und Ogasawara müßten von Rechts wegen sofort an Japan zurückgegeben werden. (. . .)

Die japanische Regierung muß also auf Grund der Tatsache, daß sie dieser Besetzung zustimmt, als mitschuldig dafür angesehen werden, daß die Souveränitätsrechte der japanischen Bevölkerung von Okinawa und Ogasawara ganz und gar an die Vereinigten Staaten abgetreten sind . . .»

II. Aussage von Dr. Erich Wulff

Dozent an der medizinischen Fakultät von Hue von September 1961 bis zum 20. November 1967 (Bundesrepublik Deutschland)

Ich bitte zunächst um Entschuldigung dafür, daß ich Ihnen kein ausgearbeitetes Referat halten kann: ich komme gerade erst aus Südvietnam zurück und hatte bis jetzt noch keine Zeit, meine Aussage schriftlich zu fixieren. Ich möchte Ihnen zunächst die allgemeine Lage in Vietnam kurz darstellen. Sie haben gerade in einem Film die Landschaft Vietnams gesehen, sie haben die Bombenkrater gesehen. Wenn man das Land überfliegt, sieht man, daß es einer pockennarbigen Haut gleicht. (...) Überall Bombenkrater, vor allem in der Nähe von einzelnen Ortschaften, Dörfern und Talsenkungen. (...) Das kann jeder mit bloßem Auge erkennen, und jeder kann daraus ohne große Überlegungen seine Konsequenzen ziehen. Beim Überfliegen des Landes sieht man ebenso häufig weite Landstriche, die von chemischen Produkten verwüstet sind, graue Landschaften, Landschaften aus lauter Asche. In den Küstengebieten Mittelvietnams sieht man Reihen verlassener Siedlungen, Dörfer und Reisfelder. In den von der Saigoner Regierung und den von den Amerikanern kontrollierten Städten kriegt man ganze Wälder von Stacheldraht zu sehen: die amerikanischen Truppen, die Provinz- und Bezirkskommandanten und alle südvietnamesischen Beamten, die mit den Amerikanern kollaborieren, umgeben ihre Häuser mit Stacheldrahthekken. Zwischen den bevölkerten Straßen und den Wohnhäusern und den Büros der Amerikaner und der südvietnamesischen Beamten gibt es einen Streifen Niemandsland.

Hinsichtlich der Kriegführung der Amerikaner in Vietnam kann man verschiedene Techniken unterscheiden. Die klassische Technik ist die sogenannte Säuberungsaktion. Eine größere Zahl von Hubschraubern landet in einem Dorf, die Soldaten dringen in die Häuser ein, greifen eine bestimmte Anzahl, vor allem junge Menschen, heraus, verhaften sie unter dem Vorwand, sie seien «vietkongverdächtig» und transportieren sie in das nächste Verhörzentrum. Nach einigen Stunden verschwinden die Hubschrauber wieder, und die Bevölkerung bleibt verstört zurück. Was geschieht mit den Gefangenen? Ich hatte, als ich im Zentralkrankenhaus von Hue tätig war, Gelegenheit, ungefähr fünfzig Gefangene aus dem nächsten Gefängnis zu behandeln. Sie waren im schlimmsten Zustand, oft kurz vor dem Tod, ins Krankenhaus gebracht worden. Ich habe mir einige Akten über diese Gefangenen angelegt, sie enthalten Informationen zu ihrer Vorgeschichte und über die Umstände ihrer Gefangennahme, und ich muß sagen, daß meine vietnamesischen Studenten mir soviel wie möglich bei der Zusammenstellung dieser Akten geholfen haben. (Das Tribunal hat die Akten als Beweismaterial anerkannt.) Ich möchte Ihnen daraus zwei Fälle schildern. Die Namen der Gefangenen nenne ich besser nicht, um ihnen keinen Schaden zuzufügen, die Betroffenen befinden sich noch immer in Haft.

1. X, 30 Jahre, wohnhaft in Than Bienh, Provinz Quang Nam, Landwirt, verheiratet, zwei Kinder (. . .) Als er bei uns mit fortgeschrittener Beri-Beri eingeliefert wurde, war er bereits drei Jahre im Gefängnis gewesen. Er war bei einer Säuberungsaktion als Verdächtiger, aber ohne Beweis, festgenommen worden. Er wurde durch Fußtritte auf Brust, Kopf und Unterleib mißhandelt und mit elektrischen Leitungen, die an den Zeigefingern seiner Hände befestigt waren, gefoltert. Auf Grund der Folterungen legte er ein Geständnis ab, das man ihm fertig ausgearbeitet vorlegte und das er nur zu unterschreiben brauchte. Strafe: vier Jahre Gefängnis. Man brachte ihn in das Gefängnis von Hue.

2. Ein junges, zwanzigjähriges Mädchen, wohnhaft in derselben Provinz, Landwirtin, lebte bei ihren Eltern. Der Verhaftungsvorgang ist der gleiche wie im vorigen Fall; sie wurde ebenfalls bei einer Säuberungsaktion gefangengenommen. Folterungen: durch Stockschläge, Elektroschock und Seifenwasser, das sie trinken mußte. Ergebnis: das junge Mädchen unterschrieb ein Schuldbekenntnis, es wurde zu zwei Jahren Gefängnis verurteilt.

Es gibt auch Männer und Frauen, die sich weigern, ein Geständnis abzulegen; sie müssen das Schlimmste erleiden. Sie werden sehr viel länger gefoltert, und meistens werden sie nicht einmal gerichtlich verurteilt. Man hält sie unbegrenzt lange im Gefängnis oder im Lager. Durch meine Gespräche mit diesen Häftlingen konnte ich mich davon überzeugen, daß nur zwei oder drei von ihnen aktiv am Widerstandskampf teilgenommen hatten. Die meisten waren Bauern, die eben nur das Pech gehabt hatten, nicht rechtzeitig geflohen zu sein.

Der Erfolg dieser Säuberungsaktionen, der *«search and destroy operations»*, wie die Amerikaner sie nennen, ist ziemlich gering. Im Verlauf der letzten zwei Jahre haben sie eine neue Methode erfunden, um die Unterstützung der Befreiungsfronttruppen durch die Bevölkerung zu unterbinden: sie entvölkern ein bestimmtes Gebiet, vertreiben alle Bewohner und siedeln sie woanders an. Die Menschen sträuben sich jedoch, ihre Heimat zu verlassen: die Vietnamesen hängen viel zu sehr an ihren Feldern, ihrem Heimatdorf und an ihren Ahnen. (. . .) Um die Vietnamesen zur Flucht zu zwingen, wenden die Amerikaner verschiedene Methoden an: sie erklären bestimmte Gebiete zu *«free fire zones»* (. . .), Flugzeuge werfen Flugblätter ab, auf denen die Bevölkerung aufgefordert wird, sich mit ihrem Hab und Gut in die Bezirkshauptstadt zu begeben. Dieser Aufruf bleibt ziemlich vage, und oft verspricht man den Leuten das Blaue vom Himmel herunter. Ein kurzer Hinweis am Schluß bedroht sie allerdings damit, daß ihr Dorf zur Rechenschaft gezogen würde, falls irgendein Dorfbewohner ein amerikanisches Flugzeug oder amerikanische Soldaten beschießen sollte. Das bedeutet praktisch, daß die Amerikaner Napalm einsetzen werden, wann immer sie es für notwendig halten, und daß sie nötigenfalls wild in der Gegend umherschießen und all das unternehmen, was der Ausdruck «*free fire zone*» erlaubt. Trotzdem ist nur ein kleiner Teil der Bewohner sofort bereit, ihre Dörfer zu verlassen. Erst nach einigen Wochen Bombenangriffe fliehen rund zwei Drittel der Bevölkerung in die Nähe der Stadtzentren.

Manchmal genügen auch die Bombenangriffe noch nicht, und die Amerikaner greifen zur zwangsweisen Evakuierung. Diese Methode wurde vor allem in den Provinzen Bienh Dinh und Phu Yen im zentralen Hochland von Vietnam praktiziert: mehr als die Hälfte der Bevölkerung dieser Provinzen ist geflohen. (...) Insgesamt kann man die Zahl der südvietnamesischen Flüchtlinge auf mindestens zwei Millionen schätzen, und ich brauche wohl nicht mehr eigens zu erwähnen, was es bedeutet, Flüchtling in Vietnam zu sein. Andere Schätzungen sprechen sogar von vier Millionen Flüchtlingen.

Ich möchte jetzt über die psychologischen und materiellen Folgen dieser Gewaltmaßnahmen berichten. Wenn die Landbevölkerung erst einmal aus ihren angestammten Wohngebieten vertrieben ist, bricht der gewohnte Zusammenhalt des Dorflebens rasch auseinander. Mit dem Verlust ihrer Reisfelder haben die Bauern keine Möglichkeit, selbst für ihren Lebensunterhalt zu sorgen; die Frauen werden zur Prostitution gezwungen, die Kinder müssen das Stehlen anfangen. (...) Die Demoralisierung ist unvermeidlich. Außerdem erreichen die Amerikaner auf diese Art und Weise noch zweierlei: 1. Sie verschaffen sich die notwendigen Arbeitssklaven für die Errichtung und die Unterhaltung ihrer Militärbasen. 2. Die Flüchtlinge sind, da sie sich selber nicht versorgen können, an die amerikanischen Stützpunkte gebunden. Um die Basen herum siedelt sich ein verwildertes und total abhängiges Lumpenproletariat an, das die Amerikaner einer bäuerlichen, potentiell revolutionären Bevölkerung immer noch vorziehen.

Aber auch diese Operationen sind kein Erfolg für die Amerikaner: in der Provinz Phu Yen, eine der Provinzen, die durch diese Prozeduren am meisten in Mitleidenschaft gezogen wurden, hat sich selbst in den Flüchtlingslagern innerhalb von einem halben Jahr eine revolutionäre Organisation neu gebildet. Der Grund liegt auf der Hand: die Leute waren völlig auf den Hund gekommen, die Amerikaner hatten ihre Versprechungen nicht eingehalten, und selbst die eigenen Verwandten hatte man umgebracht. Die Amerikaner und Südvietnamesen waren gezwungen, selbst dieses Flüchtlingslager noch einmal zu säubern. Es gibt in Vietnam Flüchtlingsdörfer zweiten und dritten Grades; die Leute wurden mehrmals umgesiedelt. (...) Was das im einzelnen bedeutet, brauche ich Ihnen kaum noch auszuführen. (...)

Auch ziellose Bombenabwürfe sind in Vietnam an der Tagesordnung. Ich weiß, daß einige westdeutsche Krankenschwestern, die auf Hospitalschiffen Dienst taten, von amerikanischen Offizieren eingeladen wurden, an einer Vietkongjagd vom Hubschrauber aus teilzunehmen. Das Ganze war als Sonntagsvergnügungen gedacht. Lassen Sie mich einen Augenblick über das kleine Dorf Da Phuc, einen Kilometer von Da

Nang entfernt, berichten! Es handelt sich dabei um ein winziges, vor einem Jahr erbautes, katholisches und der Haltung seiner Bewohner nach ein durchaus antikommunistisches Flüchtlingsdorf. Im September 1967 kamen einige Soldaten der Befreiungsfront in das Dorf und beschossen von dort aus den Stützpunkt Da Nang. Das Ergebnis ließ nicht lange auf sich warten: das Dorf wurde von der Artillerie zusammengeschossen. Es gab mehrere Tote. Am nächsten Morgen lief der Dorfpfarrer zu den Amerikanern und flehte sie an, keine großen Gewaltmaßnahmen zu ergreifen. Er schlug ihnen vor, daß die Bewohner des Dorfes helfen sollten, den Guerilleros einen Hinterhalt zu legen, um sie zu fassen und gefangenzunehmen. Der Kommandant lehnte das Angebot ab. Am nächsten Tag starteten die Guerilleros einen neuen Angriff. Am Morgen darauf drangen die Amerikaner in Kompaniestärke in das Dorf ein und befahlen den Bewohnern, ihre Häuser zu verlassen. Daraufhin wurde das Dorf dem Erdboden gleichgemacht. Der Pfarrer und einige andere Dorfbewohner wurden beschimpft und gedemütigt. Die Folge war klar: die gesamten Bewohner des Dorfes flohen schleunigst in die benachbarten befreiten Gebiete. Ich habe einige Bilder mitgebracht, die am Tag nach der Zerstörung des Dorfes aufgenommen wurden. Hier sehen Sie (*das Bild erscheint auf einer Leinwand*) eine Gesamtansicht von Da Phuc. Es war ein Flüchtlingsdorf zweiten Grades. *(Der Referent zeigt noch einige weitere Aufnahmen von dem Dorf, das erst ein Jahr vorher erbaut worden war; man kann darauf erkennen, daß die völlig zerstörten Häuser aus frischem Baumaterial bestanden hatten.)*

In den letzten zwei Jahren ist aller Welt klargeworden, daß in Vietnam kein Bürgerkrieg unter Vietnamesen stattfindet, sondern daß die Amerikaner einen Angriffskrieg vom Zaun gebrochen haben. Vor allem die Jugend in Vietnam hat immer mehr erkannt, daß die FNL die einzige Organisation darstellt, die in der Lage ist, diesen Kampf zu bestehen. Diese Einsicht ist in dieser Konsequenz ein relativ neuer Faktor. Im vergangenen Jahr haben die Amerikaner und die Saigonregierung den buddhistischen Widerstand im zentralen Hochland Vietnams völlig zerschlagen. In den Jahren davor hofften viele Vietnamesen noch, in den Buddhisten eine dritte Kraft zwischen der Befreiungsfront und den Amerikanern zu finden, eine Kraft, die durchaus einen glaubwürdigen Nationalismus verkörperte. Nach der Ausschaltung dieser dritten Kraft haben viele Jugendliche sich endgültig für die FNL entschieden. (. . .) Auch das mittlere Bürgertum, Beamte, Kaufleute und so weiter, stimmen mehr und mehr den Zielen der FNL zu. (. . .)

I. Bericht über den Tatbestand des Völkermords

Von Mehmet Ali Aybar, Mitglied des Tribunals

(...) Ich komme jetzt zum eigentlichen juristischen Teil meiner Ausführungen. Ausgehend von den Formulierungen im Nürnberger Statut und in der Völkermordkonvention, möchte ich versuchen, die Grundzüge dieses Verbrechens herauszuarbeiten. Ich hoffe, daß wir damit juristisch gültige Kriterien erhalten, die uns in die Lage versetzen, unter den vielfältigen Kriegshandlungen den Tatbestand des Völkermords eindeutig zu ermitteln.

In Art. 6, § 6 des Statuts werden die Verbrechen gegen die Menschlichkeit folgendermaßen definiert:

«Verbrechen gegen die Menschlichkeit, das heißt: Mord, Ausrottung, Versklavung, Deportation und jede andere unmenschliche Handlungsweise gegenüber der Zivilbevölkerung vor oder während des Krieges sowie Verfolgung aus politischen, rassischen oder religiösen Gründen, begangen in Ausführung eines Verbrechens oder in Verbindung mit diesem Verbrechen, für das der Gerichtshof zuständig ist, und zwar unabhängig davon, ob die Handlung gegen das Recht des Landes verstößt, in dem sie begangen wurde, oder nicht.

Ausführende, Organisationen, Anstifter und Komplicen, die am Entwurf oder der Ausführung eines gemeinsamen Planes oder einer Verschwörung beteiligt waren, um eines der oben genannten Verbrechen vorzubereiten oder zu begehen, sind voll verantwortlich für alle Handlungen, die bei Ausführung dieses Planes von den beteiligten Personen begangen wurden.»

Art. II der Völkermordkonvention lautet wie folgt:

In der vorliegenden Konvention wird Völkermord als eine Handlung verstanden, die in der Absicht begangen wird, eine nationale, ethnische, rassische oder religiöse Gruppe als solche teilweise oder vollständig zu vernichten:

a) Mord an Mitgliedern der betreffenden Gruppe;

b) Schwerwiegender Übergriff auf die physische oder geistige Integrität der Mitglieder der Gruppe;

c) Vorsätzliche Unterwerfung der Gruppe unter Existenzbedingungen, die ihre teilweise oder vollständige physische Vernichtung zur Folge haben müssen;

d) Maßnahmen, die auf eine Beschränkung der Geburten innerhalb der Gruppe abzielen;

e) Zwangsweise Überführung der Kinder einer Gruppe in eine andere Gruppe.

In Art. III der Völkermordkonvention heißt es:

«Unter Strafe stehen folgende Handlungsweisen:

a) Völkermord;
b) die Absicht, Völkermord zu begehen;
c) die direkte und öffentliche Propagierung des Völkermords;
d) versuchter Völkermord;
e) Beihilfe zum Völkermord.

In diesem Zusammenhang muß ich noch auf Art. I und IV der Konvention und auf Art. 7 des Statuts hinweisen.

Art. I der Völkermordkonvention:

Die Vertragspartner bekräftigen noch einmal, daß Völkermord, in Kriegs- oder in Friedenszeiten begangen, ein Verbrechen gegen das Völkerrecht darstellt, ein Verbrechen, das zu verhindern und zu verfolgen sie sich feierlich verpflichten.

Art. IV der Völkermordkonvention:

Die Personen, die Völkermord oder eines der in Art. III aufgeführten Verbrechen begangen haben, werden zur Rechenschaft gezogen, gleich ob es sich um Regierende, Funktionäre oder Privatpersonen handelt.

Art. 7 des Nürnberger Statuts:

Die amtliche Stellung der Angeklagten als Staatschefs oder hohe Staatsbeamte wird weder im entlastenden Sinne noch als strafmildernder Umstand berücksichtigt.

Die Konvention aus dem Jahre 1948 definiert Völkermord als jeweils eine der fünf Tatbestandsmerkmale, die in Art. II aufgeführt werden. Sie betreffen Handlungsweisen, die in der Absicht, teilweise oder vollständig eine nationale, ethnische, rassische oder religiöse Gruppe als solche zu vernichten, unternommen werden.

Man merkt sofort, daß die Intention, die dem Verbrechen zugrunde liegt, das Verbrechen charakterisiert. Sie macht zum Beispiel aus einem gewöhnlichen Mord ein Verbrechen von besonderem Gewicht: Völkermord.

Die Intention des Verbrechers äußert sich natürlich nicht nur in seiner Handlungsweise. Durch die Beobachtung und die Analyse der Verbrechen und ihrer Umstände gewinnen wir eine Vorstellung über die Intentionen. Es ist nicht allzu schwierig, die Gründe aufzuklären, die den Verbrecher zu seiner Tat veranlaßt haben. Die vom Verbrecher zugegebenen Vorstellungen, seine Zugehörigkeit zu einer rassistischen oder fanatischen Organisation und die von ihm angewendeten Mittel können als sichere Kriterien zur Beurteilung seiner verbrecherischen Absichten gelten. Im internationalen Maßstab bedeutet das: der Angriffskrieg, vor allem, wenn er von einer imperialistischen Großmacht gegen ein kleines Volk geführt wird, die gänzliche Disproportion der beteiligten Streitkräfte, die Strategie des totalen Krieges und der Einsatz von Massenvernichtungsmitteln sind wichtige Indizien zur Beurteilung der Intentionen des Aggressors.

Wenn die Absicht, eine bestimmte soziale Gruppe vollständig oder teilweise zu vernichten, nachgewiesen ist, so bleibt die Frage, ob man als Völkermordverbrechen jede Handlung auffassen soll, die unternommen wird, um die betreffende soziale Gruppe zu vernichten, oder nur die unter Art. II der Konvention fallenden Tatbestandsmerkmale.

Es liegt auf der Hand, daß die fünf Tatbestandsmerkmale von Art. II der Konvention in jedem einzelnen Fall eine Unzahl von verbrecherischen Handlungen einschließen. Tatsächlich kann der Verbrecher auf sehr verschiedene Weise zum Beispiel Kinder entführen, die physische oder geistige Integrität der Angehörigen einer Gruppe verletzen oder die Geburtenzahl innerhalb der sozialen Gruppe einschränken. Vor allem der § c erstreckt sich auf eine Unzahl von Handlungsweisen. Er umfaßt alle erdenklichen Völkermordhandlungen. Er lautet: «Vorsätzliche Unterwerfung der Gruppe unter Existenzbedingungen, die ihre teilweise oder vollständige Vernichtung zur Folge haben müssen.»

Dabei handelt es sich also um jedes vorsätzliche Vorgehen, das für die betroffene Gruppe Existenzbedingungen schafft, die früher oder später ihre teilweise oder vollständige physische (darauf kommt es vor allem an!) Vernichtung zur Folge haben kann.

Welche anderen Existenzbedingungen kommen, abgesehen von den vier in den §§ a bis e aufgeführten, in Betracht, die die teilweise oder vollständige Vernichtung einer nationalen, ethnischen, rassischen oder religiösen Gruppe zur Folge haben können?

Eine nationale Gruppe beziehungsweise eine Nation bildet eine feste, historisch gewachsene Gemeinschaft von Menschen. Ihre Mitglieder sind durch Sprache, Kultur und Geschichte verbunden. Sie unterhalten untereinander kontinuierliche wirtschaftliche Beziehungen und leben auf einem bestimmten geographisch begrenzten Gebiet. Die konstituierenden Elemente einer nationalen Gruppe sind also ihre Sprache, ihre Kultur, das heißt ihr literarisches, künstlerisches und wissenschaftliches Leben, ihre Überlieferungen, Sitten und religiösen Überzeugungen sowie ihre Geschichte, ihr Nationalbewußtsein, ihre Volkswirtschaft, ihre frei gewählten politischen Gremien, das Territorium, auf dem sie lebt, samt seiner Tier- und Pflanzenwelt.

Wenn man also teilweise oder vollständig eines oder mehrere dieser Merkmale zerstört oder wenn man Existenzbedingungen schafft, die auf die Dauer die Vernichtung eines oder mehrerer dieser Wesensmerkmale zur Folge haben, führt das zwangsläufig zur teilweisen oder vollständigen Vernichtung der betreffenden nationalen Gruppe. Das steht meines Erachtens außerhalb jeder Diskussion und entspricht der Logik des Art. II und vor allem des § c.

Die vorsätzliche Unterwerfung einer Gruppe unter Existenzbedingungen, die die freie Entwicklung der materiellen Reproduktion des Lebens beeinträchtigen, wie zum Beispiel die systematische Vernichtung ihrer Produktionsmittel, ihrer Produktivkräfte und ihres wirtschaftlichen Potentials, stellt ohne weiteres einen Fall von Völkermord dar. Die teilweise oder vollständige Vernichtung der Feldkulturen, der Viehbestände, der Wasserversorgung, der Fabriken, der Industriebetriebe, der Werkstätten, die Ausschaltung der Kommunikationsmittel, des Gleisnetzes, der Straßenverbindungen, der Brücken und der Häfen hat naturgemäß eine Störung oder einen vollständigen Stop des wirtschaftlichen Entwicklungsprozesses zur Folge und bedingt möglicherweise eine teilweise oder vollständige Vernichtung der nationalen Gruppe.

Das gleiche gilt für die systematischen, massiven und fortgesetzten Bombenangriffe gegen die Zivilbevölkerung in den Städten und auf dem Lande. Märkte, Wohngebiete, Schulen, Kultstätten, Äcker, auf denen Bauern ihrer Arbeit nachgehen, und Einkaufszentren zu bombardieren bedeutet unbestreitbar, die betroffene nationale Gruppe Existenzbedingungen zu unterwerfen, die ihre teilweise oder vollständige Vernichtung mit sich bringen. Das gleiche gilt für die Bombenangriffe auf die Krankenhäuser, Sanatorien, Kliniken und Heilanstalten, durch die die öffentliche Gesundheitsfürsorge beeinträchtigt und die Volksgesundheit gefährdet wird. (...)

Aber man muß noch weiter gehen. Die vorsätzliche Unterwerfung der nationalen Gruppen unter Lebensbedingungen, die die Desintegration der nationalen Einheit zur Folge haben, zum Beispiel die Zerschlagung der politischen Institutionen, die Zerstörung der Moral, der Kultur oder Sprache und der Entzug der persönlichen Sicherheit und Freiheit, führen zwangsläufig zur teilweisen oder vollständigen physischen Vernichtung der nationalen Gruppe. Denn es kann nicht bezweifelt werden, daß eine Nation, die ihre politische Einheit und ihren moralischen Zusammenhalt verloren hat, eine Nation, deren Angehörige kein gemeinsames Ideal mehr haben und nur noch elendig vor sich hinvegetieren, aufhört, eine Nation zu sein. (...)

II. Bericht über Völkermordverbrechen in Vietnam

Von L. Matarasso, Leiter der Juristischen Kommission des Tribunals

Zunächst Ausführungen zur Geschichte des Begriffs «Völkermord» und seiner Definition

Anwendung des Begriffs «Völkermord» auf den Fall Vietnam

1. Der Tatbestand des Völkermords in Vietnam wird durch all die Tatsachen erfüllt, die während Ihres Tribunals, sowohl in Stockholm als auch in Roskilde, zur Sprache gekommen sind: die hier dokumentierten Beweise fallen vollständig unter die Definitionen der Völkermordkonvention. Es handelt sich um Mord, schwere Übergriffe auf die physische oder geistige Integrität der Personen, Existenzbedingungen, die das Überleben schwierig machen.

2. Daß wir es in Vietnam mit einer nationalen Gruppe zu tun haben, ist nicht zu bestreiten. Es handelt sich um das vietnamesische Volk, die vietnamesische Nation. Bei der Ausarbeitung der Konvention und in den späteren Kommentaren wurde eingeräumt, daß die nationale Einheit, die Opfer des Völkermords wird, nicht unbedingt während ihrer

voraufgegangenen Geschichte eine geschlossene staatliche Ausprägung gehabt haben muß. Die vietnamesische Nation hat sich in ihrer nationalen Einheit und Besonderheit im Verlauf einer langen geschichtlichen Entwicklung herausgebildet. Sie war für mehrere Jahrzehnte der Kolonialherrschaft unterworfen und hat erst 1945 ihre Unabhängigkeit zurückgewonnen. Dann mußte sie einen langen Krieg gegen die ehemalige Kolonialmacht führen, einen Krieg, den das vietnamesische Volk schließlich siegreich beenden konnte. Seine nationale Existenz wurde durch das Genfer Indochinaabkommen von 1954 garantiert, obwohl darin noch eine provisorische Demarkationslinie vorgesehen war.

Die Tatsache der nationalen Existenz Vietnams wird nicht dadurch in Frage gestellt, daß auf seinem Staatsgebiet Bürger leben, die zu anderen nationalen Minderheiten mit eigenen Merkmalen gehören. Jeder weiß, daß die DRV und die FNL diese Minderheiten hinsichtlich ihres Rechts und ihrer Gleichberechtigung respektieren. Es ist jedoch fraglich, ob das auch in den von den USA kontrollierten Gebieten der Fall ist.

3. Schließlich ist es unbestreitbar, daß die Massaker in Südvietnam dem ganzen Volk gelten. Dem Tribunal liegen genügend Beweise vor über die unterschiedslose Verfolgung, der in den verschiedensten Formen die Bewohner Nord- wie Südvietnams ausgesetzt sind. Darüber kann nicht der leiseste Zweifel bestehen. Alles erweckt den Anschein, als ob ein Teil des vietnamesischen Volkes vernichtet werden soll, um den anderen Teil zur Unterwerfung zu zwingen. Der psychosoziale Charakter dieses Krieges beweist schon auf Grund der physischen Massenvernichtungsaktionen, welche Ziele die Amerikaner verfolgen. Der Krieg gilt Kombattanten wie Zivilpersonen, Personen mit einer bestimmten politischen Überzeugung und Personen, die keine bestimmte Überzeugung haben, Kommunisten wie Nichtkommunisten, Menschen, die einer christlichen oder buddhistischen Religionsgemeinschaft angehören, und Menschen, die keinen religiösen Glauben haben. Jeder in diesem Krieg angegriffene Vietnamese wird als Vietnamese angegriffen, weil er Vietnamese und nur weil er ein Vietnamese ist. (. . .)

4. Ich nehme nicht an, daß man ernsthaft behaupten kann, es handle sich in unserem Fall nicht um Völkermord im Sinne der Konvention, weil die betroffene Nation sich durch die bedingungslose Kapitulation diesem zugedachten Schicksal entziehen könne. Tatsächlich ist die Völkermordkonvention nie davon ausgegangen, daß die Intention zum Völkermord bedingungslos sein müßte. Ob die Völkermordintention an bestimmte Bedingungen geknüpft ist oder nicht, spielt dabei keine Rolle; sie existiert unabhängig von bestimmten Bedingungen.

Außerdem ist klar, daß die andere Alternative, die dem vietnamesischen Volk übrigbleibt, die Negation seiner nationalen Existenz bedeuten würde. Das vietnamesische Volk hat die Wahl zwischen seiner totalen physischen Vernichtung oder seiner Auslöschung als Nation.

Man hört gelegentlich, daß die USA in Vietnam nicht vernichten, um zu vernichten, sondern nur, um ihre Herrschaft zu sichern. Ich persönlich bin fest davon überzeugt, daß die Amerikaner in Vietnam eine Art Kolonialherrschaft neuen Typs erstreben. Trotz dieser Zielsetzung bleibt es unbestreitbar, daß die USA bis zum Völkermord gehen, um ihre Ziele zu verwirklichen. Man muß sich hüten, zwei Begriffe durcheinanderzubringen, die die Juristen stets sorgfältig voneinander trennen: die Intention und das Motiv einer Tat. Von dem Augenblick an, in dem die verbrecherische Intention erwiesen ist, fallen die Motive, die die Straftat ausgelöst haben, für die Beurteilung der prinzipiellen Schuldfrage kaum noch ins Gewicht. Allerdings ist die Kenntnis des Motivs unerläßlich für ein richtiges Verständnis des Verbrechens.

5. Handelt es sich um ein völkerrechtliches Verbrechen von großem Ausmaß, so erfordert die Kenntnis des Tatmotivs unbedingt eine Analyse der Politik, die das Verbrechen verursacht hat. Ich bin der Auffassung, daß das Tribunal diese Analyse leisten müßte. Sie werden dabei ebensowenig über die in der Charta von London festgelegten Grenzen hinausgehen, wie das Nürnberger Tribunal seine durch das Statut festgelegten Kompetenzen überschritten hat, als es einen wichtigen Abschnitt seiner Urteilsbegründung unter dem Titel *«The Nazi Politics»* der Untersuchung aller politischen Motive widmete, die zu den Verbrechen, die Gegenstand des Tribunals waren, geführt haben.

6. In unserem Zusammenhang gewinnt man den Eindruck, daß die Vereinigten Staaten von Amerika heute für die ganze Welt einen Plan zur Aufrichtung einer Kolonialherrschaft neuen Typs entwickeln, ein neokolonialistisches Herrschaftskonzept. Es geht dabei nicht mehr um Kolonialherrschaft, wie sie in früheren Epochen die Regel war, sondern um eine Kolonialpolitik, die unter dem Deckmantel vermeintlicher Hilfeleistung für die abhängige Regierung praktiziert wird. Diese Regierung entbehrt jeder demokratischen Legitimation und wird mit vollem Recht als Marionettenregime bezeichnet. Diese Form des Neokolonialismus, die die politische, militärische und wirtschaftliche Macht in den Händen der Vereinigten Staaten von Amerika beläßt, greift zu noch blutigeren und barbarischeren Interventionen als in der Kolonialzeit, sobald das Volk aktiv Widerstand zu leisten beginnt. Wenn das gesamte Volk sich gegen die Unterdrückungsversuche zur Wehr setzt, zögert der Aggressor nicht, den offenen Völkermord zu praktizieren, um seine Ziele zu verwirklichen.

Zusammenfassung

(...) In den klassischen Kriegen bestand das militärische Ziel darin, eine möglichst große Zahl von Kombattanten außer Gefecht zu setzen und das größtmögliche Potential des Gegners auszuschalten. In dieser Form kämpft das Volk von Vietnam gegen die amerikanischen Streitkräfte. Umgekehrt liegt die Sache vollkommen anders. Die Amerikaner wollen das gesamte vietnamesische Volk vernichten.

Der Mord an einem Volk gilt heute in der juristischen und politischen Sprache allgemein als Völkermordverbrechen.

III. Zusammenfassender Bericht
Von Lelio Basso, Mitglied des Tribunals

(. . .) Ich möchte meinen Ausführungen einige juristische Überlegungen voranstellen: Die Experten unserer juristischen Kommission und andere Mitarbeiter des Tribunals, darunter vor allem die japanische Delegation, haben dem Vietnam-Tribunal eine Anzahl Überlegungen zur internationalen Rechtsprechung vorgelegt, die auf die verschiedenen Tatbestände zutrifft, über die wir ein Urteil fällen müssen. Sie haben uns auch die Bedenken erläutert, die von amerikanischer Seite gegen die Gültigkeit herkömmlicher Völkerrechtsvereinbarungen vorgebracht werden: in einigen Fällen sind Völkerrechtskonventionen von den Vereinigten Staaten nicht unterzeichnet oder ratifiziert worden oder aus anderen Gründen nicht in Kraft getreten, in anderen Fällen können diese Verträge nur auf die Staaten angewendet werden, die sie unterzeichnet haben; das trifft weder für die DRV noch für die FNL zu. Schließlich gibt es noch andere Einschränkungen, die die Gültigkeit der Verträge in Frage stellen. Ich möchte für die nicht juristisch ausgebildeten Mitglieder des Tribunals noch einmal wiederholen, was in den genannten Berichten schon ausgeführt worden ist: die Normen des Völkerrechts beruhen nicht nur auf den von den Vereinigten Staaten unterzeichneten und ratifizierten Verträgen; vielmehr existiert neben dem vertraglichen Recht ein allgemeines oder Gewohnheitsrecht, dessen Ursprung älter ist als die Völkerrechtsvereinbarungen. Sie stellen oft, besonders in Sachen des internationalen Strafrechts, keine neuen Normen auf, sondern beschränken sich darauf, bisher gültige Rechtsnormen festzuhalten und zu bekräftigen.

Zu unseren Fragen wurden wir schon auf die Martens-Klausel verwiesen, die in der Präambel der Haager Konvention vom 28. Juli 1899 festgelegt und in der nachfolgenden Haager Landkriegsordnung vom 18. Oktober 1907 bekräftigt worden ist. Beide Verträge wurden von den Vereinigten Staaten am 9. April 1902 beziehungsweise am 27. November 1907 unterzeichnet und ratifiziert. In der Präambel heißt es: «Die zivilen Verbände und die bewaffneten Streitkräfte unterstehen dem Schutz der Grundsätze des Völkerrechts, die sich aus den von den zivilisierten Nationen anerkannten Gebräuchen, den Gesetzen der Menschlichkeit und der Stimme des Weltgewissens ergeben.» Diese Grundsätze wurden von den Richtern in Nürnberg bestätigt. Wie Herr Jouffa uns dargestellt hat, haben sie in ihrem Urteilsspruch diesen Grundsatz bekräftigt: «Unabhängig von den gültigen Verträgen gehen die Kriegsrechtsnormen auf überall auf der ganzen Welt anerkannte Gebräuche und Gewohnheiten zurück, aber auch auf die Auffassungen der Rechtsgelehrten und auf die Rechtsprechung der Militärtribunale in aller Welt. Diese Rechte sind keineswegs unveränderlich; sie gleichen sich unaufhörlich den Erfordernissen einer sich ständig verändernden Welt an. Oft drücken Verträge nichts anderes aus und präzisieren Grundsätze eines Rechts, das längst in Kraft ist . . .»

Ich meine, diese Sitzungsperiode sollte sich von neuem mit dem Komplex der unterschiedslosen Bombardierung von zivilen und militärischen Zielen befassen, denn seit der ersten Sitzungsperiode hat die Eskalation bedrohliche Ausmaße angenommen, wie uns die Berichte von Herrn Pham Ngoc Thach und die Aussage der gerade aus Nordvietnam eingetroffenen Zeugen demonstriert haben. Wenn es stimmt, daß die Wahrheit über Vietnam sehr weit entfernt ist von allem, was die amerikanischen Behörden behaupten – das jedenfalls ist bei unserem Tribunal herausgekommen –, dann gewinnt man den Eindruck, daß das fortwährende Vorbeilügen an der Realität einem stillschweigenden Schuldbekenntnis gleichkommt.

Herr Jouffa hat Sie darauf hingewiesen, daß bestimmte Waffen, die von den Amerikanern in Vietnam eingesetzt werden, seit über hundert Jahren verboten sind. Diese Verbote erfolgten zum Beispiel in der Deklaration von St. Petersburg aus dem Jahre 1868 und wurden in allgemeiner Formulierung durch die Haager Konventionen von 1899 und 1907 bestätigt. Erstickungs-, Gift- und andere tödliche Gase wurden in der Konvention von Washington vom 6. Februar 1922 und im Genfer Protokoll vom 17. Juni 1925 verboten. (. . .) Mit Ausnahme des faschistischen Italien, das während des Krieges gegen Äthiopien Gas einsetzte, und mit Ausnahme der Vereinigten Staaten im Vietnamkrieg hat seit dem Zweiten Weltkrieg kein anderes Land, nicht einmal Nazideutschland oder Japan, Kampfgase verwendet.

Die Ungesetzlichkeit der Bombenangriffe und aller damit zusammenhängenden Kriegshandlungen, von denen hier berichtet wurde, wird zudem durch die offizielle Haltung der amerikanischen Behörden bestätigt. Die Behörden leugnen selbst die Tatsächlichkeit solcher Fakten, die von allen Zeugen und sogar von amerikanischen Korrespondenten bestätigt werden; sie streiten diese Tatsachen ab, weil sie ganz genau wissen, daß es verbrecherische Handlungen sind. Erinnern Sie sich in diesem Zusammenhang bitte an die berühmte Erklärung von Präsident Johnson, nach der die Amerikaner nur die Zerstörung von «Beton und Stahl» beabsichtigen. Erinnern sie sich auch daran, daß der Einsatz von Kugelbomben erst am 7. Mai 1967 durch die amerikanische Regierung zugegeben wurde, also erst nachdem unsere Stockholmer Sitzungsperiode zahlreiches Beweismaterial dazu vorgelegt hatte. Bedenken Sie bitte auch, daß der Einsatz von Giftgasen zunächst geleugnet und später nur für sogenannte nicht tödliche Gase zugegeben worden ist. Bedenken Sie das Verbot des Einsatzes von Giftgasen. Die Unterzeichnerstaaten berufen sich auf die Meinung der zivilisierten Staaten und treten dafür ein, daß dieses Verbot in die Konventionen des Völkerrechts aufgenommen wird. Es soll als verbindlich für das Gewissen und die Handlungen der Staaten anerkannt werden. (. . .) (Art. 3 der Konvention von Washington.)

Dieser Artikel kehrt wortwörtlich in der Präambel des Genfer Protokolls wieder. Es handelt sich also durchaus um Rechtsnormen, die unabhängig von den Gesetzeswerken der einzelnen Nationen Gültigkeit haben.

Ich möchte noch einmal daran erinnern, daß Präsident Roosevelt am 9. Juni 1943 erklärt hat, daß der Einsatz von «giftigen oder gesundheitsschädigenden Gasen und jede andere Form unmenschlicher Kriegführung ... von der allgemeinen Auffassung der zivilisierten Völker als kriminell verdammt wird». Er erklärte wörtlich: «Unser Land hat auf solche Mittel ein für allemal verzichtet! Wir werden niemals auf derartige Waffen zurückgreifen, es sei denn, unsere Feinde setzen sie als erste ein ...» Der Tatbestand, daß diese Rechtsnormen von den Amerikanern in Vietnam verletzt werden, ist durch die ausgezeichnete Arbeit unserer wissenschaftlichen Untersuchungskommission eindeutig erwiesen worden. (...) Ich erinnere Sie noch einmal an die Schlußfolgerungen der Kommission: «Toxische Gase wurden und werden immer noch von den amerikanischen Streitkräften in Vietnam verwendet ... Unsere Kommission hat den wiederholten und massiven Einsatz von CN, CS und DM-Gasen festgestellt ... Sie widerspricht in aller Form den offiziellen amerikanischen Erklärungen und glaubt nachgewiesen zu haben, daß unter den genannten Kampfbedingungen die sogenannten ‹Ermattungsgase› tödliche Folgen haben und daß sie demnach als Kampfgase zu bezeichnen sind, die unter die Verbotsregelungen im Rahmen des Völkerrechts fallen.»

Auch die wissenschaftliche Kommission aus Japan, die ebenfalls Untersuchungen und Experimente durchgeführt hat, ist zu den gleichen Ergebnissen gekommen.

Zum Thema der Entlaubungsmittel haben wir den Bericht von Herrn Lederer gehört. Er schloß mit folgender Feststellung: «Die Anwendung chemischer Mittel hat unter Umständen schon in naher Zukunft ungeahnte biologische Reaktionen zur Folge.» Der unterschiedslose und massive Einsatz von Napalm gegen die Zivilbevölkerung Vietnams wurde von der wissenschaftlichen Untersuchungskommission und zahlreichen Augenzeugen, darunter Opfer amerikanischer Napalmangriffe und Ärzte, die selbst mit Opfern zusammengekommen sind wie zum Beispiel Dr. Wulff, glaubwürdig bezeugt.

Außerdem hat die Aussage von Donald Duncan erwiesen, daß die Amerikaner fortwährend das M-16-Gewehr einsetzen. Sie wollen damit das völkerrechtliche Verbot der Dum-Dum-Geschosse umgehen.

Das Tribunal kann also ohne Zögern eine eindeutige Antwort auf die Frage nach der Anwendung verbotener Waffen geben.

Zum Problem der Kriegsgefangenen verweise ich ebenfalls auf die internationalen Rechtsnormen, die im 19. Jahrhundert ausgebildet wurden. Das Rechtsempfinden der Menschheit hat seitdem immer stärker die Notwendigkeit erkannt, die Grenzen der Gewaltanwendung gegenüber den Personen, die die Waffen niedergelegt oder keine Möglichkeit mehr besitzen, den Kampf weiterzuführen, eindeutig festzulegen. Allmählich wurde es zum verbindlichen Grundsatz, auch Gefangene «menschlich» zu behandeln. Diesem Grundsatz wurden von den meisten Staaten verschiedene internationale Abkommen hinzugefügt, die präziser und detaillierter die Behandlung von Kriegsgefangenen regeln und deren Grundsätze mit den Völkerrechtsnormen übereinstimmen. Man braucht gar nicht ins Detail zu gehen, um zu erkennen, daß die Amerikaner in Vietnam alle Regeln der Menschlichkeit gegenüber ihren Kriegsgefangenen außer acht lassen. Die Beweislast der amerikanischen Zeugenaussagen zu dieser Frage ist wahrhaft erdrückend. David Tuck hat zum Beispiel klar ausgesagt, daß den amerikanischen Soldaten befohlen wird, Gefangene, vor allem Verwundete, zu erschießen, wenn es sich nicht gerade um Offiziere handelt. Man bringt sie einfach um, um sie loszuwerden! Duncan hat vor dem Tribunal bestätigt, daß die Soldaten Instruktionen erhalten, lästige Gefangene zu töten. Er hat sogar einen Fall dargestellt, den er selber miterlebt hat: er hatte einen unmißverständlichen Befehl, jedoch so getan, als habe er ihn nicht verstanden. (Vgl. die Aussage von Donald Duncan.)

Auch zur Frage der Folterungen haben wir zahlreiche übereinstimmende Zeugenaussagen gehört. Unsere Zeugen, Tuc, Duncan und Martinsen haben uns Einzelheiten von Folterungen berichtet, bei denen sie selbst zugesehen oder sogar mitgemacht haben. (...)

Sie sind hierhergekommen, weil ihr Gewissen sie dazu veranlaßt hat. Ihre Aussagen reichen meines Erachtens aus, um eine klare Antwort auf die Frage nach der Behandlung der Gefangenen zu erhalten. Übrigens gibt selbst die amerikanische Presse solche Folterungen zu, sie schreibt sie jedoch im allgemeinen nur solchen Soldaten zu, die im Auftrag Saigoner Dienststellen handeln und als Dolmetscher bei jedem Gefangenenverhör anwesend sein müssen. Zu diesem Komplex hat Duncan ausgesagt, daß die Amerikaner ihre Gefangenen oft an südvietnamesische Dienststellen weitergeben, einmal weil sie ihre Sprache nicht verstehen, und zum andern, weil sie bemüht sind, den Mythos, nur die Vietnamesen würden foltern, um jeden Preis aufrechtzuerhalten. Aber von den amerikanischen Zeugen wissen wir auch, daß an den Verhören oft amerikanische Offiziere als Vorgesetzte teilnehmen, daß die Folterungen auch von den Amerikanern direkt vorgenommen werden und daß die amerikanischen Militärdienststellen auf jeden Fall für alle Gefangenen verantwortlich sind, die in ihre Hände gefallen sind. Das gilt, selbst wenn sie ihre Gefangenen im Gegensatz zu ihren völkerrechtlichen Verpflichtungen den Dienststellen einer anderen Nation übergeben. (Vgl. den juristischen Bericht von Herrn Bouvier-Ajam.)

Kommen wir zum tragischsten Kapitel dieses Krieges, zur Behandlung der Zivilbevölkerung. Ich wiederhole in dieser Angelegenheit noch einmal das, was ich über die Anwendung verbotener Waffen und die Behandlung der Kriegsgefangenen gesagt habe: nämlich, daß die in den Haager und Genfer Abkommen festgelegten Grundsätze nichts anderes als die schriftliche Bestätigung allgemeiner Normen bedeuten, die unabhängig von den geschlossenen Verträgen Gültigkeit haben. Überdies sind die genannten Verträge auch von den Vereinigten Staaten ratifiziert worden, und nach den Darlegungen von Herrn Bouvier-Ajam sind ihre juristischen Aussagen in das amerikanische Handbuch des Staatssekretariats für die Territorialstreitkräfte in Form einer verbindlichen Vorschrift für die Landkriegführung aufgenommen; dabei wird ausdrücklich auf die Haager und Genfer Abkommen Bezug genommen. Man muß betonen, daß die Amerikaner unmittelbar am Vietnamkrieg beteiligt sind, daß die Saigoner Machthaber abhängig sind von der amerikanischen Regierung, die sie finanziert und militärisch schützt, daß schließlich das Oberkommando rein amerikanisch ist und demzufolge das Oberkommando und die amerikanische Regierung die alleinige Verantwortung für die von den Südvietnamesen mit Billigung oder auf Befehl der Amerikaner begangenen Exzesse tragen.

Entsprechend der Verfahrensweise des Nürnberger Gerichtshofes gehe ich jetzt von den Kriegsverbrechen zu den Verbrechen gegen die Menschlichkeit über. Ich will keine Zusammenfassung sämtlicher Zeugenaussagen der vergangenen Tage geben, denn ich bin gar nicht in der Lage, Worte für das Entsetzen zu finden, das uns in Anbetracht der geschilderten Greuel überfällt. (...) Die Gesamtheit aller Berichte und Zeugenaussagen liefert uns den Beweis, daß die Amerikaner in Vietnam tatsächlich Völkermord begehen. Der Begriff «Völkermord» (Genocide) wurde erst nach dem Zweiten Weltkrieg neu in das Völkerrecht eingeführt. Churchill hat noch während des Krieges angenommen: «Wir stehen vor einem Verbrechen, für das wir noch keinen Namen gefunden haben.» Der polnische Jurist Lemkin sprach als erster von «Völkermord». In den Statuten und in der Urteilsbegründung des Nürnberger Gerichtshofes wurde «die Endlösung der Judenfrage» als Verbrechen gegen die Menschlichkeit bezeichnet. Dabei handelt es sich um einen umfassenden Begriff, der auch andere Verbrechen einschließt. Heute gelten als Völkermord solche Verbrechen gegen die Menschlichkeit, die in der Absicht begangen werden, eine nationale, ethnische, rassische oder religiöse Gruppe teilweise oder vollständig auszurotten. Herr Matarasso hat Ihnen in seinem Referat bereits erläutert, daß die Konvention über den Völkermord von den Vereinigten Staaten bisher nicht rechtskräftig ratifiziert worden ist. Aber die Tatsache, daß die USA das Abkommen bisher nicht unterzeichnet haben, gibt ihnen keineswegs das Recht, Völkermord zu begehen. Völkerrechtlich galt der Völkermord bereits als Verbrechen, bevor die betreffende Konvention unterzeichnet war und längst bevor das Wort gefunden wurde. Überdies bezieht sich diese Konvention auf die 96. Resolution der Vollversammlung der Vereinten Nationen vom 11. Dezember 1946. Darin wird festgelegt: «Völkermord ist ein Angriff auf die Grundrechte jeden Volkes, er steht im Gegensatz zum Geist und zu den Zielen der Vereinten Nationen und wird von der zivilisierten Welt einhellig verurteilt.» Art. 1 der UNO-

Konvention besagt: «Die Unterzeichnerstaaten heben noch einmal hervor, daß der Völkermord ... einen verbrecherischen Angriff auf die Grundrechte der Völker darstellt.» Die Konvention über den Völkermord beschränkt sich mithin darauf, bereits vorher existierende allgemeine Grundsätze neu zu formulieren, die alle Staaten unabhängig davon, ob sie die Konvention unterzeichnet und ratifiziert haben oder nicht, binden.

Als Definition des Völkermords reicht die in der UN-Konvention von 1948 getroffene Klärung des Tatbestandes vollkommen aus, um uns eine klare Antwort auf unsere Fragestellung zu ermöglichen. Nach der von Drost in seiner grundlegenden Studie[1] zur Problematik des Völkermords vorgelegten Definition heißt Völkermord «die vorsätzliche Ausrottung von Mitgliedern einer Gruppe mit bestimmten nationalen, rassischen, ethnischen und religiösen Merkmalen». Es kann kein Zweifel darüber bestehen, daß es sich in Vietnam um genau diese Form der Ausrottung handelt.

Kommen wir noch einmal auf die konkrete Situation in Vietnam zurück. Tuc hat uns berichtet, daß unter Umständen in den Ortschaften auf alles geschossen wird, was sich bewegt, also vor allem auf Frauen und Kinder, denn die Männer halten sich meistens außerhalb der Ortschaft auf. Wir haben von den *‹free fire zones›* gehört; dort wird auf alles geschossen, was sich rührt. Tausende von Frauen und Kindern werden in den Unterständen von den Kampfgasen verseucht, sie kommen beim Verbrennen ihrer Dörfer und Hütten um oder werden bei Bombenangriffen getötet, vor allem durch die Kugelbomben, die speziell gegen die Zivilbevölkerung eingesetzt werden. «Ich will die Erde mit Vietnamesenblut getränkt sehen», hatte Colonel Jackson befohlen; so hat es uns der Zeuge Tuc berichtet. «Ein Dorf aus Strohhütten wurde umzingelt, angegriffen und in Brand gesetzt, ohne daß sich jemand die Mühe gemacht hat, nachzuschauen, ob sich Personen in den Hütten aufhielten. Von den Fallschirmjägern erfuhr ich später, daß mehrere Frauen bei lebendigem Leibe verbrannt sind.» Das berichtete uns der Augenzeuge Jean Bertolino. Dasselbe Schicksal traf das Dorf Da Phuc, über das uns gestern Dr. Wulff berichtet hat, und viele hundert andere Ortschaften auch. Roger Pic hat uns erschreckende Zahlen aus einem einzigen Dorf, Cong Doan bei Bienh Hoa Bac, genannt. Dort kamen auf 500 Bewohner durchschnittlich acht Bomben pro Kopf und vier Granateinschläge auf den Quadratmeter. Das ist ein Beispiel unter vielen. Allein die Zahl der im Vietnamkrieg getöteten und verletzten Kinder wird nach den Ergebnissen einer in der Zeitschrift *Ramparts* vom Januar 1967 veröffentlichten Studie auf 250 000 Tote und 750 000 Verwundete geschätzt. Seit Abschluß dieser Studie hat Vietnam ein weiteres Jahr der Vernichtung erlebt, und die Zahl der Opfer ist nochmals ge-

1 Pieter N. Drost: *«The Crime of State»*, Kap. II: *«Genocide»*, Leyder 1959, S. 124.

stiegen. Senator Edward Kennedy schätzt die Zahl der in Vietnam verletzten Zivilpersonen auf monatlich 150 000.

Gemessen an der Einwohnerzahl Südvietnams, 14 Millionen, sind diese Zahlen wahrhaft erschreckend, und man kann kaum abstreiten, daß wir es mit einer partiellen Vernichtung der vietnamesischen Nation zu tun haben. (Ich erinnere noch einmal daran, daß in der Völkermordkonvention der Vereinten Nationen ausdrücklich von «partieller Vernichtung» die Rede ist.) Es läßt sich nicht leugnen, daß diese Vernichtung alle Vietnamesen treffen kann, unabhängig von ihrer persönlichen Einstellung, bloß weil sie zufällig in Vietnam ansässig sind. Da die Amerikaner genau wissen, daß die Bevölkerung ihr militärisches Eingreifen ablehnt, wie uns gestern noch Dr. Wulff berichtet hat, kann es sich nur um vorsätzliche Vernichtung handeln. Als Methoden des Völkermords nennt die Konvention Mord, die Verletzung der körperlichen und geistigen Unversehrtheit einzelner Angehöriger der Gruppe und die vorsätzliche Unterwerfung der Gruppe unter Lebensbedingungen, die ihre physische Vernichtung ganz oder teilweise zur Folge haben kann; die Konzentrationslager sind eine spezifische Form dieser Praktik.

Duncan hat uns berichtet, daß nach offiziellen Angaben der Regierung ein Drittel der südvietnamesischen Bevölkerung in Konzentrationslagern interniert ist. Man kann nicht bestreiten, daß die Südvietnamesen Existenzbedingungen unterworfen sind, die ihre physische Vernichtung zumindest teilweise zur Folge haben müssen (vgl. dazu die Aussagen von Duncan, Tuc, Wulff und Bertolino). Sie werden ihren Heimatorten, ihren Reisfeldern und damit ihren Existenzmöglichkeiten entrissen, und die Kinder werden oft, manchmal für immer, von ihren Eltern getrennt; die Familien sind zerstört. (Vgl. die Aussage von Madeleine Riffaud.) In den Städten können viele Tausend Frauen nur noch mit Prostitution überleben. Die Ernte und die Lebensmittelvorräte werden systematisch durch Feuer und durch chemische und bakteriologische Mittel zerstört. Diese Praktiken versuchen die Amerikaner damit zu rechtfertigen, daß sie behaupten, sie dienten ausschließlich dazu, die gegnerischen Truppen zu treffen. Sie haben inzwischen jedoch ein solches Ausmaß angenommen, daß die gesamte Zivilbevölkerung unterschiedslos betroffen ist. Sie schaffen mehr und mehr Nahrungs- und Lebensbedingungen, die das Überleben der gesamten Bevölkerung in Frage stellen.

Man darf daraus schließen, daß in Vietnam Tag für Tag Völkermord praktiziert wird. Wie Herr Matarasso bereits hervorgehoben hat, kann man den Amerikanern die Verantwortung nicht absprechen, wenn sie zu der Schutzbehauptung greifen, der Völkermord würde aufhören, sobald das vietnamesische Volk sich mit der amerikanischen Schutzherrschaft einverstanden erklären würde. Jedes Volk hat das Recht, seine Lebensform selbst zu bestimmen, gemäß seinen Traditionen, seiner Kultur, seiner Geschichte, seinen Bedürfnissen und gemäß dem nationalen Recht auf Selbstbestimmung, das von den Vereinten Nationen wiederholt proklamiert wurde und einen fundamentalen Bestandteil des gegenwärtigen Völkerrechts bildet.

Trotz des emotionalen Ausdrucks, der bei dem Wort «Völkermord» mitschwingen mag, umfaßt der Begriff nicht einmal alle Verbrechen gegen die Menschlichkeit, die die Amerikaner in Vietnam begehen. Die geläufige Definition des Völkermords umfaßt weder die Verfolgungen aus politischen Gründen noch die willkürlichen Verhaftungen noch die Folterungen der Kriegsgefangenen. Diese Folterungen, eines der grausigsten Kapitel des Vietnamkrieges, wurden durch die Aussagen der Betroffenen belegt.

Ich habe bereits gesagt, daß der Vietnamkrieg ein Krieg des übersteigerten Imperialismus der Amerikaner ist; das erklärt auch seine fortwährende Tendenz, sich immer weiter auszubreiten. Der amerikanische Imperialismus zielt darauf, alle seine Satelliten in diesen Krieg einzubeziehen, und er will zugleich alle Staaten schlagen, die sich weigern, seine ohnmächtigen Marionetten zu werden. Wir haben es also mit mehreren Fällen von Mittäterschaft und mit der Ausbreitung der Aggression auf benachbarte Länder zu tun. Über diese beiden Aspekte haben wir uns ein Urteil zu bilden.

Zur Frage des Angriffs auf andere Länder haben wir bereits in Stockholm zumindest für Kambodscha eine klare Antwort gefunden. Diese Tatsache wurde auf unserer zweiten Sitzungsperiode neu unter Beweis gestellt, nicht nur durch die Aussage des Kommandanten Kouroudeth, sondern auch durch die Ergebnisse der Untersuchungskommission und die Aussagen von Wilfred Burchett, Jean Bertolino und Bernard Couret, die an Ort und Stelle Angriffe auf das Territorium Kambodschas überprüfen konnten. So reagiert der US-Imperialismus, der sich über das Völkerrecht erhaben dünkt, auf die Neutralitätspolitik des Prinzen Norodom Sihanouk.

Eine spezielle Methode des Völkermords wurde hier an den Pranger gestellt: die von den südvietnamesischen Machthabern gegenüber der in Südvietnam lebenden kambodschanischen Minderheit praktizierte Unterdrückungs- und Ausrottungspolitik. Dabei handelt es sich zweifellos um ein völkermordähnliches Vergehen. Man könnte diese Praktik als «kulturellen Völkermord» bezeichnen, wenn das Tribunal eine Formulierung aufnehmen will, die von der Konvention von 1948 zwar nicht ausdrücklich verwendet wurde, aber trotzdem im internationalen Strafrecht gebräuchlich ist.

Die Situation in Laos sollte genauer überprüft werden, weil sie der Lage Vietnams immer mehr ähnelt. Die Regierung in Vientiane ist von den Amerikanern abhängig, und ständig überfallen amerikanische Streitkräfte die befreiten Gebiete des Landes und greifen dabei auf ähnliche Methoden wie im Vietnamkrieg zurück.

Ich bin der Auffassung, daß das Tribunal hierzu ein klares Wort sprechen sollte.

Zur Frage der Mittäterschaft anderer Staaten hatte das Stockholmer Tribunal bereits die Beteiligung Australiens, Neuseelands und Südkoreas am Vietnamkrieg nachgewiesen. Diesmal geht es darum, zu klären, ob sich diese Komplicenschaft auch auf alle anderen Verbrechen der Amerikaner erstreckt. Bei den südkoreanischen Streitkräften, die von vielen Zeugen als die brutalsten Folterspezialisten geschildert worden sind, ist das ohne Zweifel der Fall (...) (vgl. die Berichte der Kommission Pic-Kahn-Krivine und die Aussagen von Duncan und Bertolino). Es erscheint mir notwendig, daß das Tribunal Südkorea als Komplice der amerikanischen Verbrechen einschließlich des Völkermords verurteilt. Der Vertreter Australiens hat vor der UNO anläßlich der Debatte über die Völkermordkonvention eine der zustimmendsten Reden gehalten. Es scheint so, als ob die australische Regierung diese Ausführung völlig vergessen hätte. Seine Truppen beteiligen sich an den kriminellen Handlungen der Vereinigten Staaten in Vietnam. Das Tribunal sollte alle Umstände berücksichtigen und zu dieser Frage zu einem klaren Urteilsspruch kommen. Dasselbe gilt für Neuseeland.

Diese Sitzungsperiode hat Beweise über die Komplicenschaft auch Thailands, der Philippinen und Japans erbracht. Die Unterstützung, die der amerikanische Imperialismus sich verschaffen kann, ist vielfältig und weltweit. Man darf sagen, daß alle westlichen Länder in größerem oder kleinerem Ausmaß ihren Beitrag zur Vietnamaggression geleistet haben. England steht dabei an erster Stelle; Engländer haben den Amerikanern ihre Erfahrungen mit der Einrichtung von Konzentrationslagern in Malaysia mitgeteilt. Trotzdem kann man nicht ohne weiteres von Komplicenschaft im strengen Sinn des Strafrechts sprechen. Im Fall Thailands liegt die Sache jedoch ziemlich klar: seine Komplicenschaft ist durch die Entsendung eines Expeditionskorps klar erwiesen. Das gleiche gilt für die Philippinen, die ebenfalls Truppen entsendet haben, ohne allerdings offiziell ihre militärische Beteiligung am Vietnamkrieg zuzugeben. Die Ausführungen der Professoren Hirano und Hiroaki zur Beteiligung Japans sollten vom Tribunal ebenfalls aufmerksam geprüft werden. (...) Ich persönlich bin der Meinung, daß man auch hier von Komplicenschaft sprechen könnte. (...)

1. Dezember 1967, 14 Uhr

(Laurent Schwartz dankt dem dänischen Ministerpräsidenten für die dem Tribunal gewährte Gastfreundschaft, dem dänischen Komitee, das die Sitzungsperiode vorbereitet hat, und dem Gewerkschaftsverband von Roskilde, in dessen Räumen das Tribunal tagen konnte.)

I. Das Urteil des Tribunals

Das internationale Tribunal gegen die Kriegsverbrechen in Vietnam ist vom 20. November bis 1. Dezember 1967 in Roskilde in Dänemark zusammengetreten, um die Untersuchung der Fragenkomplexe fortzusetzen, wie es die vorbereitende Tagung in London im November 1966 beschlossen hatte.

Mit einem Teil der Tagungsordnungspunkte hat sich bereits das Stockholmer Tribunal (vom 2. bis 10. Mai 1967) befaßt. Am 10. Mai 1967 hat es sein Urteil verkündet.

Das Stockholmer Tribunal ist zu folgenden Ergebnissen gelangt:

1. Die Regierung der Vereinigten Staaten hat im Sinne des Völkerrechts Aggressionshandlungen gegen Vietnam begangen.

2. Sie hat vorsätzlich, systematisch und in großem Ausmaß nichtmilitärische Ziele angegriffen.

3. Sie hat wiederholt die Souveränität, Neutralität und territoriale Integrität Kambodschas verletzt.

4. Die Regierungen von Australien, Neuseeland und Südkorea haben sich zu Komplicen der Vereinigten Staaten beim Angriffskrieg auf Vietnam gemacht.

Während der Sitzungsperiode in Roskilde mußte das Tribunal folgende Fragenkomplexe prüfen:

1. Haben Thailand, die Philippinen und Japan sich an der Aggression der USA mitschuldig gemacht?

2. Sind Waffen, Geräte und Erzeugnisse, die laut Kriegsgesetz verboten sind, im Vietnamkrieg eingesetzt worden?

3. Wie werden die Kriegsgefangenen behandelt?

4. Wie wird die Zivilbevölkerung von den Streitkräften der Vereinigten Staaten und ihrer Verbündeten behandelt?

5. Dehnen die Amerikaner ihren Aggressionskrieg auch auf Laos aus?

6. Können die Verbrechen, die den Vereinigten Staaten in Vietnam zur Last gelegt werden, als «Völkermord» im Sinn des Völkerrechts gelten?

Das Tribunal hat einige Tage vor Eröffnung seiner Sitzungsperiode in Roskilde die Regierung der Vereinigten Staaten von Amerika erneut aufgefordert, einen bevollmächtigten Vertreter zu entsenden, der in der

Lage ist, offiziell auf die gegen die USA vorgebrachten Anschuldigungen zu antworten. Diese Aufforderung blieb ebenso wie die voraufgegangenen Anfragen ohne Ergebnis. Das Tribunal konnte bevollmächtigte Vertreter der Demokratischen Republik Vietnam, der Nationalen Befreiungsfront Südvietnams, der Neo Lao Haksat aus Laos und der Regierung Kambodschas hören, es hat alle von ihnen vorgebrachten Anklagen zur Kenntnis genommen.

Das Tribunal hat die Aussagen zahlreicher Zeugen aus den verschiedensten Ländern gehört, besonders die Aussagen von Bewohnern Nord- und Südvietnams, von Kriegsopfern und von amerikanischen Bürgern, die dem US-Truppenkontingent in Vietnam angehört haben.

Es hat die von den Untersuchungskommissionen erarbeiteten Berichte zur Kenntnis genommen. Kommissionen hatte das Tribunal nach Nordvietnam und in die von der FNL kontrollierten Gebiete sowie in die Vereinigten Staaten entsandt. Außerdem hat es die Berichte der japanischen Untersuchungskommission und der Delegation der Demokratischen Volksrepublik Korea gehört. Es hat zahlreiche Untersuchungsberichte von wissenschaftlichen und juristischen Experten und von Historikern gehört und geprüft.

Dem Tribunal liegt eine reichhaltige Film- und Fotodokumentation vor, ferner Muster von verschiedenen Waffen und chemischen Stoffen, einschließlich der Ergebnisse, die die wissenschaftlichen Experimente erbracht haben.

A. Gründe zur Urteilsfindung zu den ersten fünf Fragenkomplexen

1. *Die Komplicenschaft Thailands, der Philippinen und Japans*

a) Die amerikanische Armee hat mit dem Einverständnis der japanischen Regierung Japan zu einem wichtigen Faktor in ihrer Gesamtstrategie im Rahmen des Vietnamkriegs gemacht. Sie benutzt die Land-, See- und Luftbasen auf Okinawa, sie veranstaltet auf dem gesamten Territorium Japans Truppenübungen und -bewegungen, und sie profitiert wesentlich von der hochentwickelten Technik und den reichlich vorhandenen Rohstoffreserven Japans. Die japanischen Güter werden zur Instandhaltung der Kriegs- und Handelsflotte, der Flugzeuge und zur Ausrüstung und zum Unterhalt ihrer Truppenverbände verwendet.

b) Aus den dem Tribunal vorliegenden Berichten und Dokumenten geht hervor, daß die Regierung Thailands den Vereinigten Staaten diplomatische Unterstützung gewährt und ihnen die Möglichkeit einräumt, auf thailändischem Territorium Basen zu unterhalten, von denen aus die mörderischen Angriffe gegen Vietnam gestartet werden. Diese Stützpunkte sind für die Amerikaner unentbehrlich, weil sie die Bombardierung Vietnams wesentlich erleichtern und das Risiko der Einsätze stark reduzieren.

Macht unsre Bücher billiger! . . .

Schließlich hat die thailändische Regierung ihre Mitverantwortung durch die Entsendung eines Expeditionskorps vervollständigt, das unmittelbar an der Seite der amerikanischen Truppen kämpft. Ferner ist die thailändische Regierung direkt an den Aggressionshandlungen gegenüber Kambodscha und Laos beteiligt, auf die wir noch zurückkommen.

c) Die Regierung der Philippinen, deren Politik fast vollständig auf die Außenpolitik der USA abgestimmt ist, bietet Amerika alle notwendigen Erleichterungen bei der Inanspruchnahme der Basen, die von den Vereinigten Staaten auch nach der formalen Unabhängigkeitserklärung auf den Philippinen unterhalten werden. Die Philippinen wurden hier zu Recht als typisches Beispiel eines neokolonialistischen Regimes in Abhängigkeit von den Vereinigten Staaten bezeichnet.

Zudem hat die philippinische Regierung eigene Truppen nach Vietnam entsandt. Das Kontingent zählt zur Zeit 2000 Mann und wird höchstwahrscheinlich noch weiter verstärkt.

Während der Stockholmer Sitzungsperiode hat das Tribunal bereits die Komplicenschaft Australiens, Neuseelands und Südkoreas verurteilt. Über die Beteiligung Südkoreas liegen dem Tribunal eindeutige Beweise vor. Ihnen zufolge ist Südkorea nicht nur Komplice des Angriffskrieges, sondern verübt durch seine Armee in Vietnam selber Kriegsverbrechen. Über die Beteiligung anderer Satellitenstaaten an Kriegsverbrechen liegen dem Tribunal keine Materialien vor.

2. *Verbotene Waffen und Produkte*

Das Tribunal möchte die unveräußerlichen Grundsätze des Rechts aller Völker und die in den Haager Konventionen festgelegten Prinzipien des Kriegsrechtes nochmals hervorheben. Nach diesen Rechtsnormen muß die Legalität einer Waffe bemessen werden. Sie richtet sich nach dem Grundsatz der Unantastbarkeit der Zivilbevölkerung, nach dem Verbot der Anwendung toxischer Stoffe und nach dem Verbot aller Waffen, die geeignet sind, unnötige Leiden zu verursachen.

Das Tribunal hat sich vor allem mit der ‹Martens-Klausel› befaßt, die in der Präambel der Haager Landkriegsordnung formuliert ist und derzufolge das Kriegsrecht den Grundsätzen des Völkerrechts unterworfen ist, die sich aus den unter zivilisierten Nationen üblichen Gebräuchen, den Gesetzen der Menschlichkeit und den Forderungen des menschlichen Gewissens ergeben. Das offizielle Handbuch des Kriegsrechts der amerikanischen Armee *‹The Law of Land Warfare, Department of The Army Field Manual›*, das im Juli 1956 unter dem Aktenzeichen FM 27/10 vom Armeekommando veröffentlicht worden ist, fordert die Anwendung dieser Prinzipien. Es verlangt von den Landstreitkräften, keinerlei Gewalt anzuwenden, die nicht unmittelbar zur Durchsetzung militärischer Ziele erforderlich ist.

Das Tribunal hat bereits in Stockholm den Einsatz der CBU- oder Kugelbomben verurteilt. Sie sind von vornherein nur für den Einsatz gegen die Zivilbevölkerung gedacht; gegenüber militärischen Objekten und in Deckung befindlichen Soldaten bleiben sie wirkungslos.

Das Tribunal hat davon Kenntnis erhalten, daß der Einsatz dieser Bomben weiter forciert worden ist, und daß die Wirkung der Bomben durch den Einbau von Verzögerungszündern noch verschärft worden ist. Es verurteilt ausdrücklich: den unterschiedslosen und massiven Einsatz von Napalm, der auf diesem Tribunal zweifelsfrei nachgewiesen worden ist, und die Verwendung von Phosphor, da die hervorgerufenen Wunden äußerst schmerzhaft sind, sehr schwer heilen und zudem den gesamten Organismus des Opfers vergiften können.

Zum Einsatz der Kampfgase hat das Tribunal bereits darauf verwiesen, daß die Vereinigten Staaten das Genfer Protokoll vom 17. Juni 1925 über das Verbot von Erstickungs-, Gift- und anderen tödlichen Gasen nicht unterzeichnet haben. Das spielt jedoch weiter keine Rolle, zumal die Vereinigten Staaten durch ihre Zustimmung zur Resolution der UN-Vollversammlung vom 5. Dezember 1946 diese Grundsätze anerkannt haben. Die Resolution hat alle Staaten aufgefordert, sich den Grundsätzen und Zielen des Genfer Protokolls entsprechend zu verhalten und alle diesen Grundsätzen zuwiderlaufenden Handlungsweisen verurteilt.

Die wissenschaftlichen Berichte hervorragender Experten haben dem Tribunal bewiesen, daß die in Vietnam eingesetzten Gase, vor allem CS, CN und DM, fast immer Vergiftungserscheinungen zur Folge haben und sehr oft, vor allem, wenn sie in Verstecken, Unterständen und Kellern zum Einsatz gebracht werden, wohin ein großer Teil der südvietnamesischen Bevölkerung fliehen mußte, tödlich wirken. Man kann sie keinesfalls als bloße «Erschöpfungsgase» klassifizieren. Sie müssen als Kampfgase bezeichnet werden.

Das Tribunal hat die geläufige Praxis der amerikanischen Armee untersucht, Entlaubungsmittel und Herbizide über weite Landstriche Vietnams zu verregnen. Es hat festgestellt, daß das eben genannte Handbuch die Zerstörung von Ernten, die nicht ausschließlich der Ernährung der Truppen dienen, mittels chemischer Gifte untersagt, selbst wenn die eingesetzten Mittel theoretisch für Menschen unschädlich sind.

Die Berichte der Kommissionen des Tribunals bestätigen die Informationen von Amerikanern und Vietnamesen, nach denen beträchtliche Gebiete bebauten Landes mit Entlaubungsgiften und Herbiziden verseucht sind. 1966 wurden mehr als 700 000 Hektar mit solchen Mitteln behandelt.

3. *Die Behandlung der Kriegsgefangenen*

Das Tribunal erinnert noch einmal daran, daß die Kriegsgefangenen menschlich behandelt werden müssen; das schreiben die entsprechenden Passagen des Genfer Abkommens von 1949 vor, das auch die Vereinigten Staaten unterzeichnet haben und dessen Richtlinien sie in ihre eigenen Militärhandbücher aufgenommen haben. Folterungen, Verstümmelungen und ernste physische und moralische Verletzungen müssen nicht nur verurteilt, sondern direkt unter Strafe gestellt werden. Jeder Gefangene hat das Recht auf Unversehrtheit und auf die ärztliche Behandlung, die sein Zustand nötigenfalls erforderlich macht.

Zahlreiche Aussagen vietnamesischer wie amerikanischer Zeugen haben ergeben, daß diese Grundsätze für die Amerikaner in Vietnam nur auf dem Papier stehen. Unter den amerikanischen Zeugen befand sich ein ehemaliger Offizier, der zehn Monate lang Gefangene nach ihrer Verhaftung verhören mußte.

Die Niedermetzelung von Verwundeten noch auf dem Schlachtfeld und die willkürlichen Exekutionen von Gefangenen sind an der Tagesordnung. Gefangene werden aus Hubschraubern gestoßen.

Die Folter in all ihren Formen, mit Hilfe von Elektroschocks, durch Wasser, mit Verbrennungen, durch Schläge und durch Hängen, wird tagtäglich angewandt. Alle Zeugen haben bestätigt, daß die Folterungen in Gegenwart oder unter Anleitung amerikanischer Militärs durchgeführt werden; gelegentlich werden sie auch von Amerikanern selber praktiziert.

Die Folter dient dazu, Informationen und Geständnisse zu erzwingen. Den Verwundeten und Kranken, die die Aussage verweigern, wird die ärztliche Hilfe jedesmal verweigert.

Trotz der Verbote des Genfer Abkommens werden die Gefangenen, für die die Amerikaner zuständig und verantwortlich sind, den Saigoner Machthabern übergeben. Die Saigon-Regierung läßt die Gefangenen mißhandeln und foltern. Wir haben dafür zahlreiche Aussagen von brutal mißhandelten Opfern gehört.

4. *Die Behandlung der Zivilbevölkerung*

Die Haager Landkriegsordnung von 1907, die Urteile von Nürnberg und Tokio, die allgemeine Erklärung der Menschenrechte und das Vierte Genfer Abkommen vom 12. August 1949 haben den Schutz der Zivilbevölkerung in Kriegszeiten grundsätzlich festgelegt. Das Handbuch der amerikanischen Armee zum geltenden Kriegsrecht hat das Vierte Genfer Abkommen, dessen obligatorischer Charakter unbestreitbar ist, vollinhaltlich übernommen. Das Tribunal hat die Zeugenaussagen der drei ehemaligen amerikanischen Vietnamsoldaten und den Bericht über die von der Untersuchungskommission in Amerika durchgeführten Umfragen gehört, es hat wichtige amerikanische Quellen studiert, die den Unterlagen des Tribunals beigefügt sind, es hat den Bericht der Untersuchungskommission aus den von der FNL kontrollierten Gebieten zur Kenntnis genommen, der auf den Aussagen von 317 Zeugen basiert; die Protokolle befinden sich bei den Akten des Gerichts. Es hat die Aussage eines wichtigen Zeugen aus der Bundesrepublik Deutschland gehört, der viele Jahre in Südvietnam gelebt hat und die Möglichkeit hatte, sich über den Krieg genauestens zu informieren.

Auf Grund dieser Aussagen nimmt das Tribunal folgende Tatsachen als erwiesen an:

1. Bei den systematischen und permanenten Säuberungsaktionen werden Tausende von Einwohnern Vietnams umgebracht. Nach ernst zu nehmenden amerikanischen Informationen sind seit Beginn des Krieges 250 000 Kinder getötet und 750 000 verletzt oder für immer verstümmelt worden. Senator Kennedy gibt in seinem Bericht vom 31. Oktober 1967 die monatliche Zahl der Verletzten mit 150 000 an. Die Ortschaften werden vollkommen dem Erdboden gleichgemacht, die Felder verwüstet, und das Vieh wird getötet. Glaubwürdige Zeugenaussagen und dokumentarisches Material haben die Existenz von ‹*free fire zones*› unter Beweis gestellt. In ihnen wird alles, was sich bewegt, als Feind angesehen; das bedeutet, daß alle Bewohner dieser Gebiete zur Zielscheibe der Amerikaner werden.

2. Nach den Angaben von Senator Kennedy vor dem International Rescue Committee ist «ein Drittel der Bevölkerung aus seinen Heimatorten vertrieben» und wird in den «strategischen Dörfern» interniert. Nach unveröffentlichten und bereits erschienenen Reportagen, die das Tribunal zur Kenntnis genommen hat, kommen die Lebensbedingungen in diesen Dörfern denen in Konzentrationslagern gleich.

Die Internierten, meist Frauen und Kinder, leben wie Vieh hinter Stacheldraht. An Nahrung und Waschgelegenheit fehlt es immer, so daß das Überleben zum Zufall wird. Die überlieferten sozialen Strukturen der vietnamesischen Familien werden dadurch systematisch zerstört.

Man muß ferner die erschreckend hohe Zahl der in südvietnamesischen Gefängnissen inhaftierten Gegner des Regimes berücksichtigen. Nach glaubwürdigen Schätzungen handelt es sich um mindestens 400 000. Willkürliche Verhaftungen, Willkürakte der Justiz und grausame Folterungen während der Verhöre sind an der Tagesordnung.

Alle Aussagen stimmen darin überein, daß die unmenschlichen und ungesetzlichen Praktiken der Mißhandlungen Tag für Tag von den amerikanischen Streitkräften und ihren Satelliten selbst gegenüber der Zivilbevölkerung angewandt werden. Das südvietnamesische Volk ist von der Vernichtung bedroht.

5. Die Ausweitung des Krieges auf Laos und Kambodscha

Infolge des amerikanischen Angriffs auf Vietnam wird auch die Sicherheit der beiden Nachbarländer ernstlich bedroht.

a) Das laotische Volk wird durch die direkte Ausweitung des amerikanischen Krieges auf Laos unmittelbar ins Kriegsgeschehen einbezogen.

Die Amerikaner schleusen eigenes Militärpersonal sowie Truppen aus Südvietnam und Thailand nach Laos ein. Dadurch verwandeln sie das von Vientiane aus verwaltete Gebiet in eine einzige Militärbasis im Dienst der amerikanischen Vietnam- und Laosaggression. Die amerikanischen Flugzeuge, die von thailändischen Basen aus starten, bombardieren zudem immer stärker die laotischen Wohngebiete und lassen Berge von Toten und Ruinen hinter sich zurück.

b) Kambodscha ist, wie das Stockholmer Tribunal bereits festgestellt hat, Opfer zahlreicher Grenzverletzungen durch die im Solde der USA stehenden Streitkräfte Thailands und Südvietnams. Selbst die Amerikaner überfallen das Land mit Luft- und Artillerieangriffen. Inzwischen hat sich die Situation Kambodschas noch verschärft, und die Lage hat sich bedrohlich zugespitzt; darüber hat uns ein Vertreter der Regierung einen detaillierten Bericht gegeben.

B. Begründung des Urteils zum Komplex «Völkermord»

Von Jean-Paul Sartre

(Die Mitglieder haben in einer nicht öffentlichen Sitzung am 30. November 1967 einstimmig die Annahme dieser Urteilsbegründung beschlossen.)

Der Begriff «Völkermord» ist jüngeren Datums: der Rechtswissenschaftler Lemkin hat ihn zwischen den beiden Weltkriegen geprägt. Die Sache ist jedoch so alt wie die Geschichte der Menschheit, und es hat bisher kaum eine menschliche Gesellschaftsordnung gegeben, die so verfaßt war, daß ein solches Verbrechen ausgeschlossen war. Jeder Völkermord ist ein Ergebnis der historischen Umstände und ist geprägt von den sozialen Verhältnissen, aus denen er entstanden ist. Der Fall von Völkermord, über den wir zu richten haben, ist das Verbrechen der größten existierenden kapitalistischen Weltmacht; als solche muß sie hier verstanden werden, als Macht, die gleichzeitig die wirtschaftliche Ordnung, die politischen Ziele und Widersprüche der augenblicklichen Konjunktur innerhalb der kapitalistischen Welt exemplarisch verkörpert.

Vor allem sollten wir die Intention des Völkermords im amerikanischen Vietnamkrieg sorgfältig untersuchen. Art. 2 der Konvention von 1948 geht von der Intention aus; sie bezog sich tatsächlich auf Ereignisse, die erst wenige Jahre zurücklagen: Hitler hatte seine Absicht, die Juden als Volk auszurotten, öffentlich proklamiert. Für ihn wurde der Völkermord zu einem Mittel der Politik, zu dem er sich sogar demonstrativ bekannte. Er propagierte «die Endlösung der Judenfrage», nicht weil die Juden Hitlerdeutschland den Krieg erklärt oder Widerstand geleistet hatten, sondern einfach deshalb, weil sie Juden waren. Die amerikanische Regierung hat sich freilich gehütet, solche offenen Verlautbarungen auszusprechen. Sie hat vielmehr behauptet, sie komme ihren vom kommunistischen Norden angegriffenen Verbündeten in Südvietnam zu Hilfe. Uns bleibt als Aufgabe zu untersuchen, ob wir hinter diesen Schutzbehauptungen eine versteckte Völkermordabsicht entdecken können. Wir müssen prüfen, ob auf Grund der hier ermittelten Tatbestände die US-Streitkräfte die Vietnamesen nur deshalb umbringen, weil sie Vietnamesen sind. Darüber wird sich endgültig erst nach Ablauf einer bestimmten Zeit urteilen lassen: die Kriegsbedingungen verändern sich bekanntlich ebenso wie die gesellschaftlichen Verhältnisse.

Zwischen 1860 und heute haben sich Sinn und Ziel der Kriege tiefgreifend verändert; am Ende dieses Wandlungsprozesses steht der «exemplarische» Krieg, den die Amerikaner in Vietnam führen. Ich nenne einige Stationen dieser Entwicklung: 1856 werden Verträge über den Schutz des Besitzes neutraler Mächte in Kriegszeiten abgeschlossen; 1864 versucht man in Genf den Schutz der Verwundeten zu regeln, 1899 und 1907 werden auf zwei Konferenzen in Haag Versuche unternommen, die Austragung militärischer Konflikte zu reglementieren.

Nicht zuletzt verstärken Rechtswissenschaftler und Politiker am Vorabend der beiden entsetzlichsten Massaker, die die Menschheit bisher erlebt hat, ihre Zusammenarbeit, um den Krieg zu «humanisieren». Wladimir Dedijer hat in seinem Buch über Militärkonventionen klar bewiesen, daß die kapitalistischen Gesellschaften gleichzeitig das Monstrum des totalen Krieges hervorbringen, der mehr als die Vertragsentwürfe ihr wahres Wesen zum Ausdruck bringt. Die Ursachen für den totalen Krieg liegen auf der Hand:

1. Der Wettstreit zwischen den Industrienationen um die Erschließung neuer Absatzgebiete ruft jene permanente Feindseligkeit hervor, die sich in der Ideologie wie im politischen Verhalten als «bürgerlicher Nationalismus» äußert.

2. Die Entwicklung der Industrie, die diesen Antagonismus erzeugt, gibt die Möglichkeiten, die Widersprüche gewaltsam zugunsten eines Konkurrenten durch die Entwicklung immer gewaltigerer Mordmaschinerien zu lösen. Das Ergebnis dieser Entwicklung macht es immer mehr unmöglich, zwischen Hinterland und Front, zwischen Zivilbevölkerung und Kombattanten zu unterscheiden.

3. Überdies tauchen neue militärische Ziele auf: die Fabriken in den großen Städten, die, selbst wenn sie nicht für die Armee produzieren, zumindest partiell ein wirtschaftliches Potential des Landes darstellen. Die Zerstörung dieses Potentials wird zum Hauptziel der Auseinandersetzung und entscheidet über den Sieg.

4. Aus diesem Grund werden im modernen Krieg alle mobilisiert: der Bauer kämpft an der Front, der Arbeiter steht hinter der Linie, und die Bäuerinnen ersetzen ihre Männer auf den Feldern. In der totalen Mobilisierung einer Nation gegen die andere wird der Arbeiter zum Kombattanten, denn am Ende entscheidet die Stärke des ökonomischen Potentials über den Ausgang des Krieges.

5. Die demokratische Entwicklung in den bürgerlichen Staaten hat zur Folge, daß die Massen stärker am politischen Leben teilnehmen. Sie kontrollieren zwar nicht, wer die Macht im Staat ausübt, werden sich aber mehr und mehr ihrer eigenen Kraft bewußt. Wenn ein Konflikt ausbricht, stehen sie ihm nicht mehr unbeteiligt gegenüber; der Konflikt wird öffentlich diskutiert, und obwohl er oft durch die Propaganda falsch

dargestellt wird, wird er zu einem moralischen Problem der gesamten Nation: In jeder kriegführenden Nation erscheint der Bürger des anderen Staates auf Grund der Manipulation der Massen jedem als Feind; der Krieg wird auf jeden Bürger ausgedehnt.

6. Die gleichen Gesellschaftssysteme streben auf Grund ihrer technologischen Entwicklung fortwährend danach, das Gebiet ihrer wirtschaftlichen Expansion durch den Ausbau der Kommunikationsmittel zu erweitern. Das *«one world»*-Modell der Amerikaner gab es schon Ende des 19. Jahrhunderts, als der argentinische Weizen die englischen Bauern ruinierte. Der totale Krieg ist nicht mehr nur der Krieg einer nationalen Gemeinschaft gegen eine andere, er wird auch deshalb total, weil er die Tendenz hat, sich zum Weltbrand auszuweiten.

So ist der Krieg zwischen bürgerlichen Staaten, der seit 1900 Europa bedrohte, aber erst 1914 ausbrach, nicht die Erfindung eines einzelnen Machthabers oder einer einzigen Regierung, sondern logische Folge aus einer totalen Mobilmachung der Kräfte, die seit Beginn des Jahrhunderts die Politik mit anderen Mitteln als politischen fortführen wollen. Die Alternative liegt klar auf der Hand: endgültiger Friede oder totaler Krieg. Diesen totalen Krieg haben unsere Väter auf dem Gewissen! Die Regierungen, die ihn kommen sahen, ohne die Intelligenz und den Mut zu entwickeln, ihn vermeidbar zu machen, haben vergeblich versucht, ihn zu humanisieren.

Trotzdem tauchte die Intention des Völkermords im Ersten Weltkrieg nur am Rande auf. Es ging zunächst einmal darum, die militärische Macht eines Landes zu brechen, selbst wenn das weitere Ziel darin bestehen konnte, seine Wirtschaft zu zerschlagen. Aber obwohl es immer schwerer wird, die Zivilbevölkerung von den Soldaten zu trennen, so kommt es doch zunächst noch relativ selten vor, daß die Zivilbevölkerung über einzelne Terrorakte hinaus zur eigentlichen Zielscheibe erklärt wird. Zudem handelt es sich bei den kriegführenden Parteien, zumindest bei den stärksten Mächten, um Industrienationen, die in einem relativen Gleichgewicht stehen. Jede besitzt genügend Macht, um nötigenfalls mit angemessenen Gegenschlägen zu antworten. Darum wird selbst inmitten des Völkermordens eine bestimmte Grenze der Vernichtung eingehalten.

Dennoch fanden außerhalb Europas seit 1830 und während des ganzen letzten Jahrhunderts viele Völkermorde statt. Einige von ihnen waren das Ergebnis feudal-autoritärer Herrschaftsformen, andere ereigneten sich durchaus im Rahmen kapitalistischer Demokratien. Von ihnen müssen wir ausgehen, wenn wir den historischen Ursprung des US-Imperialismus und das Wesen des Vietnamkrieges verstehen wollen. Die Großmächte, vor allem England und Frankreich, gründeten Kolonialreiche, um ihre Waren und Kapitalien ausführen zu können. Die Franzosen nannten ihre Eroberungen «überseeische Besitzungen». Der Name macht klar, daß diese Kolonien nur durch Raub- und Angriffskriege zu erwerben waren. Die Großmächte versuchten, den Gegner in seinem Besitztum zu treffen, in Afrika, Asien und in den unterentwickelten Ländern, und statt einen totalen Krieg zu riskieren, der auf den Angreifer in vollem Maße zurückschlagen kann, nutzt man seine absolute Waffenübermacht aus und setzt in den Auseinandersetzungen nur ein Expeditionskorps ein. Das wird mit den regulären Truppen, sollte es überhaupt welche geben, schnell fertig. Aber da diese offene Aggression den Haß der Zivilbevölkerung hervorruft, die man entweder als aufständisch oder als Reservearmee betrachtet, setzen die Kolonialtruppen den Terror ein und verüben unaufhörliche Massaker. Diese Terrorakte bekommen überall Völkermordcharakter: es geht darum, einen Teil einer ethnischen, nationalen oder religiösen Gruppe auszurotten, um den überlebenden Teil zu terrorisieren und die einheimische Gesellschaftsordnung zu zerstören. Als die Franzosen nach der blutigen Inbesitznahme Algeriens im vorigen Jahrhundert der einheimischen Stammesgesellschaft, in der der Grund und Boden allen gehörte, das bürgerliche Recht aufzwang, die bürgerliche Eigentumsordnung einführte und den Einwohnern das Erbrecht vorschrieb, zerstörten sie systematisch die ökonomische Infrastruktur des Landes. Der Grund und Boden ging schnell aus der Hand der bäuerlichen Stammesgemeinschaften in die Hände der Kaufleute aus dem Mutterland über. Die Kolonisation bedeutet weit mehr als eine bloße Eroberung, wie es zum Beispiel 1870 die Annexion Elsaß-Lothringens durch Deutschland war. Die Kolonisation bedeutet praktisch einen kulturellen Völkermord: man kann nicht ein Land kolonisieren, ohne die besonderen Züge der einheimischen Gesellschaft systematisch zu liquidieren. Dabei wird gleichzeitig den Mitgliedern der zerschlagenen Gesellschaft die Eingliederung in das Mutterland und der Genuß seiner Vorrechte verwehrt. Tatsächlich stellt der Kolonialismus ein System dar. Die Kolonie verkauft ihre Rohstoffe und landwirtschaftlichen Erzeugnisse der Kolonialmacht zu einem willkürlich festgelegten Preis, während die Metropole ihrerseits ihre Industrieprodukte zu Weltmarktpreisen an die Kolonialländer verkauft. Diese ungerechte Wirtschaftsordnung kann sich nur erhalten, wenn dem kolonialen Subproletariat abhängige Arbeit zu Hungerlöhnen aufgezwungen wird. Das hat zwangsläufig zur Folge, daß die Kolonialisierten ihren nationalen Charakter, ihre Kultur, ihre Sitten und manchmal ihre Sprache verlieren; sie leben im Elend als Schatten ihrer selbst, die alle Welt fortwährend an ihr Untermenschentum erinnert.

Trotzdem sind sie durch den Wert ihrer fast kostenlosen Arbeitskraft in gewissem Maße vor dem Völkermord geschützt. Der Nürnberger Gerichtshof war eben zusammengetreten, als die Franzosen, um ein Exempel zu statuieren, in Setif siebzigtausend Algerier umbringen ließen. Solche Vorgänge waren damals nichts Außergewöhnliches, und niemand dachte daran, deswegen die Regierung so zu verurteilen, wie man die Nazis gerade verurteilen wollte. Diese «vorsätzliche Vernichtung eines Teils einer nationalen Einheit» konnte sich jedoch ins Uferlose ausweiten, ohne den Interessen der Siedler zuwiderzulaufen. Durch die völlige Ausrottung ihres Subproletariats hätten sie sich selbst um ihre Existenz gebracht. Die Franzosen haben den Algerienkrieg schließlich verloren, weil sie die algerische Bevölkerung weder liquidieren noch integrieren konnten.

Diese Feststellungen weisen darauf hin, daß sich die Struktur der Kolonialkriege seit Ende des Zweiten Weltkrieges geändert hat. Seither haben sich die Kolonialvölker entschlossen, ihre nationale Unabhängigkeit zu erkämpfen. Sie wurden dazu durch den Zweiten Weltkrieg und seine Auswirkungen auf die überseeischen Besitzungen und durch den Sieg Mao Tse-tungs ermuntert. Die Merkmale dieses Unabhängigkeitskampfes waren von vornherein bestimmt: die Siedler hatten die Übermacht an Waffen, die Kolonialisierten waren zahlenmäßig überlegen. Selbst in Algerien, das für Frankreich sowohl Siedlungs- als auch Ausbeutungskolonie war, war das Kräfteverhältnis 1:9. Viele der Einheimischen hatten während der Weltkriege das Militärhandwerk gelernt und waren zu bewährten Kämpfern geworden. Trotzdem reichten die zumindest anfänglich knappen und veralteten Waffen nicht dazu aus, große Kampfverbände aufzustellen. Ihre Aktionen wurden von objektiven Bedingungen bestimmt: Terror, Irreführung und Ermattungsstrategie gegenüber dem Gegner. Das erforderte von den Verbänden äußerste Mobilität. Sie mußten überraschend zuschlagen und sich ebenso schnell zurückziehen.

Diese Taktik war jedoch nicht möglich ohne die Unterstützung der gesamten Bevölkerung. Es kam darum zu einem engen Zusammenwirken zwischen Befreiungsfront und Volksmassen: die Befreiungskämpfer organisieren überall im Land die Agrarreform, die politische Macht und die Volksbildung. Die Massen unterstützen, ernähren und verbergen die Soldaten der Befreiungsfront und versorgen sie mit jungen Soldaten, um die Verluste wettzumachen. Es ist kein Zufall, daß der Volkskrieg mit seinen Prinzipien, seiner Strategie und Taktik und mit seinen Theoretikern dann in Erscheinung tritt, wenn die Industrienationen mit der Entdeckung der Atomkraft zusammen den totalen Krieg ins Absolute steigern. Es ist kein Zufall, daß der Volkskrieg den Zusammenbruch des Kolonialismus herbeiführt. Der Antagonismus, der den Algeriern zum Sieg verholfen hat, kehrt in allen politischen Erscheinungen unserer Zeit wieder. Der Volkskrieg macht dem klassischen Krieg ein Ende, ein Vorgang, der gleichzeitig durch die Wasserstoffbombe mitbedingt ist. Die Kolonialarmeen können gegen die von der ganzen Bevölkerung unterstützten Partisanen nichts ausrichten. Sie haben nur noch ein Mittel, ihrer Zerschlagung, die in einem Dien Bien Phu enden kann, zu entkommen: dem Fisch das Wasser zu nehmen, das heißt: die Zivilbevölkerung von den Partisanen zu trennen. Da die gesamte Bevölkerung die klassische Armee in Schach hält, bleibt als letzter Ausweg zur Besiegung der Guerilleros die Vernichtung des Volkes. Das bedingt den Massenmord an Zivilpersonen, an Frauen und Kindern. Folter und Völkermord, damit antworten die Metropolen auf den Aufstand ihrer

Kolonialvölker. Diese Reaktion kann nur radikal und total sein. Die entschlossene, durch die Befreiungsarmee geeinte, politisierte und zu allem bereite Bevölkerung wird sich nicht mehr wie in den schönen Zeiten des Kolonialregimes durch ein exemplarisches Massaker einschüchtern lassen. Im Gegenteil, das wird ihren Haß nur noch verstärken. Es geht jetzt nicht mehr darum, ein Volk einzuschüchtern, es geht darum, es physisch zu liquidieren. Da ein solcher Akt nicht möglich ist, ohne gleichzeitig die koloniale Wirtschaft zu zerstören und das gesamte Kolonialsystem in Gefahr zu bringen, springen die Siedler ab, und die Metropolen werden müde, Menschen und Gelder in einen sinnlosen Krieg zu investieren; die Massen der Metropole revoltieren gegen die endlose Fortsetzung des barbarischen Krieges, und aus den Kolonien werden endlich souveräne Staaten.

Es kommt jedoch vor, daß der Volkskrieg unmittelbar mit Völkermord beantwortet wird, weil es keine innenpolitischen Hemmnisse gibt. Der totale Völkermord gibt sich dann als Grundmodell des Antiguerillakrieges zu erkennen. Unter Umständen wird er offen als über kurz oder lang zu erreichendes Ziel proklamiert. Das ist im Vietnamkrieg haargenau der Fall! Dort liegt eine neue Strategie des Imperialismus vor, die man gewöhnlich als Neokolonialismus umschreibt, weil sie Angriffe auf ehemalige Kolonialgebiete unternimmt, die vorübergehend unabhängig geworden waren und jetzt erneut der Kolonialherrschaft unterworfen werden sollen. Durch die Inszenierung eines Putsches oder einer Staatsstreiches setzt man Führer ein, die nicht mehr die Interessen der Massen, sondern einer winzigen privilegierten Oberschicht und des ausländischen Fremdkapitals vertreten. In Vietnam wurde Diem zu diesem Zweck von den Vereinigten Staaten eingesetzt, unterhalten und mit Waffen ausgerüstet. Seine erklärte Absicht waren der Bruch der Genfer Indochinaabkommen und die Errichtung eines selbständigen Staates südlich des 17. Breitengrades. Aus diesen Prämissen ergibt sich folgerichtig: man ist auf eine Polizei und eine Armee angewiesen, die Jagd auf die ehemaligen Widerstandskämpfer macht; sie sehen sich um die Früchte ihres Sieges gebracht und geben sich schon, bevor sie von neuem Widerstand leisten, als Gegner des Regimes zu erkennen. In Südvietnam provoziert die Herrschaft des Terrors einen erneuten Aufstand und führt schließlich zum allgemeinen Volkskrieg. Es ist fraglich, ob die USA jemals gehofft haben, Diem könne die Revolte im Keim ersticken. Jedenfalls entsenden sie gleichzeitig Experten und bald auch Truppenkontingente, und schon bald stecken sie bis über den Kopf im großen Krieg. Bis ins kleinste wiederholt sich das Modell des Krieges, das Ho Chi Minh den Franzosen bescherte. Das geschieht, obwohl die amerikanische Regierung anfänglich erklärt, sie entsende ihre Truppen nur, um einem Verbündeten zu Hilfe zu eilen.

Die Realität sieht jedoch anders aus. Bei gründlicher Betrachtung weisen die beiden vietnamesischen Befreiungskriege jedoch wesentliche Unterschiede auf: die USA haben im Gegensatz zu den Franzosen keine unmittelbaren ökonomischen Interessen, abgesehen von einzelnen Privatunternehmen, die natürlich einiges investiert haben. Diese Investitionen sind jedoch nicht so erheblich, daß man sie nicht notfalls opfern könnte, ohne die gesamte Nation zu blamieren oder die Monopole wirklich in Gefahr zu bringen. Da die Regierung der USA den Krieg also nicht aus Gründen direkter wirtschaftlicher Interessensicherung führt, ist sie durch nichts daran gehindert, ihm ein brutales Ende zu bereiten, nichts hindert sie am Völkermord. Das reicht zwar nicht, um den Amerikanern nachzuweisen, sie planten den Völkermord, aber es genügt, um festzustellen, daß nichts die Amerikaner hindern kann, den Völkermord ins Auge zu fassen.

Von amerikanischer Seite aus betrachtet, hat der Krieg zwei wesentliche Aspekte. Kürzlich hat Rusk erklärt: «Wir wollen uns selbst verteidigen. Es ist nicht mehr unser Verbündeter Diem allein, der in Gefahr ist, und es geht nicht mehr um Ky, dem wir zu Hilfe geeilt sind: es geht darum, die Vereinigten Staaten, die in Saigon bedroht sind, zu schützen.» Das bedeutet freilich, daß das Hauptziel der Amerikaner ein militärisches Interesse ist, es geht darum, das kommunistische China, das Haupthindernis ihrer aggressiven Pläne, einzukreisen. Darum versuchen sie, Südostasien zu sichern. Sie haben ihren Leuten in Thailand zur Macht verholfen, sie haben in Laos einen Teil des Landes unter ihre Kontrolle gebracht und drohen mit einem Überfall auf Kambodscha. Aber diese Eroberungen bleiben ohne konkrete Erfolgschancen, wenn ihnen ein freies und geeintes Vietnam mit 31 Millionen Einwohnern gegenübersteht. Die Militärs sprechen darum nicht ohne Grund von einer «Schlüsselstellung», und Dean Rusk erklärt mit unfreiwilliger Komik, daß die US-Streitkräfte in Vietnam kämpften, «um einen dritten Weltkrieg zu verhindern». Entweder der Satz ist blödsinnig, oder er hat zu bedeuten: wir müssen diesen Weltkrieg, den wir anstreben, auf jeden Fall gewinnen! Das erste Kriegsziel der Amerikaner besteht mithin in der Sicherung ihrer Verteidigungslinie am Pazifischen Ozean. Dieses Ziel paßt genau in die Globalstrategie des Imperialismus!

Das zweite Ziel ist ökonomischer Art. Ende Oktober dieses Jahres hat General Westmoreland dieses Kriegsziel so umschrieben: «Wir führen den Vietnamkrieg, um zu demonstrieren, daß sich der Guerillakrieg nicht lohnt!» Wem wollen die Amerikaner das demonstrieren, etwa den Vietnamesen selber? Das wäre einigermaßen verwunderlich: muß man tatsächlich so viel Geld und Menschenleben aufs Spiel setzen, um einer armen Bauernrepublik Tausende Kilometer entfernt von San Francisco das beizubringen? Welchen Sinn sollte es gehabt haben, sie anzugreifen und zum Kampf zu reizen, um sie dann zu vernichten und ihnen die Vergeblichkeit des Kampfes vor Augen zu führen? Zumal die Interessen der Monopole kaum eine Rolle spielen! Der Satz von Westmoreland bedarf der Ergänzung ebenso wie der Satz von Rusk. Man will allen übrigen Nationen beweisen, daß der Guerillakrieg sich auf keinen Fall bezahlt macht! Man will es allen ausgebeuteten und unterdrückten

Nationen klarmachen, die versucht sein könnten, das Yankeejoch durch einen Volkskrieg abzuschütteln, ein Volkskrieg, der sich zunächst gegen die Marionettenregierung und gegen die von der nationalen Armee geschützte Kompradorenschicht, dann gegen die Spezialeinheiten der Vereinigten Staaten und schließlich gegen die gesamte US-Armee richten würde. Man will also vor allem Lateinamerika und im weiteren der ganzen Dritten Welt ein Exempel statuieren. Auf Che Guevaras Ruf «Wir brauchen zwei, drei, viele Vietnams» antwortet die amerikanische Regierung: wir würden sie alle vernichten wie Vietnam! Mit anderen Worten, die Amerikaner führen einen exemplarischen Krieg, exemplarisch für drei, vielleicht für vier Kontinente. Am Ende ist sogar Griechenland eine Bauernrepublik! Dort wurde soeben eine Diktatur in den Sattel gehoben, um einem Aufstand vorzubeugen. Unterwerfung oder totale Liquidierung: das sind die Alternativen der Amerikaner! So richtet sich der exemplarische Völkermord in Vietnam gegen die gesamte Menschheit. Mit Hilfe dieses Exempels versuchen 6 % Menschen ohne allzu großes Risiko ihre Kontrolle über die übrigen 94 % sicherzustellen. An diesem Punkt meiner Ausführungen können wir zwei Tatsachen festhalten: den Amerikanern geht es um die Erhaltung einer Basis und um die Demonstration eines Exempels. Sie können, um ihr erstes Ziel durchzusetzen, den Widerstand eines ganzen Volkes nur durch die totale Liquidierung brechen und die *pax america* nur in einem vollkommen verwüsteten Vietnam aufrechterhalten. Sie müssen, um ihr zweites Ziel zu erreichen, zumindest teilweise diese Ausrottung praktizieren.

Die Erklärungen amerikanischer Staatsmänner zeigen allerdings nicht die gleiche Offenheit, mit der sich Hitler seinerzeit zu seinen Absichten bekannte. Aber sie ist nicht notwendig, die Fakten sprechen für sich! Die Reden, die sie begleiten, sind zwar für die Ewigkeit gedacht, werden aber allenfalls von den Amerikanern für bare Münze genommen. Die übrige Welt versteht sehr wohl, was gemeint ist; die Satellitenregierungen mögen schweigen, aber alle anderen Völker verdammen den Völkermord. Man macht es sich leicht, wenn man den Kritikern entgegenhält, daß es nie Völkermord gegeben hat, und daß sie durch ihre unbewiesenen Behauptungen nur ihre Vorurteile zur Schau stellen. Die amerikanische Regierung erklärt: in Wirklichkeit haben wir den Nord- und Südvietnamesen nur folgende Lösung vorgeschlagen, entweder beendet ihr eure Aggression, oder wir müssen sie brechen! Ich brauche wohl nicht zu betonen, daß diese Alternative absurd ist. Die Aggression ist allein von Amerika ausgegangen, und demzufolge können allein die Amerikaner sie beenden. Diese Absurdität hat jedoch Methode: man stellt geschickterweise eine Forderung, auf die die Vietnamesen auf keinen Fall eingehen können. So bleibt man der einzige, der entscheiden kann, wann der Krieg zu Ende gehen soll. Aber trotz der Alternative «ergebt euch oder wir werden euch in die Steinzeit zurückbomben» bleibt Tatsache, daß die Vietnamesen nur zwischen totaler Kapitulation und Völkermord wählen können. Unter bestimmten Bedingungen wurde den

Vietnamesen also klipp und klar Völkermord in Aussicht gestellt. Ist das juristisch denkbar?

Wenn die Alternative, die Amerika den Vietnamesen stellt, zu Recht besteht, könnte sich die amerikanische Regierung mit einem Recht gegen den Vorwurf des Völkermords zur Wehr setzen. Aber wie Herr Matarasso schon erklärt hat, erlaubt das geltende Recht, das zwischen der Intention und den Tatmotiven unterscheidet, keine derartige Entschuldigung: Völkermord, vor allem, wenn er jahrelang praktiziert wird, kann durchaus Erpressung zum Motiv haben. Man kann durchaus erklären, man würde mit dem Morden aufhören, wenn das Opfer sich geschlagen gibt. Selbst wenn die Unterwerfung das eigentliche Tatmotiv ist, bleibt die Intention des Völkermords trotzdem erhalten. Das gilt, wenn es darum geht, wie in Vietnam einen Teil einer Nation auszurotten, um den Rest zur Unterwerfung zu zwingen. Prüfen wir noch einmal, worin die Alternative tatsächlich besteht! Im Süden sieht die Wahl so aus: die Dörfer werden niedergebrannt, die Bevölkerung wird massiv und mörderisch bombardiert, das Vieh wird niedergeknallt, die Vegetation durch Entlaubungsmittel vernichtet, die Felder werden durch giftige Chemikalien unbrauchbar gemacht, überall wird wie wild herumgeballert, Mord, Vergewaltigung und Plünderung sind an der Tagesordnung. Das ist Völkermord im genauen Sinn des Wortes, massenhafte Vernichtung und nichts anderes! Und was bleibt als andere Wahl? Was muß das Volk von Vietnam tun, um dem schrecklichen Morden zu entgehen? Es muß sich den Streitkräften der USA und Saigons ans Messer liefern und sich in strategischen Dörfern einsperren lassen, in sogenannte «Dörfer des neuen Lebens», die sich nur durch den Namen von den strategischen Dörfern unterscheiden: beide Formen des Zwangslagers sind nichts anderes als KZs! Wir kennen diese Lager von zahlreichen Zeugenaussagen: sie sind mit Stacheldraht umgeben, die elementarsten Bedürfnisse können nicht befriedigt werden, Unterernährung und akuter Wassermangel bestimmen das Leben der Insassen; sie sind in winzigen Zelten oder Verschlägen zusammengepfercht und drohen dort zu ersticken; die sozialen Strukturen sind in diesen Lagern gänzlich zerstört, die Männer sind von ihren Frauen, die Mütter von ihren Kindern getrennt; das bei den Vietnamesen geheiligte Familienleben hat aufgehört. Da die Haushalte auseinandergerissen sind, ist die Zahl der Geburten auf ein Minimum zurückgegangen. Jede Möglichkeit kultureller oder religiöser Betätigung wird unterdrückt. Selbst die Arbeit, mit der die Vietnamesen ihren Lebensunterhalt verdienen, ist nicht mehr möglich. Die Opfer sind weniger als Sklaven; selbst die amerikanischen Negersklaven konnten noch eigene Kulturformen entwickeln. In Vietnam vegetieren die Menschen am Rande des absoluten Existenzminimums dahin. Um aus dem Elend herauszukommen, müssen alle Bindungen zwischen den atomisierten und vom Haß geprägten Menschen notwendig politische Dimensionen annehmen. Man organisiert sich subversiv, um den Widerstand vorzubereiten. Der Gegner erhält davon

Kenntnis, und im Endergebnis werden diese Lager drei- oder viermal gesäubert und dem Erdboden gleichgemacht. Selbst in den Lagern gibt es keine Sicherheit, und die Kräfte der unaufhörlichen Zersplitterung treiben dort ihr Spiel. Wird zufällig eine vaterlose Familie freigelassen, zum Beispiel eine Mutter mit ihren Kindern oder ein erwachsenes Mädchen mit ihren jüngeren Geschwistern, stoßen sie automatisch zum Subproletariat der großen Städte. Die Mutter oder die Schwester sehen keine andere Möglichkeit, ihre Familienangehörigen zu ernähren, als sich den amerikanischen Soldaten zu verkaufen. Was ich hier wiederholt habe und was nach Aussage von Duncan das Schicksal eines Drittels der südvietnamesischen Bevölkerung ausmacht, bedeutet in der Praxis nichts anderes als eine Art von Völkermord, die in der Konvention von 1948 ebenfalls ausdrücklich verboten wird:

«Schwere Übergriffe auf die physische oder geistige Unversehrtheit der Angehörigen einer bestimmten Gruppe; vorsätzliche Unterwerfung einer Gruppe unter Lebensbedingungen, die teilweise oder als Ganzes zu ihrer physischen Vernichtung führen müssen; Maßnahmen, die darauf abzielen, Geburten innerhalb der Gruppe zu verhindern; zwangsweise Deportationen von Kindern . . .»

Mit anderen Worten, es stimmt nicht, daß die Vietnamesen zwischen Tod und Unterwerfung wählen können. Denn unter solchen Umständen wird auch die Unterwerfung zum Völkermord! Es bleibt also nur die Wahl zwischen einem raschen und gewaltsamen Tod und einem langsamen Dahinsterben infolge physischer und geistiger Mißhandlung. Demnach gibt es gar keine Wahl, es gibt keine Bedingung, auf die sich eingehen ließe! Der Zufall einer Säuberungsaktion oder blinder Terror entscheiden über die Methode des Völkermords, die man sich allenfalls aussuchen kann!

Sieht es im Norden anders aus? Vernichtung gibt es auch dort: nicht nur ökonomische Infrastruktur wird bombardiert, auch die Menschen laufen täglich Gefahr, gewaltsam ums Leben zu kommen. Nicht nur Deiche und Fabriken, von denen «kein Stein auf dem andern bleiben darf», sondern auch die Zivilbevölkerung, vor allem auf dem Lande, werden vorsätzlich mit Bomben und Bordwaffen angegriffen. Krankenhäuser, Schulen und Kultstätten werden zerstört; so wird mit allen Mitteln versucht, zwanzig Jahre sozialistischen Aufbaus zu zerstören. Aber geschieht das nur, um die Bevölkerung zu terrorisieren? Die Einschüchterung der Bevölkerung kann nur durch die tägliche Vernichtung immer größerer Teile des Volkes erreicht werden. Mit allen psychosozialen Folgen führt der Terrorismus schließlich zum Völkermord: wer weiß, ob er nicht zumindest bei den Kindern geistige Schäden hinterläßt, die für lange oder für immer ihre Gesundheit in Frage stellen?

Als andere Möglichkeit bleibt nur die Kapitulation. Das heißt, die Nordvietnamesen müssen sich mit der Teilung des Landes abfinden und damit in Kauf nehmen, daß die Diktatur der Amerikaner direkt oder durch Mittelsmänner ihren Landsleuten, das heißt, den gewaltsam getrennten Familienangehörigen, aufgezwungen bleibt. Könnte die erniedrigende Kapitulation überhaupt den Krieg beenden? Das bleibt mehr als zweifelhaft: die DRV und FNL verfolgen, obwohl sie Seite an Seite gegen die amerikanische Aggression kämpfen, verschiedene Kampfziele und -formen, da ihre militärische Situation grundverschieden ist. Wenn die FNL trotz einer Kapitulation der DRV den Kampf fortsetzte, dann würden die Amerikaner kaum mit ihren Bombenangriffen aufhören. Nur wenn der Krieg von vietnamesischer Seite beendet würde, besteht kein Zweifel, daß die Vereinigten Staaten sich laut eigenen Versprechungen großzügig erweisen und Berge von Dollars für den Wiederaufbau der DRV spenden würden! Das heißt, sie würden durch private Investitionen und befristete Anleihen die gesamte ökonomische Basis zerschlagen. Auch das ist eine Form des Völkermords! Ein souveränes Land wird in zwei Hälften aufgeteilt; ein Teil des Landes wird besetzt und mit Terror unterworfen; man versucht den teuer bezahlten Aufbau im anderen Teil des Landes durch wirtschaftlichen Druck zu ruinieren und durch wohlberechnete Investitionen Einfluß auf die Volkswirtschaft zu gewinnen. Die nationale Gruppe Vietnam ist bisher nicht physisch vernichtet worden, trotzdem ist sie nicht mehr intakt; man hat sie ökonomisch, politisch und kulturell unterdrückt.

Im Norden wie im Süden gibt es nur die Wahl zwischen zwei Formen der Vernichtung: der Massenmord oder die Zerschlagung der Nation. Wichtig ist die Tatsache, daß die Amerikaner den Widerstand der FNL und der DRV am eigenen Leib zu spüren bekommen haben. Die US-Regierung weiß deshalb, daß die Vernichtung, wenn sie nicht total erfolgt, ohne Ergebnis bleiben muß. Die Befreiungsfront ist heute stärker als je zuvor, und Nordvietnam läßt sich nicht kleinkriegen. Darum kann die kalkulierte Vernichtung des vietnamesischen Volkes nicht bloß das Ziel haben, Vietnam zur Kapitulation zu zwingen. Man bietet den Vietnamesen allenfalls den Frieden des Friedhofs an und weiß nur zu genau, daß sie darauf keinesfalls eingehen können. Dahinter steht die wahre Intention des Imperialismus. Er plant, den Krieg auf die höchste Stufe, zum perfekten Völkermord, zu eskalieren. Man könnte uns entgegenhalten, daß die USA dieses Ziel schon früher hätten erreichen und Vietnam durch einen Blitzkrieg von allen Vietnamesen befreien können. Aber abgesehen davon, daß ein solcher Gewaltstreich die Aufstellung einer komplizierten Kriegsmaschinerie und uneingeschränkte Verfügungsgewalt über eine Unzahl von Luftbasen etwa in Thailand erfordert hätte, hat die Eskalation auch den Sinn, die öffentliche Meinung allmählich auf den Völkermord zu drillen. Das haben die Amerikaner in der Tat erreicht! Die wiederholten und systematischen Bombenangriffe auf die Wohngebiete von Haiphong und Hanoi, die noch vor zwei Jahren heftige Proteste ausgelöst hätten, stoßen heute nur noch auf Gleichgültigkeit. Diese Reaktion der Öffentlichkeit läßt freilich mehr auf Vergiftung als auf eine Ermüdung des Bewußtseins schließen. Das Spiel gelingt: die öffentliche Meinung faßt als sanften und allmählich gesteigerten Druck auf, was in Wirklichkeit Vorbereitung des Bewußtseins auf den endgültigen Völkermord bedeutet. Ist dieser Mord möglich? Nein! Aber die Antwort hängt allein von den Vietnamesen ab, von ihrem Mut und der Schlagkraft ihrer Organisationen. Die Regierung der Vereinigten Staaten kann jedoch nicht dadurch von dem Vorwurf des Völkermords freigesprochen werden, daß die Intelligenz und der Heroismus ihrer Opfer die mörderischen Wirkungen ihrer Anschläge einschränkt. Angesichts eines Volkskrieges, wie ihn unsere Epoche hervorgebracht und die imperialistische Aggression heraufbeschworen hat, angesichts des Endkampfes eines sich seiner Einheit bewußten Volkes um die Erringung seiner Souveränität, sind zwei Haltungen möglich: der Aggressor zieht sich auf seine Ausgangsposition zurück und schließt Frieden aus der Einsicht, daß er es mit dem Widerstand einer geschlossenen Nation zu tun hat. Oder: der Aggressor erkennt die Wirkungslosigkeit der klassischen Strategie und greift, wenn ihm dies ohne Einbuße der eigenen Interessen möglich ist, zur nackten Ausrottung. Er hat keine andere Wahl außer dieser einen. Da die US-Streitkräfte sich in Vietnam einzunisten beginnen, da sie die Bombardierungen und Massaker steigern, da sie versuchen, auch Laos zu unterjochen, und die Invasion Kambodschas vorbereiten, obwohl sie sich jederzeit zurückziehen können, besteht kein Zweifel daran, daß die Regierung der Vereinigten Staaten sich trotz ihrer heuchlerischen Bekundungen längst für den Weg des Völkermords entschieden hat.

Die Intention ergibt sich aus den Fakten. Sie beruht, wie Herr Aybar bereits gesagt hat, auf sorgfältigen Vorüberlegungen. Möglicherweise geschah Völkermord in anderen Zeiten spontan, als Racheakt im Rahmen von Stammeskämpfen und Feudalkriegen. Der Völkermord im Rahmen der Antiguerilla-Aktionen setzt jedoch eine Organisation, ein komplexes Militärsystem und große Haushaltsmittel voraus; er findet nur fern von der Metropole statt. Er muß also überlegt und planvoll durchgeführt werden. Hat das jedoch zu bedeuten, daß die Urheber sich ihr Vorgehen völlig bewußt gemacht haben? Darüber können wir hier nicht entscheiden. Man müßte die Verantwortlichen auf Herz und Nieren prüfen; die puritanische Heuchelei kann wahre Wunder wirken! Vielleicht haben sich manche Mitarbeiter des State Department so an das Lügen gewöhnt, daß sie selber glauben, sie wollten das Beste für Vietnam. Nach neuesten Erklärungen der Regierung muß man jedoch annehmen, daß diese Pseudonaiven immer weniger werden. Jetzt heißt es: Wir verteidigen uns selber; selbst wenn die Saigon-Regierung uns zum Abzug aufforderte, würden wir Vietnam nicht räumen! Jedenfalls braucht sich das Tribunal nicht um dieses heuchlerische Versteckspiel zu kümmern! Die Wahrheit tritt in Vietnam offen zutage, am deutlichsten im Rassismus der amerikanischen Soldaten. Dieser Rassenhaß auf alle Schwarzen, Gelben und Roten ist ein Grundfaktor; er hat tiefe Ursprünge und war zumindest latent lange vor Ausbruch des Vietnamkrieges vorhanden. Ein Beweis ist in der Tatsache zu finden, daß die

USA sich geweigert haben, die Konvention gegen den Völkermord zu unterzeichnen. Das bedeutet gewiß nicht, daß die USA seither die Absicht gehegt haben, Völker auszurotten, aber sie behaupten immerhin, daß eine solche Unterschrift mit der Rechtsprechung zahlreicher Bundesstaaten unvereinbar sei. Die Folge ist, daß die gegenwärtigen Machthaber der USA glauben, in Vietnam freie Hand zu haben, weil ihre Vorgänger den gegen die Neger gerichteten Rassismus der Weißen gesetzlich respektiert haben. Seit 1965 kann sich der Rassismus der Yankee-Soldaten zwischen Saigon und dem 17. Breitengrad ungehemmt austoben: die jungen Amerikaner foltern, mißhandeln die Vietnamesen ohne Scham mit Feldtelefonen, sie schießen auf wehrlose Frauen, nur um etwas vor die Flinte zu kriegen, sie treten verwundeten Gegnern in die Hoden und schneiden den Toten die Ohren ab, um sie als Trophäen mit nach Hause zu nehmen. Die Offiziere treiben es noch schlimmer. Ein General brüstete sich kürzlich vor einem Franzosen, der hier selbst ausgesagt hat, er habe vom Hubschrauber aus Jagd auf Vietkong gemacht und sie auf dem Reisfeld der Reihe nach abgeknallt. Dabei handelte es sich gewiß nicht um FNL-Kombattanten, die sich natürlich vor Überfällen aus der Luft zu schützen wissen, sondern um harmlose Bauern, die ihre Reisfelder bestellen. In den verkleisterten Gehirnen der US-Soldaten werden «Vietkongs» und Vietnamesen immer mehr eins. Es heißt, nur ein toter Vietnamese sei ein guter Vietnamese, oder, was inhaltlich auf dasselbe hinausläuft: Jeder tote Vietnamese ist ein Vietkong! Die Bauern sind dabei, ihren Reis zu ernten. Amerikanische Soldaten überfallen das Dorf, stecken die Häuser in Brand und versuchen, die Bewohner in ein strategisches Dorf abzutransportieren. Die Bauern melden ihren Protest an; mehr Möglichkeiten, sich gegen diese Barbaren zur Wehr zu setzen, bleiben ihnen nicht. Sie sagen: «Unser Reis steht gut. Wir wollen hier bleiben und ihn selber essen!» Das reicht völlig aus, um die jungen Yankee-Soldaten völlig zur Raserei zu bringen: «Die Vietkong haben euch das in den Kopf gesetzt; sie haben euch beigebracht, wie ihr euch wehren sollt!» Diese Soldaten sind bereits so verhetzt, daß sie den wehrlosen Protest der Bauern, den sie selber provoziert haben, schon als subversive Gewalt auffassen. Grund dafür ist sicherlich die Enttäuschung, die sie in Vietnam erleben müssen: sie sind nach Vietnam gekommen, um das Land vor dem Untergang zu retten, um es von den kommunistischen Angreifern zu befreien, aber sie müssen schnell erfahren, daß die Vietnamesen überhaupt nichts von ihnen halten. Aus Befreiern werden Eroberer. Sie müssen erkennen: wir sind hier nicht willkommen, und wir haben hier nichts zu suchen. Viel weiter geht der Lernprozeß der Soldaten allerdings nicht. Meistens geraten sie in heillosen Zorn und sagen sich, daß jeder Vietnamese ein Vietkongverdächtiger ist. Für sie gibt es keinen Vietnamesen, der nicht ein Kommunist sein könnte; als Beweis dafür reicht ihnen der Haß der Vietnamesen auf alle Amerikaner. Das eigentliche Problem des Vietnamkrieges sind die vernebelten und ferngesteuerten Gehirne der amerikanischen Vietnamkämpfer. Die Manipulation des Bewußtseins nimmt nazistische Dimensionen an. Hitler ließ die Juden ausrotten, weil sie Juden waren. Die US-Truppen foltern und morden in Vietnam Männer, Frauen und Kinder vor allem deshalb, weil sie für sie Vietnamesen sind. Was die Regierung sich auch immer zurechtlügen und treuherzig bekunden mag, sie kann nicht darüber hinwegtäuschen, daß der Geist des Völkermords sich längst in den Hirnen der Soldaten eingenistet hat. Diese regierungsamtlichen Heucheleien helfen den Soldaten, mit dem Völkermord auf ihre Weise fertig zu werden. Der Zeuge Martinsen, ein junger Student von 23 Jahren, der monatelang Gefangene «verhört» hat und seither unter der Last seiner Erinnerungen leidet, hat uns berichtet: «Ich bin ein Durchschnittsamerikaner, ich bin ein Student wie viele andere auch und plötzlich werde ich zum Kriegsverbrecher!» Er hatte Recht hinzuzufügen: «Jeder hätte an meiner Stelle so wie ich gehandelt!» Sein einziger Fehler war, die erniedrigenden Verbrechen dem Krieg allgemein zuzuschreiben. Darin irrt er: verantwortlich für die Grausamkeiten ist nicht der Krieg schlechthin, sondern eben dieser historisch einmalige Krieg, der von der größten Macht der Welt gegen ein armes Bauernvolk geführt wird. Er kann stattfinden, weil es zwischen einem überindustrialisierten und einem unterentwickelten Land eben nur diese einzige Form der Beziehung gibt, und er nährt diejenigen, die ihn zur Durchsetzung ihrer Ziele vom Zaum gebrochen haben. Völkermord und Rassismus bestimmen den Charakter dieser Beziehungen, außer man macht kurzen Prozeß und zieht sich aus dem Teufelskreis zurück.

Der totale Krieg setzt ein gewisses Kräftegleichgewicht und ein gleich starkes Engagement beider Parteien voraus. Die früheren Kolonialkriege wurden nur von einer Seite aus geführt, und das Interesse der Kolonialherren hielt das Maß des vertretbaren Völkermordes in engen Grenzen. Der gegenwärtige Völkermordkrieg, die letzte Konsequenz aus einer ungleichen Entwicklung der verschiedenen Gesellschaftsordnungen, ist der totale Krieg, der nur von einer Seite aus und ohne die entsprechende Antwort der Gegenseite bis zum blutigen Ende geführt wird.

Die amerikanische Regierung hat den modernen Völkermord nicht erfunden, sie haben ihn sich nicht einmal ausgesucht, als ein Mittel unter vielen, die als Antwort auf den Guerillakrieg denkbar und wirksam sein könnten. Sie kann nicht dafür verantwortlich gemacht werden, dem Völkermord aus strategischen oder ökonomischen Gründen den Vorrang vor anderen Methoden gegeben zu haben. Der Völkermord bleibt die einzig mögliche Antwort auf den Aufstand eines ganzen Volkes gegen seine Unterdrücker. Die amerikanische Regierung kann nur dafür angeklagt werden, daß sie eine Politik der Aggression und des Krieges, die auf den Völkermord orientiert ist, einer Politik des Friedens vorgezogen hat, die einzig mögliche Alternative, die freilich eine nochmalige Überprüfung der Zielsetzungen erfordert hätte, jener Ziele, die ihr die Monopolkapitalisten durch die Vermittlung ihrer *pressure groups* aufzwingen. Die Regierung ist dafür schuldig zu sprechen, daß sie den Krieg weiter fortsetzt und fortwährend eskaliert, obwohl jeder Amerikaner auf Grund der Berichte der amtlichen Militärsprecher erkennen kann, daß die einzige Möglichkeit, in Vietnam zu siegen, die «Befreiung Vietnams von den Vietnamesen» ist. Sie ist schuldig, weil sie zu List und Notlügen greift und sich fortwährend selbst beschwindelt, sie ist schuldig, weil sie sich von Minute zu Minute stärker engagiert, obwohl sie durch diese einzigartige und schier unerträgliche Vietnamerfahrung längst eines Besseren hätte belehrt sein sollen und obwohl sie immer mehr an einen Punkt vorstößt, von dem aus es endgültig kein Zurück mehr gibt. Nach eigenem Eingeständnis sind sie schuldig, diesen exemplarischen Krieg wissentlich und willentlich zu führen, um durch den Völkermord allen Völkern zu drohen und sie einzuschüchtern. Wenn ein Bauer auf seinem Reisfeld von einem MG abgeknallt wird, dann gilt dieser Schuß uns allen. So kämpft Vietnam für die ganze Menschheit, und Amerika steht gegen die ganze Menschheit; das gilt nicht etwa im übertragenen oder abstrakten Sinn. Nicht nur, weil der Völkermord in Vietnam ein Verbrechen darstellt, das das Völkerrecht in seiner Gesamtheit verbietet, sondern auch, weil die Erpressung der Völker durch die Drohung mit Völkermord sich auf die ganze Menschheit erstreckt und durch die Drohung mit dem Atomkrieg zur höchsten Form des Vernichtungskrieges eskaliert werden kann. Dieses Verbrechen wird tagtäglich vor unseren Augen begangen und macht aus uns allen, die wir es nicht verdammen, Komplicen derer, die dafür verantwortlich sind; es demütigt uns, um uns desto besser beherrschen zu können. In diesem Sinn hat der imperialistische Völkermord nur die Tendenz, sich zu radikalisieren, denn die Völkergruppe, die man mit dem Völkermord in Vietnam treffen und terrorisieren will, ist nichts anderes als die gesamte Menschheit.

C. Beschlüsse des internationalen Tribunals gegen die Kriegsverbrechen in Vietnam

1. Frage

Ist die Regierung Thailands mitschuldig und beteiligt an der von der Regierung der Vereinigten Staaten verübten Aggression gegen Vietnam?

Darauf antwortet das Tribunal einstimmig mit Ja.

Ist die Regierung Japans mitschuldig und beteiligt an der von der Regierung der Vereinigten Staaten verübten Aggression gegen Vietnam?

Darauf antwortet das Tribunal einstimmig mit Ja.

Ist die Regierung Japans mitschuldig und beteiligt an der von der Regierung der Vereinigten Staaten verübten Aggression gegen Vietnam?

Das Tribunal antwortet darauf mit Ja. Das Abstimmungsergebnis beträgt 11:3.

Die drei Mitglieder des Tribunals, die diese Frage verneinen, stimmen mit den übrigen Mitgliedern in der Einschätzung der Bedeutung der Hilfe, die die japanische Regierung der USA-Regierung gewährt, überein, sie stimmen der Ansicht, daß Japan zum Komplicen der Amerikaner bei ihrem Aggressionsverbrechen geworden sei, nicht zu.

2. *Frage*

Hat die Regierung der Vereinigten Staaten gegen das Volk von Laos Aggressionshandlungen im Sinn des Völkerrechts begangen?

Darauf antwortet das Tribunal einstimmig mit Ja.

3. *Frage*

Haben die Streitkräfte der Vereinigten Staaten durch die Kriegsgesetze verbotene Waffen erprobt und angewendet?

Darauf antwortet das Tribunal einstimmig mit Ja.

4. *Frage*

Sind die von den USA-Streitkräften gemachten Kriegsgefangenen einer Behandlung unterworfen, die durch die geltenden Kriegsgesetze verboten ist?

Darauf antwortet das Tribunal einstimmig mit Ja.

5. *Frage*

Wird die Zivilbevölkerung von den Streitkräften der Vereinigten Staaten unmenschlich und im Sinn des Kriegsrechts ungesetzlich behandelt?

Darauf antwortet das Tribunal einstimmig mit Ja.

6. *Frage*

Ist die Regierung der Vereinigten Staaten des Völkermordverbrechens am vietnamesischen Volk schuldig?

Darauf antwortet das Tribunal einstimmig mit Ja.

II. Erklärung Stokeley Carmichaels
Mitglied des Tribunals

(. . .) Für die Amerikaner bedeutet es nichts Neues, den Völkermord ins Auge zu fassen und die Ermordung eines ganzen Volkes zu planen. Man muß sich daran erinnern, daß die Gründung der USA mit einem Völkermord begann: die Amerikaner haben die Indianer, die das Land vorher besiedelten, fast vollständig liquidiert. (. . .) Sie haben aus Afrika Menschen importiert, die sie zu Sklaven gemacht haben und deren kulturelle, materielle, politische und soziale Lebensformen sie völlig vernichtet haben. Man sieht heute deutlich, daß die Völkermordpolitik der Vereinigten Staaten sich nicht nur gegen unsere vietnamesischen Waffenbrüder, sondern auch gegen die in den Vereinigten Staaten lebenden Afrikaner richtet. (. . .) Die Amerikaner versuchen jetzt aller Welt weiszumachen, daß mit Aufständen der Schwarzen in den USA zu rechnen ist und daß die Rebellion zum Dauerzustand zu werden droht. So sollen die Menschen auf das Endmassaker vorbereitet werden.

Sie gehen jedoch noch weiter. Um mit den Schwarzen fertig zu werden, schicken sie sie an die vorderste Front nach Vietnam. Das ermöglicht ihnen, Völkermord an zwei Völkern zu begehen, ohne daß sie sich selbst die Hände schmutzig machen müssen. Sie lassen den Schwarzen gegen seinen vietnamesischen Bruder kämpfen. Wir treten dafür ein, daß unsere Bewegung des Widerstandes gegen diesen Krieg überall zunimmt. Das tun wir, weil die Vietnamesen nicht unsere Feinde, sondern unsere Brüder und Kampfgefährten sind. Das steht unbestreitbar fest: die Vietnamesen und die Schwarzen der Vereinigten Staaten sitzen im selben Boot. Beide kämpfen, um ihr Volk am Leben zu erhalten, während die Vereinigten Staaten beide mit ihrer Völkermordpolitik in ihrer Existenz bedrohen. Deshalb sind wir ein gemeinsames Volk und stehen in gemeinsamem Kampf gegen den gemeinsamen Feind. Schließlich, und dieser Umstand ist am wichtigsten und Sartre hat darauf schon am Schluß seiner Ausführungen hingewiesen, erleben die Vietnamesen augenblicklich einen dritten Weltkrieg, den sie stellvertretend für uns mit einer Welt von Feiglingen bestehen müssen.

Wir glauben, daß es, um unseren Brüdern zu Hilfe zu kommen, gerecht und gut ist, erstens eine Widerstandsbewegung aufzubauen und zweitens ihrem Beispiel zu folgen: wir müssen, wenn ein Völkermord gegen uns vorbereitet wird, kämpfen wie die Vietnamesen, auch wenn wir noch keine Waffen haben. Denn wir können nicht hinnehmen, daß wir wie die Indianer in Konzentrationslagern, die man «Reservate» nennt, dahinvegetieren sollen.

Nach den Bildern, die wir eben gesehen haben, bleibt nicht mehr viel zu sagen: die Vereinigten Staaten sind schuldig!

(Dem Tribunal wurde zu Beginn der Sitzung ein Film von Roger Pic vorgeführt, in dem gefolterte Vietnamesen, Massengräber, die von großen Massakern und vor allem von Gasangriffen übriggeblieben waren, Deportationen der Zivilbevölkerung und viele durch Napalm verletzte und entstellte Kinder zu sehen waren.)

III. Resolution des Tribunals zu den verschiedenen Anträgen, die bei ihm aus anderen Ländern eingegangen sind

Das Tribunal hat durch seine Arbeit bewiesen, daß es dem Auftrag des Gewissens der Menschheit gefolgt ist. Wir danken Ihnen deshalb für das Vertrauen, das Sie uns durch Ihre Anträge bewiesen haben. Aber in Anbetracht unserer ursprünglichen Zielsetzung und unserer beschränkten Mittel müssen wir zu unserem großen Bedauern unsere Arbeit auf den Vietnamkrieg beschränken, solange der Angriff und der Völkermord in Vietnam und den Nachbarstaaten noch nicht beendet ist. Das Tribunal behält sich für später die Möglichkeit vor, jeden anderen Fall völkerrechtlicher Vergehen zu prüfen.

Diese Resolution wurde mit 12 Stimmen gegen eine (Kasuri) und bei einer Enthaltung angenommen.

IV. Brief von Mahmud Ali Kasuri
Mitglied des Tribunals, zur Resolution (verlesen nach Beendigung der Sitzung)

Herr Präsident,
als ich auf Einladung von Lord Russell mich bereit erklärte, an diesem Tribunal teilzunehmen, entschloß ich mich dazu, weil ich in diesem Versuch den Ausdruck der edelsten Regungen des menschlichen Gewissens zu erkennen glaubte und den Willen sah, eine Organisation zu schaffen, die in der Lage war, in einem gewissen, wenngleich begrenzten Maß die Leiden, die den Menschen in den verschiedensten Teilen der Welt durch Aggressionskriege zugefügt werden, zu lindern.

Die Entscheidung, den Kompetenzbereich dieses Tribunals auf den Raum Indochinas zu beschränken, hat mich tief enttäuscht, und desgleichen, daß auf die Rufe des menschlichen Gewissens, die aus anderen Teilen der Erde, vor allem aus dem Nahen Osten von arabischer Seite, zu uns gedrungen sind, kein Echo erfolgte.

Ich weiß, welche physischen und finanziellen Belastungen dieses Tribunal von seinen Mitgliedern und seinem Sekretariat fordert. Ich weiß, wie sehr diese Belastungen unsere Arbeitsmöglichkeiten beeinträchtigen. Trotzdem hoffe ich, daß das Tribunal eines Tages doch in der Lage sein wird, andere ebenso dringliche Probleme zu untersuchen, die den Frieden und die Methoden seiner Zerstörung in anderen Teilen der Welt betreffen.

Mahmud Ali Kasuri

V. Appell Dave Dellingers
Mitglied des Tribunals

Im Gegensatz zum Nürnberger Gerichtshof, der nach Abschluß der Verbrechen, über die er zu richten hatte, zusammengetreten ist, versammelt sich das internationale Tribunal gegen die Kriegsverbrechen und spricht sein Urteil aus, während die Verbrechen weiterhin verübt und sogar noch verstärkt werden. Erlauben Sie mir, noch einmal hervorzuheben, daß die Geschichte des Vietnamkrieges die Geschichte einer beständigen Eskalation darstellt. Auf jeder neuen Eskalationsstufe gelangen die Amerikaner zur Erkenntnis, daß sie den Feind nicht besiegen können, und erweitern folgerichtig ihre Angriffsziele. Sie verstärken und vervielfältigen die Formen ihrer Aggressionshandlungen. Ich möchte nicht auf die Geschichte der fortwährenden Ausdehnung des Krieges zurückkommen, aber ich erinnere noch einmal daran, daß der Krieg bereits in

Genf mit einer diplomatischen Offensive begonnen hat. Der Krieg hat dann verschiedene Stadien durchlaufen: die politische Einflußnahme auf die Entwicklung des Landes, die Bildung einer Marionettenregierung, die Organisation des Antiguerillakampfes, die massenhafte Ausbildung von Truppenverbänden, die Durchsetzung der Saigontruppen mit US-Beratern und das schließliche Eingreifen von Zehntausenden und bald Hunderttausenden amerikanischer Soldaten in den offenen Krieg.

Die GIs David Tuck, Peter Martinsen und Donald Duncan wurden nach Vietnam geschickt, um gegen die Kommunisten zu kämpfen. Dort erlebten sie eine totale Desillusionierung; sie mußten bemerken, daß man sie dorthin geschickt hatte, um gegen das Volk von Vietnam zu kämpfen. Im gegenwärtigen Stadium des Krieges, in dem die Vereinigten Staaten auf eine Niederlage zueilen und proklamieren müssen, daß «eine Großmacht sich nie geschlagen geben dürfe», rührt Außenminister Dean Rusk die Trommel der «Gelben Gefahr» Chinas. Wenn man so weit ist, den Einsatz von Waffen wie Napalm, Kugelbomben und Giftgasen für eine normale Sache zu halten, dann wird man auch die Auslösung eines Atomkrieges für eine normale Sache halten.

In der ganzen Welt, vor allem in den westlichen Ländern, gibt es noch allzu viele, die mit gekreuzten Armen abwarten, wie sie schon Hitlers Treiben untätig zugeschaut haben. Damals hieß es: «Das kann bei uns nicht passieren!» ... Aber schon hat die diplomatische Offensive, mit der auch der Angriff auf Vietnam begann, ihre Länder erreicht und ihre Regierungen und ihre Volkswirtschaften einem starken Druck unterworfen. Die Spezialeinheiten der amerikanischen Armee sind in allen Teilen der Welt zur Stelle. Die Vietnamesen wissen, daß sie keine andere Wahl haben und daß ihnen nur die Möglichkeit bleibt, bis zuletzt Widerstand zu leisten. Aber in vielen anderen Ländern glaubt man immer noch wählen zu können; das stimmt nicht, es bleibt nichts anderes übrig, als Widerstand zu leisten.

Jedesmal, wenn Hitler davon sprach, die Juden zu liquidieren, schwieg die Presse und veröffentlichte weder Berichte noch Fotos von den Nazigreueln. In den Vereinigten Staaten dagegen hat zwar die demokratische Regierungsform die amerikanischen Präsidenten und Generäle davon abgebracht, ihre wahren Absichten zu enthüllen, aber die Demokratie läßt noch so viel Spielraum, daß Reportagen und Bilder in den Spalten der Zeitungen und auf den Bildschirmen erscheinen können. Man erhält dabei allzu leicht den Eindruck, Amerika tue recht daran, so zu handeln; es ist schließlich ein demokratisches Land, was man auch daran sehen könne, daß über den Krieg in der Presse freimütig berichtet werden kann. Und schließlich erhält man sogar den Eindruck: da die Fakten freimütig zugegeben werden, gibt es sie am Ende gar nicht mehr! Aber in Wirklichkeit werden die Dinge keineswegs beim Namen genannt, und die Greuel werden keineswegs in ihrem ungeheuren Ausmaß gezeigt. Eine demokratische Gesellschaft ist offenbar durchaus in der Lage, Völkermord zu begehen! Die Geschichte der Vereinigten Staaten beweist das zur Genüge: ich erinnere nur an das Schicksal der Indianer und der Neger in den USA.

In vielen Ländern, vor allem im Westen, unterschätzt man den totalitären und völkermordähnlichen Charakter der amerikanischen Aggression. Aber man unterschätzt zugleich die Widerstandskraft des vietnamesischen Volkes.

Die Legitimität des Tribunals ist wiederholt in Frage gestellt worden. Sie beweist sich endgültig erst in dem Echo, das die Entscheidung bei den Völkern der Welt finden wird.

Das Tribunal wendet sich an das amerikanische Volk mit der Aufforderung, einer gigantischen Aggression an ihrem Ausgangspunkt ein Ende zu machen. Es ruft Amerika dazu auf, den Völkermord zu beenden, und wendet sich mit der Bitte um entsprechende Stellungnahmen an alle Völker der Erde. Weigert euch, Verbrechen zu verüben, deren Beweis wir auf diesem Tribunal erbracht haben! Weigert euch, Komplicen zu werden! Schreitet endlich zur Tat, um die Verbrechen zu beenden, im Namen der gesamten Menschheit und im Namen der Solidarität mit euren vietnamesischen Brüdern und mit allen Völkern, deren Existenz auf dem Spiele steht!

Außer der Grußadresse von Lord Bertrand Russell, die zum Abschluß der Sitzungsperiode eintraf, und der Grußbotschaft des kongolesischen Delegierten der Trikontinentale, die während der Sitzungsperiode verlesen wurde, haben die Präsidenten des Tribunals Briefe und Telegramme folgender Staatschefs, Persönlichkeiten und Organisationen erhalten, die ihre Zustimmung zur Arbeit des Tribunals oder ihre Solidarität zum Ausdruck brachten:

Nguyen Huu Tho, Präsident des Zentralkomitees der FNL,
Pham Van Dong, Ministerpräsident der Demokratischen Republik Vietnam,
Kim I Sung, Ministerpräsident der Demokratischen Republik von Korea,
Samdech Norodom Sihanouk, Staatschef von Kambodscha,
Prinz Souphanouvong, Präsident der Neo Lao Haksat,
Kommunistische Partei Schwedens,
Sozialistische Union Schwedens,
Union der Türkischen Arbeiter,
Kommunistische Partei Japans,
Kommunistische Partei Großbritanniens,
Sozialistische Partei Dänemarks,
Kommunistische Partei Dänemarks,
Sozialistische Partei Japans,
Konföderation fortschrittlicher Arbeiter in der Türkei,
Gewerkschaft der Chemiearbeiter in der Türkei,

Gewerkschaft der Metallarbeiter in der Türkei,
Kubanisches Solidaritätskomitee für Südvietnam,
Wissenschaftliche Kommission des kubanischen Komitees zur Bekämpfung der Kriegsverbrechen der USA,
Schwedisches Hilfskomitee für das Vietnam-Tribunal,
Japanische Sektion der Esperanto-Bewegung für den Frieden der Welt,
Philippinisches Komitee für die Freiheit Südvietnams,
Vereinigte FNL-Gruppen in Schweden,
Aktionskomitee der Intellektuellen gegen die Terrorpolitik der USA und ihrer Satelliten zur Unterstützung der Intellektuellen Südvietnams (Hanoi),
Komitee für den Frieden in Vietnam (Hanoi),
Vereinigung vietnamesischer Juristen (Hanoi),
Assoziation für den Frieden in der Türkei,
Hilfskomitee der Tricontinentale für das Vietnamtribunal (Havanna),
Komitee der Amerikaner in Großbritannien für den Rückzug der USA-Truppen aus Vietnam.
Kanadisches Hilfskomitee für das Vietnam-Tribunal,
Studenten der Universität Ljubljana und der Zeitschrift *Tribuna* aus Jugoslawien,
Indisches Nationalkomitee zur Unterstützung des Vietnam-Tribunals,
Internationales Solidaritätskomitee für die Jugend und das Volk Vietnams (Algier),
Holländisches Hilfskomitee für das Vietnam-Tribunal,
Belgisches Hilfskomitee für das Vietnam-Tribunal,
Israelisches Komitee für den Frieden in Vietnam,
Gesellschaft für französisch-vietnamesische Freundschaft.

Vor ihrer Abreise wählten die Mitglieder des internationalen Tribunals gegen die Kriegsverbrechen ein Exekutivkomitee. Seine Mitglieder sind: Sartre (Exekutivpräsident), Dedijer (Präsident der Sitzungen), Schwartz (Vizepräsident), Aybar, Basso, Carmichael, Daly, Dellinger, Melba Hernandez, Morikawa.

Jean-Paul Sartre

Von Nürnberg nach Stockholm

Einige Überlegungen über das Vietnam-Tribunal und seine Legitimität

Das «Vietnam-Tribunal» wird von sämtlichen Regierungen des Westens für *illegal* gehalten. General de Gaulle faßte, als er ihm die Erlaubnis verweigerte, in Frankreich zu tagen, die allgemeine Meinung der «Mächte» in dem Satz zusammen: «Alle Justiz ist ausschließlich Sache des Staates.» Dennoch hat dieses Organ – entstanden auf die Initiative eines einzigen Mannes hin, der zwar ein berühmter Philosoph, aber ein einfacher Staatsbürger ohne öffentliche Ämter ist – es nach seiner Stockholmer Sitzung und nach seinen ersten Beschlüssen nicht mehr nötig, seine *Legitimität* zu beweisen. Über diesen offensichtlichen Widerspruch möchte ich hier mit Ihnen zusammen einige Überlegungen anstellen.

Am 10. Mai 1967, nach dem Abschluß unserer ersten Sitzung, haben wir die Beschlüsse des Tribunals vor den Journalisten verlesen: «1. Hat die Regierung der Vereinigten Staaten gegen Vietnam im Sinne des Völkerrechts Aggressionshandlungen begangen? Einstimmig *ja*. 2. Haben in großem Maßstab vorsätzliche und systematische Bombardierungen rein ziviler Ziele stattgefunden? Einstimmig *ja*.» Und als die letzten Worte ausgesprochen waren, als dieses Auditorium – die Pressekorrespondenten einbegriffen – diese Beschlüsse stehend mit zwanzigminütigem Händeklatschen begrüßte, da begriffen wir, daß *irgend etwas* sich ereignet hatte oder, wenn Sie so wollen, daß während jener zehn Tage, in denen wir unablässig Untersucher, Zeugen, Opfer gehört und befragt, Dokumente gesichtet und untersucht, materielle Beweisstücke geprüft, Projektionen von Fotos und Filmen beigewohnt hatten, die von unseren Untersuchungskommissionen im Verlauf ihrer Arbeit aufgenommen worden waren – daß während dieser zehn Tage unabhängig von uns ein nicht wieder rückgängig zu machender Prozeß stattgefunden hatte, der uns alle, Geschworene und Publikum, bis zu diesem Punkt geführt hatte, von dem es keine Rückkehr gab, zu diesen Antworten – *von niemandem* gegeben auf *von niemandem* gestellte Fragen –, die sich dort plötzlich als eine wirkliche Bestimmung der historischen Objektivität erwiesen hatten.

Was war geschehen? Ganz einfach dies, daß das Ergebnis unseres Unternehmens uns nach und nach aus der Hand geglitten war, sich zu unserem Unternehmen zurückgewendet und es *a posteriori* legitimiert hatte und daß es uns gleichzeitig objektiv zu Geschworenen machte und die Jury von ihren Skrupeln und von ihrer subjektiven Befangenheit befreite, indem es sie zu einer Versammlung von *beliebigen* Menschen machte, die auf der Stelle durch andere – ebenfalls beliebige – Menschen ersetzt werden konnten und die nichts taten, als einfach von der menschlichen Fähigkeit Gebrauch zu machen, in Kenntnis der Sachlage ja oder nein zu sagen.

Tatsächlich kannten wir uns, als wir uns auf die Bitte von Lord Russell hin versammelten, kaum oder gar nicht. Diese Fremdheit – die Namen, die Werke waren natürlich allgemein bekannt – hielt uns in den ersten Stockholmer Tagen, als wir uns für eine bestimmte juristische Verfahrensweise entscheiden mußten, voneinander fern. Wir kamen ja von überallher: von den Philippinen, aus Kuba, aus der Türkei, aus Pakistan, aus Japan, aus Westeuropa und sogar aus den Vereinigten Staaten: die kubanische Delegierte *vertrat* ihr Land *nicht*, da abgemacht war, daß wir überhaupt niemanden vertraten; diese Revolutionsheldin war wenigstens völlig einverstanden mit dem revolutionären Prozeß, der ihr Land langsam und sicher transformierte, sie war nicht von Fidel entsandt oder ausgewählt, aber sie liebte Fidel, und Fidel vertraute ihr; ihr Urteil verpflichtete, wie es auch ausfiel, ihr Land nicht, aber wir wußten, daß es, selbst in diesen nördlichen Breiten, so weit entfernt vom Karibischen Meer, das Urteil der kubanischen Massen sein würde, die geschlossen hinter Castro stehen, kurz, daß es – obwohl ganz privat – eine kollektive Dimension haben würde. Dagegen waren die Delegierten von den Philippinen, aus Japan, aus Europa, aus den USA usw. teilweise unter großen Risiken, gegen den Willen ihrer Regierungen gekommen. Bis hin zu ihrer Entscheidung, im Tribunal mitzuarbeiten und die gestellten Fragen zu beantworten, waren sie geprägt durch die Widersprüche ihrer Gesellschaften, deren Infrastruktur nach wie vor kapitalistisch und folglich durch Ausbeutung und Unterdrückung gekennzeichnet ist. Gewiß, sie hatten ihre Wahl getroffen und sich den Massen angeschlossen: aber jeder hatte das auf seine Weise getan, und selbst wenn sie einer politischen Gruppierung angehörten – die im übrigen weder willens noch in der Lage war, ihnen ein Mandat zu erteilen –, war alles, was man von ihnen sagen konnte, daß ihre Beurteilung der Verhandlung vielleicht zum Teil beeinflußt werden würde durch die Prinzipien, die Hauptziele und die Denkgewohnheiten dieser Gruppierung und daß sie zu Beginn nicht den Anspruch erheben konnten, für die Gesamtheit der arbeitenden Klassen ihrer Länder zu sprechen. Außerdem unterschieden sich diese Länder, wenn sie sich auch, abstrakt gesehen, durch ihre Grundstrukturen sehr ähnlich waren, doch stark voneinander durch ihre Geschichte und durch die konkrete Form ihrer Wirtschaft, also durch ihre Produktionsverhältnisse, ihre menschlichen Konflikte, ihre Institutionen und ihre innen- und außenpolitischen Probleme. So waren jedem von uns die anderen auf zweierlei Weise fremd: die politische Gruppe, aus der er kam oder der er am nächsten stand, repräsentierte notwendigerweise nur einen Teil der arbeitenden Massen, und sie repräsentierte sie *auf ihre Weise;* die dringenden Aufgaben, die Möglichkeiten, die Besonderheiten der wirtschaftlichen Entwicklung, die Kräfteverhältnisse, die sich daraus ergaben, und der jeweils andere Stand des Klassenkampfes, kurz, die historische Entwicklung, die uns in unserer Eigentümlichkeit als gesellschaftliche Individuen hervorgebracht hatte, alles – die Sprachschranke einbegriffen – trug dazu bei, jeden von uns in eine Art nationale Subjektivität zurückzuwerfen – ganz zu schweigen von der persönlichen Subjektivität – und alle für alle zu Fremden zu machen. Was hatte zum Beispiel Dave Dellinger aus den Vereinigten Staaten, ein Pazifist und Gegner der Gewaltanwendung, mit dem philippinischen Dichter Hernandez gemein, der jahrelang im Gefängnis saß, weil er mit Waffengewalt gegen das Vordringen des amerikanischen Neokolonialismus auf den Philippinen gekämpft hatte? Was hatte er gemein mit jenem anderen Geschworenen aus seinem eigenen Land, Carmichael – der nicht nach Stockholm hatte kommen können, sich dort aber vertreten ließ –, einem erklärten Parteigänger der Gewaltanwendung als Antwort der schwarzen Bevölkerung auf die ständige Anwendung von Gewalt durch die weißen Rassisten? Am meisten trennte uns seltsamerweise anfangs — und noch in der Nacht vor der Schlußabstimmung – der Überbau, und zwar besonders ein Teil davon: das Justizwesen. In jedem Land herrschten andere Regeln. Trotzdem mußten wir unsere eigenen aufstellen. Wofür sollten wir uns entscheiden? Um nur ein Beispiel zu nennen: Die Vereinigten Staaten verlangen von ihren Jurys einstimmige Urteile, in Frankreich genügt die Mehrheit.

Über diesen letzten Punkt haben wir lange debattiert. Einige von uns plädierten für die Einstimmigkeit; eine andere – größere – Gruppe hielt es für ausreichend, daß sich eine Mehrheit ergab. Manche waren dafür, die Mitglieder der Minderheiten sollten ihre Namen angeben und ihre Entscheidungen sogar öffentlich begründen dürfen. Ich erwähne diese Diskussion, die bisweilen sehr lebhaft wurde, weil aus der Tatsache, daß sie stattfand, ganz deutlich eins hervorgeht: *wir mißtrauten einander.* Gewiß nicht *persönlich:* in Stockholm sind dauerhafte Freundschaften entstanden zwischen Menschen, die sich vorher nie begegnet waren. Außerdem schätzten wir uns, weil wir unsere Vergangenheit kannten. Keiner zweifelte daran, daß jeder, wenn es soweit war, seine Entscheidung «nach bestem Wissen und Gewissen» treffen würde. Nur, als Produkte verschiedener Länder und sogar verschiedener Kontinente konnten wir alle nicht ahnen, welche Denkprozesse die endgültige Entscheidung der anderen beeinflussen würden. Und jeder wollte, auch ohne schon zu wissen, wie sein eigenes Urteil ausfallen würde, sich selbst und diejenigen, die ihm ihr Vertrauen geschenkt hatten, vor einer nicht vorhersehbaren Entscheidung bewahren, die er nicht würde billigen können. Man hat in der westlichen Presse behauptet, es habe unter uns «Falken» und «Tauben» gegeben: das ist nicht wahr, wenn es bedeuten soll, daß für einige von uns die Entscheidung von vornherein festgestanden habe. Aber es ist wahr, daß die Geschworenen — auf Grund einer falsch gedeuteten Geste, eines falsch aufgefaßten Worts – einander wechselweise der «Härte» und der «Weichheit» verdächtigten und daß jeder eine freie, spontane Abstimmung wollte.

Wir stießen in unseren Gesprächen nie bis zum Kern des Problems vor; wir debattierten niemals, sei es in geschlossenen Sitzungen, sei es in privaten Unterhaltungen, über die Schuld der Amerikaner oder über die niederschmetternden Zeugenaussagen, die wir hörten: diese Zurückhaltung beruhte nicht auf einer gemeinsamen Entscheidung, sondern eher auf einer Art von ängstlicher Scheu. In unseren – bisweilen sehr heftigen – Diskussionen ging es ausschließlich um unser juristisches Statut. Und doch lebte das Tribunal intensiv: was uns in diesen langen Tagen unablässig quälte, was unter unseren Augen langsam Gestalt annahm und uns dann verfolgte, das war das, wovon wir nie sprachen, jene unwiderlegbaren und gräßlichen, in langwieriger Arbeit gesammelten Beweise, an denen keiner von uns etwas ändern konnte und die schließlich ganz von allein einen von uns unabhängigen, scheußlichen, unerträglichen Tatbestand vor unseren Augen erstehen ließen: den Angriffskrieg, den die Regierung und die Streitkräfte der Vereinigten Staaten gegen Vietnam führten. Nach und nach zerbröckelte die Fassade aus Lügen, die Präsident Johnson und sein Stab errichtet hatten, um ihr eigenes Volk zu täuschen: die Geschichtsfälschungen sprangen in die Augen, und das lächerliche Kartenhaus aus juristischen Argumenten, das Johnson und sein Stab mühsam aufgebaut hatten, um zu beweisen, daß die amerikanische Politik nicht gegen die Charta der Vereinten Nationen verstieß, fiel in sich zusammen; was dagegen in aller Deutlichkeit sichtbar wurde, war die zynische Anwendung nackter Gewalt, die Terrorangriffe, die unbestreitbar gegen die Zivilbevölkerung gerichtet waren, der Einsatz neuer Waffen, die gegen Soldaten oder gegen militärische Ziele unwirksam und ausschließlich dazu konstruiert sind, die Bauern bei der Arbeit auf dem Felde zu ermorden, die Hartnäckigkeit, mit der Schulen, Krankenhäuser, Leprastationen und Kultstätten bombardiert wurden. Wir waren noch getrennt durch unsere subjektiven Diskussionen, als uns, jenseits unserer individuellen Meinungsverschiedenheiten, die *objektive Realität* schon geeint hatte — und wir wußten es nicht.

Bis zur letzten Nacht hatten wir in der Frage der Verfahrensweise kaum Fortschritte gemacht: Mehrheit oder Einstimmigkeit? Wie sollten die Texte abgefaßt sein, über die abgestimmt werden würde? Und so weiter. Es schien unmöglich, zu einer Einigung zu kommen. Da hatte der, der an diesem Abend den Vorsitz führte, eine Idee. Er schlug vor, eine Stichprobe zu machen: «Unter dem Vorbehalt, daß wir eine redaktionelle Form finden, die jedem genehm ist, könnten wir einmal abstimmen, um festzustellen, wer von uns die Absicht hat, auf die Fragen, die uns gestellt sind, mit Ja zu antworten.» Daraufhin haben wir abgestimmt; das Ergebnis war eine Überraschung, die wie eine Offenbarung auf uns wirkte und auf einen Schlag völlige Klarheit schaffte: wir erklärten einstimmig die amerikanische Regierung der beiden Kriegsverbrechen für schuldig, die ihr zur Last gelegt wurden. Ich sage, daß es sich um eine Überraschung handelte: und zwar deshalb, weil wir, eingeschlossen in den Teufelskreis der Subjektivität, wie wir waren, an den anderen und an uns selbst gezweifelt hatten; die allgemeine Erschütterung war sogar so tief, daß einigen Geschworenen die Tränen in die Augen traten. Aber zugleich befreite uns diese Einstimmigkeit von der Subjektivität und ließ uns die Wahrheit dieses langwierigen Reifungsprozesses erkennen: während wir uns für uneins hielten, reagierte jeder stillschweigend wie alle anderen; wir alle hatten über die Aussagen, die Berichte, die Dokumente ein und dieselbe Meinung gewonnen: unsere kollektive Einheit – so vollendet, daß man fast eine *Identität* darin sehen könnte – lag nicht in uns oder in dem kleinen Saal, in dem die Sitzungen hinter verschlossenen Türen stattfanden; sie war außerhalb unserer entstanden, im großen Saal des Tribunals, durch jenen von uns unabhängigen, scheußlichen, unerträglichen Tatbestand, den die Untersucher und Zeugen geduldig rekonstruiert hatten und der nichts anderes war als der eigentliche Sinn dieses schmutzigen Krieges und der verbrecherischen Politik der Vereinigten Staaten. Angesichts dieses Krieges in seiner nackten Brutalität, angesichts der durch Argumente *ad usum internum* nur oberflächlich verschleierten zynischen Anwendung von Gewalt waren jene berühmten Unterschiede, die uns so große Sorgen gemacht hatten – nationale Geschichte, Kultur, politischer Horizont, die spezifischen Probleme der einzelnen Länder – nicht einen Augenblick lang ins Gewicht gefallen. Die Klarheit – zunächst eine Morgenröte, dann, nach und nach, eine lodernde Flamme – war derart, daß sie uns zu beliebig auswechselbaren Menschen gemacht hatte. Einige fünfzehn Menschen, von denen jeder jeden beliebigen anderen ersetzen konnte, die durch fünfzehn andere gleich wie und gleich wo gefundene Personen hätten ersetzt werden können. Man hatte nur zu *sehen* brauchen: wir waren gekommen, und wir hatten gesehen. Doch nein, unsere Aufgabe beschränkte sich nicht darauf. Nicht ausschließlich. Wir hatten auf zwei Fragen juristischer Art antworten müssen. Die Empörung angesichts von Fotos zerstörter Krankenhäuser oder angesichts der Opfer – unter anderem ein Kind, dessen Schenkel von Napalm zerfressen waren – war bei allen von uns gleich groß, und sie wurden von uns allen mit gleicher Heftigkeit empfunden. Aber diese ethische Entrüstung zählte hier nicht: wir konnten Tag und Nacht nicht davon loskommen, aber nicht das war es, was von uns gefordert war. Es gab in der Tat internationale Gesetze, die bestimmte Akte bündig als Kriegsverbrechen definieren, und wir hätten zu entscheiden, ob das Vorgehen der amerikanischen Regierung und ihrer Streitkräfte zu dieser Kategorie gehörte oder nicht. Diese Gesetze existierten seit 45: sie waren zum erstenmal in Nürnberg angewendet worden, niemand bestritt ihre Gültigkeit; mehr noch, man hatte sie, positiv formuliert, in die Charta der Vereinten Nationen aufgenommen: es handelte sich also um eine objektive Bestimmung; was die Natur und die Bedeutung des Krieges in Vietnam anging, so erschien er uns ebenfalls in unabweisbarer Objektivität. Und in dem Augenblick dieser unerwarteten einstimmigen Entscheidung entdeckten wir, daß die Anwendung einer dieser Bestimmungen auf die andere, der juristischen Qualifizierung auf das politische und militärische Vorgehen der USA, *durch uns*, aber sozusagen ohne uns stattgefunden hatte. Damit will ich sagen, daß die Ereignisse so eindringlich nach ihrer Qualifizierung riefen, daß keiner von uns erst sein Gewissen befragen mußte und daß unsere gemeinsame Antwort bei niemandem auf einer subjektiven Entscheidung beruhte: sie erschien jedem Geschworenen als eine Feststellung. Es gab bestimmte Akte und bestimmte Gesetze: und diese Akte fielen unter diese Gesetze. Als ob die Beziehung zwischen dem Statut von Nürnberg, das den Begriff «Kriegsverbrechen» definiert, und dem Vorgehen der Amerikaner in Vietnam vor der Entstehung unseres Tribunals und unabhängig davon existiert hätte. Und als ob die Rolle der Geschworenen einzig und allein darin bestanden hätte, sich zu *Vermittlern* zwischen dem Gesetz und der inkriminierten Aktivität zu machen. Damit die potentielle Anwendung des einen auf die andere Wirklichkeit wurde, genügte es, irgendwohin irgendwelche Menschen zusammenzurufen, die von dem einen wie von der anderen Kenntnis nahmen: Der Beschluß würde *durch sie*, aber sozusagen ohne ihr Zutun zustandekommen: er war schon gefaßt, es genügte, daß sie das bemerkten und es aussprachen. Jetzt begriffen wir den wahren Charakter unseres Tribunals: gewiß hatte Lord Russell den Anstoß zu seiner Konstituierung gegeben, und jeder von uns hatte es, indem er seinem Ruf folgte, letzten Endes auf sich genommen, sich selbst zum Geschworenen zu erklären. Aber es war so, wie Bertrand Russell es als erster geahnt hatte: es handelte sich keineswegs darum, eine Institution aus dem Nichts aufzubauen, sondern darum ein Organ für eine Funktion zu schaffen, die eines solchen Organs aufs dringendste bedurfte und schon im voraus sein Wesen festgelegt hatte. Durch Lord Russell *schuf sich die Funktion ihr Organ.* Als die Einstimmigkeit uns endlich von unseren geschwätzigen Subjektivitäten befreite, als wir *jeder beliebige* wurden, spürten wir, daß gleichzeitig das Tribunal seine Legitimität erlangt hatte. Als mich einige Zeit später auf einem Meeting jemand fragte: «Warum haben ausgerechnet *Sie* beschlossen, das Tribunal zu konstituieren und seine Geschworenen zu werden?» konnte ich antworten: «Ganz einfach deshalb, weil ausgerechnet *Sie* es nicht getan haben.» Es hatten eine Frage und eine Antwort auf diese Frage in der Luft gelegen, es war nur noch nötig gewesen, daß lebendige Menschen dieser Antwort ihre Fähigkeit, ein Ja auszusprechen – nicht mehr –, zur Verfügung stellten. Und da nur diese Fähigkeit erforderlich war, traf uns nicht mehr der Vorwurf, wir seien parteiisch, der uns *vor* unserer ersten Sitzung sehr oft und *danach* sehr viel seltener gemacht wurde. Gewiß waren wir alle oder fast alle (einige Geschworene, die keine Marxisten waren, bedienten sich einer anderen Terminologie) überzeugt, daß der Imperialismus bekämpft werden müsse und daß er sich, wie Che Guevara sagte, «gegen die gesamte Menschheit» richte. Aber unsere politischen Überzeugungen spielten keine große Rolle. Es gibt

Erscheinungsformen des Monopolkapitalismus, die sehr unheilvoll sind und dennoch keine Verbrechen im juristischen Sinne des Wortes darstellen. Die amerikanischen Investitionen in französischen Unternehmen sind schädlich für Frankreich; sie gefährden seine Unabhängigkeit und setzen die Arbeiterklasse der Gefahr einer künstlichen Arbeitslosigkeit aus, die jeden Augenblick von einer in New York getroffenen Entscheidung ausgelöst werden kann, und nicht etwa von einer Krise auf dem französischen Arbeitsmarkt selbst. Man muß etwas gegen ihre Zunahme tun: in dieser Beziehung können die arbeitenden Klassen Verbündete selbst in gewissen Kreisen der französischen Bourgeoisie finden, man kann die Regierung unter Druck setzen und sie dazu zwingen, im Namen der vollen Souveränität diesen Zufluß von ausländischem Kapital zu bremsen. Aber obwohl die Folgen dieser Investitionen tatsächlich unmenschlich sind, ist es unmöglich, sie juristisch als Verbrechen zu definieren: erstens, weil es sich eher um einen Prozeß als um eine Praxis handelt; zweitens, weil es im bürgerlichen Frankreich kein Gesetz gibt, das sich darauf anwenden ließe. Im Vietnamkrieg dagegen gibt es Akte und Verantwortliche, gibt es Gesetze, die sich auf diese Akte beziehen. Unsere politische Position spielt ebensowenig eine Rolle wie unsere moralische Entrüstung; es gilt, ein juristisches Urteil zu fällen. Daß der Vietnamkrieg ungerecht ist, bezweifelt heute in Europa sogar innerhalb der Regierungen fast niemand mehr, die sich unter dem wirtschaftlichen Druck der Vereinigten Staaten zu deren Komplicen machen: wir hatten nur zu entscheiden, ob das internationale Recht diesen Krieg verurteilte und welcher Art von Strafen die Verantwortlichen sich aussetzten. Denn damit in Stockholm ein Urteil gefällt werden konnte, war es keineswegs nötig, daß – wie in unserem Falle – alle Geschworenen zur Gruppe derjenigen gehörten, die aktiv gegen den Imperialismus kämpfen; es genügte, daß Geschworene kamen, hörten und sahen. Natürlich hätte ein erklärter Anhänger des Atlantikpakts aus politischen Gründen gezögert, Johnson und seine Komplicen zu verurteilen. Aber im Verborgenen, im Herzen hätte er mit uns übereingestimmt. Umgekehrt genügt es nicht, daß man diesen Krieg politisch und moralisch verurteilte, um daraus Antworten auf die gestellten Fragen herleiten zu können. Nehmen Sie meinen Fall: ich für mein Teil war mir alles in allem ziemlich sicher gewesen, daß ich die erste Frage mit Ja beantworten würde. Und zwar aus triftigen Gründen, die aber juristisch nicht zwingend waren: ich dachte ganz einfach – und ich denke das noch –, daß man einen Krieg, den ein Land Tausende von Kilometern von seinen Küsten entfernt und mit Hilfe eines Expeditionskorps und mit Flugzeugen führt, deren Basen selbst schon in fremden Ländern liegen, nicht als *Verteidigungskrieg* bezeichnen kann. Bei meiner Ankunft in Stockholm wurde mir meine Unwissenheit bewußt: Um entscheiden zu können, mußten wir die gesamte Geschichte Vietnams seit 45 und die Geschichte der amerikanischen Politik in Südostasien in demselben Zeitraum kennenlernen und diskutieren. Hinsichtlich der zweiten Frage hatte ich keine genauen Vorstellungen: ich wußte, daß jeden Tag Hunderte von Zivilisten umkamen, Opfer der amerikanischen Bombardierungen. Das allein reichte, damit ich diesen Krieg haßte. Aber die amerikanische Propaganda in Europa ist so erfolgreich, und die bürgerliche Presse macht sich so einstimmig zu ihrer Komplicin, daß ich diese Massaker weniger bösem Willen als vielmehr einer verbrecherischen Gleichgültigkeit zuschrieb. Wenn ich bei dieser Ansicht geblieben wäre, hätte ich auf den zweiten Anklagepunkt mit *Nein* antworten müssen. Meine Meinung in dieser Frage rührte ohne Zweifel von jener Ängstlichkeit her, von jenen bangen Bemühungen, das Schlimmste nicht glauben zu müssen, die für das Kleinbürgertum, die Klasse, aus der ich hervorgangen bin, charakteristisch sind. Damit ich meine Meinung änderte, bedurfte es des unerträglichen Lichts, das plötzlich von den Fakten ausging, vor allem die Berichte der Experten über die Explosivkugelbombe. Alles nahm vor meinen Augen Gestalt an, erbarmungslos; alles verriet die verbrecherische Absicht. Meine Ängste und jener Geist einer trägen Versöhnlichkeit, der dem Mittelstand eigen ist – alles wurde hinweggefegt: Da unten, das war die Hölle; eine vorgefertigte Hölle. Es mußte ausgesprochen werden: ich konnte urteilen.

Ich weiß, daß viele unserer Freunde sich die Frage nach dem Nutzen unseres Tribunals gestellt haben. Der Angriffskrieg, den die Vereinigten Staaten gegen Vietnam führen, ist, sagen sie, eine unmittelbare Folge der Asienpolitik der Vereinigten Staaten, die in der «Truman-Doktrin» so schön zusammengefaßt ist, und die Asienpolitik ihrerseits – wie die ständigen Interventionen der «Yankees» in Lateinamerika – der Ausdruck der Struktur jener Gesellschaft, die auf dem Monopolkapitalismus aufgebaut und gezwungen ist, ihre Erzeugnisse und ihr Kapital unaufhörlich zu exportieren. Das ist eine Tatsache: es gilt, auf sie hinzuweisen, sie zu analysieren, ihre unannehmbaren Folgen aufzuzeigen und auf dem Boden der Tatsachen dagegen anzukämpfen, indem man ihr zum Beispiel in allen Ländern, die den Atlantikpakt unterzeichnet haben, möglichst starke Volksbewegungen entgegensetzt, die auf ihre jeweiligen Regierungen einen Druck ausüben, damit diese, wenn die Zeit reif ist, gezwungen sind, aus der NATO auszutreten und so den Westblock auseinanderfallen zu lassen. Was bedarf es da der Hilfe von Juristen? Was scheren uns schließlich internationale Gesetze, deren Urheber in den meisten Fällen Regierungen waren, die, trotz der von den bürgerlichen Demokratien errichteten Fassade, nicht die Repräsentanten ihrer Völker waren? Juristisch gesehen, sagen Sie, ist dieser Krieg ein Verbrechen? Na und? Was schert es uns, wenn der Zufall es will, daß bestimmte Aspekte dieses Krieges zu einigen auf höchster Ebene getroffenen Vereinbarungen in Widerspruch stehen? Die Reblaus ist nicht verbrecherisch: man bekämpft sie dennoch, weil sie schädlich ist. Die Tatsache, daß das amerikanische Vorgehen in Vietnam schädlich ist und uns an den Rand eines weltweiten Konflikts gebracht hat, ist für uns ein hinreichender Grund, dagegen zu kämpfen. Geht Ihr Tribunal mit seiner unnützen Kleinigkeitskrämerei nicht im Grunde von einem kleinbürgerlichen Legalismus aus?

Diese Einwände kommen mir vor allem deshalb leicht aus der Feder, weil ich sie mir selbst gemacht hatte, als Lord Russell mich bat, Mitglied des Tribunals zu werden. Ich bin der Bitte dennoch gefolgt: die Einwände haben mich also nicht überzeugt. Heute überzeugen sie mich noch weit weniger. Und ich werde versuchen zu sagen, warum. Erstens ist es selbstverständlich, daß unsere Arbeit keineswegs irgendeine der gegenwärtigen Formen des Kampfes gegen den Imperialismus und den Angriffskrieg der Vereinigten Staaten ersetzen will. Ich würde sogar sagen, daß sie sie nicht einmal als ein Kampf von anderer Art, aber von gleicher Wirksamkeit *ergänzen* will. Ich werde im folgenden noch das Ziel nennen, das wir anstreben, oder vielmehr, *das vermittels unserer Personen angestrebt wird*. Um aber zunächst bei der Oberfläche zu bleiben: mir scheint, wir müßten – wenn es keine andere Rechtfertigung gäbe – diesen Vorwurf des «Legalismus» einfach hinnehmen. Denn schließlich, wenn der Kleinbürger legalistisch ist, warum soll man ihn dann nicht für den Kampf der Massen gegen den Imperialismus gewinnen, indem man ihm klarmacht, daß das Gesetz auf seiner Seite ist?

Aber nicht nur darum geht es. Es wird uns weiterführen, wenn wir kurz bei der Tatsache verweilen, die politische Propaganda habe *niemals* Erfolg bei den Massen (es sei denn – und auch dann nicht unbedingt – in Fällen höchster Gefahr, wo sie unmittelbar bedroht sind), wenn sie nicht zu Anfang die ethische Dimension dessen aufdecke, gegen das sie zum Kampf aufrufe. Der Algerienkrieg war bei uns für Millionen von Franzosen, die dagegen protestierten, vor allem der *schmutzige* Krieg. Was wir heute auf den Plakaten gegen die Vietnam-Politik sehen, sind natürlich *Tatsachen*. Aber diese Tatsachen sind sehr geeignet, uns zu einer moralischen Verurteilung zu führen: eine Mutter hält nach einem Bombenangriff ihr totes Kind in den Armen; ein andermal sind es sehr junge Vietnamesen, zu Skeletten abgemagert, auf Krücken gehend, traurige Opfer der dem Land vom Aggressor aufgezwungenen Hungersnot. Denn so etwas wühlt die öffentliche Meinung wirklich auf. Es gibt eine Moral der Massen, die schlicht und revolutionär ist und die, vor jeder politischen Erziehung, verlangt, daß die Beziehungen zwischen den Menschen menschlich sind, und die die Ausbeutung und Unterdrückung als etwas von Grund auf Böses verurteilt, noch bevor Organisationen entstehen, die die *Prozesse* bekämpfen, aus denen Ausbeutung und Unterdrückung hervorgegangen sind. Diese Moral *hat recht;* jedes beliebige Tun hat, was immer ihm zugrunde liegen mag, eine ethische Dimension, weil die Praxis, obwohl durch das Vorhergegangene bedingt, die Ethik selbst hervorbringt, insofern sie das Vorhergegangene dadurch in Frage stellt, daß sie es auf etwas hin überschreitet, was noch nicht ist. Die Praxis ist eine Tatsache, und sie ist mehr als das: sie ist menschlich in dem Maße, in dem sie sich aus gegebenen Situationen losreißt, um die Geschichte zu machen, und gerade dadurch ist sie dem

Urteil der Massen unterworfen, die sie aus der Tiefe ihres Elends danach bewerten, ob ihr Fernziel darin besteht, unsere Entfremdung zu verstärken oder die Befreiung des Menschen zu beschleunigen. Heutzutage, heißt es, ist Moral Politik. Völlig richtig, aber das wäre nicht denkbar, wenn nicht (und das ist eine noch tiefere Wahrheit) Politik auch Moral wäre – zumindest für die arbeitenden Klassen. Mit anderen Worten, es gibt eine Ethik, und es sind die Massen, die darüber wachen; die Regierungen, alle Regierungen, haben sich für ihr Handeln vor ihnen zu verantworten. Es ist klar, daß bei diesem südostasiatischen Konflikt der unglaubliche Heroismus der Vietnamesen, die Hartnäckigkeit, mit der sie um die Wiedergewinnung ihrer Souveränität kämpfen, in den Augen der anderen Völker ein Vorspiel zur Ankunft des befreiten Menschen ist. Von dieser Ankunft sind wir noch weit entfernt, aber der *Wert* der vietnamesischen Unabhängigkeit beruht, unserer Meinung nach, darauf, daß sie zugleich das Symbol dieser Ankunft, eine Warnung und – in dieser finsteren und wirren Zeit – ein Schritt ist, der uns dieser Ankunft näherbringt: Der Sieg Vietnams wird beweisen, daß der Mensch möglich ist. Damit wird klar, daß umgekehrt das Unternehmen der Amerikaner radikal verurteilt werden muß: sollte dieses Unternehmen gelingen, so würde das beweisen, daß der Mensch ein Traum ist und daß es auf der Welt nur die *Sache* gibt, das heißt den Profit und seine Diener.

Dieser ethische Impetus der Volksbewegungen ist entscheidend: er ist nicht etwa ein Bestandteil des Überbaus, auf ihm beruht vielmehr die ursprüngliche Kraft dieser Bewegungen und ihr innerer Halt. Aber da er unerbittlich ist, muß er sich in exakten Begriffen und präzisen Urteilen kundgeben können. Ich habe oft gehört, wie auf Meetings die Politik der USA als «verbrecherisch» bezeichnet wurde. An dem zustimmenden Murmeln im Raum konnte man erkennen, daß der Redner das Richtige getroffen hatte. Aber das Auditorium blieb unbefriedigt: es hatte das vage Gefühl, diese zunächst geradezu erleichtert begrüßte Bezeichnung verliere ihre anklagende Kraft, sobald man sich klarmache, wie wenig das Wort im Grunde besage. So viele Dinge, die gar nichts miteinander zu tun haben, sind «verbrecherisch»: gestern sagte mir ein Arzt: «Wenn Ihr Doktor Ihnen nicht das Rauchen verbietet, dann ist er ein Verbrecher!» Was hat dieser ein wenig zu nachsichtige Arzt mit General Westmoreland zu tun? Die Wörter nützen sich ab, sie verblassen: «Verbrecherisch» — schön; aber die Teilnehmer eines Meetings wollen mehr als eine vage ethische Kennzeichnung, die sich bei ihnen, da sie ungenau ist, in ein subjektives Unbehagen verwandelt: sie wollen, daß das vom Redner ausgesprochene Urteil den Charakter einer *objektiven Bestimmung* annimmt und für immer bewahrt.

Genau diesem Ziel, sagte ich mir, bevor ich Lord Russell antwortete, *muß* das Tribunal dienen. Die Massen verabscheuen den Krieg, den die Amerikaner gegen dieses heldenhafte und arme kleine Land führen, sie wollen wissen, ob dieser Krieg ein Verbrechen ist, ob universelle Gesetze ihn verdammen. Nun, solche Gesetze existieren, und auf Grund dieser

Gesetze werden wir die Tatsachen prüfen und die gestellten Fragen beantworten. Der Legalismus ist kleinbürgerlich, wenn die Legislatur bürgerlich ist. Aber der Zufall will es nun einmal, daß die internationalen Gesetze trotz ihres Ursprungs den Interessen der Völker dienen. Das will ich hier kurz erklären. Vor dem Zweiten Weltkrieg herrschte in den internationalen Beziehungen das Gesetz des Dschungels. Wohl hatte es 1918 Bestrebungen gegeben, Wilhelm II. vor ein Gericht zu stellen. Aber es hatte genügt, daß Holland die Auslieferung verweigerte: die Alliierten hatten die Sache vergessen. Und wo übrigens waren die Gesetze, auf Grund derer ein Urteil hätte gefällt werden können? Es gab nicht ein einziges. Der Angriffskrieg war nirgends unter Strafe gestellt. Einen gewissen Fortschritt stellte später der Briand-Kellogg-Pakt dar, aber da keine Institution vorgesehen war, um über seine Einhaltung zu wachen, blieb dieses Abkommen toter Buchstabe. Kein Wunder: die Kolonialmächte, deren Reichtum auf den Angriffskrieg, den Massenmord an der Zivilbevölkerung und die planmäßige Ausplünderung der kolonisierten Länder gegründet war, hätten es nicht geduldet, daß man ihr Vorgehen nach universellen Kriterien beurteilte. Dann kam Hitler, der die Unverschämtheit hatte, die Europäer, mitten in Europa, so zu behandeln, wie die Europäer in den Kolonien diejenigen behandelten, die sie als Eingeborene bezeichneten. Entsetzt beschlossen die Alliierten 1942, Gesetze zu schaffen, auf Grund deren die Nazis verurteilt werden könnten. Damit wurde plötzlich das Völkerrecht, während man es bisher nur dazu benutzt hatte, den Krieg zu reglementieren, dahingehend erweitert, daß der Krieg überhaupt verboten wurde. Das Statut des Nürnberger Militärgerichtshofs ist deshalb von historischer Bedeutung, weil das *jus ad bellum* darin in ein *jus contra bellum* verwandelt wird: die Aggression wird zu einem Verbrechen gegen den Frieden erklärt. Dieses Verbrechen ist strafbar, und in Nürnberg haben Richter es geahndet. Die Gesetze wurden so genau auf Hitlers Schandtaten abgestimmt, daß die Alliierten nicht merkten, daß sie auch auf ihre eigenen angewendet werden konnten. Angriffs- und Eroberungskriege, Massenmorde an Zivilisten, standrechtliche Erschießungen, Mißhandlung von Gefangenen, Foltern, Völkermord: all das wurde damals zum *Verbrechen* erklärt. Mit Recht: aber diese brisanten Bestimmungen hätten, nachdem sie es ermöglicht hatten, Göring auf die Anklagebank zu bringen, in der Folge dazu führen können, daß Salazar wegen seiner Angola-Politik oder – wer weiß? – ein französischer oder englischer Minister unter Anklage gestellt wurde. Aus Angst hatten die alliierten Regierungen fortschrittliche Gesetze geschaffen, die, richtig angewandt, den Interessen der Unterdrückten dienten. Beim Nürnberger Gerichtshof durften nur von ihren Regierungen beauftragte Offiziere und hohe Beamte fungieren. Aber dieses eine Mal vertraten sie, ohne es zu wissen, nicht den von den herrschenden Klassen kontrollierten Staatsapparat: sie hielten Gericht im Namen der Massen, und zwar nicht nur über die Nazis, sondern ein für allemal über alle Menschen, die sich wie die Nazis verhalten. Im Zusammenhang mit dem schwersten internationalen Verbrechen – der Aggression – sagte der Hauptankläger Jackson, der im Namen der Vereinigten Staaten sprach, sogar unvorsichtigerweise: «Obwohl diese Gesetze zum erstenmal auf die deutschen Aggressoren angewendet werden, so können doch – wenn sie wirklich von Nutzen sein sollen – andere Anwendungsmöglichkeiten nicht ausgeschlossen werden; jede Aggression muß verurteilt werden, gleichviel, welcher Staat sich ihrer schuldig gemacht hat, die Staaten, die hier die Verhandlung führen, nicht ausgeschlossen.»

Es ist begreiflich, daß sich der Nürnberger Gerichtshof, nachdem er den letzten deutschen Schuldigen abgeurteilt hatte, in Luft aufgelöst und daß man niemals wieder etwas von ihm gehört hat. Die deutsche Aggression war verurteilt, gut; aber um zu verhindern, daß einer der «Staaten, die die Verhandlung führten» verurteilt wurde, gab es kein anderes Mittel, als die einzige Institution aufzulösen, die geeignet war, über sie zu Gericht zu sitzen. Der Gerichtshof ist tot, liquidiert von denjenigen, die ihn geschaffen hatten: das bedeutet, daß er – wenn er nicht ein gefügiges und ein wenig lächerliches Werkzeug der Großmächte werden sollte – nur als *Revolutionäres Tribunal* neu entstehen konnte, das von den Massen eingesetzt und auf Antrag der Völker über die Staatsoberhäupter zu Gericht sitzen würde. Doch was immer geschieht, man kann die Tatsache nicht aus der Welt schaffen, daß der Nürnberger Gerichtshof einmal existiert hat, und man kann nicht verhindern, daß die Massen, wenn ein kleines, armes Land von einem reichen und mächtigen Staat angegriffen wird, sich sagen: genau *das* ist doch in Nürnberg als Verbrechen gegen den Frieden verurteilt worden. Es fehlt uns dringend eine Institution, die es einmal gegeben, die durch ihr Nachwirken und durch ihre Universalität Gültigkeit gewonnen, die unwiderruflich bestimmte Rechte und Pflichten festgelegt und die eine Lücke hinterlassen hat, die ausgefüllt werden *muß*. Als Vorstellung ist dieser Gerichtshof eine Institution der Massen geworden, oder vielmehr ihr Bedürfnis. Nach ihm verlangen sie, wenn sie auf einem Meeting oder vor einem Plakat jene dumpfe Unzufriedenheit verspüren, von der ich gesprochen habe.

Von ihm verlangen sie die Universalisierung und Objektivierung ihres ethischen Unbehagens. Denn die Ethik findet in diesem Fall ihre Krönung und ihre volle Verwirklichung in der *Rechtsprechung*. Das *jus contra bellum* bringt den Willen des Volkes zum Ausdruck, den Nationalismus und den Internationalismus der arbeitenden Klassen. Ohne sich dessen stets klar bewußt zu sein, fordern sie, daß es als *ihr* Recht in Erscheinung tritt, als das absolute Gesetz, das es ermöglicht, die amerikanischen Aggressoren objektiv zu verurteilen. Wenn die Regierungen die Legalität von Nürnberg zum Teufel gejagt haben, so deshalb, weil diese Regierungen im Dienst der herrschenden Klassen stehen und weil diese zwar allenfalls die Kriege, die die anderen führen, zu verurteilen bereit sind, sich aber das Recht vorbehalten, *ihre* Länder in *ihren* Krieg zu treiben, wenn ihnen das nützlich erscheint.

Das Vietnam-Tribunal entstand, weil danach verlangt wurde. Natürlich wartete man nicht bewußt darauf, vor allem erwartete man es nicht in der Gestalt, in der es dann zusammentrat. Es entstand – soweit man das sagen kann –, weil es bei den Massen das Bedürfnis verspürte, universelle und von allen Regierungen gebilligte Gesetze – die aber toter Buchstabe geblieben waren, weil sie nicht leben konnten, ohne revolutionär zu sein – nach einer genauen Untersuchung auf das Vorgehen der amerikanischen Regierung im Vietnam-Konflikt angewandt zu sehen. Es entstand, weil die Völker wollten, daß man zur Aufhellung jener finsteren und blutigen Ereignisse die exakten Begriffe – den der Aggression zum Beispiel – gebrauchte, den Equipen von Juristen eindeutig zu definieren sich bemüht hatten. Niemand hat dem Tribunal ein Mandat gegeben. Wer hätte das auch tun sollen? Weder die mehr oder weniger mitschuldigen Regierungen, die das Schweigen allem anderen vorziehen, noch die Massen selbst, die durch ihre Grenzen gespalten sind und die Universalität, die man ihnen verweigert, erst ahnen. Das Tribunal ist vielmehr, weit entfernt davon, sich an die Stelle einer etablierten Institution zu setzen, aus diesem Vakuum und aus diesem Appell hervorgegangen. Denn wenn die internationalen Gesetze, wie wir gesehen haben, *danach verlangen*, auf die Politik der Regierung Johnson angewandt zu werden, so tun sie das in Wirklichkeit auf Grund der Forderung der Völker. Am Ende unserer Stockholmer Sitzung empfingen wir unsere erste Legitimation: dadurch, daß wir durch unsere Einstimmigkeit beliebig und austauschbar geworden waren und daß jedermann uns ersetzen konnte, wurde uns klar, daß wir die wahren Vertreter der Massen geworden waren, das heißt, daß wir einfach das unveräußerliche Recht zu urteilen wahrgenommen hatten, das allen Angehörigen eines Volkes zusteht und das die Grundlage jedes Rechtsspruches darstellt. Wir – Männer der Masse – haben *für die Masse* geurteilt, und zwar zweifellos, *bevor* sie sich ausdrücklich damit einverstanden erklärt hatte. Aber unser Urteil hat noch nicht seine Wahrheit: wir müssen es jetzt den Völkern vorlegen, mit seinen Motiven und seiner Begründung. Wenn sie es ratifizieren, wird es *ihr Urteil* werden, und durch sie wird es ein objektives Urteil werden. Wir werden dann wissen, daß wir völlig legitimiert sind und daß die Massen, indem sie sich ausdrücklich mit uns einverstanden erklären, ein tiefer reichendes Bedürfnis aufdecken: daß nämlich ein wirkliches Tribunal errichtet wird. Ein Tribunal, das aus den Massen hervorgeht und das ihren ethischen Forderungen eine juristische Dimension verleiht. Ein revolutionäres Tribunal.